Ángel Martín Ramos, ed.

# LO urbano

## EN 20 AUTORES CONTEMPORÁNEOS

Françoise Choay - André Corboz

Giuseppe Dematteis - Robert Fishman

Mario Gandelsonas - Peter Hall - David

Harvey - Francesco Indovina - Rem

Koolhaas - Peter Marcuse - Rosario

Pavia - Nuno Portas - Saskia Sassen

Bernardo Secchi - Richard Sennett

Edward W. Soja - Ignasi de Solà-Morales

Manuel de Solà-Morales - Gayatri

Chakravorty Spivak - Melvin M. Webber

Con la colaboración de:

ETSAB Escola Tècnica Superior d'Arquitectura de Barcelona

EDICIONS UPC
UNIVERSITAT POLITÈCNICA DE CATALUNYA

La versión castellana de los textos se ha coordinado y revisado desde el *Departament d'Urbanisme i Ordenació del Territori* de la UPC, en la ETSAB, y ha estado a cargo de Ángel Martín, profesor titular de Urbanística.

Han sido traductores colaboradores:
De los artículos de Robert Fishman, Peter Hall y Peter Marcuse: Cristina García Zamudio.
De los artículos de Giuseppe Dematteis y Bernardo Secchi: Fernando Roa.
De los artículos de Francesco Indovina y Rosario Pavia: Caterina Anastasia.
De los artículos de David Harvey, Rem Koolhaas, Mario Gandelsonas, Saskia Sassen, Richard Sennett y Melvin M. Webber: Juan M. Mendizábal (con la colaboración de ARTELEKU).
Del artículo de André Corboz: Luis Manterola (con la colaboración de ARTELEKU).
Del artículo de Gayatri Chakravorty Spivak: Idoia Gillenea (con la colaboración de ARTELEKU).

Los traductores de los textos previamente publicados fueron:
Del artículo de Edward W. Soja: Adela Barquero (para la revista URBAN).
Del artículo de Françoise Choay: Juana M. Furió, M. José Furió y César Muñoz (para el CCCB).


Primera edición: abril de 2004
Reimpresión: enero de 2006
Reimpresión: julio de 2009

Diseño de la cubierta: Edicions UPC
Foto cubierta: © NASA - Goddard Space Flight Center Scientific Visualization Studio
Maquetación: Cristina García Zamudio.


© Del editor: Ángel Martín Ramos, 2004

© De los artículos: los respectivos autores, 2004

© De las fotografías: los respectivos autores, 2004

© Edicions UPC, 2004
Edicions de la Universitat Politècnica de Catalunya, SL
Jordi Girona Salgado 31, 08034 Barcelona
Tel.: 934 016 883   Fax: 934 015 885
Edicions Virtuals: www.edicionsupc.es
E-mail: edicions-upc@upc.es

© ETSAB, 2004
Escola Tècnica Superior d'Arquitectura de Barcelona
Av. Diagonal 649, 08028 Barcelona


Producción:   LIGHTNING SOURCE


Depósito legal: B-16271-2004
ISBN: 972-84-8301-752-4

# Sumario

5

# Una cuestión sustantiva

Ángel Martín Ramos

Observar lo que acontece en el mundo en la cuestión de la urbanización a finales del siglo XX y principios del XXI se puede convertir en un empeño nada susceptible de ser percibido como cosa simple.

El grado de complejidad y el protagonismo que han adquirido las manifestaciones de naturaleza urbana en el curso cotidiano de los acontecimientos convierte cualquier hecho en potencial expresión o producto de este laboratorio de la invención que fueron y siguen siendo las ciudades. Que las ciudades mutan y se transforman, incluso radicalmente, era una realidad conocida y constatada, no sin que por ello dejara de sorprender (y maravillar) la perspectiva del observador: ciudades-fortaleza de tono y función militar que al poco pasan a ser mercados boyantes, ciudades-escala en rutas de peregrinación religiosa que devienen centros de producción industrial, cabezas administrativas de imperios extensos que se reducen a poblados maltrechos, estaciones en el desierto que renacen en imperios del ocio, etc., etc. Las transformaciones que pueden experimentar las ciudades demuestran una capacidad infinita de variedad y

de respuesta, en la dimensión enorme de su constitución de artefacto, a la asociación de factores que las provocan, sin concesiones fáciles a tutelas globales y sin encontrar tampoco límites a la innovación en los registros bajo los que se manifiestan.

Por otro lado, la urbanización es un fenómeno en expansión tanto en lo que tiene que ver con la extensión superficial de los territorios afectados por su dominio como en lo que respecta a la población mundial que se asienta bajo la condición urbana. De ahí que resulte un motivo común que suscita gran expectación la atención a las manifestaciones contemporáneas del proceso de urbanización, por su doble condición de fenómeno de trascendencia creciente y de demostrada capacidad de respuesta autónoma y de invención en sus recursos.

Claro que esta atención a las expresiones de la urbanización resulta también de franco interés por acrecentar los beneficios que de ellas se derivan, o por acelerar una evolución favorable hacia éstos, que redundan –así se espera– en un mayor progreso en uno u otro orden y en la reducción de las secuelas negativas. A estas alturas de la evolución del mundo urbanizado, se ha de contar con que las organizaciones urbanas que el mundo moderno va conformando no son nada parecido a una expresión cultural de interés antropológico (no, en lo fundamental), sino un material de radical interés para el progreso social general. Activan el desarrollo, motivan la integración social, movilizan la iniciativa, suscitan la innovación, patrocinan el bienestar, benefician el conocimiento, estimulan la solidaridad, enriquecen al individuo, fundamentan el progreso, provocan la mezcla de intereses comunes,... de todo ello son capaces y a todo ello sirven las aglomeraciones urbanas.

Esos artefactos que reúnen el mayor grado de complejidad artificial presente sobre el planeta, esas masas poco formales de construcciones acumuladas con grados de cohesión variable y de espectacular notoriedad y diversidad, esos productos urbanos de uno u otro tipo, actúan de motores de primer orden en la evolución del mundo, coordinados en una relación jerarquizada o con los beneficios de una sinergia aleatoria. Crecen al resultar solicitados por crecientes masas de pobladores atraídos, o bien a causa de la concentración de actividades económicas que ocupan más y más suelo a medida que mejoran sus cualidades, o también como consecuencia del incremento del nivel de bienestar de los ciudadanos, el cual se satisface con recursos que implican la expansión física. Se transforman para continuar detentando una función motriz –o funciones– en las que se justifique su propia existencia, e incluso compiten entre ellos por hacerse destinatarios de los beneficios de los limitados activos disponibles, sean éstos hombres o actividades, personas o máquinas. Se trata de productos hechos por el hombre que, más allá de las cualidades afortunadas que consigan perpetrar en la alianza que pueda establecer la geografía con la creación artificial armónica, ostentan un grado de belleza notable en el hecho mismo de la producción –en ocasiones insólita, a veces apaciguadamente servicial–, del surgimiento de algo que no nace por sí solo, sino que es necesario construir con medios costosos además de lo que ya existe. Se trata de una belleza bruta, primaria, tal como la definida ya por Alberti[1] en la adaptación fiel de la arquitectura a las necesidades y glosada ahora por diversos autores (por ejemplo, Koolhaas, 1994), que a escala gigantesca despliega su discurso de formas orgánicas como manifestación cardinal de los recursos necesarios, de ejercicio de inserción en la naturaleza, de captación de los beneficios del emplazamiento, de generosidad en su desarrollo y de libre organización espacial. Una belleza orgánica, adaptativa, como presencia intrínseca de una armonía previa dispensadora del gusto austero de la satisfacción de un destino, de un uso.

En la tradición geográfica de Occidente esto venía a resultar englobado bajo el nombre de "la ciudad". Su identidad y cualidades eran tales, de tan nítida definición tanto en la realidad física como social, que no hacía falta recurrir a otra terminología. No obstante, el desarrollo de los medios de comunicación que acompañó a los tiempos de la industrialización provocó una diversificación de las consecuencias derivadas de la realidad de las ciudades, de modo que parecían advertirse efectos no necesariamente ligados a una ciudad concreta que se manifestaban aquí y allá con solución de continuidad, o entre las mismas ciudades. Se recurría, por ello, a términos como "el fenómeno urbano" con los que designar a esa realidad más diversa mediante un recurso lingüístico menos preciso y más adaptable a circunstancias disciplinares variadas. Por su parte, entre las creaciones artificiales del fenómeno urbano se hacían presentes realidades de distinta contextura, incluso tan coherentes y concretas que parecían susceptibles de recibir la categoría de un nombre, pero que no constituían realidad social autónoma. El recurso ambiguo a términos como "los productos urbanos" permitía englobar con comodidad efectos de un alto grado de diversidad y para los que denominaciones más tradicionales no resultaban adecuadas. Y también, la complejidad de la acumulación de resultados de la urbanización del territorio, por una parte, y la heterogeneidad de su naturaleza –sin menoscabo de su adscripción a un mismo fenómeno–, por otra, indujeron a la utilización de términos tales como "las aglomeraciones urbanas", o incluso "las cosas urbanas" en boca de Lefebvre, para generalizar en un grado mayor la cobertura de un término genérico que ampliaba sus connotaciones hasta el nivel de lo elemental, para que casi nada pudiera quedar fuera de su referencia.

El, la, los, las. Masculino o femenino, singular o plural. Sin embargo, ni era cuestión de género ni de número lo que con tales denominaciones se trataba de identificar. Era, verdaderamente, un concepto poderoso el que se veía aludido con tal nombre. Era una cuestión sustantiva el objeto de tal universo de referencias.

Quizá por ello Lefebvre recurre al neutro "lo urbano" para huir del compromiso de una opción. Cuando lo hace viene a reconocer, por contraste con "lo rural" y "lo industrial", una realidad con entidad comparable a otras en diversos campos.[2] En el campo social, en el de la percepción, en el de los conceptos, en el de la razón, en el de la teoría; pero, en cualquier caso, como sujeto creador y como objeto de creación necesitado de ser nombrado con un genérico de amplia cobertura. A pesar de todo, la fortaleza del término tradicional –la ciudad– ha venido haciendo de él un recurso eficaz por la versatilidad de su signi-

[1] *De Re Aedificatoria*, Libro VI. Véase Choay, F., *La règle et le modèle*, París, Seuil, 1980, pp.118 y ss.

[2] Lefebvre, H., *La révolution urbaine*, París, Gallimard, 1970 (trad. cast.: *La revolución urbana*, Madrid. Alianza, 1972, p. 34).

ficado, muy cómodo para un uso muy frecuente.

Sin embargo, cuando posteriormente Françoise Choay ha de recurrir nuevamente al poder del neutro "lo urbano", incluso para anticiparle un reinado,[3] no lo hace llevada de la distinción lefebvriana, sino a causa de la identificación de un estado que discute la universal referencia de la presencia de la ciudad, con sus atributos propios y su versátil acepción, para aludir a la realidad que se hace presente. Se trata de una excepción y un momento de un orden diferente, más peculiar y definido, y que no solamente ha sido asimilado por la eminente profesora, sino también presente en los registros de otros destacados observadores que han señalado la necesidad de entender este tiempo sin la común tradición evolutiva como pauta de lectura convencional.

No ha transcurrido un plazo suficiente que haya podido dar pie al alumbramiento de obras cuyo objeto sea la explicación integral de esta realidad nueva y distinta. Tan solo la producción de ciertos adelantados, como Manuel Castells, ha llegado a convertir en materia de identidad propia la perspectiva sobre lo que se estaba produciendo.[4] Sin embargo, han sido abundantes las incursiones de relevantes observadores desde puntos de vista parciales o especializados. Resulta lógico que las aproximaciones al asunto se produzcan de este modo, ya que la amplitud del campo disciplinar que se ve afectado por los hechos es grande y no admite fáciles simplificaciones; por otro lado, el reto de la identificación conceptual planteada se presenta como un desafío muy atractivo. Lo cierto es que en los últimos años este motivo está dando lugar a aportaciones aisladas de muy distintos autores que solo en casos excepcionales se producen en castellano o tienen reflejo en publicaciones en esta lengua. Por esta causa, si a la dificultad de una teoría urbanística contemporánea se añade la dispersión de contribuciones aisladas y el escaso eco receptivo de los medios de difusión en lengua española, resulta que nos encontramos ante el riesgo de pérdida para el lector en esta lengua de un episodio relevante de la producción teórica que atañe a las cuestiones urbanísticas de nuestro tiempo.

La recopilación reunida en el presente volumen trata de cubrir una parte de esa ausencia acercando al lector en castellano varios artículos y contribuciones que permanecían dispersos en diferentes fuentes y en sus respectivas lenguas, o bien, vertidas al castellano, en muy diversos medios, algunos de difícil consulta para el interesado en estas cuestiones.

Es común a las aportaciones aquí reunidas la atención a lo urbano en el mundo contemporáneo, y su diversidad se explica desde la voluntad de presentar una aproximación a la complejidad de la teoría que aborda hoy el fenómeno de la urbanización con la ayuda de enfoques complementarios o desde perspectivas diferentes. Ni es solamente una cuestión de índole geográfica o sociológica, ni tampoco solamente cultural o estructural. Pero es algo que afecta a todos esos frentes. Tiene que ver con la entidad de lo que le ha precedido, pero también está expuesto a la riqueza de influencias de todo lo que tiene que ver con el hombre como agente receptor y productor complejo y de infinito potencial de diversidad.

Se ven reunidas aquí, atendiendo al orden cronológico en que se produjeron, veinte contribuciones que significan la presencia de veinte autores y otras tantas miradas particulares y características. Pero, aunque diferentes, podemos decir que cabe advertir en ellas algún grado de familiaridad, según la posición que adopta el análisis o el resultado de su aportación al asunto. Por ello, podemos entenderlas agrupadas en cuatro corros o plataformas distintas.

Por un lado, se encontrarían los autores cuya contribución recurre en mayor grado a un enfoque relacionado con la evolución de la civilización, refiriéndose a la urbanización y sus efectos desde una óptica global que la asimila a un resultado de la cultura y de los medios. Pertenecerían a este enfoque culturalista las contribuciones de Webber, Choay, Secchi y Hall.

Webber, ya desde una fecha anterior, se refería a la cuestión desde una perspectiva asociada a las nuevas dinámicas de las interacciones personales que alertaban acerca de la disolución de la ciudad convencional. Choay, por su parte, piensa en positivo y trata de atender a la entidad de aquellas formas de la ciudad que subsistirán en el mundo de lo urbano ante el peso inevitable de los antecedentes de la ciudad europea y de los logros irreversibles de la civilización occidental.

El ejercicio de Secchi, sabio y consecuente, se atreve a fijar las bases interpretativas de los hechos, sin rehuir una identificación sólida y fundada del momento histórico de la cultura europea contemporánea en la que inscribe las bases de acción y de entendimiento de la causa. Hall, a su modo, situándose en un tipo de ciudad específico, se mueve en la escala que dibuja la documentación del fenómeno en el mundo, la relativa ductilidad que presenta a la transformación y una visión pragmática y experta de lo susceptible de cambio y de gobierno mediante la incidencia de la planificación. Esto no es óbice para que la autoridad de su aproximación al asunto mantenga la solvencia y contundencia habituales en su obra.

9

---

[3]  Choay, F., "Le règne de l'urbain et la mort de la ville", en: *La ville* , París, Centre G. Pompidou, 1994 (incorporado también en este volumen).

[4]  Afortunadamente, también en castellano. Véase, por ejemplo, Castells, M., *La ciudad informacional*, Madrid, Alianza, 1995.

En un segundo grupo, sin que ello suponga jerarquía, cabe reunir a aquellos autores cuya contribución se detiene en la observación del fenómeno vivo en sus cualidades, atrapando la esencia de aquello nuevo que crea distancia respecto a lo que se daba por establecido. Aun dentro de la misma posición, resulta posible presentar discursos tan distintos como los de Harvey, Sassen, Indovina o Koolhaas, que serían los ocupantes de esta plataforma fenoménica.

Harvey reflexiona acerca de los nuevos parámetros y paradigmas que informan la manifestación de lo urbano, desde donde llega a plantear las consecuentes perspectivas de acción, mientras que Sassen ilustra sobre nuevos sentidos que recibe lo urbano en la realidad global con capacidad de intensificar ciertas cualidades e innovar al mismo tiempo. Por su parte, Indovina, con método y razón, se detiene en la indagación de los nuevos fundamentos sociales y estructurales que sustentan las cualidades de los productos urbanos de nueva caracterización, sin evitar la consistente distanciación de sus antecedentes. Y Koolhaas aporta sus impresiones llenas de matices para tratar de identificar los atributos de aquello que, siendo más uniformizador, sin carácter o localización, está presente en lo urbano contemporáneo.

Formarían parte de un tercer conjunto aquellos autores cuya aportación adopta referencias más relacionadas con las formas urbanas en cuestión, en su desarrollo o en su fundamento social. Se trataría de una visión más morfológica de lo urbano, no exenta de atención a su soporte estructural, social, cultural o económico, pero tampoco de visiones evolutivas motivadas. Integrarían este grupo, por así llamarlo morfologista, dos subgrupos, en función de los discursos que desarrollan. A saber, el subgrupo americano (Fishman, Marcuse y Soja) y el europeo (Dematteis, Portas y M. de Solà-Morales).

Desde la perspectiva americana, más abierta e imprecisa, Fishman incorpora en su teoría del suburbio americano una categoría nueva en la evolución que adopta cualidades propias y capaces de transformar las jerarquías espaciales de las ciudades y del territorio. Soja, por su parte, recurre a una mirada cargada de fundamentos para ilustrar la procedencia multicultural y polifacética de las influencias que inciden a distintos niveles y de modos variables en las innovaciones que las manifestaciones de lo urbano en América acusan y acusarán de manera más consistente. La rotundidad argumental de Marcuse lleva, por su parte, a una reflexión muy justificada acerca de las relaciones potenciales que cabe establecer entre las constituciones sociales internas de las aglomeraciones urbanas contemporáneas y las realidades espaciales, que son causa de desequilibrios muy presentes.

En la perspectiva europea, más integrada, Dematteis se detiene en la relevancia que cabe atribuir en la nueva configuración de lo urbano a la traducción territorial de las redes y las organizaciones en red como soporte de una nueva pauta de urbanidad de rango determinante. Por su lado, Manuel de Solà-Morales atiende a los atributos reales que califican la urbanización en la metrópolis contemporánea, más allá de lugares comunes. Y Portas advierte el trecho que representa el cambio a unas nuevas cualidades de la urbanización por su apoyo en las que le precedieron, poniendo el acento en las vías de mayor fundamento que han de soportar la reurbanización necesaria.

Finalmente, el cuarto grupo de autores tiene en común en sus contribuciones la atención al factor humano como motivo e ilustración de diferencias en lo urbano del mundo de hoy en tanto que agente que filtra y dimensiona el entendimiento del objeto. En esta plataforma neohumanista, o subjetivista, se ubicarían las aportaciones de Corboz, Sennett, Gandelsonas, Pavia, Spivak, e Ignasi de Solà-Morales.

En coherencia con su discurso crítico, Corboz insiste en la lectura del territorio como producto y como proyecto, forma y dimensión de una perspectiva de lo urbano con un espesor y una densidad no independiente del peso de la historia y del bagaje cultural del observador. Sennett ofrece la visión del cambio que experimenta la vida urbana, y con ella las ciudades, situándose en la privilegiada perspectiva de un análisis que repara en la relación íntima del ciudadano con la ciudad en el capitalismo para orientar la búsqueda de una razón clarificadora.

Gandelsonas y Pavia, por su parte, aportan su visión de arquitectos, deteniéndose, en el caso del primero, en la trascendencia del imaginario urbano como fundamento de la producción de la ciudad frente a la influencia de la lectura de la ciudad en la creación de una actitud receptiva que transforma la intervención sobre ésta. Pavia, por su parte, ubica en el permanente peso de actitudes derivadas de la experiencia individual y colectiva de la ciudad una influencia determinante en el entendimiento de la forma de abordar el futuro de la ciudad, una ciudad con trascendentales retos abiertos.

Y también está presente en esta compilación el reflejo de la mirada que desde la crítica destacada en el campo de los estudios culturales y comparados (Spivak) y en la teoría del arte y la arquitectura (I. De Solà-Morales) se cierne sobre la ciudad, aunque sólo sea con dos destacados representantes. Es el prestigio de su bien ganado respeto como analistas en sus respectivas áreas el que aporta un interés especial a su perspectiva como complemento de la de los especialistas. Gayatri Chakravorty Spivak aporta su visión especializada del poscolonialismo para ofrecer una perspectiva de matices originales acerca de lo nuevo que viene a alumbrar una realidad urbana diferente. E Ignasi de Solà-Morales ilustra con su reflexión una reconsideración de la experiencia como determinante de la realidad, en la que los medios adquieren un relevante protagonismo y llegan a ser ellos mismos, en la arquitectura y la ciudad, raíz de la realidad contemporánea.

Esta agrupación de los autores por su discurso permite ordenar a grandes líneas las aportaciones aquí reunidas, como una primera aproximación a los planteamientos de la cuestión. No obstante, al mismo tiempo resulta casi inevitable imaginar este conjunto de textos como si fueran diálogos cruzados, algunos imposibles seguramente, aunque protagonistas de un chorro de argumentos y contrastes acerca de lo urbano en el mundo contemporáneo. Es éste el tipo de debate que sustentará la construcción de una teoría urbanística de nuestro tiempo, una teoría hoy pendiente, pero aquí, en parte, ya latente.

Este compendio es una oportunidad derivada de la investigación desarrollada en el *Departament d'Urbanisme i Ordenació del Territori* de la Universidad Politécnica de Cataluña. En un primer momento, las labores desarrolladas se tradujeron en la organización y dirección de un Taller Internacional en ARTELEKU, centro de la Diputación Foral de Guipúzcoa en San Sebastián, en el verano de 2000 bajo el título "Transformaciones del espacio habitado – Paisajes del fundamento social". Allí se reunió, junto a una treintena de graduados de diferente procedencia geográfica y disciplinar, a varios de los autores aquí representados. Y posteriormente se extendieron en tareas de docencia e investigación en la Escuela Técnica Superior de Arquitectura de Barcelona dentro del Programa de Doctorado del *Departament d'Urbanisme i Ordenació del Territori* de la UPC. En esta sede, han sido participantes de esta reflexión los arquitectos Beth Alabern, Caterina Anastasia, Leopoldo Benavides, Carles Crosas, Álvaro Cuéllar, Luciana de Castro, Cristina García Zamudio, Wilson A. Gómez, David Martínez, Marco Muñoz, Fernando Roa, Thais Saboia, Kris Scheerlink, Adolfo Sotoca y Fernando van Woensel.

Para la versión al castellano de los textos se ha contado, además de con la participación de alumnos del Programa de Doctorado en Urbanismo de la UPC, con la importante colaboración de ARTELEKU, centro de la Diputación Foral de Guipúzcoa en San Sebastián.

Se ha de hacer constar nuestro agradecimiento a los autores, que han permitido la reproducción en esta edición universitaria de sus textos, y a Eulalia Serra, su autorización para la inclusión del artículo de Ignasi de Solà-Morales. También a la Editorial Gustavo Gili, al *Centre de Cultura Contemporània de Barcelona* (CCCB) y a la revista *URBAN* de Madrid, por autorizarnos a incluir en esta edición textos que ellos habían publicado previamente. Y, asimismo, a los autores de las fotografías, que nos han ofrecido la posibilidad de mejorar la edición con su trabajo.

Melvin M. Webber es profesor emérito de Planeamiento de la Universidad de California, en Berkeley, y fue director allí del Instituto de Desarrollo regional y urbano y del Centro de investigación del Transporte. Investigador de las consecuencias de la planificación de los transportes, de la teoría de la planificación y de las implicaciones en la estructura urbana del progreso en las técnicas de transporte y comunicación, anunció hace cuarenta años efectos y cambios trascendentales en la cuestión de la urbanización en dos artículos que, traducidos a diversos idiomas, sentaron época ["Order in Diversity: Community Without Propinquity" (1963) –trad. cast.: "El orden en la diversidad: Comunidad sin proximidad" (1976)-, y "The Urban Place and the Non-place Urban Realm" (1964) –trad. cast.: "El lugar urbano y el dominio urbano ilocal" (1970)-] y se convirtieron en unas de las referencias más citadas en la teoría urbana contemporánea.

Su reflexión sobre las posibilidades de la planificación urbanística, mantenida desde diversos órganos de expresión, y su crítica a los modos y consecuencias de la planificación tradicional fundada en "necesidades" y "normas", le llevaron a situar su atención en las consecuencias sociales de aquélla y en la necesidad de orientar esta tarea, como labor continua y empeño de "lo posible", hacia la validez de los resultados desde una perspectiva pragmática necesariamente atenta a los cambios culturales y sociales.

De su obra de interés más global, quedaba por traducir al castellano el artículo "The Post-City Age", que, en un momento en que EE.UU. afrontaba crisis sociales internas, coronaba una reflexión que parecía entrever un cambio de época en la cuestión de la urbanización.

© Rev. *Le visiteur*

# LA ERA POSTCIUDAD*

Melvin M. Webber

Las tradiciones pragmáticas de la vida política norteamericana nos han llevado a atacar los problemas manifiestos del momento con fuertes dosis de compromiso, pero también a evitar la confrontación a más largo plazo con las cuestiones subyacentes. Los diversos intentos gubernamentales de llevar a cabo análisis de problemas, proyecciones y planificaciones de largo alcance jamás han tenido éxito. Nos queda por implantar en Norteamérica una contra-tradición que, explorando el futuro, inspire una política de desarrollo nacional. Este fracaso refleja en parte el estado actual de las ciencias sociales, que no han desarrollado ninguna teoría predictiva adecuada en la mayoría de los ámbitos de interés nacional. Da que pensar que ningún sociólogo predijera la magnitud de la revuelta negra, que ningún urbanista de antes de la guerra anticipara los patrones de desarrollo de las ciudades norteamericanas después de la guerra, y que nadie, y esto es lo más preocupante, haya escrito aún futuros alternativos sistemáticos en un intento de trazar el posible curso de los acontecimientos en dichos ámbitos.

* Traducido del original publicado en *Daedalus, Journal of the American Academy of Arts and Sciences*, Otoño 1968, pp. 1091-1110.

Como consecuencia de nuestras tradiciones políticas y teorías inadecuadas, tendemos a reaccionar exageradamente ante los acontecimientos cotidianos. Cuando una curva empieza a subir, esperamos que siga así hasta salir por el extremo superior del gráfico; cuando empieza a bajar, nos desesperamos porque pueda desaparecer por el extremo inferior. Hace una década estábamos seguros de que Norteamérica flotaba serenamente en la afluencia de la clase media y que las cosas sólo podían ir a mejor. Entonces, de repente, cambiamos la imagen nacional que teníamos de nosotros mismos cuando descubrimos una enorme población de clase baja y pobreza a gran escala. Las manifestaciones de los últimos cinco veranos se han interpretado como señales, bien de un nuevo igualitarismo en Norteamérica, bien de un *apartheid* inminente. Pensábamos que nuestro sistema público de educación era inmejorable, hasta que el Sputnik nos conmocionó y nos llevó a las reformas al por mayor. Estábamos convencidos de que el desarrollo suburbano iba a proporcionar hogares decentes para todos, y ahora estamos convencidos de que sólo la reconstrucción inmediata de las viejas ciudades puede salvarlas del desastre.

No puede caber duda alguna acerca de lo imperativo de enfrentarse a las crisis actuales asociadas con la ciudad contemporánea. Las protestas del *ghetto* negro deben encontrar una respuesta humilde, humana e inmediata; y eso requerirá enormes inversiones de capital intelectual y dinero federal. La escala alcanzada por la empresa actual de construcción y reconstrucción dentro de las ciudades no tiene precedente. Tendremos que duplicar el tamaño de nuestras instalaciones físicas durante los próximos treinta y cinco años; y también eso va a exigir un compromiso a gran escala por parte de nuestros recursos intelectuales y financieros. En estos momentos parece que esas inversiones están próximas, debido en gran parte a que la crisis actual ha captado la conciencia de la nación, y en parte también a que entra dentro de nuestro estilo responder en masa a las emergencias.

Pero sería un desafortunado error, otra repetición de nuestras propensiones nacionales, que vertiéramos recursos en los problemas evidentes sin analizar al mismo tiempo las cuestiones subyacentes menos visibles. Un profundo alabeo caracteriza a las figuras de nuestros gráficos, mes a mes: un gran cambio histórico que puede reorganizar el carácter de la sociedad urbana en el mundo desarrollado. Eso también debe atraer nuestra atención, ya que los cambios próximos pueden impedir en tal grado la movilidad social futura que nuestros programas de mejora a corto plazo podrían resultar ineficaces volviendo la vista atrás. Si tal fuera el caso, más nos vale tratar de anticipar esos cambios y después modificar nuestros programas de acción de manera que se ajusten a ellos.

### Urbanización más allá de la ciudad

Estamos pasando por una revolución que está separando a los procesos sociales de urbanización de la ciudad y región fijadas territorialmente. Como reflejo de la explosión que está teniendo lugar actualmente en el campo de la ciencia y tecnología, el empleo está desplazándose de la producción de bienes a los servicios; la comodidad creciente del transporte y las comunicaciones está disolviendo las barreras espaciales para el trato social; y los norteamericanos están formando comunidades sociales compuestas por miembros espacialmente dispersos. Está surgiendo un nuevo tipo de sociedad urbana a gran escala que es cada vez más dependiente de la ciudad. A su vez, los problemas de la ciudad generados por la industrialización temprana están siendo sustituidos por otra serie de problemas de otro tipo. Aparte de contadas excepciones (la nueva polución atmosférica es una notable excepción), las dificultades recientes no son en absoluto problemas relacionados con la localización. Se trata más bien de los problemas transitorios propios de una sociedad-economía-gobierno en rápido desarrollo cuyo

terreno de juego es el país. Paradójicamente, justo en un momento de la historia en que los diseñadores de políticas y la prensa mundial están descubriendo la ciudad, «la era de la ciudad parece haber terminado».[1]

El hecho de no haber sabido establecer la distinción conceptual, bastante simple, entre la ciudad definida espacialmente o área metropolitana y los sistemas sociales allí establecidos empaña los actuales debates en torno a la «crisis de nuestras ciudades».[2] La confusión deriva en gran parte de las deficiencias de nuestro lenguaje y de la anacronista manera de pensar que hemos incorporado de una época pasada. Seguimos careciendo de términos adecuados para describir el orden social emergente, de modo que usamos, forzosamente, viejas etiquetas que ya no son adecuadas. Como los hemos denominado así, suponemos que los problemas que se manifiestan en el interior de las ciudades son por ello, en cierto modo, «problemas urbanos». Como las sociedades del pasado estaban estructuradas espacial y localmente, y como las sociedades urbanas solían estar basadas exclusivamente en las ciudades, parece que seguimos partiendo de la base de que la territorialidad es un atributo necesario de los sistemas sociales.

El error ha sido grave, y nos ha llevado a buscar soluciones locales a problemas cuyas causas no son de origen local, y por tanto no son susceptibles de tratamiento municipal. Hemos estado tentados de aplicar instrumentos de construcción urbana para corregir desórdenes sociales, y después nos hemos quedado sorprendidos al ver que no funcionan (nuestras experiencias con viviendas protegidas para fines terapéuticos, que se suponía iban a curar «patologías sociales», y con la renovación urbana, que se suponía que iba a mejorar las condiciones de vida de los pobres, pueden ser nuestros más espectaculares fracasos). Hemos prodigado grandes inversiones en instalaciones públicas, pero hemos descuidado la calidad y distribución de los servicios sociales. Y hemos defendido y reforzado prerrogativas autonómicas de los gobiernos locales y estatales con elaborada retórica y legislación proteccionista.

La delincuencia callejera, la pobreza, el desempleo, las familias

---

[1] La frase pertenece a Don Martindale; con ella concluye su "Introducción" al libro de Max Weber, *The City*, Nueva York, 1962, p. 67 (trad. cast.: *La Ciudad*, Madrid, La Piqueta, 1987, si bien esta edición no contiene la introducción de Don Martindale). El tema se ha estado divulgando por todas partes hoy en día. Véase especialmente, Scott Greer, *The Emerging City; Mith and Reality,* Nueva York, The Free Press of Glencoe, 1962; Kenneth Boulding, *The Meaning of the Twentieth Century: the Great Transition,* Nueva York, Harper Colophon Books, 1965 (trad. cast.: *El Significado del Siglo XX: La Gran Transición,* Méjico, UTEHA, 1966); York Willburn, *The Withering Away of the City,* Tuscaloosa, 1964; y Janet Abu-Lhughod, "The City is Dead–Long Live the City", *Center for Planning and Development Research,* Universidad de California, Berkeley, 1966, mimeo.

[2] John Friedman presenta una aclaración precisa de la distinción en "Two Concepts of Urbanization", *Urban Affairs Quarterly,* Vol. 1, N. 4, Junio 1966, pp. 78-84.

rotas, los disturbios raciales, la drogadicción, las enfermedades mentales, la delincuencia juvenil... ninguna de las «patologías sociales» al uso que marcan la ciudad contemporánea puede encontrar allí sus causas ni su cura. No podemos esperar inventar tratamientos locales para condiciones cuyos orígenes no son de carácter local, ni podemos esperar que gobiernos definidos territorialmente vayan a resolver eficazmente problemas cuyas causas no guardan ninguna relación con el territorio o la geografía. Los conceptos y métodos de ingeniería civil y planificación urbana adecuados para el diseño de instalaciones físicas unitarias no pueden utilizarse para servir al proyecto de cambio social en una sociedad pluralista y móvil. En la nueva sociedad que surge ahora -con su ciencia y tecnología sofisticadas y en rápido avance, su compleja organización social y sus procesos societarios internamente integrados-, la influencia e importancia de la distancia geográfica y el lugar geográfico están en franco declive.

Eso constituye, naturalmente, un cambio de lo más notable. A lo largo de prácticamente toda la historia humana, la organización social ha coincidido con la organización espacial. En la sociedad preindustrial, los hombres trataban casi exclusivamente con sus vecinos geográficos. Las comunidades, economías y gobiernos sociales se estructuraban en torno al lugar en el que el trato estaba menos forzado por las fricciones espaciales. Con la llegada de la industrialización a gran escala durante la segunda mitad del siglo XIX, las restricciones de tipo espacial se erosionaron rápidamente, como consecuencia de las nuevas facilidades para viajar y comunicar que trajo consigo la propia industrialización.

Las contrapartidas iniciales de la industrialización en los Estados Unidos fueron, en primer lugar, la concentración de la población en grandes asentamientos y, después, la urbanización cultural de la población. A pesar de que dichos cambios tenían una relación causal entre ellos, tuvieron diferentes efectos espaciales. Tras reunirse en un lugar común, la gente se introducía en grandes sociedades sin vínculos con ningún lugar específico. Gentes provenientes de la agricultura y de los pueblos de todo el continente e incluso el mundo emigraron a las ciudades en expansión, donde aprendieron costumbres urbanas, adquirieron las destrezas laborales que exigía la industrialización y se integraron en la sociedad contemporánea.

En años recientes, la nueva escala societaria y las mejoras en los sistemas de transporte y comunicaciones han desatado una cadena de efectos que han arrebatado a la ciudad su otrora específica función como instrumento urbanizador de la sociedad. Granjeros y residentes de ciudades pequeñas, esparcidos por todo el continente, fueron en otra época realmente eliminados de la vida cultural de la nación. Los habitantes de la ciudad

que visitaban zonas rurales solían ser tratados como extraños, cuyos estilos de vida y maneras de pensar resultaban poco familiares. Era difícil recibir noticias del resto del mundo, y además tenían poca importancia para quienes vivían la vida local. Desde luego que la gente de campo sabía que existía otro mundo en alguna parte, pero pocos lo entendían, y era algo que sólo los afectaba de manera indirecta. Las potentes tradiciones antiurbanas del pensamiento y política norteamericanos tempranos convertían al habitante inmigrante de una ciudad en un personaje sospechoso cuya tosca manera de ser lo marcaba como no cristiano (cosa que a veces era cierta), y desde luego no americano. Las clases altas urbanas más sofisticadas -comerciantes, propietarios de tierra y profesionales- eran igualmente sospechosas y, por consiguiente, rechazadas. En cambio, el comerciante de ciudad de provincias y el granjero que vivía más cerca de la naturaleza eran los auténticos norteamericanos de corazón puro que vivían una vida simple y natural.[3] Como los contrastes entre los modos de vida rural y urbano eran muy agudos, los antagonismos eran reales, y las diferencias se hicieron institucionales a la hora de aplicar políticas. Norteamérica estaba marcada por una diversidad de culturas regionales y de clase cuyos seguidores se relacionaban con poca frecuencia entre ellos, si es que lo hacían.

Ahora todo eso ha desaparecido. Los personajes vodevilescos, paletos y pueblerinos, han abandonado el escenario tras la representación del vodevil. El granjero urbanizado de hoy ve documentales en la televisión, lee los periódicos nacionales y gestiona sus hectáreas desde un despacho (tal vez alquilado en un edificio de oficinas del centro de la ciudad), mientras sus empleados conducen los tractores a la vez que escuchan en un transistor las noticias mundiales del momento. La agricultura hace tiempo que dejó de ser una habilidad artesanal; se encuentra entre las industrias más tecnologizadas, y está estrechamente integrada dentro del complejo industrial internacional.

Durante la segunda mitad del siglo XIX y el primer tercio del siglo XX, la concepción territorial tradicional que distinguía entre urbanitas y ruralitas era probablemente válida: la gente típicamente rural vivía fuera de las ciudades y los típicos urbanitas vivían dentro. En estos momentos, ese modelo está casi *invertido*. Los urbanitas no residen ya exclusivamente en asentamientos metropolitanos, ni los ruralitas viven exclusivamente en los *hinterlands*. Ocurre cada vez más que los menos integrados en la sociedad moderna -los que muestran la mayoría

15

---

3 Richard Hofstadter, *The Age of Reform*, Nueva York: Alfred A. Knopf, 1955; y *Anti-Intellectualism in American Life*, Nueva York, Vintage Books, 1963 (trad. cast.: *Anti-Intelectualismo en la Vida Norteamericana*, Madrid, Tecnos, 1969). Morton y Lucia White, *The Intellectuals Against the City*, Cambridge, 1964 (trad. cast.: *El Intelectual Contra la Ciudad: de Thomas Jefferson a Frank Ll. Wright*, Buenos Aires, Infinito, 1967).

de los atributos de la gente rural- se están concentrando en las zonas con mayor densidad de población de los grandes centros metropolitanos. Esa evolución, de gran calado e importancia, está llegando ahora a nuestras conciencias, pero apunta a una de las cuestiones de política más importantes de las próximas décadas.

**Los participantes en la sociedad a gran escala**

La difusión cultural está integrando a inmigrantes, residentes de ciudades y pueblos del interior dentro de una sociedad urbana nacional, pero no ha tocado por igual a todos los norteamericanos. En un extremo están las élites intelectuales y comerciales, cuyo hábitat es el planeta; en el otro, residentes de clase baja tanto de la ciudad como del campo, que viven en mundos limitados espacial y cognitivamente. La mayoría del resto de nosotros, que comprende a la gran clase media, se encuentra en algún punto entre esos dos extremos, pero en algunas facetas de nuestras vidas todos parecemos movernos desde nuestro localismo ancestral hacia las esferas ilimitadas de los cosmopolitas.

Los grandes logros educativos y los empleos altamente especializados son las marcas de los nuevos cosmopolitas. Como usuarios frecuentes de las líneas aéreas y líneas telefónicas de larga distancia, tienen una estrecha relación con las redes de comunicaciones que los unen a sus socios, espacialmente dispersos. Son colaboradores y consumidores de revistas especializadas del campo de la ciencia, del gobierno y de la industria, manteniendo así contacto con los recursos de información que sean relevantes para sus actividades, sean cuales sean las fuentes geográficas o su propia situación geográfica. Aunque algunos pueden ser empleados de corporaciones dedicadas mayormente a la fabricación de productos físicos, esos hombres intercambian información e ideas. Son los productores de información e ideas que alimentan los motores del desarrollo de las sociedades. Para quienes sintonizan con los circuitos de comunicaciones internacionales, las ciudades son de utilidad precisamente porque son ricas en información. El modo en que tales hombres hacen uso de la ciudad revela con la mayor claridad su carácter esencial, ya que para ellos la ciudad es en esencia un enorme centro de comunicaciones, mediante el cual se lleva a efecto la interacción humana.[4]

Efectivamente, las ciudades existen *sólo* debido a que la aglomeración espacial permite unos costes reducidos de interacción. Originalmente, la gente decidía establecerse en poblaciones de alta densidad precisamente porque el espacio era tan costoso de salvar. Sigue siendo más barato tratar con personas que están cerca, y por eso la gente sigue estableciéndose en tales asentamientos.[5] Como *existen* concentraciones de socios en las localidades urbanas, los nuevos cosmopolitas establecen sus oficinas allí, y después se desplazan de ciudad en ciudad para llevar a cabo sus negocios. Las mayores poblaciones atraen el tráfico telefónico y aéreo con los lugares más remotos, y han experimentado un crecimiento de lo más espectacular durante esta era de la construcción de ciudades.

La reciente expansión de Washington, D.C. es la prueba más espectacular del carácter cambiante del desarrollo metropolitano. A diferencia de los asentamientos más antiguos, cuyo crecimiento se generó por la expansión de actividades manufactureras durante el siglo XIX y principios del XX, Washington no produce casi bienes. Sus productos primarios son la información y la inteligencia, y su crecimiento fantástico es una medida directa de las funciones predominantes que han llegado a desempeñar en la sociedad contemporánea la información y el gobierno nacional.

Este cambio terriblemente importante ha ido evolucionando sutilmente durante mucho tiempo, de forma tan gradual que parece haber pasado desapercibido. Las ciudades preindustriales que han abastecido a sus interiores agrícolas adyacentes eran parecidas en lo esencial. Cada una proporcionaba una serie de bienes y servicios normalizados a su zona de mercado colindante. Las ciudades industriales que crecieron tras la Guerra de Secesión y durante las primeras décadas del siglo XX estaban orientadas a servir a amplios mercados con productos manufacturados para producir los cuales fueron creadas. A medida que se ampliaban sus zonas de mercado, a medida que aumentaba la especialización de productos y a medida que se expandía el contenido informativo de dichos bienes, los establecimientos localizados en ciudades individuales fueron integrándose en las economías espacialmente extensivas. Ahora, los grandes centros metropolitanos, que solían ser más que nada lugares de producción de bienes, se han convertido en nudos de comunicaciones dentro de las redes de comunicaciones internacionales. Cualquier metrópolis moderna es un fenómeno discreto, unitario e identificable únicamente en el sentido físico, limitado geográficamente. Como mucho, es un nodo localizado dentro de las redes internacionales integradoras, que busca su importante identidad como colaborador en el funcionamiento de ese sistema más amplio. Como resultado, los nuevos cosmopolitas no pertenecen a nin-

---

[4] Richard L. Meier, *A Communications Theory of Urban Growth*, Cambridge, Massachusetts, The M.I.T. Press, 1962.

[5] Elaboré esta tesis en "Order in Diversity: Community Without Propinquity", en Lowdon Wingo, Jr. (ed.), *Cities and Space*, Baltimore, Johns Hopkins Press, 1963, pp. 23-54 (trad. cast.: "El Orden en la Diversidad: Comunidad sin Proximidad", en *Ciudades y Espacio: el Uso Futuro del Suelo Urbano*, Vilassar de Mar, Oikos-Tau, 1976, pp. 19-40).

guna de las áreas metropolitanas del mundo, a pesar de que las utilicen. Pertenecen más bien a las comunidades nacionales e internacionales que simplemente mantienen intercambios de información en esos nudos metropolitanos.

Su capacidad para interactuar estrechamente con otros que están alejados espacialmente depende, por supuesto, de un nivel de riqueza adecuado para cubrir los costes del trato a larga distancia, así como de las capacidades cognitivas asociadas a ocupaciones profesionales de alto nivel de especialización. Las élites intelectuales y comerciales son capaces de mantener un contacto estrecho y continuado con sus socios por todo el mundo porque son ricos, no solamente en información, sino también en sus niveles de renta.

A medida que los costes de la comunicación a larga distancia caen en la misma proporción en que aumentan las rentas, hay cada vez más gente capaz de pagar las facturas de transporte y comunicaciones y dispuesta a hacerlo. A medida que se expanden los privilegios de la cuenta de gastos de representación, esos costes están reduciéndose a cero para cada vez más gente. A medida que aumentan los niveles de educación y capacidades, cada vez más gente se está introduciendo en las comunidades espacialmente extensivas que acostumbraban acoger a sólo unos pocos.

De modo que el pegamento que en otros tiempos mantenía unido el asentamiento espacial está disolviéndose ahora, y el asentamiento está dispersándose por terrenos cada vez más amplios. Al mismo tiempo, el patrón de asentamiento está cambiando también (desplazándose hacia largas franjas a lo largo de las costas, el Golfo de Méjico y la región de los Grandes Lagos). Es probable que esas tendencias se aceleren espectacularmente debido a las mejoras en las tecnologías del transporte y comunicaciones, que reducen costes y se encuentran ahora en fase de investigación y desarrollo (el SST, las comunicaciones por satélite, el transporte por tierra a alta velocidad, con velocidades de hasta 800 km/hora, los sistemas de enseñanza con soporte de TV y ordenador, el servicio de llamadas interurbanas gratuitas y el acceso en tiempo real a sistemas informativos nacionales con base informática son probablemente los más poderosos). Las mejoras tecnológicas en el transporte y las comunicaciones reducen las fricciones espaciales y facilitan, por tanto, el trato a larga distancia. Nuestros trazados urbanos compactos, físicos, reflejan directamente las tecnologías más primitivas usadas en la época en que se construyeron esas ciudades. De modo parecido, el modelo de localización de ciudades por el continente es reflejo de las tecnologías accesibles en la época en que crecieron los asentamientos.[6] Si las mejoras tecnológicas que se nos anuncian actual-

mente demuestran ser realizables, cada asentamiento se extenderá en modelos de baja densidad que van a cubrir zonas mucho más extensas de lo que han predicho los comerciantes de futuro más asustados. La nueva forma de asentamiento guardará escaso parecido con la ciudad del siglo XIX tan firmemente fijada en nuestras imágenes e ideologías. También podemos esperar que los grandes puntos nodales no vayan a tener ya la ventaja de las comunicaciones que disfrutan hoy en día, y los asentamientos de menor tamaño van a sufrir una gran crecimiento acelerado en todo tipo de lugares actualmente aislados en los que las comodidades naturales los hacen atractivos.

Más aún, a medida que porcentajes cada vez mayores de jóvenes de la nación vayan a la universidad y accedan a las culturas nacional e internacionales, el apego al lugar de residencia va a declinar de manera espectacular. Esta perspectiva, más que la dispersión espacial de las zonas metropolitanas, anuncia la defunción funcional de la ciudad. Las señales aparecen claras y patentes entre los grupos cuyos mundos son más amplios y tienen menos limitaciones localistas.

Consideremos al cosmopolita extremo, aunque sólo sea a título ilustrativo. Puede estar ocupado en el campo de la investigación científica, el periodismo o el comercio internacional, profesiones todas que muestran trazos críticos comunes. El astrónomo, por ejemplo, mantiene contacto instantáneo con sus colegas repartidos por el mundo; efectivamente, colabora diariamente con astrónomos de todos los países. Su trabajo exige que comparta la información y que él y sus colegas hagan un seguimiento conjunto de los acontecimientos del firmamento, puesto que la rotación de la tierra hace que gente de diversos lugares tenga un puesto de observación privilegiado. Como está comprometido de manera personal con su empresa común, su grupo social de referencia es la comunidad de astrónomos. Destina sus lealtades a la comunidad de astrónomos, puesto que lo que más le importa es el trabajo y bienestar de aquellos.

Por supuesto, cuando desempeña otros papeles -digamos como ciudadano, padre, director de laboratorio o tendero de ultramarinos-, es miembro de otras comunidades, comunidades basadas en intereses y definidas por su localización. Pero lo más chocante de nuestro astrónomo, y de los millones de personas como él ocupadas en otras profesiones, es la pequeña cantidad de atención y energía que dedica a las inquietudes

17

---

6 Por ejemplo, la primera generación de aviones a reacción, al igual que los prime-

ros ferrocarriles, aceleraron el crecimiento de los asentamientos más extensos. Los grandes reactores únicamente podrían aterrizar en aquellos aeropuertos con largas pistas de aterrizaje e instalaciones especializadas. La segunda y tercera generación de reactores están igualando rápidamente la accesibilidad entre asentamientos, recapitulando los efectos de la accesibilidad de los ferrocarriles y también de las autopistas.

de las comunidades definidas por su localización. Seguramente, en comparación con su abuelo, cuya vida estaba dedicada en gran parte a los asuntos de su comunidad, el astrónomo, autor de teatro, periodista, agente de bolsa o mayorista de trigo vive en un espacio vital que no está definido por el territorio, y se enfrenta a problemas que no son de naturaleza local. Para él, la ciudad no es más que un escenario conveniente para llevar a cabo su trabajo profesional; lo que más le importa no es la base de las comunidades sociales.

Y es que tal vez no esté lejano el día en que el significado vulgar de la palabra «comunidad» será algo arcaico y desaparecerá del uso ordinario. Ha perdido ya gran parte de su significado tradicional para muchos de quienes están en los círculos dirigentes de la sociedad. Si se retiene la palabra, puede quedar restringida a las necesidades de los niños y de los adultos que no han accedido a la sociedad moderna.

La defunción de la ciudad está asociada con cambios mucho más sutiles y profundos que la expansión de zonas de mercado para las empresas y la colaboración entre científicos de países distantes entre sí. Detrás de esos acontecimientos se encuentra la internacionalización de la sociedad generada por la explosión del conocimiento.

Por su propia naturaleza, el conocimiento es algo que no es específico de ciudades ni de países. Una consecuencia esencial e imprevista de la ciencia para la mayoría es su efecto internacionalizador, su introducción de conocimientos comunes, bibliotecas de información comunes, bases comunes de evaluación y validación y, verdaderamente, una cultura común para hombres ubicados en todos los rincones del globo. Las mismas consecuencias emanan de los progresos en el campo de la tecnología, el comercio, las artes, el teatro, la literatura, y prácticamente todas las esferas de esfuerzo creativo. Salvo para quienes, como Lyzenko, se mantienen fieles a ciertas epistemologías o ideologías especializadas, los nuevos descubrimientos e inventos son aceptados sin problemas, independientemente de sus orígenes geográficos. Existe ya una amplia clase de personas por todo el mundo que comparten la cultura mundial mientras participan simultáneamente en las culturas locales idiosincrásicas características de sus lugares de residencia. Su abanico de oportunidades es mucho más amplio y diverso que lo que hubiera podido imaginar el hombre más rico y poderoso de épocas pasadas.

El conocimiento es también acumulativo; su contenido no puede sino crecer, y los efectos que genera son unidireccionales. Ahora sabemos que la reciente expansión del conocimiento ha desencadenado una rápida explosión del espacio vital, tanto geográfica como cognitivamente. Podemos esperar que

esa explosión continúe, rompiendo más aún las barreras de la geografía y la ignorancia para amplios sectores de la población. La contrapartida de expandir el espacio vital ha sido el papel contractivo de ciudades y naciones como estructuras organizativas de las sociedades. Naturalmente, este descubrimiento es revolucionario. Como Kenneth Boulding ha expresado en pocas palabras, anuncia el fin de la «civilización» como cultura de la *civitas*.[7] No cabe duda de que el fin de la civilización lleva ya mucho tiempo a la vista; por medio de un truco etimológico revelador, nos hemos acostumbrado a hablar de *ciudad*anía nacional, e incluso describimos a algunas personas como «ciudadanos del mundo». Este uso es mucho más profético de lo que nos había parecido.

A pesar de que las élites intelectuales y comerciales siguen siendo sin duda una minoría entre nosotros, la amplia clase media está adoptando con rapidez sus estilos y sus características, y las personas de clase baja aspiran a ellos. Aproximadamente el 40% de la juventud norteamericana va a la universidad ahora, y la proporción pronto llegará a más de la mitad (en California se acerca actualmente al 80%). La televisión ya ha proporcionado una ventana a un mundo sin fisuras, un mundo que la generación actual está explorando de forma activa y directa. Si logramos alguna vez utilizar la televisión de manera creativa, podría convertirse en una fuerza educativa más potente de lo que han sido las escuelas públicas, extendiendo el aula a todos los hogares y llevando el abanico de conocimientos accesibles mucho más allá de los límites actuales. Es posible que los norteamericanos estén consumiendo ya más libros per cápita, más revistas per cápita, más música, más conferencias y más arte que lo consumido por cualquier otra población del planeta; desde luego, mucho más que los pueblos del pasado. Viajan por todo el mundo por placer o por motivos educativos; y en el transcurso de sus viajes absorben información, ideas y actitudes a medida que van sembrando las suyas propias en sus trayectos.

Los habitantes de otros países se dedican al mismo tipo de actividades, por supuesto. Los europeos occidentales pueden ser la segunda población más móvil del mundo, aunque los japoneses probablemente incluso los superen, al ritmo que llevan explorando el planeta, absorbiendo y después explotando el conocimiento mundial. Las señales de esa internacionalización son claras: el auge de la empresa comercial internacional, la difusión casi instantánea de la moda en el vestir y en las artes, la difusión espectacular de la cultura *hippie*, la nueva arquitectura internacional, la sensación de pérdida personal que tuvieron los europeos ante los asesinatos de John F. Kennedy, Martin Luther King y Robert F. Kennedy, la acepta-

18

---

[7] Kenneth E. Boulding, op. cit.

ción de la idea de mercado común y el orgullo racial recién descubierto entre pueblos de color que se apoyan unos a otros.

Tenemos pocas razones para dudar de que la acumulación y dispersión de conocimiento vaya a continuar, aportando una mayor disolución de las diferencias locales. La economía se está expandiendo precisamente en aquellas industrias de servicios que exigen grandes niveles educativos y sofisticación: servicios de educación, investigación y desarrollo, salud e información. Paralelamente, las ubicaciones tradicionales de crecimiento que marcaron la fase industrial de desarrollo nacional están ya en declive. Durante los últimos veinte años, apenas ha habido expansión en el empleo industrial de los EUA; puede que pronto asistamos a un declive de hecho, a pesar de la fantástica expansión de la producción. Los empleos sin cualificación están desapareciendo con rapidez, y es posible que el trabajo físicamente agotador sea adjudicado a las máquinas dentro de poco.

Los procesos se han reforzado mutuamente. Las ocupaciones del sector servicios, que requieren gran cualificación, han podido expandirse porque se ha estado desarrollando una mano de obra con altos niveles educativos. Esos empleos, por su parte, sobre todo los que corresponden a las industrias del conocimiento, han estado produciendo sus propias generaciones futuras de personas mejor formadas y sus propias generaciones futuras con nuevos conocimientos. De ese modo, hemos estado montados en una espiral creciente que está poniendo a la economía patas arriba, convirtiendo una economía en la que los trabajadores producen productos físicos en una economía en la que producen servicios. Muchos de los nuevos servicios tienen que ver con la gestión de la información, y el contenido informativo de la mayor parte de los nuevos productos físicos está creciendo rápidamente (compárese, por ejemplo, el contenido informativo de una radio a transistores con el de un vagón de carbón). Mientras tanto, el énfasis puesto en el conocimiento y la información ha aumentado espectacularmente. El número de norteamericanos que trabajan a dedicación completa como profesores supera ya los dos millones. Podría no estar lejos el día, largamente anunciado por los antiguos filósofos griegos, en que una de las principales ocupaciones consistirá en aprender simplemente por aprender.

### Los olvidados nativos preindustriales

A medida que la escala de la sociedad ha ido aumentando, llevando al grueso de la población nacional a una era posindustrial vagamente entrevista, amplios segmentos de la población están quedando cada vez más rezagados. Hace poco tiempo, muchas de esas personas vivían en zonas rurales, una gran proporción procedentes de los estados del sur y de los Apalaches; la migración a las ciudades durante los últimos veinticinco años los ha reubicado ya a casi todos. Hoy en día son habitantes de ciudad, residen en los barrios más densamente poblados de las zonas metropolitanas, pero siguen viviendo las culturas populares que conocieron sus abuelos. Aquí, en los Harlem y South Sides de la nación, se encuentran algunos de los últimos restos viables de las sociedades preindustriales, en quienes las costumbres de pueblo están prácticamente intactas. Aquí el terreno de juego es la manzana de casas urbana, y los grupos de adolescentes libran batallas en su defensa. Aquí, en los barrios bajos de los centros urbanos, pueden estar los únicos barrios sociales que nos quedan basados puramente en la localización.

Las ciudades norteamericanas han sido siempre imanes para los inmigrantes preindustriales que buscaban acceder a la sociedad contemporánea. Igual que quienes los precedieran desde Europa, los recientes inmigrantes se están viendo empujados por la dureza de su vida actual y arrastrados por la promesa de oportunidades que ha ofrecido la ciudad tradicionalmente. Pero las migraciones recientes se dan en un escenario muy diferente. Quienes vienen ahora tienen que superar una brecha cultural mucho mayor que aquella a la que tuvieron que enfrentarse sus predecesores, y que además está ampliándose en progresión geométrica.

A pesar del sufrimiento que acompañó a la inmigración y culturización del siglo XIX, el escenario estaba bien dispuesto; los caminos para la movilidad social eran cortos y fáciles de recorrer. Las nuevas industrias manufactureras necesitaban de grandes cantidades de obreros que pudieran recibir formación fácilmente para desempeñar las tareas normalizadas. Empleos, por su parte, hechos para garantizar una renta segura que proporcionaba un alivio ante las amenazas de la vida diaria, alimentando así una visión no fatalista del mundo mediante la cual podían vislumbrarse posibilidades de futuro. La estructura física de la ciudad permitió a los diversos grupos étnicos y nacionales establecerse en colonias dentro de las ciudades. Los estilos de vida transplantados del viejo mundo, propios de los *ghettos*, facilitaban la transición a los recién llegados adultos, mientras sus hijos los iban introduciendo a las nuevas maneras urbanas. Las instituciones democráticas y las disposiciones legales para adquirir los derechos de ciudadanía y de voto permitieron a los recién llegados controlar y después usar instrumentalmente los gobiernos locales para acelerar su propio desarrollo. Para algunos, la política y el gobierno proporcionaron un rumbo importante a la movilidad social.

Las escuelas públicas gratuitas sirvieron como puerta abierta a través de la cual los hijos de inmigrantes encontraron acceso a ocupaciones especializadas y semiespecializadas, y así a una

19

posición social más elevada que la que gozaron sus padres. Las escuelas públicas, las universidades públicas gratuitas, las bibliotecas gratuitas, la disponibilidad de servicios médicos gratuitos o baratos, así como la vida pública de la calle, se convirtieron en los medios más importantes de transmisión de cultura. Al vivir una vida de base urbana, los norteamericanos de segunda o tercera generación adquirieron las competencias sociales y cognitivas y las capacidades psíquicas internas que exige el urbanismo moderno. En la escuela, en la calle, y frecuentemente en empresas ilícitas, los hijos de inmigrantes aprendieron a utilizar la economía del dinero y el crédito, a saber esperar la recompensa, a anticipar problemas y oportunidades futuros, a superar crisis y a enfrentarse a una multiplicidad de opciones. La ciudad, en efecto, era una escuela en la que los hijos de agricultores aprendieron a una velocidad increíble a ser norteamericanos urbanizados. En unas pocas generaciones, los grupos que habían seguido con los estilos de vida y forma de pensar de cuatrocientos años antes se vieron catapultados a una sociedad de tipo y escala muy diferente. La mayor parte de ellos cayeron de pie; algunos de ellos llegaron a estar al frente de la sociedad y después fueron sus guías en las fases siguientes de su desarrollo.

El asentamiento de las inmigraciones masivas procedentes de Europa y Asia a las ciudades se llevó a cabo al azar. Llegaron justo cuando la economía nacional se embarcaba en un desarrollo industrial sin precedentes, y entraron en un sistema social limitado por pocas barreras inamovibles de clase social. En una época en que era suficiente con una pequeña capitalización, algunos lograron montar pequeños negocios familiares; en el contexto de una economía en rápida expansión, algunos de ellos se convirtieron en grandes negocios. Otros entraron en profesiones liberales, el gobierno y las grandes corporaciones, y se establecieron como líderes entre las élites intelectuales.

La salida del *ghetto* fue fácil para unos pocos grupos de inmigrantes. Para muchos judíos de Europa del Este, la partida de las zonas de inmigrantes de los *ghettos* de los barrios bajos se produjo muy pronto. Muchos de los judíos estaban urbanizados culturalmente cuando llegaron aquí; en Europa la prohibición de que poseyeran tierras los mantuvo en ciudades, donde muchos eran pequeños comerciantes. El carácter relativamente desestructurado y abierto de sus doctrinas religiosas los llevó como grupo a conceder un elevado valor a la erudición y a los logros individuales, a adoptar una actitud intelectual típicamente crítica y a estar interesados en las consecuencias de acontecimientos futuros. Esas características, junto a una estructura familiar sólidamente cohesionada, les vinieron bien cuando llegaron a los Estados Unidos. Los chinos y japoneses, por su estructura familiar patriarcal y cohesionada, así como por el alto valor cultural otorgado a los logros intelectuales,

estuvieron también entre los grupos con mayor propensión a desplazarse socialmente hacia arriba.

Por el contrario, la movilidad ha llegado más lentamente a los inmigrantes irlandeses, italianos del sur y polacos, cuyo legado campesino tenía pocos de esos atributos urbanizadores. Sus hijos no han empezado a ir a la universidad en cantidades significativas hasta la última o las dos últimas generaciones, dejando detrás el *ghetto* étnico y la visión del mundo de la clase trabajadora. La rigidez de la práctica y creencias tradicionales y el énfasis puesto en la disciplina y obediencia ejercidos por la Iglesia Católica ya había desalentado anteriormente la exploración de mundos conceptuales más amplios que los de los barrios étnicos.

Sean cuales sean los atributos culturales e innatos que pueden haber acelerado la movilidad social de algunos de los primeros que emigraron a las ciudades de Norteamérica, su éxito fue con toda seguridad una consecuencia del estadio de desarrollo del país en la época en que llegaron. Los emigrantes sin educar que llegaron a las ciudades no estaban muy retrasados en relación con los que llegaron mucho antes. La gente que tenía facilidad para el aprendizaje pudo aprender rápidamente las tareas exigidas por las nuevas fábricas, y después ir más allá y avanzar hacia papeles de gestor y profesional.

## La cuestión central de la política

Quienes emigran a las ciudades hoy en día encuentran un escenario mucho más complicado. El progreso explosivo experimentado en las artes, ciencia y tecnología ha desencadenado un aumento de escala sin precedentes en la sociedad norteamericana, marcada por: una división del trabajo cada vez más sutil que exige niveles crecientes de educación y formación profesional; el cambio de las industrias extractora y manufacturera hacia industrias de servicios que requieren largos periodos de preparación; una organización cada vez más compleja de la economía y gobierno; y la expansión de los campos espacial y cognitivo dentro de los que tienen lugar el trato social y las transacciones económicas. Especialización, interdependencia e integración son los rasgos definitivos del urbanismo de hoy. Esta nueva escala de complejidad distingue al urbanismo moderno de sus formas anteriores, y está dictando la agenda gubernamental a la que debe enfrentarse el país ahora.

Aunque sigue siendo fácil emigrar a las ciudades, las exigencias de una sociedad a gran escala están haciendo cada vez más difícil a los recién llegados su acceso a la nueva sociedad urbana. Los habitantes de las ciudades que actualmente están menos integrados en la sociedad moderna están encontrando una serie de obstáculos mucho mayores que los que tuvieron que superar anteriores emigrantes. Los procedentes de los Apalaches, negros, portorriqueños y chicanos que se concentran ahora en los *ghettos* centrales de zonas metropolitanas no constituyen sólo la oleada más reciente de recién llegados a esos barrios, como han sugerido varios especialistas. Los demás pudieron pasar, pero los residentes actuales podrían no lograrlo.

Los editores de *The Economist* vieron la situación con mucha mayor claridad desde Londres que los comentaristas norteamericanos que escribieron en los días que siguieron a los disturbios de Watts de 1965. En un editorial brillante, observaron que Los Ángeles simboliza la frontera de la sociedad moderna, con las industrias tecnológicamente más avanzadas, la gran cantidad de instalaciones de investigación y desarrollo, servicios públicos de calidad y la distribución más generalizada del opulento estilo de vida moderno. No se mostraban sorprendidos por que el primer disturbio se produjera en California del Sur y no en Chicago o Nueva York, aunque interpretaban con perspicacia la protesta como una medida de la brecha que se percibía entre dos poblaciones yuxtapuestas en muy diferentes fases de desarrollo. Los sublevados de Watts no estaban atacando a la ciudad. Después de todo, la calidad del entorno físico del centro-sur de Los Ángeles es muy superior a la que se da en los *ghettos* metropolitanos del este del país. Estaban atacando a su penosa situación, a la distancia social cada vez más grande que los separa de sus vecinos visibles, y a las diferencias de oportunidades, cada vez mayores. Los objetivos inmediatos de la hostilidad generada en Watts y en los siguientes disturbios fueron policías blancos y la ciudad física. La policía y la ciudad no eran, sin embargo, más que símbolos convenientes de la frustrante sensación de impotencia de los sublevados y de los muchos obstáculos que hacían imposible que superasen la brecha social. No eran, desde luego, los objetivos reales de su cólera.

Ahora el mensaje de Watts, de Newark, de Memphis y de las demás protestas violentas está empezando a oírse en círculos críticos, reforzando el tema antes subyacente al movimiento en favor de los derechos civiles. Con demasiada frecuencia, las intenciones se interpretan de manera simplista: como conflictos raciales entre negros y blancos, como una rebelión contra las prácticas discriminatorias, o como protestas contra la mugre y depravación del *ghetto*. Los sublevados están diciendo todas esas cosas, pero también más. Su lista de acusaciones es larga y justificada; su espectacular condena moral de la sociedad norteamericana ha provocado ya una crisis de conciencia que obliga al país a afrontar la situación de la que durante tanto tiempo fue testigo silencioso sin prestarle atención. La respuesta del país con la nueva legislación en materia de derechos civiles, los nuevos programas de vivienda protegida y las nuevas prácticas de gobierno ha sido admirable y adecuada; pero todo eso no basta. Los problemas de los negros norteamericanos pobres no son sólo suyos en Norteamérica. Desde luego que la raza ha sido un factor agudizador importante que ha retrasado su progreso, pero la situación preindustrial no es una condición distintiva de los negros. Grandes poblaciones de chicanos, portorriqueños y oriundos blancos del país viven en una situación bastante similar, y no deberíamos sorprendernos cuando también ellos llevan a cabo revueltas como las de los tres años pasados. Si las disparidades en las fases de desarrollo se encuentran tras la actual crisis de urbanización, entonces esa crisis está mucho más enraizada y afecta a mucha más gente de lo que se reconoce en los debates actuales. Sería preciso, entonces, un esfuerzo mucho más amplio, dirigido a acelerar la urbanización de todos los grupos cuya movilidad social se ha visto retardada.

## Hacia una política urbanizadora

A medida que ha ido aumentando la escala de la sociedad, nuestro sistema de gobierno ha ido adaptándose lentamente a ella. Casi sin intención deliberada, el sistema federal se ha modificado para adaptarse al surgimiento de la nación-estado como sucesora de la ciudad-estado. Sin una decisión política explícita, el gobierno nacional ha asumido la responsabilidad de hacer frente a los problemas y oportunidades de la urbanización, aunque a menudo usando el lenguaje del localismo y la autonomía.

El cambio de enfoque en el diseño de políticas en el campo de la educación refleja claramente ese cambio tan importante. La educación ha sido tradicionalmente una de las esferas más celosamente guardadas de los gobiernos locales. La gente se preocupa por las oportunidades educativas de sus hijos, y ha apoyado gustosamente la educación pública por medio de los impuestos locales, que permitían un control local. Pero aun así, si lo consideramos dentro de una estructura de sistema más amplia, las estrategias inversoras no han resultado siempre prudentes. A diferencia de las inversiones en carreteras, las inversiones en personas se pierden con facilidad, ya que las personas, a diferencia de las carreteras, pueden moverse. Así, las ciudades del norte y del este se convierten en beneficiarias de la deficiente escolarización que se da a los niños negros en los estados del sur. De modo similar, pueden atraer a graduados en universidades del sur, con pocos ingresos directos para la cultura y economía del sur.

La movilidad poblacional ha hecho aflorar un dilema difícil para los gobiernos que inicialmente estaban estructurados para servir geográficamente a poblaciones estables. Nuestra reacción, pensada hacia la adaptación, ha sido redistribuir ingresos y gastos entre las regiones geográficas. Como sólo el menos atado territorialmente de nuestros gobiernos puede llevar a cabo la función redistributiva, hemos estado creando nuevas funciones para el gobierno federal y una nueva serie de relaciones funcionales entre nuestros variados gobiernos públicos.[8]

Paralelamente, hemos estado construyendo una vasta red de organizaciones privadas con carácter gubernamental y responsabilidades autoasignadas. Cada una de ellas está organizada sobre la base de un interés, más que una base territorial. Así, las cámaras de comercio ejercen efectivamente limitaciones gubernamentales en sus miembros corporativos, y los colegios profesionales gobiernan la conducta de médicos, ingenieros, abogados y demás. Los sindicatos, iglesias y grupos recreativos se han estructurado de manera similar para servir a los intereses especiales de sus miembros. Todos esos grupos son gobiernos en el significado esencial del término; son organismos reguladores con poder para aplicar sanciones y ejercer el control. Han llegado a ocupar cada vez más ámbitos nacionales, puesto que han surgido como manifestaciones de una sociedad que se dirige a la fase posindustrial, postciudad, de su desarrollo. En combinación con los miles de «gobiernos públicos», contribuyen a formar una red compleja de centros de decisión y adopción de políticas.

Con un aparato gubernamental tan complejo como el que hay en este país, no es posible formular una serie única de políticas para el desarrollo nacional o una serie unitaria de programas que se apoyan mutuamente. Tampoco es posible establecer una serie unitaria de controles guiados desde un puesto de mando central. Los objetivos del país son seguramente tan pluralistas y competitivos como los distintos grupos que podrían formularlas. Y aun así podría haber un consenso nacional que nos permitiría perseguir algunos objetivos comunes de un modo dirigido y deliberado. La complejidad de la sociedad contemporánea no deja que ningún grupo no dependa de los demás, y el bienestar de cualquier grupo está ahora inevitablemente unido al bienestar de los demás.

Los Estados Unidos no han sentido hasta hace poco la necesidad de una estrategia nacional que aceleraría el desarrollo económico y humano, porque hemos prosperado bien sin ella. Más aún, tal política de desarrollo ha necesitado aparentemente mucha mayor centralización de la autoridad y el control de lo que es tolerable o posible en este país. No obstante, aunque el país ha prosperado, no lo han hecho todos sus miembros. Si queremos que quienes han quedado rezagados accedan a la sociedad moderna, vamos a tener que desarrollar un esfuerzo programático tan concertado como los intentos latinoamericanos de acelerar la movilidad social de su *marginalidad*. Actualmente tenemos una considerable capacidad intelectual para planificar el desarrollo, que hasta ahora habíamos estado exportando. Al explorar esas capacidades, aunque operando dentro del marco de nuestro sistema gubernamental pluralista contemporáneo, deberíamos ser capaces de aumentar las probabilidades de que la transición a la era postindustrial sea más fácil. Puesto que no podemos dejar de utilizar la inteligencia que tenemos a mano, deberíamos ser capaces de acelerar la movilidad social de los que de otro modo jamás alcanzarían el nivel necesario.

«La ciudad» no puede servir ya de idea central organizadora tras tal esfuerzo planificador. La siguiente fase de la planificación para la urbanización estará guiada por el concepto de desarrollo selectivo, por la formulación de programas tácticos que se adapten a planes estratégicos cuyo objetivo sea lograr que los grupos rezagados ingresen en la sociedad urbana contemporánea.

Algunos de los imperativos programáticos pueden apreciarse en el propio carácter de la posindustrialización, y proponen estrategias inversoras para ese esfuerzo de desarrollo humano. El país es lo suficientemente rico como para elevar todas las rentas por encima del nivel de pobreza, y los medios para llevarlo a cabo están inventándose a un ritmo creciente. Los subsidios familiares y las rentas mínimas garantizadas parecen algo económicamente factible.

Se necesitan grandes cantidades de nuevos empleos, sobre todo para quienes actualmente están menos especializados. La necesidad probablemente será cubierta en los empleos del sector servicios, y la oleada de inventiva social puesta en marcha sugiere que hay probabilidades de crear nuevas carreras de nivel medio que aporten dignidad y estatus, carreras que podrían servir a los más recién llegados a las ciudades del mismo modo que los primeros empleos industriales sirvieron a los que llegaron antes. La baja calidad de la vivienda no tiene ya porqué ser la norma en los centros metropolitanos. Por otra parte, se están diseñando nuevos proyectos imaginativos que fusionarían empresas públicas y privadas para desarrollar iniciativas de promoción de viviendas provechosas para ambas partes y potencialmente productivas, tanto dentro como fuera de la ciudad. En la nueva sociedad que está surgiendo no hay ningún imperativo tan exigente como los servicios educativos de calidad, desde la guardería hasta los niveles postdoctorado. Aunque el país está haciendo fuertes inversiones en este sector de la economía, es necesaria una amplia expansión.

22

---

[8] Véase el trabajo clásico de Morton Grodzin "The Federal System", en *Goals for Americans: The Report of the President's Comission on National Goals*, Englewood Cliffs, Prentice Hall, 1960, pp. 265-84.

Paralelamente, el abanico de servicios recreativos públicos -que van desde parques y otras instalaciones al aire libre hasta museos para intelectuales y billares para ignorantes- se están convirtiendo en atributos casi necesarios del nuevo estilo de vida. Los servicios médicos y de salud nunca han sido adecuados para los estándares de salud a los que hemos aspirado, de modo que se está haciendo un nuevo esfuerzo masivo dirigido a una mejora planificada del bienestar físico y mental de la gente, viva o no en ciudades.

Los modelos para tal estrategia de desarrollo nacional nunca pueden acomodarse dentro de conjuntos coherentes y mutuamente reforzadores. La estructura pluralista de la sociedad norteamericana nunca lo permitiría. Más aún, es probable que los peligros superen a las ventajas, y además es totalmente improbable que llegáramos a conocer lo suficiente para realizar tal intento. No obstante, algunos modelos de política general son tan económicamente posibles como políticamente factibles.

En este número de *Dædalus*, un grupo de colegas establece una serie de objetivos para el desarrollo del país. Tenemos la esperanza de animar un debate que, a su vez, podría llevar a un consenso nacional acerca de los logros que deseamos. Doscientos años después de declarar nuestra capacidad para alcanzar la libertad para todos los estadounidenses, tenemos la capacidad de hacer que esa libertad sea real y operativa. El país se ha desarrollado pasando por diversas fases históricas durante ese breve periodo. Hemos pasado por los vestigios de la era agraria-preindustrial, hemos guiado al mundo por la era industrial de las ciudades y ahora estamos emergiendo a una era aún inexplorada en la que unos pocos hombres continuarán con las ocupaciones manuales y la mayoría van a dedicar sus energías a servir a otros y a aprender. La siguiente generación de norteamericanos de clase media está destinada a disfrutar la opulenta vida sin precedentes que la sociedad norteamericana urbana posindustrial va a ofrecer. Nuestra tarea doméstica esencial es inventar deliberadamente modos de extender esas oportunidades a los grupos que la futura historia amenaza con excluir.

23

André Corboz es historiador del arte, de la arquitectura y del urbanismo, y ha sido profesor en la Universidad Labal de Québec, en la de Montreal, en el *Institut d'Architecture* de Ginebra y en el ETH de Zurich. Invitado como profesor y conferenciante en numerosos foros, lo ha sido también como investigador en el *Getty Center* de Los Angeles. La amplitud de miras de los objetivos de sus investigaciones, sin reconocer fronteras *a priori*, dan a su producción el seductor interés que en este campo ofrece lo heterodoxo, sin contornos definidos ni límites excluyentes, cuando encuentra apoyo en el magisterio sabio de un tratadista de su altura. Entre su extensa obra, difícilmente compendiable, pueden citarse libros como *Invention de Carouge 1772-1792* (1968), *Haut Moyen Age* (1970), *Canaletto, Una Venezia immaginaria* (1985), o *Deux capitales françaises, Saint-Pétersbourg et Washington* (2003), pero en la riqueza de sus innumerables artículos reside una parte muy importante del interés de su producción, tal como han puesto de manifiesto recientemente las diferentes compilaciones publicadas en italiano, alemán y francés.

Su atención, también, a las transformaciones urbanas contemporáneas nos ha permitido contar con la original luz de su pluma en varias de sus aportaciones, entre las que se encuentra "Le Territoire comme palimpseste", una contribución capital del tercio final del siglo XX.

© André Corboz

# EL TERRITORIO COMO PALIMPSESTO*

André Corboz

*Para Alain Léveillé, que tiene mucho que enseñarnos sobre la morfología de la ciudad y del territorio, y sobre su buen uso.*

El territorio está de moda. Por fin se ha convertido en el lugar de los grandes problemas nacionales que hasta ahora se planteaban más frecuentemente en función y en provecho de las ciudades y hasta de la metrópoli. Incluso su representación, que hace solamente unos lustros se consideraba terriblemente abstracta y reservada a los técnicos, pertenece hoy al dominio público. Exposiciones que llevan por título «*Cartes et figures de la Terre*» (París, 1980) o «*Paesaggio: immagine e realtà*» (Bolonia, 1981) atraen tantos visitantes como una retrospectiva de los impresionistas, y esto ocurre no sólo por la novedad del tema, por la rareza de ciertos documentos o por la belleza de la mayoría de ellos, tal y como lo prueba el éxito de manifestaciones aun más especializadas, verbigracia las consagradas al catastro sardo de 1730 en Saboya o al de María Teresa en

Lombardía (Chambery y Pavía, 1980).

Todo nos indica que frente a la complejidad y a la integración de las funciones en el seno de diversas comunidades nacionales o regionales, existe actualmente en Europa una voluntad general de adquirir perspectiva para mejor captar el orden de las cuestiones, o cuando menos una necesidad difusa de comprender cómo se ha formado y en qué consiste esta entidad física y mental que constituye el territorio. Muchos lo perciben ya, con toda la razón, como un vasto conjunto dotado de propiedades específicas, mientras que un número mayor de personas incluso ve en ella una especie de panacea (hasta el punto de que en ocasiones basta con asociar a este concepto una idea o proyecto cuya relación con él no sea evidente, arbitraria incluso, para retener la atención).

¿Concepto? Dado el grado de generalidad en que nos movemos aquí, sería más prudente hablar de horizonte de referencia. Hay, en efecto, tantas definiciones de territorio como disciplinas relacionadas con el mismo: la de los juristas no aborda

*Traducido del original aparecido en *Diogène*, 121, enero-marzo 1983, pp. 14-35.

más que la soberanía y las competencias que de ella se derivan; la de los especialistas en ordenación, en cambio, toma en cuenta factores tan diversos como la geología, la topografía, la hidrografía, el clima, la cubierta forestal y los cultivos, las poblaciones, las infraestructuras técnicas, la capacidad productiva, el orden jurídico, las divisiones administrativas, la contabilidad nacional, las redes de servicios, las cuestiones políticas y me quedo corto, no solamente en la totalidad de sus interferencias, sino, dinámicamente, en virtud de un proyecto de intervención. Entre estos dos extremos —lo simple y lo hipercomplejo—, se sitúa toda la gama de las restantes definiciones: las correspondientes al geógrafo, el sociólogo, el etnógrafo, el historiador de la cultura, el zoólogo, el botánico, el meteorólogo, los estados mayores, etc. Al margen de estos campos disciplinarios más o menos claramente acotados, subsisten además las aproximaciones del lenguaje cotidiano, significativas también, en las que la palabra territorio tan pronto es alegoría de la unidad de la nación o del estado como designa la extensión de las tierras agrícolas e incluso remite a espacios paisajísticos que connotan el tiempo de ocio.

Tal atención hacia un orden de fenómenos más generales —la mutación del terruño en territorio, por decirlo así— podría permitir la eliminación de un problema nacido del desarrollo urbano del siglo XVIII y convertido en clásico desde el advenimiento de la civilización industrial: el antagonismo campo–ciudad. Eliminar, pero no resolver: por desplazamiento del enunciado. Ya que esta oposición es tan falsa como la que concebiría una isla como limitada por las aguas y rodeada por ellas: pensamiento de gente de tierra adentro que carece de sentido para los pescadores, cuyo incesante ir y venir entre la tierra y el mar desdibuja los umbrales entre los elementos para crear a partir de dos dominios aparentemente incompatibles una necesaria unidad. El antagonismo entre campo y ciudad, que ha paralizado durante tanto tiempo el territorio, es también, ante todo, una noción urbana. Se presenta, como la precedente, con la evidencia de una figura inscrita sobre un fondo.

Tras haber servido de soporte a un juicio moral, ha fundamentado un orden político, es decir, ha expresado una distancia económica. Ya para Virgilio, e incluso para la Biblia antes, el campo-refugio se despliega frente a la corrompida ciudad; los humanistas, y los románticos después, utilizaron a su vez este resorte retórico —con más razón los segundos que los primeros, ya que ellos vivieron el nacimiento de las *aglomeraciones*. La persistencia misma de este lugar común podría, por otra parte, interpretarse como una muestra de que la humanidad, que entonces padecía el *shock* de la industria, aún no se había repuesto del *shock* de la urbanización. Pero hasta el final del Antiguo Régimen, la ciudad dominaba al campo porque concentraba todos los poderes y dictaba el derecho: en efecto, sea

cual fuere el tipo de gobierno, la ciudad dentro de sus muros impone su voluntad, salvo excepciones, al país que la alimenta. Después, la sujeción continúa, pero cambia de naturaleza: la ciudad crece, se inflama, inventa, fomenta, realiza, planifica, transforma, produce, cambia, estalla y se expande —mientras que los ritmos campesinos, con sus costumbres y sus métodos, persisten en la aparente permanencia de la larga duración; aunque no por mucho tiempo, ya que esta duración pronto llega a término: la dinámica de las empresas urbanas ha conseguido contaminarla y la distancia entre las mentalidades se reduce. Así pues, en el siglo XIX, el espacio rural sigue siendo «el lugar de ejecución de las decisiones tomadas en el interior del espacio urbano» (Franco Farinelli).

En la imagen del campo como una Arcadia feliz, el campesinado jamás se había reconocido. Pero, paradójicamente, tenía una representación de lo urbano casi idéntica, es decir, tan ficticia como la otra, ya que concebía la ciudad como el lugar del ocio perpetuo. Y como carecía absolutamente de voz, no llegaba a hacerse oír sobre su propia condición; entretanto, el hombre de la ciudad continuaba percibiéndolo como la verde soledad a la que él mismo aspiraba. Ahora bien, si la oposición de lo rural y lo urbano está siendo superada en estos momentos, no lo es tanto en razón del nuevo concepto territorial –éste no interviene más que en segundo lugar– sino en virtud de la extensión de lo urbano al conjunto del territorio.

No solamente el número de las regiones de poblaciones concentradas ha crecido desmesuradamente desde la Segunda Guerra Mundial, sino que sobre todo las mentalidades ajenas a la ciudad, en el conjunto de Europa Occidental al menos, están sufriendo una metamorfosis decisiva, la cual ya ha concluido en los Estados Unidos. Esta operación se ha producido gracias a la difusión de los medios de comunicación: con mayor rapidez que el ferrocarril en el siglo XIX, la radio y sobre todo la televisión, han logrado modificar comportamientos, proponiendo una especie de homogeneización de los modos de vida por medio del establecimiento de determinados reflejos culturales.

Considerada bajo este ángulo antropológico, la oposición campo-ciudad deja de existir, debido al triunfo de la ciudad. En consecuencia, el espacio urbanizado no es tanto aquel en el que las construcciones se suceden unas a otras en orden cerrado como aquel en el que los habitantes han adquirido una mentalidad ciudadana. El poeta galo Rutilius Numatianus había expresado ya en el siglo V de nuestra era la identificación del territorio con la ciudad cuando decía de Roma: *urbem fecisti quod prius orbis erat* (hiciste una ciudad de lo que antes era el mundo). El ideal de la ciudadanía universal, sin embargo, ha sido substituido por una escala de valores que confía en el utilitarismo y la inconsciencia ideológica, y cuyas consecuencias a largo plazo no dejan de ser inquietantes.

Se puede deplorar la conquista del territorio por la ciudad con ayuda de los argumentos más atinados, estimar lo que todavía se opone a este movimiento, objetar ejemplos contrarios, pero no se puede negar la tendencia, ni la extensión cada vez mayor de sus efectos. Hay quien vio el fenómeno desde lejos. En una carta de 1763, Rousseau escribe que «Suiza entera es como una gran ciudad dividida en trece barrios, unos erigidos en valles, otros en laderas, otros sobre montañas. [...] Hay barrios más poblados que otros, pero todos están lo bastante como para indicar que se está siempre en la ciudad. [...] No es creíble que atravesemos desiertos cuando nos topamos con campanarios entre pinos, rebaños sobre rocas, manufacturas en precipicios, talleres sobre torrentes.» En una época en que, tras haber leído el poema de Haller *Die Alpen*, los viajeros descubrían en este país el modelo de la ruralidad edénica, este pasaje y el correspondiente de las *Rêveries*[1] adquieren un carácter visionario.

Lo que hace dos siglos podía pasar por una extrapolación poética se ha hecho realidad ante nuestros ojos. La construcción de redes de autopistas, nuevas infraestructuras ferroviarias y aéreas, el equipamiento sistemático de las costas más favorables al turismo estival y el correspondiente a las regiones montañosas impropias para la agricultura y el alojamiento que acoge al invernal, tales son las huellas más visibles de una actividad esencialmente ciudadana, cuya finalidad consiste en poner los continentes a la disposición del hombre de las ciudades. Por otra parte, bastaría con que un porcentaje ínfimo de la población se ocupara del cultivo de las plantas comestibles para alimentar al conjunto de los habitantes del globo. En estas condiciones, nadie duda de que el territorio, por muy vaga que su definición pueda seguir siendo, no constituye a estas alturas la unidad de medida de los fenómenos humanos.

El territorio no es un dato, sino el resultado de diversos *procesos*. Por una parte, se modifica espontáneamente: el avance o retroceso de los bosques y de los glaciares, la extensión o desecamiento de las marismas, el relleno de los lagos y la formación de los deltas, la erosión de playas y acantilados, la aparición de cordones litorales y de lagunas, el hundimiento de los valles, los corrimientos del terreno, el surgimiento o enfriamiento de los volcanes, los terremotos, todo ello es una prueba de la inestabilidad de la morfología terrestre. Por otra parte, es objeto de las intervenciones humanas: irrigación, construcción de carreteras, puentes, diques, levantamiento de presas hidroeléctricas, excavación de canales, perforación de túneles, aterrazamientos, roturación, repoblación forestal, mejora de las tierras, e incluso los actos más cotidianos de la agricultura, hacen del territorio un espacio que se remodela sin cesar.

Los determinismos que lo transforman según su propia lógica (es decir, aquellos que son del dominio de la geología y de la meteorología) se asimilan a iniciativas naturales mientras que los actos de voluntad que pretenden modificarlo son además capaces de corregir en parte las consecuencias de su actividad. Pero la mayoría de los movimientos que lo moldean —tales como las modificaciones climáticas— se extienden en un lapso de tiempo tal que escapan a la observación del individuo, e incluso de una generación, y de ahí el carácter de inmutabilidad que connota normalmente el término «naturaleza».

Los habitantes de un territorio no paran de borrar y reescribir el viejo grimorio de los suelos. Como consecuencia de la explotación sistemática que la revolución tecnológica del siglo XIX ha propagado hasta los últimos rincones de tantos países, todas la regiones han sido puestas poco a poco bajo un control cada vez mayor. Incluso las más altas cadenas montañosas que la Edad Media consideraba como una especie de infierno terrestre han sido colonizadas y rentabilizadas gracias a los equipos industriales. En determinadas zonas de los Alpes, todos los itinerarios están tan bien señalizados que resulta imposible perderse, lo cual contribuye a suprimir la dimensión fantástica de estos lugares otrora tan temidos.

Pero no basta con afirmar, como la enumeración de estas operaciones muestra, que el territorio es el resultado de un conjunto de procesos más o menos coordinados. No se desglosa únicamente en cierto número de fenómenos dinámicos de tipo geoclimático. Desde el momento en que una población lo ocupa (sea a través de una relación ligera, como la recolección, o dura, como la extracción minera), establece con el territorio una relación que tiene que ver con la ordenación, o incluso con la planificación, y los efectos recíprocos de esta coexistencia pueden ser observados. En otras palabras, el territorio es objeto de una construcción. Es una clase de artefacto. Así pues, constituye igualmente un *producto*.

Los fines y los medios de este uso del territorio suponen a su vez coherencia y continuidad en el grupo social que decide y ejecuta las intervenciones de explotación, ya que la porción de corteza terrestre calificada de territorio es habitualmente objeto de una relación de apropiación que no es únicamente de naturaleza física, sino que por el contrario pone en práctica diversas intenciones, míticas o políticas. Esta circunstancia, que pone en entredicho la definición de un territorio por medio de un único criterio (geográfico por ejemplo, el que recurre a las famosas «fronteras naturales», o étnico, en función de la población residente o solamente mayoritaria, e incluso dominante), indica que la noción no es «objetiva» Tal constatación no signi-

27

---

[1] Hay traducción castellana: *Las Ensoñaciones del paseante solitario*, Madrid, Alianza, 1979. [N. de t.]

fica en absoluto que sea arbitraria, sino que reúne un número considerable de factores, cuya ponderación varía de caso en caso y cuya historia la mayoría de las veces ha integrado —cuando no consagrado— la amalgama.

La historia, sobre todo la reciente, desgraciadamente ha modelado una multitud de territorios incompletos cuya definición ha acarreado tensiones por no responder a lo que esperaban las etnias concernidas. En un pequeño número de casos particularmente trágicos, asistimos a fenómenos de «doble exposición» (en el sentido fotográfico del término): la misma extensión geográfica es reivindicada por grupos incompatibles que elaboran proyectos contradictorios, como los de romanos y germanos enfrentados sobre el *limes* renano.

Para que la entidad del territorio sea percibida como tal es importante, por tanto, que las propiedades que se le reconocen sean admitidas por los interesados. El dinamismo de los fenómenos de formación y de producción continúa en la idea de un perfeccionamiento continuo de los resultados, en el que todo estaría unido: comprensión más eficaz de la cosas posibles, repartición más juiciosa de bienes y servicios, gestión más adecuada, innovación en las instituciones. En consecuencia, el territorio es un *proyecto*.

Esta necesidad de una relación colectiva vivida entre una superficie topográfica y la población establecida en sus pliegues permite concluir que no hay territorio sin imaginario del territorio. El territorio puede expresarse en términos estadísticos (extensión, altitud, temperatura media, producción bruta, etc.), pero no puede quedar reducido a lo meramente cuantitativo. Al ser un proyecto, el territorio está semantizado. Es susceptible de discurso. Tiene un nombre. Proyecciones de todo tipo se vinculan al mismo, y éstas lo transforman en sujeto.

En las civilizaciones tradicionales, preocupadas por no perturbar el orden del mundo, e incluso por ayudar a mantenerlo, el territorio es un cuerpo viviente, de naturaleza divina, al cual se rinde culto. Algunas de sus partes pueden gozar de un estatuto especial que las sacraliza. En la Antigüedad tardía, tal busto femenino coronado por torres formaba el emblema de Tréveris o de Milán. La Edad Media y después la época barroca han practicado otros tipos de personificación fundados en la interpretación simbólica de los contornos terrestres: se trataba de hacer coincidir un personaje con ellos, el cual debía expresar el carácter del país representado. Esta voluntad de moralización permitía identificar la Tierra con Cristo (mapamundi de Erbstorf, siglo XIII), declarar Europa andrógina, siendo su cabeza España y su sexo Venecia (mapas de Opicinus de Canistris, siglo XIV), mostrar los Países Bajos españoles como un león y el Tirol en forma de águila (siglo XVII).

La pérdida de sentido que acompaña al advenimiento de la civilización industrial hizo caer estas alegorías en la caricatura; en efecto, en el siglo XIX tal país tomaba la apariencia de un ogro, tal otro aparecía como una solterona. La personificación del territorio es anterior al concepto de nación como conjunto orgánico y a veces lo sustituye; cuando la personificación perdió sus virtudes, los estados modernos inventaron la idea de patria y, auxiliados por el chovinismo, lograron hacerla eficaz, por muy incolora que pareciera en sus comienzos.

Estas diversas traducciones del territorio en figuras reflejan una realidad indiscutible: que el territorio tiene una *forma*. Mejor, *es* una forma. La cual, y esto cae de su peso, no tiene por qué ser geométrica. Varias veces nos hemos referido a Roma: el cuadriculado que impuso físicamente a todos los países conquistados proporciona un ejemplo extremo de configuración voluntaria, la cual todavía es apreciable desde Escocia hasta Siria, de Rumanía a Portugal y de Túnez a Alemania: el cuadrado de 2.400 *passus* (alrededor de 710 m) constituye la base uniforme de su sistema de explotación agrícola, en redes de diversa orientación; este mallado de base está a su vez articulado en múltiplos y submúltiplos que permitían dominar tanto la mayor dimensión (una provincia entera) como la más pequeña (un *actus*, menos de un cuarto de hectárea). En otra escala diferente, escapando a la percepción directa, la Francia de hoy expresada por un hexágono alegoriza el carácter concluso y perfecto de un equilibro alcanzado a través de siglos de vicisitudes. El ejemplo extremo lo constituyen los Estados Unidos, cuyo espacio aparece cuadriculado desde los Apalaches hasta el Pacífico, en virtud de un sistema único decidido en 1785.

Entre estas formas regularizadas del territorio, una por sus límites, otra en lo que a su tejido refiere, existen muchas soluciones intermedias. Los mil kilómetros cuadrados de zona equipada en el siglo IX alrededor de Angkor constituyen una de las más singulares: templos, ciudades de palafitos y arrozales se encuentran vinculados sin solución de continuidad funcional en un todo orientado astronómicamente y estructurado por cuadrantes inmensos agrupados alrededor de santuarios, plataformas, estanques gigantescos, zanjas, diques y calzadas. Pero junto a esta «fábrica de arroz» (Henri Stierlin), podemos citar también la interminable sucesión de *rangs* de Québec, esas estrechas franjas de tierra perpendiculares al río, alineadas como con regla (en ocasiones sobrepasadas en una pulgada, lo cual hace vibrar la trama), o los cuadrados, círculos y estrías que forman la superficie entera de Nebraska, estado totalmente dedicado a la agricultura industrial.

Los paisajes retocados con fines productivos, pero sin consecuencias geométricas son mucho más numerosos que los precedentes. Aquellos especialistas del drenaje que fueron los benedictinos de los siglos X y XI transformaron la llanura del Po, del terreno pantanoso que era en tierra agrícola. Otra comunidad monástica, los cistercienses, que entre otras actividades desarrolló la piscicultura y la viña, también remodeló territorios enteros a partir del siglo XII: así el viñedo de Lavaux en la Suiza de habla francesa, donde establecieron terrazas sobre empinadas pendientes. Los extraordinarios arrozales en terraza de Indonesia y de Filipinas, las parcelas de bordes extraordinarios de Kyushu, constituyen una transformación del mismo tipo, aunque a una escala mucho más grande, puesto que afecta a montañas enteras.

Otras intervenciones también han influido en la forma del territorio sin que para ello el asiento topográfico de la producción haya sido modificado —aquellas que, por ejemplo, han modificado la cubierta forestal de un país (reemplazando robles por abetos, que crecen mucho más rápido, como es el caso de una parte de Europa central) o quienes la han suprimido (como la España del Siglo de Oro, necesitada de madera para su marina y para producir hierro, lo cual ha acabado de arruinar sus tierras convirtiéndolas en pasto para ovejas). El descubrimiento de América desplazó la economía europea del Mediterráneo al Atlántico; Venecia, que vivía del tráfico con Oriente, para evitar la quiebra intentó pasar del comercio de altura a la agricultura; a partir del siglo XVI, esta operación, que parcialmente consiguieron sacar adelante, ocasionó un cambio profundo en la extensión de las tierras cultivables, los tipos de plantas cultivadas y los métodos de explotación de la *Terra Ferma*, es decir, en la apariencia del territorio.

Este mismo descubrimiento permitió importar progresivamente a Europa una cantidad enorme de especies hortícolas y ornamentales, tan bien aclimatadas hoy en día que parece que hayan crecido aquí desde toda la eternidad: ellas contribuyen también a definir el territorio, o al menos su contenido perceptible.

La sensibilidad a la forma territorial como objeto de percepción directa no es un fenómeno reciente. Si bien la Antigüedad casi no conoció otra cosa más que el paisaje idealizado, a través de los contrarios *locus amoenus* y *locus horridus*, parece como si el Renacimiento toscano hubiera intentado conciliar las necesidades de la producción y del «paisaje bello»: a la vez que inventaba el paisaje como género pictórico independiente, paralelamente desarrollaba modelos de configuración del territorio que no se limitaban al jardín geométrico, ese microcosmos que expresa un proyecto sociocosmológico, sino que se extendían a escala topográfica para afirmar una armonía realizada.

Por motivos muy diferentes —se empieza a comprender que

las ventajas económicas formaban parte en gran medida de su éxito—, la Inglaterra del siglo XVIII desarrolló una solución original: el jardín anglo-chino. Su talla debe proporcionar la ilusión de un lugar paradisíaco que se prolonga indefinidamente. Basado en la oposición de tapices de hierba y bosquetes, como en el contraste de volúmenes de los árboles y sus colores en función de recorridos muy elaborados, fue también admirado por su libertad, aun cuando estaba calculado hasta la última hoja. Horace Walpole dijo de William Kent, uno de los creadores de esta estética de lo pintoresco, que «fue el primero en saltar la valla y descubrir que toda la Naturaleza es un jardín».

Explicación errónea, puesto que el jardín inglés no proviene de una imitación del campo. Si hemos de encontrar sus fuentes, podemos mirar hacia los pintores franceses del siglo XVII, o a los venecianos de cien años antes, tal y como algunos pretenden. Lo cierto es que dicho jardín es el resultado de la manipulación y reunión en el espacio de un cierto número de productos naturales seleccionados, con vistas a suscitar diversos efectos de naturaleza filosófica en el hombre cultivado que se adentre en el mismo. En realidad, fue el propio jardín el que saltó la valla el siglo siguiente e inoculó su paisajismo al conjunto del territorio británico. En Inglaterra, la estetización de la naturaleza encubrió y legitimó una transformación radical de las relaciones de producción como consecuencia de un nuevo reparto de los bienes raíces; la forma del territorio expresaba así desde muy cerca los contenidos socioeconómicos del liberalismo naciente.

Entre las relaciones posibles con la forma del territorio, los últimos siglos del Antiguo Régimen desarrollaron dos que los contemporáneos de la revolución industrial privilegiarían: el mapa y el paisaje natural como objeto de contemplación. Se trata de fenómenos opuestos en cuanto a sus objetivos y a sus medios, ya que responden a concepciones de la naturaleza fundamentalmente diferentes.

La primera apoya el crecimiento de las ciencias, las cuales consideran la «naturaleza» como un bien común a disposición de la humanidad y que los hombres pueden e incluso deben explotar para su provecho (en otros términos, como un objeto). Esta tendencia alcanza su apogeo con el positivismo del siglo XIX, al cual la revolución tecnológica proporcionó un impulso irresistible. La segunda concepción considera, por el contrario, la misma naturaleza como una especie de pedagogo del alma humana, hasta el punto que el romanticismo, germánico sobre todo, la percibirá como un ser místico que mantiene un diálogo continuo con los hombres, es decir, como un sujeto. A la hipertrofia de la Razón responde una hipertrofia del Sentimiento. Contra los que trabajan en instrumentalizar la ciencia con vistas a un dominio cada vez más eficaz sobre el territorio, se sublevan aquellos que buscan instaurar una relación de inter-subjetividad con la naturaleza.

En la Antigüedad se utilizaron mapas bastante parecidos a los nuestros, tal y como atestigua la Tabla de Peutinger, itinerario del Bajo Imperio que nos ha llegado en forma de copia, también se practicaba el catastro sobre losas de piedra: tales instrumentos, abreviaciones convenidas de una superficie terrestre dada, eran necesarios para permitir la gestión del mundo romanizado. La idea fundamental de un mapa es la visión simultánea de un territorio cuya percepción directa es imposible por definición. El mapa, reducción de lo real en sus dimensiones y en sus componentes, conserva sin embargo las relaciones originales de los elementos retenidos: en gran medida hace las veces de territorio, ya que las operaciones pensadas para éste se elaboran sobre el mapa. En principio, mapa y territorio pueden convertirse el uno en el otro en todo momento —pero es evidente que se trata de una ilusión peligrosa, ya que esta reversibilidad no tiene en cuenta el hecho de que la identidad de dos objetos es solamente postulada ni el fenómeno de la escala o tasa de reducción, que tiene que ver menos con las dimensiones del mapa que con la esencia misma de los fenómenos que denota y cuyo tamaño real sigue siendo determinante.

Que una representación mental del territorio es indispensable para comprenderlo lo hicieron notar con intensidad las novelas medievales, y también determinados debates políticos de la misma época. En 1229, el dux Pietro Ziani propuso transportar Venecia a Bizancio; suponiendo que tal transporte fuera posible, las varias decenas de miles de venecianos de la época hubieran estado demasiado holgados entre los muros de Constantinopla; a falta de reducciones gráficas de ambas ciudades, había que fiarse de recuerdos y cálculos harto imprecisos, y la evaluación de las distancias resultaba igualmente vaga. La propuesta fue seriamente discutida, pero los consejos prefirieron la operación inversa: considerar que Bizancio estaba ya en Venecia. Debido a su contenido ligeramente surrealista, este episodio nos permite tocar de cerca las condiciones materiales en las cuales se ejerció el poder hasta el siglo XVI por lo menos, incapaz como era, por falta de instrumentos, de evaluar exactamente los términos de un problema geopolítico.

De igual forma, en las novelas del ciclo del rey Arturo, Perceval recorre un país en el que se pierde constantemente, cuyas ciudades y castillos aparecen y, sobre todo, desaparecen para el lector actual, porque los itinerarios que los unen no son identificados. Lo que tomamos por una invención poética restituye la realidad cotidiana del viaje: preguntamos por la dirección constantemente, como las hormigas, cada una a todas las demás. Así se explica en parte, creemos, la desmesura de las cruza-

das: por carencia de representación. Y, claro está, las islas vagabundas que pueblan los relatos del siglo XVIII.

Este territorio elástico no podía satisfacer las exigencias de un estado moderno. Era importante, pues, representarlo a la vez de forma total, exacta y unitaria. Poco a poco fueron elaborados un sistema de triangulación, un método de proyección y un catálogo de signos, hasta adquirir una flexibilidad y una precisión literalmente fabulosas. La cartografía científica de los Cassini, puesta a punto durante el siglo XVIII, substituyó en todas partes a los métodos empíricos de planos realizados con fines fiscales que se practicaban en Europa en la época; la base nacional de su red geodésica permitía una coordinación sistemática de informaciones sectoriales, organizadas en un sistema lógico sin fallos.

Esta «descripción geométrica de Francia» preveía ciento ochenta hojas a escala 1/84.400. No debía contener reserva alguna, es decir, ninguna supeficie no representada, aunque fuera en los Alpes, y tuvo que afrontar problemas imprevistos que demuestran la ambigüedad de tal empresa. En efecto, en estos documentos llama la atención tanto la mezcla de anotaciones convencionales y realistas como las superficies blancas, como inconsistentes, sobre las que dichas anotaciones se destacan: nos encontramos con trazos de varios tipos para indicar cuestas o pendientes y grupos de signos propios de pantanos o bosques, sin que en el interior de los sectores así tratados se haga ninguna distinción, ni los niveles aparezcan sino por alusión; en las llanuras, no hay indicación alguna sobre los cultivos y no todos los caminos aparecen; finalmente, las construcciones aisladas son designadas por la proyección de una fachada de iglesia, granja o molino según los casos, es decir que son la excepción al principio de perpendicularidad de la visión. La representación del relieve no hallará una codificación satisfactoria hasta el siglo XIX, sea por el sistema de trazos a medida, sea por el sistema de las curvas de nivel.

Nadie duda de que por medio de estos tanteos los ingenieros buscaban obtener una especie de facsímil del territorio. Todo su esfuerzo tendía a un efecto de realidad que los mapas físicos más recientes alcanzan en ocasiones de una manera sorprendente, hasta el punto de que algunos de ellos en un primer vistazo son percibidos como si fueran maquetas. Este hiperrealismo no debería sin embargo engañar sobre el carácter del territorio ni sobre el del mapa. Porque el territorio contiene mucho más que lo que el mapa puede mostrar, mientras que el mapa sigue siendo, a pesar de todo, lo que es: una abstracción. Le falta lo que caracteriza específicamente al territorio: su extensión, su espesor y su perpetua metamorfosis. Se trata de un estatuto paradójico: se esfuerza en la exhaustividad y, sin embargo, le es preciso escoger. Todo mapa es un filtro. Hace caso omiso de las estaciones, ignora los conflictos que proporcionan energía a toda sociedad, no tiene en cuenta ni los mitos ni las vivencias, aun cuando fueran colectivos, que vinculan una población al asiento físico de sus actividades. O si trata de hacerlo por medio de la cartografía estadística, lo expresa por más abstracciones, ya que se encuentra mal equipado para lo cualitativo. Resulta impotente con lo que no generaliza.

Representar el territorio ya es apropiárselo. Ahora bien, esta representación no es un calco, sino siempre una construcción. En primer lugar el mapa se traza para conocer y después para actuar. Comparte con el territorio el ser proceso, producto, proyecto, y como es también forma y sentido, incluso corremos el riesgo de tomarlo por sujeto. Instituido como modelo que posee la fascinación de un microcosmos, simplificación extremadamente manejable, tiende a substituir a la realidad. El mapa es más puro que el territorio, porque obedece al príncipe. Se ofrece a cualquier designio, el cual concreta por anticipación, y parece demostrar lo bien fundado del mismo. Esta especie de *trompe l'oeil* no visualiza solamente el territorio efectivo al que se refiere, sino que puede dar cuerpo a lo que no existe. El mapa manifestará, pues, el territorio inexistente con la misma seriedad que el real, lo que muestra bien que hay que desconfiar del mismo. Siempre tiene el peligro de simular lo que pretende exhibir: ¿Cuántos regímenes preocupados por la eficacia creen dirigir el país y sin embargo no gobiernan sino el mapa?

Esta facilidad para deslizarse en la ficción hace que la geografía, de todas las disciplinas que han crecido en el siglo XIX, sea quizás la menos desprovista de ideología. Profundamente utilitaria, incluso militarista en su orientación, la geografía ha producido admirables trabajos, pocos de los cuales resultan inocentes. En su preocupación por la exactitud, comenzó por describir. Mucho más tarde, escuchó la llamada de un filósofo que incitaba a sus colegas no solamente a interpretar el mundo, sino a transformarlo. Un nuevo tipo de mapa había nacido, la de los planificadores, el cual adelanta las mutaciones al prescribirlas. «El territorio ya no precede al mapa, ni le sobrevive; en lo sucesivo, será el mapa el que preceda al territorio» (Jean Baudrillard). Este mapa que se proyecta en el futuro ha llegado a ser indispensable para dominar los fenómenos complejos de la ordenación a gran escala, pero adquiere el carácter vertiginoso de los planos: «despegándose» a sabiendas de lo real, tiene por límite el simulacro, el cual sancionará su vanidad. Llegados a este punto, no dejaremos de señalar que al comienzo del libro sagrado de Occidente se encuentra un precepto que no se ha hecho sino seguir muy de cerca: «Id, y dominad la Tierra», y no: vivid en simbiosis con ella…

De esta manera, el mapa se revela como un útil demiúrgico: restituye la mirada vertical de los dioses y su ubicuidad. El paisaje, por el contrario, se ofrece a la vista de los hombres, los cuales no están más que en un solo lugar al mismo tiempo, y se deja ver en horizontal, de igual forma que sobre el mundo no tienen más que una visión desenhebrada. En la *Enciclopedia* de Diderot y d'Alembert, el paisaje no era todavía más que un género pictórico: no se convierte en un conjunto de formas geotectónicas percibidas en el espacio real sino a principios del siglo XIX. Las razones de esta atención hacia la morfología del territorio revelan en parte la ideología de la voluntad, que anima tanto a Fausto y a Marx como al gran burgués Alexander von Humboldt. Toda una escuela de continuadores de las Luces se vinculará al análisis del nuevo objeto en tanto que realidad independiente del observador y como resultado transitorio de un cierto número de fuerzas concurrentes. La geografía en formación, concebida en una perspectiva ecológica *avant la lettre*, hacía del paisaje el medio de la historia humana. Incluso teniendo como fin último la dominación de la naturaleza, seguía estando impregnada por la noción de armonía del cosmos que sobreviviría hasta el siglo XX en síntesis-descripciones en las que ciencia y literatura se confunden.

Sin embargo, no es esta elaboración literaria del paisaje la que aquí nos interesa, ya que supone siempre un observador móvil, informado, resuelto, familiarizado con el mapa. El uso puramente receptivo del paisaje, aquel que no se preocupa en absoluto de explicar nada, pertenece a otro universo; para el que se limita a percibir intensamente el paso de las estaciones, las epifanías de la luz y la gloria de los colores, montañas, ríos, árboles y nubes forman los elementos de un mensaje metafísico a descifrar no sin un temor reverencial. Es como para pensar que este paisaje convertido en «estado de ánimo» (Amiel) encarna todo lo sagrado que ha retornado de las religiones exangües tras la Revolución Francesa; favorece una relación individual y cósmica situada muy lejos del espectáculo, porque instituye un vínculo de sujeto a sujeto con la Naturaleza. Este rechazo a la condición estática del territorio constituye la antítesis misma de la actitud cartográfica.

Una tal percepción del paisaje no se reduce únicamente a lo visible; tampoco es hedonista, como lo es el paseo por el jardín, con sus sorpresas preparadas para la estimulación sensorial e intelectual: compromete todo el ser en una prodigiosa proyección, ya que aspira a otro lugar, siempre diferido. Es evidente que esta actitud resulta incompatible con una óptica positiva del paisaje, vinculada a la sola extensión de los fenómenos. Lo que es menos evidente es que ha contribuido de manera decisiva, por la exaltación de sus poemas, sus pinturas visionarias y sus sonatas de programa, a extender el gusto por el paisaje bruto. Pero este gusto se degrada inmediatamente en diversas simplificaciones, todas conciliables con una gestión predadora del territorio. A la contemplación pánica de los océanos desen-

31

cadenados, al heroísmo de glaciares y picos, suceden las hazañas de la navegación deportiva y la moral de club alpino, para el cual la cumbre se merece por el esfuerzo. Tras lo sublime, el pic-nic.

Este enfoque gimnástico tiene por lo menos la ventaja de no limitar la recepción del territorio a la ojeada que podamos echar sobre él. Ya que la moda del paisaje también ha desembocado en la estetización de la corteza terrestre bajo el empuje de un turismo que fue inglés en un principio. Masas considerables de rentistas se pusieron a viajar. No ya, como sus predecesores aristócratas del Grand Tour, con el objetivo de adquirir cultura, sino por experimentar sensaciones. Estos nuevos diletantes designaron lo que había que admirar y sus opciones son todavía las nuestras salvo unas pocas excepciones; su presencia trajo la necesidad de hoteles, ferrocarriles de cremallera y barcos de vapor, y estos equipamientos continúan siendo la estructura de apoyo de regiones enteras.

En esta fase tardía se generaliza una institución estética que permite *paisajear* el mundo con pocos gastos: el mirador. Establece una relación fija entre un punto dado del territorio y todos los que se pueden divisar a partir del mismo. El mirador transforma el paisaje en figura, lo fija en un lugar común, lo socializa en la banalidad; en pocas palabras, lo hace invisible, ya que lo que en él se constata es que resulta conforme a su reproducción. Cuanto más lejos alcanza la mirada, más panorámica se hace, más satisface la necesidad de dominar oponiendo de forma irrisoria el individuo a la masa del planeta. El mirador, centrífugo como es, es lo contrario de un lugar. Pero también es centrípeto, ya que el burgués demócrata recibe allí, como lo hace el soberano desde lo alto de su palco real, el homenaje de la Naturaleza reunida a sus pies y ante la cual se exhibe.

Esta bulimia con respecto al paisaje real se acompañó de la expansión del paisaje pintado, el cual culminó en la escuela impresionista. Ésta substituyó el paisaje patético del romanticismo por un paisaje fenomenológico. Su éxito conllevó una educación mucho más refinada de la mirada. Por carambola, es la pintura la que suscitó el paisaje, ya que consiguió transfigurar algunos accidentes topográficos en formas absolutas: el perfil de la montaña Sainte-Victoire es ya una construcción de Cézanne, operación que ya Hokusai había anticipado con el Fuji-Yama. Pero también sensibilizó al hombre de la ciudad frente a fenómenos que anteriormente habían pasado desapercibidos: él, que soportaba sus alrededores rurales o montañosos como un dato, se puso a recibirlos a lo largo de todo el año tal y como el tiempo se los ofrece, lejanos en ciertas ocasiones, demasiado próximos o desdibujados en otras, cambiantes en colores y texturas. Los paisajes agrarios que el hombre había

conformado a lo largo de los siglos son ahora considerados como obras, y a veces protegidos como tales. Ocurre asimismo que los conocimientos reunidos por la investigación científica sufren una extrapolación fantástica: Viollet-le-Duc, tras haber descrito la morfología del Mont-Blanc, llegó a describir su presunto estado anterior a la erosión, del cual proporcionaba representaciones gráficas; Bruno Taut llegaría más lejos todavía al proponer la talla de las cimas alpinas transformándolas en gigantescos cristales, proyecto lírico del cual subrayaba su enorme coste, «menor, en cualquier caso, que el de la guerra».

A pesar de su diversidad, el empuje impresionista, la organización de los deportes en la naturaleza y el paisaje como espectáculo o como experiencia espiritual son, una vez más, productos ciudadanos que responden a la industrialización y a la explosión de las ciudades. Estas reacciones son a menudo nostálgicas, o ambiguas. Se iba a la alta montaña a la búsqueda de una naturaleza virgen, perfectamente mítica; la creación de los parques nacionales y de las reservas naturales es la respuesta técnica a la misma exigencia, pero significa que el resto del territorio puede ser objeto de cortes programados; esta respuesta, por tanto, no es más que una cínica coartada. A la utopía de un Buckminster Fuller de cubrir Manhattan con una cúpula de plástico para controlar integralmente el clima, se opone la de los ecologistas radicales, los cuales sueñan un mundo reconquistado por el bosque primordial: ambos, aquél y éstos, son hijos del siglo XVIII y tienden al mismo fin retrospectivo, reinstalar el paraíso en la Tierra. La publicidad turística también, al proponer buen tiempo perpetuo en regiones arquetípicas, en las que sin embargo lo esencial del viaje será cuidadosamente evitado: regresar transformado.

El paisaje que miro desaparece si cierro los ojos, y el que tú ves desde el mismo punto difiere del que yo percibo. Si identifico sobre un mapa los perfiles cuyo contraste o acuerdo seduce, si reconozco los planos, las masas y las manchas que lo constituyen sinfónicamente, no obtengo más que líneas y espacios sin articular. «El paisaje, como unidad, existe solamente en mi conciencia» (Raymond Bloch). No es una escultura, nacida de un acto de organización de espacios y volúmenes y presentada como tal, sino una colección fortuita de fragmentos topográficos que colisionan en distancias abolidas y a la cual confiero sentido porque le reconozco la dignidad de un sistema formal, que yo trato, en suma, igual que una obra.

Lo que cuenta en el paisaje no es tanto su «objetividad» (que lo diferencia de un fantasma), sino *el valor que se atribuye a su configuración*. Este valor es y no puede ser otra cosa que cultural. Las proyecciones, con las que lo enriquezco, las analogías que hago espontáneamente resonar con respecto al mismo, forman parte integrante de mi percepción: debido a ello, tu paisaje y el mío, aunque sean idénticos, no coinciden. Si se extiende el razonamiento a la historia, resulta mucho más claro: ante un paisaje definido —la llanura de la Beauce, el Cervino visto de Zermatt, Palermo desde el mar— no cabe duda de que Teócrito, Gregorio VII, Palladio, Schubert y el cliente de Inclusive Tours percibirán desde el mismo punto de vista paisajes imposibles de comparar entre sí. En cada uno de ellos, el campo de percepción, incluso su orientación, variará profundamente. Y si se incluyen animales en la experiencia, todo ello no resultará sino más evidente aún; mi perro, claro está, percibe esta montaña, este lago, pero es insensible al *paisaje*, vínculo que yo instauro (creyendo reconocerlo) entre las formas naturales. E incluso si me esfuerzo en no registrar más que «formas y colores reunidos en un cierto orden», obedezco todavía a una consigna cultural de una época determinada.

Ahora bien, la oposición de mapa y paisaje no se sostiene desde que hemos adquirido, nosotros también, la mirada de los dioses. Los satélites transmiten sin interrupción la imagen del planeta, parcela tras parcela. Porque la revolución tecnológica, fenómeno sin embargo muy joven en la historia de la humanidad, nos ha dotado ya de propiedades que la teología atribuía a los seres sobrenaturales, tan fuera de alcance parecían. La ubicuidad está ya al alcance de cualquiera.

Las religiones tradicionales distinguían el tiempo y espacio sagrados del tiempo y espacio profanos; la sociedad occidental ha perdido la noción de lo sagrado —salvo experiencias individuales— pero a pesar de todo podemos concebir tiempos de naturaleza diferente cuando viajamos. Nuestro reloj biológico resiste a la contracción espacio-temporal que impone el desplazamiento aéreo a gran distancia: la sensibilidad que desembarca *en otro sitio* percibe la diferencia como algo mágico. De forma más modesta, las autopistas ofrecen la oportunidad de una experiencia análoga, sobre todo las que atraviesan grandes macizos montañosos: el presente que reina en el vehículo se refiere a puntos muy alejados, situados en una red cuya escala no tiene nada en común con la de los parajes franqueados.

Por un lado, he aquí la vida local, fuertemente marcada por los ciclos anuales, suspendida de pendientes agotadoras y a menudo no dominando sino técnicas arcaicas de aprovechamiento, cómputo y asociación: se desarrolla al paso lento de la marcha. Por otro lado, está el desarraigo liso que va de parte a parte y transforma estas duras paredes, estos torrentes, estos bosques en una especie de anamorfosis para tren fantasma. La política intervencionista dura crea un territorio con pisos, no solamente por la superposición material de las redes, sino en razón de los sistemas diferenciados de relaciones que establece. Una tal yuxtaposición, que determina dos realidades sin

contacto, la rareza de las salidas de la autopista y las pocas áreas de descanso, todavía lo acentúan más. Se podrá objetar que el tren ya ofrecía la misma experiencia, pero esto no es cierto, porque las mismas vías servían para el tráfico local y para los trenes internacionales, lo cual borra la diferencia.

La avioneta y sobre todo el helicóptero procuran una relación con el territorio más *divina* aún que la del automóvil. Imposible de representar, tiene algo de mapa, de maqueta y de la inmediatez del terreno, en una prestación mejor que la de los cartógrafos de los que habla Borges: su mapa era de la misma escala que el territorio, al cual cubría por tanto en su totalidad. El helicóptero no para de hacer variar esta escala y modifica así el estatuto del usuario: abolida toda limitación, he aquí la Fábula realizada. La libertad de movimiento aliada a la rapidez posee, por otra parte, un carácter alucinatorio tal que podemos preguntarnos si, para muchos de nuestros contemporáneos, no sustituye simple y llanamente a la libertad, desde el momento en que es el signo de la misma.

Sus trayectos desligados de los itinerarios pacientemente inscritos en el suelo, sus maneras de alejarse de un lugar o de abalanzarse sobre un emplazamiento hacen del helicóptero el más desenvuelto de nuestros instrumentos de análisis; sin embargo, con respecto al carro de bueyes o la balsa, el automóvil no le va a la zaga en absoluto. En efecto, hay que comprender bien que estos nuevos instrumentos tejen entre todos ellos un territorio inédito, en el que lo imaginario y lo real se justifican recíprocamente: este territorio ya no se encuentra compuesto en primera línea por extensiones y obstáculos, sino por flujos, ejes, nudos.

Hasta el umbral de los años setenta, esta ideología del movimiento y de la mutación era la que dominaba en la mentalidad de los planificadores. En ocasiones, todo ocurría como si en el territorio no hubiera nada permanente. Se hicieron oír diversas voces de alarma que cuestionaban el crecimiento, ya que el despilfarro de recursos conduce a la catástrofe. De un modo independiente, la investigación histórica que estudia los establecimientos humanos se interesó por nuevos temas. Las ciudades, hasta entonces tratadas según las etapas de su formación y los esquemas de su desarrollo, fueron objeto de análisis mucho más finos de su tejido; investigadores procedentes de la arquitectura se aplicaron de manera muy ambiciosa a elucidar la compleja relación que une las parcelas y la tipología de las habitaciones levantadas sobre ellas, la relación que estos dos componentes mantienen con las vías de comunicación y las leyes de su transformación. Las nuevas investigaciones de microanálisis incitaron a estos historiadores formados en el tajo a examinar catastros antiguos y a retomar el estudio de regiones enteras sobre nuevas bases. A ello en ocasiones se sumó

33

el paciente desciframiento de los vínculos entre los caminos, las parcelas y su sustrato geológico, así como la interpretación de antiguos proyectos no realizados. De todo ello surgió una lectura del territorio completamente reorientada que busca identificar las huellas todavía presentes de procesos territoriales desaparecidos, tales como la formación de los suelos, en particular aluviales, sobre los que se fijaron los establecimientos humanos.

Algunos planificadores también empiezan a preocuparse por estas huellas para fundamentar sus intervenciones. Así pues, tras dos siglos en los que la gestión del territorio no ha conocido otra receta más que la *tabula rasa*, ha quedado esbozada una concepción de la ordenación del territorio que ya no lo considera como un campo de operaciones casi abstracto, sino como el resultado de una muy larga y muy lenta estratificación que es importante conocer para poder intervenir.

Por este camino, el territorio recobra la dimensión del largo plazo, aunque sea de un modo retrospectivo. Esta nueva mentalidad le restituye un espesor que se le había olvidado. Aquí se constatan todavía los restos de una catástrofe geológica que ha modelado de forma duradera tal valle o provocado tal ensenada. En otro lugar, la arqueología aérea detecta paisajes enterrados que revelan una utilización diferente del suelo. Más allá, subsisten algunos fragmentos de un sistema de caminos del que no podemos sino evaluar su importancia y disposición. E incluso acontecimientos traumatizantes, algunas generaciones más tarde, son percibidos de manera positiva: tal embalse, violentamente combatido como un cuerpo extraño en el momento de su creación, es defendido como integrado e indispensable por los descendientes de sus adversarios.

Una toma en consideración tan atenta de huellas y mutaciones no implica ninguna actitud fetichista hacia ellas. No se trata de rodearlas con un muro para conferirles una dignidad fuera de lugar, sino solamente de utilizarlas como elementos, puntos de apoyo, acentos, estimulantes de nuestra propia planificación. Un «lugar» no es un dato, sino el resultado de una condensación. Esto en las regiones en las que el hombre está instalado desde hace generaciones, *a fortiori* desde hace milenios. Todos los accidentes del territorio tienen significación. Comprenderlos es darse la oportunidad de una intervención más inteligente.

Pero el concepto arqueológico de estratificación todavía no proporciona la metáfora más apropiada para describir este fenómeno de acumulación. La mayor parte de las capas son a la vez muy delgadas e incompletas en gran medida. Sobre todo, no es que únicamente se añada, también se borra. Determinados estratos incluso han sido voluntariamente suprimidos. Después de la *damnatio memoriae* de Nerón, la centu-

riación romana de Orange fue borrada en provecho de otra que tenía una orientación diferente, con tal efectividad que no ha quedado nada de ella. Otras capas de vestigios han resultado anuladas por el uso. Puede que sólo las ordenaciones más recientes subsistan.

El territorio, sobrecargado como está de numerosas huellas y lecturas pasadas, se parece más a un palimpsesto. Para colocar nuevos equipamientos, para explotar ciertas tierras de forma más racional, a menudo resulta indispensable modificar su substancia de manera irreversible. Pero el territorio no es un embalaje perdido ni un producto de consumo que se pueda reemplazar. Cada territorio es único, de ahí la necesidad de «reciclar», de raspar una vez más (pero con el mayor cuidado si es posible) el viejo texto que los hombres han inscrito sobre el irreemplazable material de los suelos, a fin de depositar uno nuevo que responda a las necesidades de hoy, antes de ser a su vez revocado. Ciertas regiones, tratadas demasiado brutalmente y de una manera impropia, presentan también agujeros, a la manera de un pergamino demasiado raspado: en el lenguaje del territorio, estos agujeros reciben el nombre de desiertos.

Tales consideraciones nos hacen volver al punto de partida. En la perspectiva que acabamos de exponer, en efecto, es evidente que el fundamento de la planificación no puede ser ya la ciudad, sino este fondo territorial al cual debe quedar subordinada. Tanto es así que a la ordenación ya no le basta con tomar en cuenta solamente cantidades integrando la forma del territorio en su proyecto; le es preciso adquirir una dimensión suplementaria.

Mapa o mirada directa sobre el «paisaje», meditación jaculatoria o análisis con vistas a una intervención, la relación con el objeto-sujeto continuará siendo siempre parcial e intermitente, es decir, abierta. El territorio se estira, siempre diferente de lo que yo conozco, percibo o espero de él. Su doble manifestación de medio marcado por el hombre y de lugar de una relación psíquica privilegiada deja suponer que la Naturaleza, siempre considerada en Occidente como una fuerza exterior e independiente, debería más bien definirse como el campo de nuestra imaginación. Esto no significa que esté finalmente domesticada, sino más sencillamente que, en cada civilización, *la naturaleza es lo que la cultura designa como tal*. Es lógico que esta definición se aplique también a la naturaleza humana.

Robert Fishman es profesor de Historia del planeamiento y diseño urbanos en el *Taubman College of Architecture and Urban Planning* de la Universidad de Michigan y lo ha sido precedentemente de las universidades de Columbia, Pennsylvania, Nueva York (CUNY), y Rutgers (Candem), además de invitado en diversas universidades de EE.UU. y de Europa. Investigador profundo de la ideología urbanística moderna, es autor de excelentes ensayos críticos difundidos internacionalmente, entre los que destacan sus libros *Urban Utopias in the Twentieth Century: Ebenezer Howard, Frank Lloyd Wright, and Le Corbusier* (1977), y *Bourgeois Utopias: The Rise and Fall of Suburbia* (1987).

De este último libro se presenta aquí el capítulo final *"Beyond Suburbia: The Rise of the Technoburb"*, en el que el autor anticipa la identificación de innovaciones que acarrea la evolución del fenómeno urbano con una original y fundada perspectiva.

© Robert Fishman

# MÁS ALLÁ DEL SUBURBIO: EL NACIMIENTO DEL TECNOBURBIO*

Robert Fishman

Si el siglo XIX pudiera ser denominado la Época de las Grandes Ciudades, el periodo posterior a 1945 en los Estados Unidos de América se presentaría como la Época de los Grandes Suburbios. Como las ciudades centrales se estancaron o disminuyeron tanto en población como en industria, el crecimiento fue encauzado casi exclusivamente a las periferias. Entre 1950 y 1970 el crecimiento en las ciudades centrales estadounidenses fue de unos 10 millones de personas, mientras que sus suburbios crecían en 85 millones. Los suburbios, además, fueron responsables de al menos tres cuartas partes de todos los nuevos empleos manufactureros y comerciales generados durante aquel periodo. Para 1970 el porcentaje de estadounidenses viviendo en suburbios era casi exactamente el doble del que lo hacía en 1940, y más habitantes vivían en áreas suburbanas (37,6%) que en ciudades centrales (31,4%) o en áreas rurales (31%). En los años setenta las ciudades centrales experimentaron una migración neta hacia el exterior de 13 millones de personas, combinada con una desindustrialización sin precedentes, niveles de pobreza crecientes, y decadencia de la vivienda.[1]

Mientras las ciudades centrales se debilitaban, el suburbio surgió como un tema de interés nacional. Por primera vez en una sociedad la vivienda unifamiliar aislada se vino a producir dentro del alcance económico de la mayoría de las familias. Para la mayor parte, esto era algo digno de ser celebrado. En la clásica película populista de Frank Capra de 1946, *¡Qué bello es*

---

* Traducido del original, capítulo 7 de la obra: Fishman, R., *Bourgeois Utopias, The Rise and Fall of Suburbia*, Nueva York, Basic Books, 1987, pp. 187-207.

[1] Louis H. Masotti y Jeffrey K. Hadden (eds.), *Suburbia in Transition*, Nueva York, New Viewpoints, 1974, introducción del editor, 5 y 99-100. Para obtener información relacionada con la migración neta hacia el exterior y otras gráficas correspondientes al periodo comprendido de 1970 a 1980, véase George Sternlieb y James Hughes, "The Uncertain Future of the Central City", en George Sternlieb (ed.), *Patterns of Development,* New Brunswick, N.J., Center for Urban Policy Research, Rutgers University, 1986, 109-121. Las gráficas más recientes sobre población, así como una interpretación estimulante de las tendencias migratorias, pueden encontrarse en John Herbers, *The New Heartland: America's Flight Beyond the Surburbs,* Nueva York, Times Books, 1986.

*vivir!*, el héroe, George Bailey (interpretado por James Stewart), es el director de una compañía de construcción y crédito. Él renuncia a sus sueños de llegar a ser arquitecto o ingeniero y crear extensas ciudades nuevas para permanecer en su ciudad natal y ayudar a sus vecinos a comprar sus propias casas. Su logro más preciado es una parcelación suburbana de casas en serie, que él llama Bailey Park. El villano, el señor Potter (interpretado por Lionel Barrymore), es un banquero avaro cuyas prácticas egoístas de préstamo mantienen continuamente a las familias pagando el alquiler por los bloques de pisos que él posee. La película contribuye muy bien a explicar la política estadounidense de vivienda en las décadas sucesivas.

Otros fueron menos optimistas que Capra acerca del suburbio. En medio de un *boom* constructivo sin precedentes, en la década de 1950 un debate ilustrado sobre el suburbio culpó a los nuevos patrones de vida de la conformidad creciente en la vida americana. En los años sesenta y setenta esa acusación fue secundada por un análisis que consideró responsable al "vuelo blanco" de la segregación y pobreza en las ciudades interiores. Sin embargo, tanto los críticos como los proponentes estuvieron de acuerdo en que el aspecto más importante del ambiente de posguerra era, según la frase de Kenneth Jackson, "la suburbanización de los Estados Unidos".[2] Verdaderamente, el fenómeno fue tan poderoso como una marea que acabara con todo lo precedente. Era como si la suburbanización *comenzara* en 1945.

En este ensayo presento una interpretación muy diferente de la posguerra en E.E. U.U. Para mí la reconstrucción masiva que comenzó en 1945 no representa la culminación de 200 años de historia del suburbio, sino más bien su fin. Efectivamente, esta transformación masiva no es en absoluto suburbanización, sino la creación de un nuevo tipo de ciudad, con principios que se oponen frontalmente al auténtico suburbio.

Desde sus orígenes en el siglo XVIII en Londres, el suburbio ha actuado como una porción especializada de la metrópolis en expansión. Tanto si se encontraba dentro o fuera de los límites políticos de la ciudad central, era siempre funcionalmente dependiente del núcleo urbano central. A la inversa, el crecimiento del suburbio significó siempre un fortalecimiento de los servicios especializados en el centro.

En mi opinión, la característica más importante del desarrollo americano de posguerra ha sido la descentralización casi simultánea de vivienda, industria, servicios especializados y empleo de oficina; la consecuente separación de la periferia

2 Kenneth T. Jackson, *Crabgrass Frontier: The Suburbanization of America*, Nueva York, Oxford University Press, 1985.

urbana respecto a una ciudad central ya no se necesita, y la creación de un desarrollo descentralizado que, no obstante, posee todo el dinamismo económico y tecnológico que asociamos con la ciudad. Este fenómeno, tan extraordinario como único, no es suburbanización, sino una *ciudad nueva*.

Desafortunadamente, carecemos de un nombre adecuado para esta ciudad nueva que ha tomado forma en las afueras de todos nuestros centros urbanos principales. Algunos han usado los términos *exurbia* o *ciudad externa*. Sugiero (con disculpas) dos neologismos: el *tecnoburbio* y la *tecnociudad*. Por *tecnoburbio* me refiero a una zona periférica, quizá tan extensa como una provincia, que ha surgido como una unidad socioeconómica viable. Diseminados a lo largo de los corredores de crecimiento de las autopistas, se encuentran centros comerciales, parques industriales, complejos de oficinas tipo campus, hospitales, escuelas y una gama completa de tipologías residenciales. Sus habitantes miran a sus alrededores inmediatos más que a la ciudad para sus empleos y otras necesidades, y sus industrias no solo encuentran los empleados que necesitan, sino también los servicios especializados.

La ciudad nueva es un *tecno*burbio no solo porque las industrias de alta tecnología han encontrado su hábitat más afín en tecnoburbios tan arquetípicos como Silicon Valley al norte de California y la *Route 128* en Massachussets. En la mayor parte de los tecnoburbios, dichas industrias ofrecen solo una pequeña parte de los empleos, pero la existencia misma de la ciudad descentralizada ha sido posible solo por medio de la tecnología avanzada de las comunicaciones, que ha suplantado hasta tal punto el contacto cara a cara de la ciudad tradicional. El tecnoburbio ha generado diversidad urbana sin la concentración urbana tradicional.

Por *tecnociudad* me refiero a la región metropolitana completa que ha sido transformada por la llegada del tecnoburbio. La *tecnociudad* por lo general todavía conserva el nombre de su ciudad principal, por ejemplo, "el área metropolitana de Nueva York"; sus equipos deportivos mantienen el nombre de aquella ciudad (incluso si ya no juegan dentro de los límites de la ciudad central), y sus estaciones televisivas parecen emitir desde la ciudad central. Pero la vida económica y social de la región evita cada vez más su núcleo central hipotético. La tecnociudad está verdaderamente multicentrada, según el modelo que Los Angeles creó primero. Los tecnoburbios, que pueden extenderse desde el núcleo en todas direcciones más allá de las setenta millas, están a menudo en comunicación más directa entre ellos -o con otras tecnociudades a través del país- de lo que lo están con el núcleo central. La estructura verdadera de la tecnociudad está expresada acertadamente por las superautopistas circulares o vías de circunvalación, que sirven tan bien para definir los perímetros de la ciudad nueva. Las vías de circunvalación ponen en contacto cada parte de la periferia urbana con cada una de las demás partes sin pasar a través de la ciudad central en absoluto.

Para la mayor parte de los estadounidenses, el centro auténtico de sus vidas no es ni urbano, ni rural, ni siquiera un área suburbana, como estas entidades han sido concebidas tradicionalmente, sino más bien el tecnoburbio, cuyos límites están definidos por los emplazamientos que los habitantes pueden alcanzar cómodamente en sus coches. El centro auténtico de esta ciudad nueva no está en algún distrito de negocios en el centro de la ciudad, sino en cada unidad residencial. Desde ese punto de partida central, los miembros de la familia crean su propia ciudad a partir de la multitud de destinos que están dentro de una adecuada distancia en coche. Un cónyuge puede trabajar en un parque industrial a dos salidas hacia abajo de la autopista interestatal; el otro, en un complejo de oficinas a cinco salidas en la otra dirección; los hijos viajan en autobús a centros de enseñanza en su distrito, o bien conducen ellos mismos a la rama local de la universidad del estado; la familia va de compras a varios centros comerciales diferentes a lo largo de distintas autopistas; cada fin de semana conducen cincuenta millas a un área rural (pero en desarrollo rápido), donde tienen una segunda residencia; todo lo que necesitan y consumen, desde los servicios médicos más complejos hasta las frutas frescas y verduras, puede ser encontrado a lo largo de las autopistas. Una vez al año, quizá en Navidad, van al "centro de la ciudad", pero nunca se quedan mucho tiempo. Las ciudades centrales antiguas han llegado a ser cada vez más marginales, mientras el tecnoburbio ha surgido como el foco de la vida norteamericana. El suburbanita tradicional -viajando cada día a un costo creciente desde su casa a un centro donde los recursos disponibles a duras penas copian aquellos ya disponibles más cerca de casa- viene a ser cada vez más raro. En esta ecología urbana transformada, la historia del suburbio llega a su fin.

## Profetas de la tecnociudad

De un modo semejante a todas las formas urbanas nuevas, la tecnociudad y sus tecnoburbios surgieron no solo de manera imprevisible sino inadvertida. Todavía estamos observando esta ciudad nueva a través de las categorías intelectuales de la metrópolis antigua. Solo dos profetas, creo, percibieron las fuerzas fundamentales que dirigirían a la tecnociudad en el momento de su primera aparición. Sus manifestaciones son, por lo tanto, particularmente valiosas para el entendimiento de la ciudad nueva.

Al inicio del siglo XX, cuando el poder y la atracción de la gran ciudad estaba en su cima, H. G. Wells afirmó con atrevimiento que las fuerzas tecnológicas que habían creado la metrópolis industrial estaban ahora por destruirla. En su ensayo de 1900 *The Probable Diffusion of Great Cities*, Wells argumentó que la concentración aparentemente inevitable de gente y recursos en las ciudades más grandes pronto sería de sentido inverso. Profetizó que en el curso del siglo XX la metrópolis vería drenar sus propios recursos a "regiones urbanas" descentralizadas tan extensas que el concepto mismo de "la ciudad" llegaría a ser, según su frase, "tan obsoleto como el 'coche correo'".[3]

Wells basó su predicción en un análisis profundo de las redes de transporte y comunicación que estaban naciendo. Durante todo el siglo XIX el transporte ferroviario había sido un sistema relativamente simple que favoreció el acceso directo a los centros grandes. No obstante, con la extensión de las líneas ramales y los tranvías eléctricos había sido creada una red ferroviaria compleja que podía servir como base para una región descentralizada. (Como Wells escribió, Henry E. Huntington estaba demostrando la verdad de sus proposiciones en la región de Los Angeles.)

Pero también estaban naciendo otras redes; muy especialmente, la electricidad y el teléfono. El sistema eléctrico dio a cada punto de una región el mismo acceso a la energía que a cualquier otro; por consiguiente, la ventaja de una situación central fue disminuida proporcionalmente. De un modo análogo, el teléfono proporcionó comunicación inmediata desde cada punto de una región a cualquier otro, eliminando así la necesidad de una ubicación central y del contacto cara a cara.

Tal como Wells observó, ni la industria ni los negocios necesitaban más a la gran ciudad, y ambos se moverían inevitablemente hacia ubicaciones retiradas, más baratas. La industria no solo podría producir sus bienes a más bajo precio y más eficientemente lejos del núcleo, sino dirigir sus negocios por teléfono. "En realidad, no es mucho decir que los ciudadanos londinenses del año 2000 d.C. puedan elegir a toda Inglaterra y Gales al sur de Nottingham y al este de Exeter como su suburbio, y la extensa franja de campo desde Washington a Albany estará 'disponible' para los ciudadanos de Nueva York y Filadelfia antes de aquella fecha".[4]

Wells imaginó la "región urbana" del año 2000 como una serie de poblaciones con pequeñas casas y fábricas colocadas a campo abierto, aunque conectadas por medio del transporte ferroviario de alta velocidad a cualquier otro punto de la región.

37

---

[3] H. G. Wells, "The Probable Diffusion of Great Cities", en *The Works of H. G. Wells*, Nueva York, Scribner's, 1924, vol. 4, p. 32.
[4] Ibíd, 41.

(Ésta era una visión no muy diferente a la de aquellos que vieron a Los Angeles transformándose precisamente en una red de poblaciones semejante.) Las ciudades antiguas no desaparecerían completamente, pero perderían sus funciones financieras e industriales, sobreviviendo simplemente por un amor humano inherente a las muchedumbres. La ciudad "posurbana", predijo Wells, será "esencialmente un bazar, una gran galería de tiendas y lugares de encuentro y cita, un lugar peatonal, con sus caminos reforzados por ascensores y plataformas rodantes, y protegida del tiempo externo, y en conjunto una aglomeración muy espaciosa, brillante y divertida".[5] En resumen, la gran metrópolis degenerará en lo que nosotros llamaríamos hoy un centro comercial masivo, mientras la vida productiva de la sociedad tendrá lugar en la región urbana descentralizada.

La predicción de Wells estaba siendo aceptada a finales de los años veinte y principios de los treinta por Frank Lloyd Wright, quien llegó desde planteamientos similares a una visión aún más radical. Wright realmente había visto los comienzos de la era del automóvil y el camión; estaba, quizá no por casualidad, viviendo principalmente en Los Angeles a finales de la década de 1910 y principios de la década de 1920. Wright, como Wells, argumentó que "la gran ciudad ya no era moderna" y que estaba destinada a ser reemplazada por una sociedad descentralizada.

Llamó a esta nueva sociedad *Broadacre City*. A menudo ha sido confundida con una especie de suburbanización universal, pero para Wright *Broadacre* era justamente lo opuesto al suburbio que tanto despreciaba. Observó correctamente que el suburbio representaba la extensión imprescindible de la ciudad hacia el campo, mientras que *Broadacre* representaba la desaparición de todas las ciudades existentes previamente.

Tal como Wright la proyectó, Broadacre estaba basada en la propiedad universal del automóvil combinada con una red de superautopistas, que eliminaban la necesidad de que la población se agrupara en un lugar particular. En realidad, cualquier agrupación resultaba necesariamente ineficiente, sería un punto de congestión más que de comunicación. De este modo, la ciudad se extendería sobre el campo con densidades lo suficientemente bajas como para permitir a cada familia tener su propia tierra e incluso dedicarse a la agricultura a tiempo parcial. Sin embargo, estas propiedades no estarían aisladas; su acceso a la malla de superautopistas les permitiría acceder fácilmente a un gran número de empleos y servicios especializados, como a cualquier urbanita del siglo XIX. Viajando a más de 100 kilómetros por hora, cada ciudadano crearía su propia ciudad dentro de un ámbito definido por cientos de kilómetros cuadrados que podría alcanzar en una hora de viaje en coche.[6]

De un modo semejante a Wells, Wright observó que la producción industrial abandonaría inevitablemente las ciudades a cambio del espacio y las ventajas de los emplazamientos rurales. Pero Wright fue un paso más lejos en su intento por imaginar la manera en que un desarrollo radicalmente descentralizado podría generar aquella diversidad y excitación que únicamente las ciudades habían poseído.

Observó que, aun en el entorno más disperso, el cruce de las autopistas principales poseía cierto estatus especial. Estas intersecciones serían los sitios naturales de lo que denominó el mercado al borde de la carretera, una anticipación extraordinaria del centro comercial: "Grandes y placenteros lugares espaciosos junto a la carretera, estos mercados se levantarán, amplios y hermosos, bajo alguna forma flexible de pabellón, diseñados como lugares de intercambio social no solo de mercancías, sino también de equipamientos culturales".[7] A los mercados al borde de la carretera añadió una gama de instituciones altamente civilizadas aunque de pequeña escala: escuelas, una catedral moderna, un centro para celebraciones, y similares. En un entorno tal, incluso desaparecerían las funciones de ocio de la ciudad. Pronto, Wright deseó con fervor que la ciudad centralizada en sí misma desapareciera.

Las profecías de Wells y Wright consideradas en conjunto constituyen una apreciación notable de las tendencias descentralizadoras de la tecnología moderna y la sociedad. Ambas fueron propuestas en forma utópica, una imagen del futuro presentada como "inevitable" de alguna manera, aunque sin atención alguna hacia el modo en que realmente se conseguiría. No obstante, algo similar a la transformación que Wells y Wright previeron ha tomado cuerpo en los Estados Unidos, una transformación aún más notable, ya que ocurrió sin un reconocimiento claro de que estaba sucediendo. Mientras grupos diversos estaban abordando lo que consideraban que era "la suburbanización" de los Estados Unidos de América, en realidad estaban creando una ciudad nueva.

Fernand Braudel y su escuela de historiadores han estudiado con atención el poder extraordinario de las "estructuras" en la historia: patrones profundos de necesidad económica y social que operan con poca consideración hacia los planes individuales o las iniciativas gubernamentales. Sea cual sea su validez para la historia como un conjunto, esta visión tiene su valor por el hecho de explicar la emergencia de la tecnociudad. Wells y

---

[5] Ibíd., 49.

[6] Abordo el tema de Broadacre City con mucha mayor profundidad en mi libro *Urban Utopias in the Twentieth Century: Ebenezer Howard, Frank Lloyd Wright, and Le Corbusier,* Nueva York, Basic Books, 1977.

[7] Frank Lloyd Wright, *The Living City,* Nueva York, Horizon Press, 1958, p. 11 (trad. cast.: *La ciudad viviente,* Buenos Aires, Compañía General Fabril, 1961).

Wright fueron incapaces de crear la ciudad nueva que previeron. No obstante, las fuerzas inherentes a la tecnología y sociedad del siglo XX se hicieron valer a sí mismas para formar un nuevo modelo de vida urbana.

## Tecnoburbio / Tecnociudad: La estructura de la nueva metrópolis

Pretender que hay un modelo o estructura en la nueva ciudad estadounidense es contradecir lo que parece ser evidencia arrolladora. Uno podría resumir la estructura del tecnoburbio diciendo que éste va en contra de toda regla de planeamiento. Está basado en dos extravagancias que siempre han despertado la ira de los urbanistas: el derroche de suelo inherente a la vivienda unifamiliar con su jardín propio y el despilfarro de energía inherente al uso del automóvil personal. La ciudad nueva es totalmente dependiente de su sistema viario, aunque ese sistema casi siempre está en un estado de caos y congestión. El paisaje del tecnoburbio es una mezcla irremediable de vivienda, industria, comercio e incluso usos agrícolas. Finalmente, el tecnoburbio no tiene límites propios; aunque definido, está dividido en un mosaico difícil de interpretar de jurisdicciones políticas separadas y superpuestas, que hacen prácticamente imposible cualquier clase de planeamiento coordinado.

Sin embargo, el tecnoburbio ha llegado a ser el lugar auténtico de crecimiento e innovación en nuestra sociedad. Y hay una estructura verdadera en lo que parece ser el desarrollo diseminado despilfarrador, lo cual proporciona una lógica suficiente y eficiencia para que el tecnoburbio cumpla al menos algunas de sus promesas.

Si hay un principio fundamental único en la estructura del tecnoburbio, es la articulación renovada de trabajo y residencia. El suburbio los había separado en entornos distintos; su lógica era la de los movimientos pendulares masivos, en que los trabajadores de la periferia viajaban cada mañana a un núcleo central único y después volvían a dispersarse cada tarde. El tecnoburbio, sin embargo, contiene a la vez trabajo y residencia dentro de un ambiente descentralizado único.

Como en la ciudad preindustrial común donde la gente vivía y trabajaba a menudo bajo el mismo techo, o incluso en las zonas industriales de finales del siglo XIX, donde las fábricas eran parte integral de los barrios de la clase obrera, la articulación entre trabajo y residencia en el tecnoburbio es también íntima. Un estudio reciente de New Jersey muestra que la mayor parte de los empleados que trabajan a lo largo de los corredores de crecimiento del estado viven ahora en la misma provincia en que trabajan.[8] Pero esta dispersión relativa debe contrastarse con el modelo anterior de movimientos pendulares diarios hacia los núcleos urbanos como Newark o Nueva York. En la mayoría de los casos el tiempo de viaje al trabajo disminuye, aun cuando las distancias recorridas todavía son importantes; como indica el censo de 1980, el desplazamiento promedio al trabajo parece estar disminuyendo en distancia y, lo que es más importante, en tiempo.[9]

El movimiento pendular dentro del tecnoburbio es multidireccional, siguiendo la malla intensa de autopistas y vías secundarias que, como Frank Lloyd Wright entendió, define la comunidad. Esta multiplicidad de destinos hace sumamente ineficaz al transporte público, pero elimina aquel embotellamiento terrible que ocurría necesariamente cuando el trabajo estaba concentrado en un núcleo central único dentro de la región. Cada casa en un tecnoburbio está a un tiempo razonable en coche de un conjunto verdaderamente "urbano" de empleos y servicios, al igual que cada lugar de trabajo a lo largo de las autopistas puede atraer a una agrupación "urbana" de trabajadores.

Aquellos que creían que la crisis energética de los años setenta inutilizaría al tecnoburbio no lograron comprender que la ciudad nueva había desarrollado su propio modelo de transporte, según el cual una multitud de trayectos en automóvil relativamente cortos en un gran número de direcciones diferentes sustituyen a esa gran marea en vaivén hacia el núcleo urbano que había definido previamente los movimientos pendulares. Con las viviendas, los empleos y los servicios en la periferia, este desarrollo diseminado crea su propia forma de eficiencia relativa. Lo verdaderamente ineficaz sería cualquier tentativa de renacimiento del modelo anterior de movimientos pendulares a larga distancia de tránsito masivo hacia un núcleo central.

Para explicar la nueva articulación de trabajo y residencia en el tecnoburbio, primero debemos enfrentarnos a esta paradoja: la ciudad nueva requería un traslado masivo y coordinado de vivienda, industria y otras funciones "centrales" hacia la periferia; sin embargo, no había coordinadores dirigiendo el proceso. Verdaderamente, el tecnoburbio surgió a pesar de y no debido a los propósitos voluntarios que motivaron a los actores principales. El *boom* residencial de posguerra fue un intento de escapar de las condiciones urbanas; las nuevas autopistas procuraron dirigir el tráfico hacia las ciudades; los urbanistas intentaron limitar el crecimiento de la periferia; los programas de gobierno que hicieron el mayor esfuerzo por destruir la hege-

39

---

[8] George Sternlieb y Alex Schwartz, *New Jersey Growth Corridors,* New Brunswick, N.J., Center for Urban Policy Research, Rutgers University, 1986, cap. 6.

[9] George Sternlieb y James R. Hughes, "A note on Information Technology, Demographics, and the Retail Revolution", en George Sternlieb (ed.), *Patterns of Development*, pp. 246-47.

monía de la metrópolis industrial antigua fueron precisamente los destinados a salvarla.

Esta paradoja puede verse claramente en el área de política del transporte. Wright había comprendido el punto fundamental en su plan para Broadacre City: una malla de autopistas totalmente desarrollada elimina la primacía de un distrito central de negocios. Esta malla crea una serie completa de cruces de autopista que pueden servir como centros de negocios, así como promueve los trayectos multidireccionales que impiden a cualquier centro individual alcanzar una importancia única. Sin embargo, desde la época de Robert Moses hasta el presente, los planificadores de autopistas han imaginado que las vías nuevas, de forma similar al transporte ferroviario más antiguo, aumentarían la importancia de los centros antiguos al encauzar los coches y camiones hacia el área del centro de la ciudad y al cinturón industrial. En su mayor parte, las autopistas estaban para dar servicio a la suburbanización tradicional, en otras palabras, al movimiento desde la periferia hasta el núcleo central durante las horas punta de la mañana y al movimiento en sentido opuesto por la tarde. Los cinturones de circunvalación, aquellas *Main Streets* cruciales del tecnoburbio, estaban diseñadas simplemente para permitir que el tráfico externo evitara pasar a través de las áreas centrales de las ciudades.[10]

40

La historia del tecnoburbio, por lo tanto, es la historia de aquellas características estructurales más profundas de la sociedad moderna descritas primero por Wells y Wright, con prioridad sobre intenciones conscientes. A efectos de una mayor claridad, dividiré ahora esta discusión de la formación de la tecnociudad en dos temas interrelacionados, vivienda y ubicación del empleo.

## Vivienda

El gran *boom* residencial norteamericano de posguerra fue quizá el ejemplo más puro del sueño suburbano en acción, aunque su consecuencia final iba a volver obsoleto al suburbio. Entre 1950 y 1970, como promedio, cada año fueron construidas 1,2 millones de unidades de viviendas, la gran mayoría como viviendas unifamiliares suburbanas; el *stock* de vivienda de la nación se incrementó en 21 millones de unidades o más

del 50 por ciento.[11] En la década de los setenta el *boom* continuó aún con más fuerza; se construyeron 20 millones más de nuevas unidades, casi tantas como en las dos décadas previas.[12] Fue precisamente esta enorme producción de residencias nuevas lo que trasladó el centro de gravedad en los Estados Unidos del núcleo urbano central a la periferia, y de este modo aseguró que estas áreas vitales y en expansión ya no pudieran permanecer simplemente como comunidades dormitorio.

Este gran *boom* constructivo, que parece tan característico de las condiciones posteriores a 1945, en realidad tuvo sus orígenes a principios del siglo XX en los primeros intentos de universalizar el suburbio a lo largo y ancho de los Estados Unidos. Esta situación puede ser vista, esencialmente, como una continuación del *boom* constructivo de la década de 1920, el cual había sido interrumpido durante dos décadas por la Depresión y la guerra. Como George Sternlieb nos recuerda, en 1929 la industria del automóvil estadounidense estaba produciendo tantos coches per cápita como lo hizo en la década de 1980, y los promotores inmobiliarios ya habían trazado parcelaciones en áreas aisladas que solo fueron desarrolladas en las décadas de 1960 y 1970.[13]

Desde el punto de vista financiero, organizativo y tecnológico, las raíces del *boom* se encontraban en la década de 1930, fue por ello que entonces la industria de la construcción se racionalizó a sí misma. Como hemos visto en el desarrollo de Los Angeles, tanto la hipoteca de la *Federal Housing Administration* como las casas en serie producidas en masa datan de esa época. Ambas reflejaron la necesidad de reducir costos con el fin de que la industria de la vivienda sobreviviera a lo que parecía ser un mercado disminuido drásticamente. Como resultado, la industria ya había alcanzado una forma relativamente eficiente para cuando la demanda de vivienda estalló. En vez de promotores y constructores operando independientemente uno del otro, como hicieron en la década de 1920, cada uno con muy poco dinero propio y pasando los altos costos de producción y crédito al comprador, el promotor-constructor de posguerra podía tomar prestadas grandes sumas a instituciones de ahorro y crédito para alcanzar economías de escala de tipo industrial. William Levitt, con sus Levittowns, fue el símbolo más famoso de estos planificadores-promotores-constructores de tipo industrial, pero el impacto verdadero llegó cuando los

10 Mark H. Rose, *Interstate: Express Highway Politics, 1941-1956*, Lawrence, University Press of Kansas, 1979. Para una comprensión más profunda de la estructura de la ciudad externa, véase especialmente Peter O. Muller, *Contemporary Suburban America*, Englewood Cliffs, NJ, Prentice Hall, 1981; Mark Gottdiener, *Planned Sprawl: Private and Public Interests in Suburbia*, Beverly Hills, Calif., Sage Publications, 1977; Carl Abbott, *The New Urban America: Growth and Politics in Sunbelt Cities*, Chapel Hill, University of North Carolina Press, 1981; Mark Baldassare, *Trouble in Paradise: The Suburban Transformation in America*, Nueva York, Columbia University Press, 1986; Christopher B. Leinberger y Charles Lockwood, "How Business is Reshaping America", *The Atlantic*, 258, Octubre de 1986, pp. 43-63.

11 George Sternlieb y David Listokin, "Housing: A Review of Past Policies and Future Directions", en Sternlieb (ed.), *Patterns of Development*, pp. 46-48. La importancia cultural de las gráficas de vivienda es descrita con agudeza en Thomas Hine, *Populuxe*, Nueva York, Knopf, 1986, cap. 3, "A New Place".

12 George Sternlieb y James W. Hughes, "Structuring the Future", en Sternlieb (ed.), *Patterns of Development*, p. 11.

13 Sternlieb y Listokin, "Housing", pp. 30-32.

constructores medios y pequeños fueron capaces de incorporar estas innovaciones en todas las partes de la periferia.

El comprador, a su vez, tenía fácil acceso a las hipotecas auto-amortizables a treinta años que la *Federal Housing Administration* había creado en la década de 1930 y que los prestamistas privados igualaron pronto. El gobierno federal también aseguró que la vivienda no tuviera que competir con la industria por los ahorros de los inversores. Un *loop* reconocido oficialmente dirigía los ahorros de los pequeños inversores a las instituciones de ahorro y crédito, donde eran encauzados directamente hacia préstamos a corto plazo para constructores o hipotecas para compradores. Uno puede comparar este sistema con la "movilización" de capital de Hausmann a través del *Crédit foncier* para la industria de la construcción francesa en la década de 1860. La diferencia crucial era que, en la Francia del siglo XIX, grandes sumas de dinero eran conducidas conjuntamente con el fin de crear grandes edificios "colectivos": las masivas casas de apartamentos que se alineaban en los bulevares franceses. En el periodo posterior a 1945, en Estados Unidos existió una industria financiada masivamente y organizada minuciosamente para hacer posible la vivienda unifamiliar aislada.

Los sistemas financieros y técnicos racionalizados de la década de 1930 aseguraron de este modo que la demanda arrolladora de nueva vivienda suburbana en el periodo de posguerra no se hundiera en altos tipos de interés, prácticas ineficientes de construcción o precios del suelo inflados. En su lugar, la duplicación del ingreso familiar medio de 1950 a 1970 pudo ser traducida directamente en el consumo de casas nuevas. En aquella edad de oro de la vivienda, nuevas casas en serie podían comprarse a través de pagos mensuales que a menudo eran menores que los alquileres comunes en la ciudad central.[14] George Bailey finalmente había vencido al señor Potter.

Incluso a finales de los años setenta la combinación del ingreso real estancado con altos tipos de interés, los precios de gasolina y los valores del suelo no disminuyó el atractivo de la vivienda unifamiliar nueva. En 1981 una familia media estadounidense ganaba solo el 70% de lo que necesitaba para atender a los pagos para una casa de precio medio; para 1986, la familia media podía otra vez permitirse comprar una casa media.[15] Las casas unifamiliares aún constituyen el 67% de todas las viviendas ocupadas, solo un 2% por debajo respecto a 1970 a pesar del aumento en los costos;[16] además, una encuesta sobre compradores potenciales de viviendas en

1986 mostró que el 85% tenían la intención de comprar una casa unifamiliar aislada suburbana, mientras que solo el 15% estaban buscando apartamentos en edificios colectivos o casas urbanas.[17] La *single*, como los constructores la llaman, aún está viva y funciona bien en la periferia urbana.

Esta atracción continua de la *single* no debería, sin embargo, ocultar los cambios cruciales que han transformado el significado y el contexto de la casa. La nueva vivienda suburbana de la década de 1950, como sus predecesoras durante más de un siglo, existió precisamente para aislar a las mujeres y a la familia de la vida urbana económica; definió una zona exclusiva de residencia entre la ciudad y el campo. Ahora una vivienda nueva podría estar contigua a un parque de oficinas paisajístico con más metros cuadrados de nuevo espacio de oficinas que en un edificio del centro de la ciudad, o podría estar justo al otro lado de la autopista respecto a un centro comercial delimitado con un volumen de ventas que excediera los de los grandes almacenes del centro de la ciudad, o podría tener vistas hacia un laboratorio de investigación de alta tecnología que elabora productos que son exportados a todo el mundo. En absoluto un refugio, la vivienda unifamiliar aislada en la periferia es preferida como una oportuna base desde la cual ambos cónyuges pueden acceder rápidamente a sus trabajos.

Sin el movimiento simultáneo de empleo y vivienda, el gran *boom* "suburbano" seguramente se habría agotado a sí mismo en trayectos cada vez más largos a lugares de trabajo en un núcleo central atestado, accediendo a través de autopistas y servicios de tránsito masivo congestionados. Y las nuevas comunidades periféricas habrían sido en realidad los "distritos aislados" para mujeres, como los críticos les han llamado, en vez de llegar a ser el marco para la reintegración de la mujer de clase media a la fuerza de trabajo, como ha sucedido. La imagen constante de la vivienda y de la comunidad dormitorio suburbanas han ocultado la importancia crucial de esta transformación en la ubicación del empleo, el tema de la próxima sección.

*Ubicación del empleo*

Como los que han tratado de planear el proceso han aprendido tristemente, la ubicación del empleo tiene sus reglas autónomas propias. El movimiento de las fábricas lejos del núcleo urbano central después de 1945 tuvo lugar independientemente del *boom* residencial y probablemente habría ocurrido sin éste. No obstante, el movimiento simultáneo de vivienda y empleo en las décadas de 1950 y 1960 creó una "masa crítica" imprevista de capacidad emprendedora y destreza en los perímetros, lo que permitió al tecnoburbio desafiar exitosamente el

[14] Clifford Edward Clark, Jr., *The American Family Home, 1800-1960*, Chapel Hill, University of North Carolina Press, 1986, p. 222.
[15] *Philadelphia Inquirer*, 13 de abril de 1986, 1-I.
[16] *Philadelphia Inquirer*, 6 de abril de 1986, 2-J.
[17] *Philadelphia Inquirer*, 26 de enero de 1986, 1-J.

largo predominio económico de dos siglos de la ciudad central.

Tal como los talleres del siglo XIX en los Estados Unidos de América abandonaron las áreas internas de las ciudades de su época para buscar más espacio y suelo más barato en las zonas industriales más nuevas de las afueras, así las fábricas del siglo XX se han trasladado de las áreas fabriles a los parques industriales del tecnoburbio. Este proceso fue acelerado por la alteración en los métodos de producción, que acentuaron un flujo lineal de producción en un nivel único. Estos métodos nuevos hicieron obsoletas aquellas fábricas de hormigón armado de cuatro y cinco plantas, que eran los monumentos de las áreas fabriles de principios del siglo XX. En el área de la ciudad de Nueva York, por ejemplo, las fábricas construidas antes de 1922 ocupaban 97 metros cuadrados por obrero, las construidas de 1922 a 1945 ocuparon 186 metros cuadrados, y las construidas después de 1945 ocuparon 423 metros cuadrados.[18] Este dramático incremento en la superficie impulsó prácticamente a las fábricas fuera de las constreñidas manzanas de la ciudad interior hacia los espacios abiertos del tecnoburbio.

Al mismo tiempo, la importancia creciente del transporte en camión significó que las fábricas ya no eran tan dependientes de la confluencia de líneas ferroviarias que existían solo en las áreas fabriles antiguas. Los trabajadores tenían sus automóviles, por lo tanto las fábricas podían dispersarse en la periferia sin preocuparse por la ausencia del transporte público. (La dispersión de plantas de aviones y otras fábricas en Los Angeles en la década de 1930 representó anticipadamente esta tendencia.) El proceso ganó ímpetu como resultado de miles de decisiones no coordinadas, en virtud de las cuales los directores permitieron que sus plantas de la ciudad central restringieran la producción y dirigieran las nuevas inversiones hacia las afueras. En la región de Boston, por ejemplo, el 80% de los edificios industriales nuevos iniciados entre 1954 y 1967 se ubicaron en los *fringes* suburbanos.[19] A escala nacional, de 1958 a 1967, las ciudades centrales perdieron más de 338.000 empleos manufactureros, comerciales y de industria de servicios, mientras que las áreas suburbanas de alrededor de estas ciudades ganaron más de 433.000.[20] Como estas tendencias continuaron a lo largo de la década de 1960, el censo de 1970 -que mostraba que los habitantes suburbanos excedían ahora en número a la población rural o urbana- reveló a través de un descubrimiento similar que los empleos ubicados en los suburbios ahora sobrepasaban en número a los de la ciudad cen-

tral.[21]

Estos cambios en la ubicación del empleo durante las décadas de 1950 y 1960 eran, sin embargo, solo un preludio del triunfo verdadero del tecnoburbio: la tentación tanto al empleo directivo de oficinas como a los laboratorios tecnológicos avanzados y a los servicios a la producción de trasladarse del núcleo central a las periferias. Este proceso puede dividirse en tres partes. Primero vino el establecimiento de corredores de crecimiento de "alta tecnología" en ubicaciones tan diversas como Silicon Valley, California; Silicon Prairie, entre Dallas y Forth Worth; el Cinturón de Atlanta; la *Route 1* entre Princeton y New Brunswick, New Jersey; Westchester County, Nueva York; la *Route 202* cerca de Valley Forge, Pennsylvania, y la *Route 128* fuera de Boston. El segundo paso fue el desplazamiento de las oficinas, especialmente las funciones administrativas de apoyo a las empresas, de los rascacielos en el centro de la ciudad a los parques de oficinas del tecnoburbio, y la fase final fue el desplazamiento del empleo de servicios a la producción -bancos, contables, abogados, agencias publicitarias, técnicos cualificados, y similares- a ubicaciones dentro del tecnoburbio, creando de este modo esa base vital de personal de apoyo para empresas más grandes.

Verdaderamente, esta oleada dramática hacia el tecnoburbio ha sido tan radical que ahora debemos preguntarnos si la profecía final de Wright se cumplirá: la desaparación de los centros urbanos antiguos. ¿Es el *boom* actual en la construcción de oficinas en el centro de la ciudad y la "gentrificación" en las áreas internas de la ciudad simplemente un último hurra para la ciudad antigua antes de que tendencias descentralizadoras más profundas la conduzcan a su decadencia final?

En mi opinión, la difusión final que Wells y Wright predijeron es improbable, al menos porque ambos subestimaron las fuerzas de centralización económica y política que continúan existiendo a finales del siglo XX. Si la descentralización física hubiera significado verdaderamente la descentralización económica, entonces los núcleos urbanos centrales serían ahora ciudades fantasmas. Pero organizaciones grandes y poderosas todavía buscan una ubicación central que valide su importancia, y el centro histórico de las grandes ciudades responde aún mejor a esa necesidad que los complejos de oficinas en las afueras. Además, las sedes corporativas y gubernamentales en el núcleo central todavía atraen a una amplia variedad de servicios de apoyo especializados -gabinetes jurídicos, de publicidad, editoriales, medios de comunicación, restaurantes, centros de ocio, museos, y más- que continúan haciendo viables los centros de las ciudades.

---

[18] Edgar M. Hoover y Raymond Vernon, *The Anatomy of a Metropolis,* Garden City, N.Y., Doubleday, 1959, p. 27.

[19] Brian J. L. Berry y Yehoshua S. Cohen, "Decentralizing Commerce and Industry: The Restructuring of Metropolitan America", en Louis H. Masotti y Jeffrey K. Hadden (eds.), *The Urbanization of the Suburbs,* Beverly Hills, Calif., Sage Publications, 1973, p. 442.

[20] Ibíd., p. 439.

---

[21] Jack Rosenthal, "The Rapid Growth of Suburban Employment", en Masotti y Hadden (eds.), *Suburbia,* pp. 95-100.

Las zonas fabriles antiguas en torno al núcleo central también han sobrevivido, pero solo en el sentido lamentablemente anómalo de alojar a aquellos demasiado pobres como para poder ser admitidos en la nueva ciudad de prosperidad de la periferia. La gran ciudad, por lo tanto, no desaparecerá en el futuro previsible, y los habitantes de los tecnoburbios continuarán enfrentándose incómodamente tanto al poder económico como a la cultura de élite del núcleo urbano central y a su pobreza. Sin embargo, el tecnoburbio ha venido a ser el centro auténtico de la sociedad estadounidense.

## El significado de la ciudad nueva

Más allá de la estructura de la tecnociudad y sus tecnoburbios, hay un debate más amplio: ¿Cuál es el impacto de este desarrollo descentralizado en nuestra cultura? ¿Puede alguien decir del tecnoburbio, al igual que Olmsted afirmó del suburbio hace un siglo, que éste representa "las formas de vida doméstica más atractivas, más refinadas, y más completamente saludables, y la mejor aplicación de las artes de la civilización que la humanidad ha alcanzado hasta ahora"?[22] De hecho, la mayoría de los urbanistas dicen exactamente lo contrario. Su acusación puede dividirse en dos partes. En primer lugar, la descentralización ha significado un desastre social y económico para la ciudad antigua y para los pobres, quienes cada vez han sido más relegados a sus zonas hacinadas y decaídas. La descentralización ha segregado de nuevo a la sociedad estadounidense en una ciudad exterior opulenta y una ciudad interior indigente, mientras se levantan barreras cada vez más altas que impidan a los pobres tomar parte en los empleos y las viviendas de los tecnoburbios.

En segundo lugar, la descentralización se ha visto como un desastre cultural. Mientras el patrimonio arquitectónico rico y diverso de las ciudades decae, el tecnoburbio se ha urbanizado siguiendo un modelo de desarrollo diseminado estandarizado y simplificado, que consume tiempo y espacio y destruye el paisaje natural. La riqueza generada por los Estados Unidos de América en la etapa posindustrial se ha utilizado para crear una pseudociudad repugnante y derrochadora, demasiado diseminada para ser eficiente, demasiado superficial para crear una cultura verdadera.

Es imposible negar la veracidad de ambas acusaciones, aunque esto debe ser rescatado de las exageraciones polémicas que parecen afectar a cualquiera que se ocupe de estos temas.

La primera acusación es más fundamental, ya que indica una auténtica discontinuidad estructural en la descentralización posterior a 1945. Separándose a sí mismo física, social y económicamente de la ciudad, el tecnoburbio es profundamente antiurbano, de un modo que el suburbio nunca lo había sido. La suburbanización fortaleció al núcleo central como el corazón cultural y económico de una región en expansión; al excluir a la industria, el suburbio dejó intactos e incluso aumentó los distritos urbanos fabriles.

El desarrollo del tecnoburbio, sin embargo, debilita completamente al distrito fabril e incluso amenaza potencialmente al núcleo central comercial. La competencia por nuevas ubicaciones en las afueras vuelve obsoleto el complejo entero de emplazamientos residenciales e industriales que se habían urbanizado en el periodo comprendido entre 1890 y 1930, y proporciona alternativas al núcleo central incluso para los servicios comerciales y administrativos más especializados.

Esta competición, además, ha tenido lugar en el contexto de una migración masiva de negros procedentes del sur hacia las ciudades del norte. Negros, hispanos y otros inmigrantes recientes únicamente podían permitirse vivir en los distritos fabriles antiguos, que habían sido abandonados tanto por los empleados como por la clase trabajadora blanca. El resultado fue una versión del siglo XX de las "dos naciones" de Disraeli. Ahora, sin embargo, los alcances externos de opulencia incluyen tanto a la clase media como a la clase trabajadora más acomodada -una mayoría de la población-, mientras que la minoría, integrada principalmente por negros e hispanos, es impulsada hacia vecindades en decadencia que carecen no solo de viviendas decentes, sino también de empleos.

Esta imagen desoladora se ha modificado un poco gracias a la capacidad sostenida de los núcleos urbanos tradicionales para retener ciertas áreas clave de empleo de cuello blanco y profesional, y también se debe a la elección de algunos trabajadores del centro muy bien pagados por vivir en torres de pisos o en viviendas renovadas recientemente alrededor del núcleo central. Comparado con las zonas fabriles en declive y con la expansión periférica, el fenómeno de la "gentrificación" ha sido sumamente visible, pero insignificante estadísticamente. La "gentrificación" ha contribuido tanto a desplazar a algunos habitantes de bajos ingresos de la ciudad como a beneficiarlos. El medio urbano estadounidense de finales del siglo XX muestra así todas las señales del síndrome de las dos naciones: una, atrapada en un ambiente de pobreza, aislada de la cultura mayoritaria, hablando sus propios lenguajes y dialectos; la otra, una cultura de opulencia cada vez más homogeneizada, más y más distante de un entorno urbano que considera peligroso.

43

22 Olmsted, Vaux & Co., "Preliminary Report upon the Proposed Suburban Village at Riverside, near Chicago", Nueva York, 1868; reimpreso en S. B. Sutton (ed.), *Civilizing American Cities: A Selection of Frederick Law Olmsted's Writings on City Landscapes*, Cambridge, Mass., M.I.T. Press, 1971, p. 295.

Si el destino de los pobres atrapados en un entorno urbano decadente ha sido el principal costo social de la tecnociudad, la homogeneización de la ciudad nueva ha provocado una preocupación similar. En particular, la década de 1950 fue testigo de una efusión notable de polémicas sobre el llamado "problema suburbano". Hasta cierto punto eran críticas dirigidas a la cultura estadounidense en general, que se centraron en el suburbio como un blanco relativamente seguro. Pero dos en particular, aquellas de David Riesman y William H. Whyte, continúan siendo pertinentes.

En un artículo denominado *The Suburban Sadness*,[23] Riesman plantea la cuestión básica: ¿la baja densidad de la ciudad nueva es destructiva para la diversidad cultural? Le preocupa que la masa crítica de una cultura minoritaria superior no pueda simplemente sobrevivir en el mundo de la ciudad externa. Su punto de referencia de principio a fin es la ciudad industrial clásica, que desde luego centraba el área metropolitana completa en un sector limitado del centro de la ciudad.[24]

Este núcleo urbano central no solo mantuvo unidos a las diversas clases y grupos étnicos que formaban la ciudad, sino que a través del transporte masivo creó las culturas especializadas de la sala de conciertos, el museo, el primer cine, y el teatro accesible para todos. La ciudad nueva, teme Riesman, no puede generar esta diversidad. La cultura se reduce necesariamente al mínimo común denominador, cuya absoluta aceptación actuará como una barrera para el individualismo y la libertad.

La conformidad es principalmente el tema del análisis de William Whyte sobre Park Forest, Illinois -un suburbio de Chicago-, que forma parte del influyente trabajo de Whyte sobre sociología popular *The Organization Man*.[25] Gran parte de la frenética socialización que Whyte encontró en Park Forest se ha demostrado atípica de los suburbios en general, pero el elemento esencial del análisis no se puede descartar tan fácilmente. Whyte identifica la base de la nueva sociedad en grandes organizaciones que pueden dominar el espacio: en ~~otras palabras~~, que pueden distribuir una gama limitada de pro-

Levittown, Pennsylvania y una New Town Sueca.

ductos sobre amplias áreas. El suburbio es el producto de este mundo, tanto material como socialmente.

Materialmente, incorpora organización a gran escala y producción en masa, en su uniformidad implacable, en su uso de una gama reducida de diseños repetidos interminablemente sin variación auténtica ni contraste. Socialmente, el suburbio está dominado por "hombres de organización", hombres cuyas personalidades han sido formadas de acuerdo con los requisitos del trabajo dócil en grandes organizaciones, y mujeres que viven en gran parte para proporcionar el entorno hogareño que estos hombres necesitan para vivir.

El resultado -y aquí Riesman y Whyte están básicamente de acuerdo- es una pérdida decisiva de textura de la sociedad moderna, un fin a la clase de individualismo que ha alimentado el corazón de nuestra cultura. Es interesante que ellos deduzcan exactamente sobre la descentralización las conclusiones opuestas a Frank Lloyd Wright. Donde Wright vio a la ciudad como el corazón de la conformidad y a la descentralización como el camino hacia el individualismo renovado, Riesman y Whyte ven a la descentralización como la destructora final de la densidad de la que depende la alta cultura.

Un elemento nuevo, en el que ni Riesman ni Whyte insistieron en su análisis de la década de 1950, es la televisión. La televisión ha demostrado ser el medio perfecto para el tecnoburbio. Como la propia ciudad nueva, la televisión está intrínsecamente descentralizada y centrada en el hogar. Da a los del borde de una región descentralizada exactamente el mismo acceso al entretenimiento que a los del centro. Y puentea los centros antiguos de comunidad -en especial al teatro del centro de la ciudad- para dirigirse directamente al hogar.

Desde los años cincuenta la televisión y el tecnoburbio han estado aliados, cada uno de ellos promoviendo los intereses del otro. Para la televisión, la audiencia descentralizada es la ideal, los consumidores perfectos de los productos estandarizados que ofrecen los anuncios. A cambio, la televisión ha glorificado a la vivienda unifamiliar como el hogar estadounidense estándar, ha entronizado el barrio de baja densidad y (quizá no casualmente) ha proporcionado una imagen implacablemente negativa de la ciudad como refugio de crimen y perversión.

No es difícil concluir con una imagen de la tecnociudad similar a un descampado cultural, encenagado de estandarización y conformidad, incapaz de generar individualidad. Por consiguiente, una migración en masa a la ciudad nueva puede ser contemplada como un desastre cultural, una trivialización de la cultura norteamericana y una amenaza destructiva para el único medio en el que la cultura puede florecer.

[23] "La tristeza suburbana". [N. de t.]

[24] David Riesman, "The Suburban Sadness", en William M. Dobriner (ed.), *The Suburban Community*, Nueva York, Putman, 1958, pp. 375-408.

[25] William H. Whyte, *The Organization Man*, Nueva York, Simon y Schuster, 1956. El libro de Whyte aún es oportuno y conserva su fuerza, pero debe leerse conjuntamente con el libro de Herbert J. Gans, *The Levittowners: Ways of Life and Politics in a New Suburban Community*, Nueva York, Columbia University Press, 2ª ed., 1982. De hecho, Gans desvanece las exageraciones de Whyte con un modelo de observación esmerada, basado en su propia experiencia como residente en Levittown (hoy Willingboro), New Jersey. También es importante el libro de David Popenoe, *The Suburban Environment: Sweden and the United States*, Chicago, University of Chicago Press, 1977, basado en una observación cuidadosa de

Al tratar estas cuestiones debemos reconocer la verdad esencial de que la ciudad nueva probablemente nunca será capaz de competir culturalmente con los centros antiguos. Habrá en el futuro previsible una división basada en la diferencia entre aquellos que buscan, incluso a alto precio, la clase de emoción cultural que solo puede encontrarse en el centro, y los que eligen la vida centrada en la familia de la ciudad externa. Sin embargo, permanece aún sin resolverse la cuestión de si es posible crear una cultura verdaderamente descentralizada, aquella en que la vida centrada en la familia sea compatible con un grado generoso de variedad. Se plantea la ironía de que la sociedad estadounidense, que puede encontrar en estas regiones descentralizadas más que suficientes expertos en las especialidades de ingeniería más misteriosas, no puede confiar en atraer a una audiencia lo suficientemente grande como para justificar un concierto de música de cámara.

Quizás la única manera de abordar estas cuestiones es entendiéndolas como parte de una evolución más amplia. Como hemos visto, las primeras organizaciones que arraigan en un desarrollo descentralizado son en realidad aquellas que se apoyan en la estandarización; pero, en el mundo de la alta tecnología, al menos, esta estandarización da lugar finalmente a un mejor balance entre estandarización y diversidad. Existe algún indicio de que esta evolución también está ocurriendo en el trasfondo cultural de la tecnociudad. Es sin duda un utopismo digno de Frank Lloyd Wright imaginar que la ciudad nueva llegará a ser la fuente de excelencia en las artes, exportando sus productos a la ciudad, del mismo modo que los ordenadores diseñados en laboratorios tipo campus encuentran su camino hacia los centros urbanos. No obstante, si el tecnoburbio encuentra su misión cultural única con vistas a una nación descentralizada, creo que éste descansa menos en las áreas de la cultura tradicional que en las del medio ambiente. Aquí considero que Wright fue verdaderamente profético en su determinación de crear un paisaje auténticamente norteamericano sin los materiales de la descentralización rápida e ilimitada. "Broadacre", escribió, "sería construida en simpatía con la Naturaleza, de modo que un sentimiento profundo por la belleza del terreno sería una cualidad fundamental para los nuevos constructores de la ciudad".[26]

Cuando estas palabras son aplicadas a las realidades de la ciudad periférica, tienen un toque irónico un tanto molesto. Uno podría concluir que las verdaderas cualidades de sus constructores y diseñadores son una desatención total hacia la naturaleza y una simpatía irresistible por el beneficio económico. Verdaderamente, es precisamente el impacto medioambiental de la tecnociudad lo que ha suscitado gran parte de la crítica,

una crítica mejor sintetizada en la palabra inevitable *sprawl*. La crítica de arquitectura Ada Louise Huxtable ha denominado *slurbs* a los típicos nuevos asentamientos y ha escrito que la vida allí no es "ninguna travesía de descubrimiento o exploración privada de las maravillas del mundo, naturales y artificiales; es conformidad cliché hasta donde alcanza la vista, sin ninguna estimulación del espíritu por la calidad del medio ambiente".[27]

El argumento en contra del tecnoburbio puede sintetizarse fácilmente. Comparado incluso al suburbio tradicional, parece al principio imposible de comprender. No tiene límites claros; incluye elementos rurales, urbanos y suburbanos discordantes y puede medirse más por provincias que por manzanas urbanas. Consecuentemente, la nueva ciudad carece de centro reconocible alguno que dé significado al conjunto. Las instituciones cívicas principales parecen dispersarse al azar sobre un paisaje indiferenciado.

Incluso los desarrollos planificados -por muy armoniosos que puedan parecer desde el interior- no pueden ser más que fragmentos en un ambiente fragmentado. Una casa, una calle, incluso una agrupación de calles y casas pueden y frecuentemente están bien diseñadas. Pero carecen de espacio público verdadero o éste está totalmente comercializado. Únicamente las bolsas restantes de suelo agrícola sin desarrollar ofrecen una apertura real, y estas bolsas son inevitablemente desarrolladas, precipitando nuevos desplazamientos y desarrollo diseminado adicional.

La causa por la tecnociudad solo puede plantearse de forma indecisa y condicional. Sin embargo, podemos tener esperanza en que sus deficiencias se deban en gran parte a la torpeza temprana de un nuevo tipo urbano. Todas las nuevas formas de ciudad parecen caóticas en sus primeras etapas. "Había cientos de miles de formas y sustancias en estado incompleto, mezcladas desordenadamente fuera de sus lugares, invertidas, adentrándose en la tierra, ascendiendo de la tierra, moldeándose en el agua, e ininteligibles como cualquier sueño". Éste era Charles Dickens describiendo Londres en 1848, en su novela *Dombey e hijo* (capítulo 6). Como he indicado, el desarrollo diseminado tiene una lógica funcional que puede no ser aparente para aquellos acostumbrados a ciudades más tradicionales. Si esa lógica es entendida con imaginación, como intentaron hacer Wells y especialmente Wright, entonces quizá pueda ser ideada una estética comparable.

Debemos recordar que incluso los paisajes urbanos más "orgánicos" del pasado evolucionaron lentamente después de mu-

45

[26] Frank Lloyd Wright, *When Democracy Builds,* Chicago, University of Chicago Press, 1945, p. 58.

[27] Ada Louis Huxtable, "An Alternative to 'Slurbs'", en Masotti y Hadden (eds.), *Suburbia*, p. 187.

cho caos y tentativas de prueba y error. El clásico suburbio ferroviario de finales del siglo XIX -el estándar contra el cual la crítica juzga el desarrollo diseminado de hoy- evolucionó más allá del desorden del crecimiento metropolitano de dicho siglo. Primero, urbanistas de talla como John Nash y Frederick Law Olmsted comprendieron el proceso e idearon fórmulas estéticas para guiarlo. Estas fórmulas fueron entonces trasladadas -lenta e incompletamente- a constructores especulativos, que no obstante se las ingeniaron para captar la idea básica. Finalmente, individuales propietarios mejoraron constantemente sus propiedades con el fin de eliminar los elementos discordantes y llevar a su comunidad más cerca del ideal.

Podríamos esperar que un proceso similar esté ahora llevándose a cabo en la ciudad postsuburbana externa. Como punto de partida para una estética del tecnoburbio contamos con los planes y dibujos de Wright sobre Broadacre City, que aún recompensan el estudio a cualquier persona que busque una visión de un paisaje norteamericano moderno, aunque orgánico. Aún más útil es la tradición estadounidense de la *New Town*, comenzando por Radburn, New Jersey, que con sus diseños cuidadosos trataba de reconciliar a la descentralización con ideas más viejas de comunidad.[28] Los diseños de la *New Town* ya han sido adoptados por constructores especulativos, no solo en un proyecto sumamente publicado como el de Columbia, Maryland, de James Rouse, sino en cientos de comunidades planificadas más pequeñas que están empezando a dejar su huella en el paisaje.

En el campo de la arquitectura cívica está el Centro Cívico Marin County de Wright, que puede servir como un modelo para monumentos públicos en un desarrollo descentralizado. El centro comercial cerrado de muchos niveles ha conseguido una amplitud que no desmerece a la de los grandes distritos urbanos comerciales del pasado, mientras campus estudiantiles, complejos de oficinas tipo campus y centros de investigación construidos recientemente colaboran significativamente a este entorno. Algunas franjas comerciales de autopistas han sido rescatadas de la discordancia y se las han arreglado para lograr una vivacidad que no es barata y de mal gusto (Esta evolución es paralela a la del núcleo urbano central del siglo XIX, que originalmente constituía una agrupación notablemente fea de edificios pequeños y grandes señales, y que posteriormente fue transformado en un centro razonablemente dignificado para el comercio a finales del siglo.)

Aún más importante: hay una opinión creciente acerca de que el espacio libre debe ser preservado como parte integral del

28 Véase especialmente Daniel Schaffer, *Garden Cities for America: The Radburn Experience*, Filadelfia, Temple University Press, 1982, para una revisión minuciosa de la teoría del planeamiento de las New Towns estadounidenses.

paisaje, a través de planes regionales de uso del suelo, adquisición de parques naturales, y disminución de impuestos a explotaciones agropecuarias en funcionamiento. Estas medidas gubernamentales, combinadas con miles de esfuerzos de pequeña escala emprendidos por particulares, podrían crear un entorno urbano adecuado para la nueva ciudad. Estos esfuerzos, por otra parte, podrían proporcionar el punto de partida para una diversificación más profunda de la ciudad externa. Un entendimiento y respeto creciente por el paisaje de cada región podría conducir a un rechazo en aumento hacia una cultura de masas que borra todas esas diferencias.

La tecnociudad, por lo tanto, todavía está en construcción, física y culturalmente. Sus éxitos económicos y sociales son innegables, como lo son sus costos. Más importante todavía es que el nuevo modelo de descentralización ha alterado fundamentalmente la forma urbana de la que había dependido el suburbio para su función y significado. Cualquiera que sea el destino de la nueva ciudad, el suburbio en su sentido tradicional ahora pertenece al pasado.

## El legado del suburbio

En medio de la tecnociudad aún sobreviven pequeñas piezas del viejo suburbio. A lo largo de una línea ferroviaria, o quizá de una línea de tranvía en desuso, pueden verse todavía las formas características que retroceden al Londres del siglo XVIII y al ideal que tomó forma en la Clapham Common: un matrimonio entre campo y ciudad, una reconciliación de la naturaleza y el mundo artificial.

Ahora, desde luego, la "naturaleza" está muy lejana, y un medio urbano recién construido parece extenderse tan lejos como alguna vez lo hicieron los campos. En algunos casos los viejos suburbios han permanecido como enclaves dignos y protegidos en un mundo de centros comerciales y superautopistas. Como acólitos de una religión moribunda, unos pocos de sus habitantes mantienen el ritual antiguo de viajar cada día de su casa al trabajo por medio de trenes cada vez menos frecuentes hacia la ciudad. Más habitualmente, los viejos suburbios han sido absorbidos por la ciudad que una vez habían mantenido a raya: pueblos pintorescos del siglo XIX vagan en un mundo decadente de casas de apartamentos arrasadas y fábricas en desuso.

Visto con una perspectiva histórica, el suburbio aparece ahora como el punto de transición entre dos épocas descentralizadas: la época preindustrial rural y la sociedad de la información posindustrial. El suburbio se originó cuando las ciudades eran yuxtaposiciones extrañas de los muy ricos y los muy pobres; la masa de la población vivía y trabajaba en el mundo descentralizado de los pueblos rurales. Ahora tanto la población como la producción están abandonando de nuevo las ciudades, dejando solamente a aquella élite moderna que comparta las ciudades centrales con sus vecinos urbanos tradicionales: los desesperadamente pobres.

El suburbio residencial pertenece de este modo a la Época de las Grandes Ciudades, que ahora ha llegado a su fin. El suburbio fue simultáneamente el producto más característico de la expansión urbana explosiva y una protesta desesperada contra ésta. Permitió a una élite burguesa disfrutar de todas las ventajas de la economía urbana masiva mientras se libraba de sus peligros. Ahora que la periferia urbana ya no es el santuario exclusivo de una clase privilegiada, podemos apreciar mejor los valores perdurables incorporados por el suburbio residencial de clase media durante dos siglos de industrialización y urbanización. El suburbio mantuvo vivo el ideal de un equilibrio entre hombre y naturaleza en una sociedad que parecía destinada a destruirlo. Ese es su legado.

Francesco Indovina es profesor de Análisis de los sistemas urbanos y territoriales y Director del Departamento de análisis económico y social del territorio (DAEST) del *Istituto Universitario di Architettura* de Venecia. Desde este Instituto, de cuyo *Senato accademico* forma parte, dirige y participa en numerosas iniciativas, foros e investigaciones que tienen al fenómeno urbano como motivo. Entre otras, dirige la colección "Studi urbani e regionali" de la Editorial Franco Angeli, codirige el *Archivio di studi urbani e regionali*, y es miembro de la dirección del Programa de Doctorado de investigación en Políticas públicas del Territorio (IUAV). Su amplia y extensa actividad investigadora centrada sobre los procesos de transformación territorial, los mecanismos ideológicos y económicos subyacentes, y las nuevas formas de asentamiento urbano, se ha difundido a través de numerosos ensayos y publicaciones entre los que cabe señalar *Lo spreco edilicio* (1974) [trad. cast.: *El despilfarro inmobiliario* (1977)], *La città difusa* (1990), *La città di fine millennio* (1992), o *La città ocasionale* (1993).

La publicación por el DAEST en 1990 de las investigaciones sobre la ciudad difusa italiana dieron carta de naturaleza al reconocimiento de un fenómeno experimentado y percibido, pero aún pendiente de una definición y una caracterización epistemológica. Con la atribución de una denominación que tuvo fortuna y un tratamiento experto se dio allí un paso de gigante en el entendimiento de unos procesos que, de una u otra forma, se podían advertir extendidos en Europa. El artículo central de esa publicación es el que se presenta aquí en versión castellana.

© CUIMP Barcelona

49

# LA CIUDAD DIFUSA*

Francesco Indovina

## 1. Introducción

Esta investigación quiere verificar la operatividad del concepto de *ciudad difusa*; o sea, si en esencia el concepto permite apreciar e interpretar una fenomenología específica de organización del territorio. Indaga sobre la forma tomada por la organización del territorio en el *Veneto*[1] central y formula la hipótesis de que tal "forma", no morfológica, sino de organización espacial, puede ser interpretada según este concepto.

Haciendo referencia a la región del *Veneto* central, no se sostiene que tal fenomenología territorial se manifieste sólo en esta parte del país, sino que más bien se trata de querer observarla en uno de los puntos en los que ha asumido un carácter evidente.

El punto de partida es la constatación de que han sobrevenido importantes transformaciones del fenómeno del asentamiento humano y que es preciso interpretar tales transformaciones precisamente porque no se presentan como una especie de prolongación de la fenomenología precedente, sino porque lo hacen casi como una mutación de estado.

Fundamentalmente, parece de cierto interés hacer una comprobación a distintos niveles: el del contexto real, con el objetivo de medir las transformaciones presentadas y de identificar las causas; el del contexto de las explicaciones de los dinamismos territoriales, y el del contexto de los conceptos interpretativos.

La presente nota tiene la finalidad de ordenar las consideraciones y las hipótesis que han movido y mueven la exploración empírica y la investigación de campo.

---

* Traducido del italiano publicado en Indovina, F. et al., *La città diffusa*, Venecia, DAEST, 1990, pp. 19 - 43.

[1] Región del norte de Italia que reúne las provincias de Venecia, Padua, Treviso, Verona, Vicenza, Rovigo y Belluno. [N. de t.]

## 2. Las transformaciones del área central del *Veneto*

Dando por hecho que la investigación empírica permitirá *medir* las transformaciones que se han presentado en el área central (últimos 15-20 años), merece la pena hacer referencia, aunque de manera sumaria, a las direcciones tomadas por tales transformaciones (repito, se trata de fenómenos que se encuentran también en otras partes del país).

Se puede afirmar que la estructura territorial del área central, tal como hoy aparece, es seguramente distinta de la pasada y también estudiada, y da lugar a un fenómeno nuevo. Nos enfrentamos a algo distinto de la precedente estructura territorial y los conceptos elaborados antes no parecen hoy satisfactorios. Si anteriormente el adjetivo "difuso" cualificaba la urbanización (urbanización difusa), hoy se necesitará encontrar una nueva terminología; en un primer intento definimos esta nueva estructura territorial como *ciudad difusa*.

En cierto sentido la "ciudad difusa" tiene a sus espaldas la "urbanización difusa", pero los dos fenómenos se presentan completamente distintos, tanto en el marco territorial como en el ámbito económico social, y constituyen *estadios distintos* de organización del espacio, como consecuencia de la reorganización de los procesos socioeconómicos. Nos encontramos, por tanto, ante la manifestación de un nuevo fenómeno real que reclama alguna nueva elaboración conceptual.

Esta necesidad parece urgente ya que la *ciudad difusa* (o como se quiera llamar esta nueva estructuración del espacio) tiende a convertirse en una modalidad recurrente de organización del espacio de nuestro país. El fenómeno presenta semejanzas, pero sólo algunas semejanzas, con los suburbios norteamericanos (lo cual no ayuda en la interpretación), o si se prefiere, la ciudad difusa puede ser considerada la respuesta italiana (¿europea?) a los problemas que en el continente americano han dado lugar a aquella forma muy particular de organización del espacio.

En términos absolutamente esquemáticos y de manera que puede parecer más alusiva que descriptiva, se puede decir que las formas de organización del territorio en estudio (aunque probablemente esto sirve también para muchas zonas de la región y del país) han pasado a través de tres estadios:

- ciudades insertas en un espacio agrícola

- ciudades rodeadas por campo urbanizado (es decir, campo con edificación diseminada residencial y no residencial)

- una única gran ciudad con algunas zonas de campo incorporadas en ella.

Cada uno de estos estadios hace referencia a ciclos específicos de desarrollo económico-social y constituye el resultado compuesto de actividades dirigidas a un fin y de actividades "espontáneas"; estos estadios corresponden, además, a distintas maneras de reaccionar frente a la aparición de exigencias de tipo productivo o a la manifestación de nuevas aspiraciones sociales.

Interesa subrayar, no obstante, que lo dicho anteriormente no trata de plantear un recorrido fijo y predeterminado de las transformaciones en la organización del espacio. Es decir, no se está afirmando que cada forma de organización del territorio tenga necesariamente que pasar por los tres estadios indicados (etapas de un recorrido preestablecido); ni que necesariamente una determinada evolución de la estructura económica comporte, en todas las situaciones, una idéntica transformación del sistema de asentamiento. Se ha querido indicar, solamente, un recorrido probable y, en cualquier caso, un recorrido que sea posible reconstruir en el área objeto de análisis.

## 3. Algunas connotaciones socioeconómicas del fenómeno

La mejora económica de los estratos sociales antes ligados a la actividad agrícola y su abandono del sector primario a favor del secundario ha empujado a estas mismas clases a dar forma visible a tal mejora y modificación de cultura (en sentido antropológico) a través de la "casa", casi siempre unifamiliar, promovida para uso propio (a menudo autoconstruida), a emplazar o en áreas de propiedad de los mismos (o de parientes) o en áreas agrícolas de menor precio. Esto es, lo nuevo se casa con la manera de pensar antigua; hay una modificación de tipología, pero continúa prevaleciendo la cultura de las "cosas".

La urbanización que resulta de ello aparece, así, dispersa, privada de una imagen dibujada y no sostenida por una adecuada red de infraestructuras y de servicios. Se difunde a partir de los centros habitados preexistentes, más o menos antiguos, más o menos grandes, interesando al conjunto del territorio, sin directrices predominantes, ni siquiera en mancha de aceite, porque muy a menudo está caracterizada por soluciones de continuidad. Se está, por tanto, frente al fenómeno del campo "construido", denominado *urbanización difusa*, típica de algunas regiones, y marcadamente del *Veneto*.

En medida muy moderada, el fenómeno de la casa autoconstruida, o de cualquier modo autopromovida, se presenta como acto de "emancipación", por así decirlo, del alquiler; de manera más sustancial, pone en evidencia una mejora de la condición económica (sólo en una fase siguiente surge también el "rescate" de la condición de inquilino, que en esta fase es fenómeno marginal). El fenómeno de la "residencia dispersa", entonces, por una parte se presenta como la traducción, en las nuevas condiciones económicas, de una cultura del campo enfocada en las "cosas" (que emblemáticamente, y también tradicionalmente, asumen la forma de la casa de propiedad), y por otra parte expresa los primeros síntomas de la incomodidad urbana sobre todo en lo relativo a la casa. La población asentada, por lo demás, es en gran medida originaria del lugar: estamos en presencia no tanto de procesos de inmigración, como de disposiciones de la residencia modificadas en el interior del mismo municipio, más o menos. Es, sustancialmente, la misma población del municipio que debido a mejoras económicas da lugar a un asentamiento diferente en el interior del espacio municipal.

Este desplazamiento de los edificios y de población en el territorio, por lo demás, resultaba, también por su matriz cultural, no ligada a una apremiante "demanda" de servicios. Precisamente por esta caracterización y por la ausencia de esta "demanda", esta fase de la urbanización difusa se presenta como de bajo nivel: están ausentes incluso los servicios básicos, las mismas infraestructuras viarias faltan, por no hablar del respecto de los estándares. Así, la urbanización difusa, además de presentarse como una gran consumidora de territorio, se caracteriza como potente factor comprometedor del espacio.

Es en este contexto en el que madurarán, por un lado, la conexión residencia-actividad productiva y, por el otro, la localización, siempre difusa, de pequeñas empresas productivas. Los continuos procesos de reestructuración de la gran empresa "liberarán", por así decir, mano de obra profesionalizada que, obligada a activarse de forma "autónoma", se dirigirá hacia las actividades a domicilio o hacia la constitución de pequeñas empresas. Estos fenómenos de crecimiento y difusión productiva serán facilitados por el "descentramiento productivo" operado por empresas de notables dimensiones, que preferirán ámbitos espaciales donde la oferta de trabajo sea sobreabundante con respecto a la demanda institucionalizada (fenómeno que asedia a numerosas áreas geográficas del país y entre éstas al *Veneto*).

Hay que resaltar que, en primera instancia, la estructura de asentamiento, en razón de sus características funcionales, se constituye en islas: las interconexiones entre cada asentamiento resultan poco relevantes. Es decir, se vienen a formar *enclaves*, a menudo con connotación de parentesco, que se relacionan con el territorio circundante de la manera más reducida posible (a excepción, obviamente, de la movilidad y de las relaciones de trabajo). Reducidas resultan las mismas transacciones comerciales rutinarias, también por el efecto de la producción difusa para autoconsumo; reducida, la utilización de los servicios colectivos (pasando por alto su carencia) para una

elección que privilegia formas de ayuda recíproca dentro de la familia ampliada, bien por conveniencia económica además de por posición cultural; reducida resulta la utilización de los servicios superiores por falta de disponibilidad económica, además de por carencia de oferta.

En continuidad con esta primera fenomenología de asentamiento territorial, se puede identificar una especie de "segunda oleada" que tiene origen de manera más directa en la *insatisfacción* por la "ciudad". Es difícil determinar, sin las oportunas y precisas indagaciones, cuáles sean los elementos constitutivos de tal insatisfacción; en particular, cuánto de esta insatisfacción sea efectivamente imputable a la "condición urbana" global y cuánto, en cambio, a algunas carencias específicas de la ciudad. De hecho, no está claro el peso del rechazo *de la* ciudad en cuanto tal, con respecto al peso de, digámoslo así, "des- servicios" específicos *en la* ciudad. La diferencia, obviamente, no es sólo nominalista, sino que establece una distinta actitud con respecto al fenómeno urbano. Ciertamente, se puede siempre sostener la presencia conjunta de ambos fenómenos, hecho por otro lado verdadero, pero la diferencia de peso no es cuestión poco importante. Personalmente, por indicios indirectos, tiendo a considerar relevante el peso de las carencias *en la* ciudad con respecto al rechazo *de la* ciudad.

En particular, propongo tomar el problema del habitar como una de las cuestiones fundamentales que ha influido en las opciones adoptadas por las familias y ha provocado el desplazamiento de la población en el territorio. Cantidad de la oferta y coste de la vivienda (como indicador principal del coste total del habitar) constituyen elementos no marginales de las carencias *en la* ciudad. Se trata, vale la pena recordarlo, de un efecto de coacción que se mistifica, en cierto sentido, cuando se dice que el desplazamiento de la población en el territorio corresponde a la afirmación de una libertad de elección de asentamiento. Además, es constatación habitual como, cada vez más, la oferta residencial en la ciudad concentrada corresponde cada vez menos, cuantitativa y cualitativamente, a la demanda.

El fenómeno puede ser descrito también de la siguiente manera. La clase social media ha elaborado una "concepción del habitar" (se podría decir un modelo) que no encuentra satisfacción en la ciudad concentrada. De hecho, la oferta residencial accesible a este estrato social no satisface aquella concepción residencial, que es, en cambio, satisfecha por una oferta no accesible desde el punto de vista económico. En esta situación, la diferencia de precio de las viviendas ofrecidas en el ámbito de la urbanización difusa con respecto a las ofrecidas en la ciudad concentrada juega un papel de gran relevancia para justificar los desplazamientos de población. Dados ciertos modelos residenciales, se configura, sin embargo, no un caso de elección, sino un fuerte elemento de constricción. O sea, que una parte de la población de la ciudad, para hacer realidad el modelo residencial propio se encuentra obligada a desplazarse en el territorio urbanizado. Obsérvese, así como antes se ha subrayado, que la vivienda constituye el elemento guía del coste general del habitar. Así en el territorio difuso el habitar puede resultar menos costoso respecto a la ciudad, con diferencias de "cualidad" cuya apreciación pone en juego problemas culturales, tipos de vida, o ideologizaciones de una realidad que se sufre.

En este punto merecen ser incluidas algunas breves anotaciones relativas a los modelos residenciales, y sobre todo a su modificación. El modo de relacionarse de los individuos y de las familias con la ciudad no constituye ni una constante, ni una determinación "natural", sino que más bien es un producto cultural y político. En un determinado intervalo de tiempo (una fase de la "política") esta relación ha tenido sobre todo una connotación *colectiva*; era la ciudad como posibilidad colectiva de interrelaciones y de servicios colectivos la que fundaba el concepto del habitar. El habitar como elemento de relación entre el interior (la casa y el individuo) y el exterior (los servicios colectivos de la ciudad y los otros); la cualificación del habitar como relación entre las necesidades y los servicios ofrecidos; los servicios colectivos como "derecho" ligado al habitar. Esto es, una fase de protagonismo social. Cuando esta fase declina (describo, no analizo las causas), declina también el concepto de habitar: éste se focaliza mucho sobre la vivienda, mientras se deteriora la expectativa de los servicios colectivos, que insensiblemente se tiende a sustituir por los servicios del "mercado". Para lo que aquí interesa, me parece fundamental la restricción del concepto de habitar al de simple "casa" y el deterioro de la relación vivienda – servicios colectivos. Está claro, entonces, que el desplazamiento de la población, dentro de ciertos límites (no estoy hablando de una fenomenología "absoluta", sino de parciales modificaciones efectivas mientras aparecen más consistentes las modificaciones de sensibilidad), tiende a seguir "reglas" distintas y nuevas.

Retomando el hilo de nuestro discurso precedente, hay que decir que para que la diferencia de precio antes indicada pueda jugar un papel determinante en la elección del asentamiento, es necesario que la urbanización difusa presente algunas, aunque modestas, características de tipo urbano. La nueva oleada de población a asentar en realidad ha tenido una experiencia urbana que ha modelado sus demandas y sus necesidades. Por mucho que pueda manifestarse una modificación del concepto de habitar (según lo que se ha señalado antes), la experiencia urbana parece de todos modos condicionante; incluso frente a un real o ideológico "rechazo de la ciudad", algunas de

las costumbres permanecen, en muchos sentidos, firmes.

En síntesis, el paso de la *urbanización difusa* a la *ciudad difusa* es, al mismo tiempo, cuantitativo y cualitativo, en el que la cualidad, como veremos más adelante, es inducida también por la cantidad.

## 4. Tipologías sociales y procesos estructurales

El análisis de la difusión territorial de la población pone en evidencia que en el tiempo la tipología social de la población tiende a modificarse, en correlación, también, con la "procedencia" territorial de la población misma. Aun en la consciencia del significado no relevante que tienen las generalizaciones, es posible identificar distintas fases que caracterizan el fenómeno de la difusión territorial de la población en el área tomada en consideración:

- Una primera fase es posible situarla bajo el signo de la realización "local" de mejores condiciones de las viviendas. El alcance de niveles económicos más elevados lleva a las clases sociales interesadas a buscar mejores condiciones residenciales, aunque en el marco de áreas reducidas. Esta fenomenología, puede haber llevado también a un redesplazamiento de la población en el interior del mismo municipio, con abandono del "centro" para instalarse en el campo urbanizado (urbanizado aunque con las carencias de las que se ha hablado anteriormente).

- En una segunda fase predomina la inmigración "limítrofe" desde la "ciudad", o sea, todavía desde áreas limitadas, pero también de estratos sociales de modesta estabilidad económica. Flujos estos que tienden a ser atraídos y a reforzar los procesos de urbanización difusa también por sus escasas posibilidades económicas.

- Sigue una fase en la cual es predominante un flujo de inmigración de procedencia urbana y de estratos sociales medios. Es decir, una fase caracterizada no tanto por un fenómeno de atracción, sino más bien por un fenómeno de "huida" de la ciudad.

Estas fases vienen, obviamente, marcadas por una dinámica positiva de la oferta residencial. Si en un principio existe una especie de identificación entre demanda y oferta de vivienda, en el sentido que los sujetos solicitantes son ellos mismos "promotores" (con frecuencia autoconstructores), posteriormente aparece relevante la oferta institucional, bien pública, bien privada, o cooperativa. Es propiamente esta nueva oferta la que determina, por razones además objetivas relativas a la lógica del oferente, una modificación de la tipología de asentamiento. Si por una parte, en efecto, no se pone en discusión el modelo de asentamiento difuso, por otra se manifiestan factores de concentración y de intensificación (como, por ejemplo, en los *PEEP*).[2]

La cantidad de población asentada y también la distinta experiencia social de los nuevos inmigrados generan, en el tiempo, una demanda creciente de servicios (públicos y privados). Dicho de otra manera, la atracción de un "lugar" está determinada también por un mínimo de dotación de servicios (no quiero entrar en cuestiones de umbral obviamente bien porque son complejas, bien porque los fenómenos de atracción no presentan siempre connotación de optimización). Además, las administraciones locales, sea para realizar parte de los objetivos que justifican su "existencia", sea para conquistar el consenso de una población más exigente, sea para atraer nueva población con tal de ampliar la dimensión de la ciudad (el número es siempre poder), se implican en una política de incremento de la dotación de infraestructuras y de servicios.

Es éste el recorrido a través del cual, aunque en los límites de una generalización que no pone en evidencia peculiaridades "locales", las pequeñas y medianas concentraciones que se han dilatado a través de la urbanización difusa empiezan a presentar algún rasgo de tipo urbano (con lo que esto pueda significar en una situación en la que llegan a faltar algunas de las peculiaridades importantes de la condición urbana: la intensidad y la densidad).

Las precedentes observaciones, sin embargo, deben ser también puestas en relación con algunos procesos estructurales: es precisamente la conexión entre fenómenos estructurales que interesan al sector productivo y procesos relacionados con el habitar (por lo dicho anteriormente) la que puede aportar indicaciones en torno a las motivaciones explicativas de los procesos de desplazamiento de la población.

Considerando los mecanismos que han interesado al sector productivo (también aquí teniendo en cuenta los límites de las generalizaciones), se puede observar una primera fase en la cual el fenómeno más influyente parece ser la *reestructuración*, mientras que después parecen asumir mayor relieve las *relocalizaciones* (en la medida que los dos fenómenos puedan ser distinguidos con seguridad).

Las motivaciones que generan procesos de relocalización son, como se sabe, múltiples; algunas de éstas vienen determinadas por particulares situaciones de mercado (de las materias primas, de salida, del trabajo, etc.), otras son generadas por motivos tecnológicos, algunas son activadas por procesos de "atracción", mientras otras por "huidas", y cada una de estas casi nunca se presenta en estado "puro", complicando aún más la casuística. Así, lo que se dirá a continuación ha de ser asumido como ejemplificación de un posible caso.

La industria localizada en la ciudad, por efecto del crecimiento urbano, termina por resultar "acorralada". Es como si la ciudad tendiera a ahogarla: por un lado, la producción resulta más onerosa (por efecto de prohibiciones, vínculos administrativos, congestión, etc.), mientras, por otro lado, el proceso de revaloración de las áreas (que de periféricas pasan a ser centrales) puede hacer económicamente apetecible un traslado. Así, procesos de reestructuración productiva y de reorganización empresarial se unen a procesos de relocalización "en el territorio" urbanizado.

El desplazamiento de actividades productivas, como es previsible, ocasiona también flujos de desplazamiento de población (obviamente en razón de la dimensión). Y esto en dos sentidos; por un lado, una proporción de trabajadores encargados sigue a la empresa (se mudan con el traslado de la actividad productiva); por el otro, la empresa relocalizada crea una demanda de trabajo que, si no es satisfecha localmente (y en general no lo es), atrae población.

Hay también que resaltar que a la relocalización de las actividades productivas en el "territorio", sigue también la relocalización (o, a menudo, la creación *exnovo*) de actividades de servicio a las empresas, obviamente no de todas las actividades de servicio, aunque sobre esto volveremos más adelante, sino de las más "banales", por así decirlo, que no tienen necesidad de tratar con otras funciones de tipo urbano.

Tanto las presencias productivas como las de servicio a éstas originan una modificación del tejido de las relaciones locales, tanto en el interior como hacia el exterior, así como también se ocasionan modificaciones que tienden a incidir en su "cohesión social". Lo que parece de cierto interés, a primera vista, es el hecho de que también la localización de estas empresas es de tipo difuso más que concentrado.

## 5. La dotación de servicios y la caracterización urbana

Para el hilo del discurso que estamos siguiendo, parece importante subrayar que el conjunto de los procesos que han sido puestos en evidencia dan como resultado que el fenómeno de la difusión territorial afecte a una *población considerable*. El aspecto cuantitativo, como veremos, no es indiferente: en con-

53

---

[2] *Piani per l'Edilizia Economica e Popolare*, o Planes de vivienda protegida. [N. de t.]

junto, la población que se dispone en la que hemos llamado *ciudad difusa* es numéricamente bastante importante, semejante a la de una gran ciudad. Es precisamente este aspecto cuantitativo el que llega a ser determinante para explicar las modificaciones de cualidad territorial.

Ya se ha señalado como el encuentro (y a veces conflicto) de la política de los entes locales (en el plano urbanístico y de los servicios) con la "demanda" que procedía de una población creciente y que se modificaba en términos sociales y de "experiencia" ha originado un crecimiento de la dotación de infraestructuras y de los servicios colectivos. El fenómeno, obviamente, no se presenta homogéneo ni desde el punto de vista espacial ni desde el sectorial. Además la fenomenología, en relación con el problema que aquí interesa, no es única: se da el caso de servicios "difusos en el territorio", junto a casos en los cuales la dotación de infraestructuras viarias tenía que permitir y facilitar la accesibilidad a servicios espacialmente concentrados (por tanto, con la formación de áreas especializadas que, obsérvese, casi nunca se insertan en contextos urbanos tradicionales). Una mezcla de concentración y difusión parece ser la tipología recurrente, pero la regla es única: dar cuerpo a un sistema de oferta para la ciudad difusa, es decir, para una población asentada en un territorio amplio y de baja intensidad.

54

Esta mayor dotación de infraestructuras y servicios (aún todavía por debajo del estándar) empieza a dar un tono urbano al asentamiento. Se puede decir que la ciudad difusa ya hoy presenta connotaciones urbanas, pero resulta por debajo del estándar, por así decirlo, con respecto a la ciudad concentrada. La plena realización de un efecto ciudad, en síntesis, necesita todavía de inversiones infraestructurales y de dotación de servicios.

Los servicios privados merecen en particular algunas consideraciones adicionales. A este respecto, de hecho, se puede observar cierta carencia de los que podemos definir como servicios de tipo urbano.

Es precisamente con referencia a los servicios privados que se puede reconocer otra peculiaridad del fenómeno que estamos examinando. Expresando la cuestión de manera sintética y esquemática, y proponiéndola como hipótesis a verificar, se puede constatar que las situaciones de urbanización difusa no conocen, en el sector privado, los *servicios urbanos,* sino que, por así decirlo, abordan directamente los *servicios metropolitanos.* Intentamos a continuación indicar cuáles son las condiciones que darían lugar a este *salto.*

Empezamos a partir del hecho de que una de las características fundamentales de la *ciudad* (tal como estamos acostumbrados a considerarla) es la alta densidad y la intensidad. La población asentada en el ámbito de la urbanización difusa, obviamente en áreas definidas, aunque en conjunto asume una dimensión considerable (de gran ciudad), no presenta esas connotaciones de densidad e intensidad que podrían hacernos pensar en la ciudad. Sin querer entrar en el asunto de la compleja cuestión de la "proximidad", se puede convenir que en términos operativos la alta densidad y la intensidad pueden ser traducidas como la posibilidad para una población numerosa de acceder "fácilmente" a cada punto del territorio definido. En una gran ciudad una población numerosa tiene posibilidad de fácil acceso (en términos físicos) a cada punto de la ciudad. Evidentemente, se trata de una accesibilidad muy diferenciada; a nivel tecnológico, se puede distinguir entre una accesibilidad peatonal y una mecánica (según varios medios); desde el punto de vista administrativo, pueden existir unos límites; desde el punto de vista económico-social, se pueden presentar situaciones de exclusividad, etc.; de todos modos, el punto de vista que predomina en las consideraciones relativas a la ciudad es la accesibilidad medida en términos de multiplicidad de ocasiones y de proximidad. Desde este punto de vista, resulta máxima la distancia entre la ciudad tradicional y la ciudad difusa: en la segunda, la población se presenta fuertemente penalizada en términos de accesibilidad física. Sin embargo, la distancia entre estas dos "formas" de ciudad puede reducirse si se dan una mayor propensión al movimiento (nada está debajo de casa) y una mayor accesibilidad en términos de tiempo. Se trata de dos fenómenos que anulan la ausencia de densidad e intensidad.

Precisamente la creciente difusión del coche privado, pero también, en el tiempo, la modificación de su uso (su transformación en una especie de "zapato", en el sentido de que no se camina descalzos), ha aumentado mucho por un lado la propensión a la movilidad, y por otro lado, consecuentemente, se ha ampliado el "territorio accesible". Este hecho tiende a transformar una *población difusa* en una *zona de mercado intenso* y, en cuanto tal, interesante para la oferta de algunos servicios privados. Es decir, la movilidad acrecentada ha dilatado los confines espaciales de la posible área de mercado.

No puede ser objeto de reflexión aquí qué parte de la movilidad automovilística aumentada es autónoma y que parte inducida, cuánta libremente elegida y cuánta coactiva; pero ayuda observar aquí que, en *ausencia* de un desarrollo de la movilidad a través de un medio privado, la ciudad difusa no habría podido surgir, ya que ésta se origina y vive en cuanto *ciudad automovilística.*

Volviendo al hilo de nuestro discurso, hay que observar que la conveniencia de localización de un determinado servicio privado está determinada por la existencia de un ámbito de mercado adecuado, es decir, por la existencia de una masa de población a "servir". Que la zona de mercado esté constituida por una masa de población concentrada o por una masa de población no concentrada, pero caracterizada por una alta propensión a la movilidad, es *aparentemente* indiferente. Aparentemente porque, a pesar de todo, una situación en la cual el "servicio" y su "área de mercado" hacen hincapié ambos en un área restringida no es igual al caso en que ambos insisten en un área muy extensa.

En el caso específico que se está tratando se formula la hipótesis de que es justamente la masa de población asentada de manera difusa junto con la propensión a la movilidad de la misma la que determina la conveniencia de localización en el área para una serie de servicios privados. Sin embargo, tales servicios privados para poder aprovechar de lleno el área de mercado, o mejor dicho, para beneficiarse de las oportunidades de localización, deben presentarse *fuertemente atractivos* ("llamativos", se podría decir) y en cuanto tales, capaces de anular, por medio del potente reclamo que emanen, bien la "distancia" (psicológica y física) de los potenciales clientes, o bien la competencia de la ciudad. En esta situación, habida cuenta del contexto cultural del momento, un servicio de nivel urbano parece no adecuado: su potencial de oferta resulta muy superior a la demanda de la población circundante (área restringida), mientras que su *appeal* no es capaz de atraer "demanda distante". Por el contrario, un servicio de nivel metropolitano se pone programáticamente al servicio de un área muy extensa, y en este sentido está equipado (tiene la imagen) para atraer (suscitar) demanda lejana. Es este tipo de oferta, por lo tanto, la que más fácilmente se coloca en un área poblada pero no densa, ya que compensa con la atracción (y en consecuencia con la movilidad del usuario) la ausencia de densidad del mercado potencial.

Hay también que decir que, en general, estos tipos de servicios metropolitanos, incluso en el caso en que el área de mercado estuviera localizada en una aglomeración de alta intensidad (una metrópoli, precisamente, o por lo menos una gran ciudad), extraen ventaja en localizarse "fuera de la ciudad", y esto precisamente para hacer máxima su accesibilidad para un usuario que en su casi totalidad está motorizado y poder ejercer el máximo potencial de reclamo (la accesibilidad aquí está considerada como el conjunto de las condiciones territoriales que permiten el uso del servicio a una relevante masa de usuarios, por tanto no solo carreteras de acceso, sino también espacios para aparcamientos, etc., condiciones cada vez más raras a nivel urbano).

La inclusión en el contexto de la urbanización difusa de servicios a las personas de tipo metropolitano (centros comerciales, hipermercados, grandes centros de venta especializada, equipamientos para el ocio o el deporte de grandes dimensiones, etc.), de actividades productivas, de actividades de servicio a las empresas (consulta, centros mecanográficos, delineantes, etc.), puntos de venta conectados directamente con la producción (o también con una aparente producción), y puntos de venta especializados (por ejemplo: todo luz), dan lugar a una distinta configuración de la urbanización de baja densidad.

## 6. Nuevas jerarquías territoriales

Esta distinta configuración de la urbanización difusa de baja intensidad es la que hemos llamado *ciudad difusa*. Tal fenomenología territorial se caracteriza por lo tanto por:

- una *masa* consistente (de ciudad, para entendernos) no sólo de población, sino también, por lo menos parcialmente, de servicios y de actividades productivas;

- una *dispersión* de tal masa en un territorio tan vasto que no presenta, en conjunto, fenómenos de alta densidad e intensidad. Esto, obviamente, no significa que no puedan existir "puntos" con altas densidades, sino solamente que la configuración espacial no da lugar a significativos fenómenos de densidad e intensidad de tipo urbano;

- una alta *conexión* entre los distintos puntos del territorio. Es decir, se trata de un territorio que presente conexiones múltiples de tipo horizontal (infraestructuras), tales como para garantizar la posibilidad de una altísima movilidad.

En este punto puede ser útil, aunque en forma extremadamente sintética, identificar algunas de las cuestiones que plantea una configuración espacial tal. Haciéndolo así será posible profundizar más algunas connotaciones de la ciudad difusa.

Por lo dicho con anterioridad debería ser evidente la diferencia que se puede trazar entre la *ciudad difusa* y una hipótesis de *área metropolitana*, una diferencia que está completamente centrada en las *jerarquías*.

Bajo el término "área metropolitana" se entiende (en general) un territorio fuertemente jerarquizado: existe un centro (la gran ciudad) y una serie de ciudades satélite pequeñas y medianas (difusas en el territorio circundante) que están ligadas a aquél según líneas jerárquicas (pueden existir también jerarquías de segundo nivel, pero eso aquí no interesa). Un territorio, como se suele decir, caracterizado sobre todo por *conexiones verticales*. Es la existencia de estas conexiones de tipo vertical lo que hace evidente que se está en presencia de una situación

55

jerárquica; lo cual quiere decir que la localización de actividades y servicios, el desplazamiento de la población, la estructura global de la oferta urbana están jerarquizadas: cada servicio se coloca en el espacio en el punto que corresponde a su nivel jerárquico.

Por el contrario, como ya se ha observado, la ciudad difusa presupone una organización espacial caracterizada por *conexiones horizontales*. Así como las conexiones verticales identificaban un territorio jerarquizado, de la misma manera las conexiones horizontales identifican un territorio "no" jerarquizado. Asumimos provisionalmente que la ciudad difusa, justamente porque está significada por relaciones horizontales, se caracteriza por la ausencia de jerarquías espaciales.

La multidireccionalidad de los flujos (no sólo de las personas, sino también de las mercancías y de las informaciones), típica de la ciudad difusa (que en este sentido se parece a la ciudad), se contrapone a la monodireccionalidad del área metropolitana. Obviamente se está llevando al extremo la situación; de hecho, sería posible apreciar que también en la tradicional estructura metropolitana, por motivos y fenómenos que no podemos examinar, se multiplican los flujos horizontales y multidireccionales que atenúan el elemento jerárquico, o que por lo menos dan a entender una atenuación de tal elemento. Nos parece, sin embargo, cuestión marginal respecto al hilo del razonamiento que estamos siguiendo.

Para que no haya malentendidos, la ausencia de jerarquías de la ciudad difusa no debe sugerir la idea de una especie de "territorio autárquico", ni de un espacio desligado del contexto general de las jerarquías territoriales. La ciudad difusa goza y sufre las interrelaciones territoriales generales, está inserta en el contexto de las jerarquías territoriales. Alguna referencia a fenómenos reales puede aclarar mejor esta observación.

Tomemos los flujos de movimiento general de la población, es decir, los referidos a distintas motivaciones, en la ciudad difusa: a los horizontales se sobreponen flujos verticales preexistentes, sobre todo por motivos de trabajo, dirigidos decididamente hacia algunas polaridades. No sólo por ello, pero con el tiempo estos flujos pueden haberse incrementado precisamente con el crecimiento de la población, que se traslada, como ya hemos visto, de la "ciudad" a la "ciudad difusa", pero que muy a menudo mantiene en la primera el puesto de trabajo originario.

Podemos observar el fenómeno también en las distintas fases de estructuración espacial: mientras en la fase de la urbanización difusa había enclaves cerrados a partir de los cuales se generaba un movimiento pendular por motivos de trabajo hacia polaridades externas (un movimiento unidireccional y jerárquico), en la fase de la ciudad difusa, mientras aquel movimiento se conserva, a él se añade, muy a menudo, un movimiento "interno" aún por trabajo (nuevas ocasiones que se han creado en la ciudad difusa, trabajadores que han "seguido" a la empresa trasladada, etc.). Es decir, se crea, una multidireccionalidad de los movimientos por trabajo.

Lo mismo puede decirse para todos los demás tipos de movimientos. En esta suma resultan atenuados los movimientos tradicionales y monodireccionales, en el sentido que pesan relativamente menos.

Precisamente esta fenomenología, aquí tomada a partir de la movilidad, configura una realidad territorial de múltiples caras. Es posible, por ejemplo, reconocer zonas que se configuran como "dormitorios" para fuerza de trabajo ocupada en otro lugar, pero que, al mismo tiempo, tienen connotación de complejidad urbana (aunque a menudo de calidad y, sobre todo, de intensidad modestas). Y esto justamente porque el territorio construido se extiende sobre un tejido de antigua urbanización donde "centros" tradicionalmente de dimensión modesta (y no solamente) se convierten en nudos significativos del conjunto de la ciudad difusa. Además, se puede apreciar como los "puntos" de localización elegidos por las grandes actividades de servicio o las de producción no ocasionan fenómenos agregados, sino difusivos, que si, por una parte, dan resultados negativos en términos de consumo de suelo, territorio comprometido, necesidad de infraestructuras e incremento de la movilidad, por otra parte evitan procesos de congestión. Es esta multiplicidad de configuraciones dentro de un cuadro definido lo que resulta de notable interés.

La concepción de la ciudad prefigura una población que ejercita sus funciones (producción y reproducción) predominantemente en su interior. Dando por descontado que el proceso de organización urbana da lugar necesariamente, al menos así se dice, a concentraciones espaciales de tales funciones, se ha podido observar qué elementos de especialización espacial (del tipo, por ejemplo: barrio dormitorio, barrio de negocios, etc.) constituyen potentes factores de descalificación del contexto urbano. No simplifica la cuestión observar que muy a menudo los procesos de especialización descritos por medio de su significación técnica son en realidad el producto de la estructura social.

En la ciudad difusa, por todas las razones que han sido antes descritas, por una parte son menos llamativos los procesos de especialización espacial, y por otra parte, sin embargo, la complejidad urbana aparece como *diluida*. Si así fuera, estaríamos obligados a considerar de manera distinta algunos fenómenos de especialización territorial, en el sentido de que, mientras en la ciudad concentrada éstos aparecen como "carencias", en la ciudad difusa afectan de manera no necesariamente negativa a la funcionalidad y coloquialidad urbana (o, por lo menos, parecen afectar menos).

En síntesis, la ciudad difusa genera en su interior ciertas jerarquías y especializaciones; éstas, sin embargo, sea por intensidad, sea por "forma" organizativa de la propia ciudad, podrían resultar menos negativas de lo que resultan en la ciudad concentrada.

El tema de las jerarquías territoriales, sin embargo, no atañe solamente a las relaciones internas de la ciudad difusa, sino también a las relaciones de tal ciudad con el resto del territorio, o bien, en el caso en que la ciudad difusa admita en su interior una ciudad concentrada "tradicional", a las relaciones entre ésta y el resto de la ciudad difusa misma. Desde este punto de vista, no parece aceptable, aun en presencia de fenómenos como la ciudad difusa, apelar a una especie de decadencia de las jerarquías espaciales.

Si por una parte no hay duda de que la *ciudad concentrada*, en cualquier contexto que se la coloque (tomada en sí misma, incorporada en un área metropolitana, parte de una ciudad difusa), "cede" algo, por otra parte hay que analizar lo que cede. Se puede decir que los servicios (a las personas y también a las empresas) que se desplazan en las zonas, que llamaremos de manera genérica *extraurbanas* (en particular en las zonas de urbanización difusa tanto como para calificar éstas como ciudad difusa) son, en la mayoría de los casos, *banales*, mientras que en la ciudad concentrada continúan localizándose los servicios más exclusivos. Lo mismo se puede decir para la actividad productiva: la ciudad concentrada expulsa las actividades más maduras, mientras que mantiene o atrae las actividades productivas avanzadas.

Es decir, nos encontramos frente a nuevas formas de jerarquías espaciales que podemos expresar de manera extrema y sintética con la siguiente formulación: las funciones que jerarquizan el espacio en la fase histórica actual no son las que tienen relación con grandes masas (de consumo, de ocupación, de producción, etc.), sino más bien con las funciones más innovadoras y capaces de originar procesos de "control" (sobre la población, sobre los mecanismos económicos, sobre la difusión de la innovación, sobre los mercados financieros, sobre la producción cultural, sobre los mismos niveles cualitativos de la vida, etc.). Es decir, se acentúa una de las características fundamentales de la función tradicional de la ciudad: la concentración del "poder" en las formas que una y otra vez tal poder asume. Si algunas características de tipo urbano se propagan

en el territorio, dando lugar, según connotaciones específicas, en algunos casos a la ciudad difusa y en otros a formas de urbanización difusa o de territorio comprometido, no se agota la "producción" de características urbanas que confirman la jerarquización del espacio. El territorio que resulta parece estructurado según viejas y nuevas jerarquías, habida cuenta de que en este nuevo contexto los viejos "factores" ya no son relevantes para las nuevas actividades (de producción y servicio) y que las localizaciones de funciones tradicionales (de servicio y producción) no son capaces de generar jerarquías espaciales.

La *ciudad difusa*, según se ha caracterizado antes, no escapa al proceso de jerarquización espacial; por tanto, en *su totalidad* (ni más ni menos, como cualquier otra ciudad), y con independencia de sus subdivisiones administrativas, se coloca en el conjunto de las jerarquías espaciales de orden superior. Y además, en su interior, aunque de manera menos acentuada que en la ciudad concentrada, precisamente en razón de su génesis, presenta una articulación jerárquica de tipo urbano atenuada por la alta movilidad y accesibilidad (que genera otros problemas pero atenúa la exclusión).

## 7. El problema de los confines y de las variables en juego

Llegados a este punto, sin embargo, surge una cuestión crucial que, generalmente, ha permanecido siempre sobreentendida: la de los límites.

También los límites de la ciudad concentrada constituyen por sí mismos un problema teórico y práctico, pero, simplistamente, la estructura administrativa se ocupa de resolver la cuestión: son los confines administrativos quienes definen el territorio de la ciudad.

En la ciudad difusa la cuestión se plantea de manera distinta en razón a dos órdenes de problemas. La solución de los límites administrativos no funciona; en este caso es exactamente a la inversa, es la definición de los "límites" de la ciudad difusa la que permite determinar cuáles son las unidades administrativas a considerar internas a la propia ciudad difusa. Pero hay más, la definición de los límites es determinante para la propia identificación del fenómeno.

La definición de los confines, en este caso, no es prioritaria respecto a la búsqueda de las connotaciones (y de la misma existencia) de la ciudad difusa, pero constituye un objeto de investigación en sí mismo.

Si de un modo aproximado, impresionista, puede ser identificada el área de la ciudad difusa, será luego el estudio profundo de los parámetros de relación el que definirá con precisión, es decir, con la precisión necesaria, los confines de la misma. De hecho, obsérvese que por las connotaciones que hemos atribuido a la ciudad difusa, ésta puede también correr el peligro de permanecer sumergida por un error en la definición de sus límites. Obviamente, me refiero a sumergida como identificada, porque en los hechos está activa independientemente de cualquier "reconocimiento".

En lo que concierne a las variables en juego, bien para definir los límites de la ciudad difusa, bien para identificarla, a continuación se dan algunas primeras indicaciones como aproximación inicial al problema. Será la propia investigación la que enriquecerá el contexto de las hipótesis y de las variables analíticas a considerar:

- *el desplazamiento de la población*, obviamente, es una de las variables principales. Será importante analizar tal fenómeno en el tiempo, identificando modelos de comportamiento en el asentamiento en relación también a la oferta residencial.

- *la localización y desarrollo de las actividades productivas*. La fenomenología que parece más interesante es la inherente al desarrollo exógeno y al endógeno, bien con respecto a los desplazamientos o relocalizaciones, o bien en relación con las "nuevas" oportunidades ofrecidas en y por la ciudad difusa.

- *la localización de los servicios a las empresas*, según caracterización de papel y función.

- *la localización de los servicios a las personas de tipo no metropolitano*; es decir, se trata de identificar la estructura "urbana" de los puntos singulares de la ciudad difusa.

- *la localización de los servicios de tipo metropolitano*. Hipotéticamente, estas localizaciones son las que constituyen uno de los elementos que componen la ciudad difusa.

- *la infraestructuración*.

- *las interrelaciones y la movilidad de la población*.

- *lo que, genéricamente, podemos llamar "modos de vida"*.

Lo que se ha indicado constituye, obviamente, la enunciación simple de los campos de desarrollo del análisis. El contenido específico de tales análisis no podrá identificarse mas que en relación con las hipótesis interpretativas anteriormente propuestas (además de en relación con los recursos disponibles, incluidas las posibilidades de información) y con nuevas even-

tuales hipótesis que el mismo análisis sugerirá.

## 8. ¿La ciudad difusa puede competir con la ciudad concentrada?

Se puede acabar suscitando una cuestión a la cual la propia investigación podría aportar algún primer indicio: ¿Puede la ciudad difusa, al igual que una ciudad concentrada, ser polo de atracción de aquellas actividades cuya localización señala una posición "alta" en la jerarquía territorial general? O dicho de manera distinta: ¿La ciudad difusa puede competir, en términos de atracción para las actividades innovadoras y de "poder", con la ciudad concentrada?

Dar respuestas convincentes no parece sencillo, tanto por las implicaciones de orden general que la cuestión plantea como por la carencia de análisis detallados específicos. Algunas notas, sin embargo, pueden ser avanzadas como indicación de los aspectos sobre los cuales conviene, en un primer momento, fijar la atención para enfrentarse a la cuestión. Una cuestión que no parece, por lo menos a nuestros ojos, privada de interés, al resultar que lo que está en juego es la estructura de la organización del país, tal como ha sido históricamente "construido".

Los indicios, precisamente por su carácter, serán expuestos de manera esquemática y por puntos:

- El primer dato de la experiencia indica que el poder de atracción de la ciudad difusa para aquellas actividades que podemos llamar del "poder actual" es muy bajo. El territorio de la ciudad difusa, si es atractivo para localizaciones de actividades maduras, de servicios banales, etc., lo es muy poco para actividades innovadoras y de tecnología avanzada, para centros financieros que no sean "centros de servicios", para actividades culturales y científicas de nivel superior, etc.

- La escasa relevancia de los tradicionales factores de localización para estas actividades innovadoras quita potencia a los precedentes polos de atracción. Sin embargo, esto no significa que ya no haya más factores de localización, sino solamente que los viejos son sustituidos por nuevos factores, que aparecen mucho más concentrados respecto a los primeros. Se trata de "estructuras" (universidades, centros de investigación, bibliotecas, etc.), pero también de la "preferencia residencial" de los técnicos de alto nivel (que privilegian a la ciudad concentrada). Se podría avanzar la hipótesis de que se trata de factores de fuerte *sedimentación*, es decir, que no pueden crearse de nuevo fácilmente, y por este motivo más concentrados en pocos puntos en comparación con los precedentes.

- Finalmente, hay que decir que las innovaciones telemáticas, por una parte, no tienen aún carácter "difusivo" y, por lo tanto, contradictoriamente con su "esencia" producen concentración, mientras que, por otra parte, no son capaces de sustituir las interrelaciones entre sujetos con alto contenido de poder (de cualquier tipo que sea).

Parece que se pueda decir que sólo una "política territorial", en sentido general, que tomase conciencia de esta nueva configuración espacial para transformarla de un resultado predominantemente espontáneo en proyecto global de las configuraciones espaciales (según opciones por definir) podría, dentro de ciertos límites, hacer paritarias la ciudad concentrada con la difusa. Se trataría de un proyecto de cualificación que podría hacer salir la ciudad difusa de su papel "residual" no resoluble de otra manera. Pero ni una política territorial adecuada podría eliminar los que hemos llamado factores de atracción de fuerte sedimentación, aunque, sin embargo, podría reconstruir una jerarquía territorial menos desequilibrada, más atenta a los recursos no reproducibles, y menos selectiva en el plano social. En este contexto, la ciudad difusa podría desempeñar un papel propio equilibrado y equilibrador tanto en el ámbito de la producción (innovadora) como en el de la calidad social de la vida. Pero entonces la ciudad difusa no sería solamente un resultado del proceso de edificación, sino un proyecto de reorganización del territorio.

59

## Bibliografía

A continuación se citan los principales escritos que de diversos modos han influenciado la redacción de esta nota:

- Becchi Collidà, *La terziarizazzione urbana e la crisi della città*, Milán, Angeli, 1984.

- R. Camagni y L. Malfi (a cargo de), *Innovazione e sviluppo nelle regioni mature*, Milán, Angeli, 1986.

- F. Carati (a cargo de), *Aree metropolitane di antica industrializzazione*, Milán, Clup, 1988.

- C. Cencini, G. Dematteis, B. Menegatti (a cargo de), *L'Italia emergente, Indagine geo-demografica sullo sviluppo periferico*, Milán, Angeli, 1983.

- G. Garofoli y I. Magnani, *Verso una nuova centralità delle aree urbane nello sviluppo dell'occupazione*, Milán, Angeli, 1986.

- R. Innocenti (a cargo de), *Piccola città e piccola impresa*, Milán, Angeli, 1985.

- Irer / Progetto Milano, *Il governo della città*, Milán, Angeli, 1987.

- A. Segre (a cargo de), *Regioni in transizione*, Milán, Angeli, 1985.

Françoise Choay es historiadora de la teoría y de las formas urbanas y ha sido profesora en la Escuela Superior de Arquitectura de Bruselas y en la Universidad de París VIII. La categoría de sus investigaciones y la profundidad de su labor crítica, traducidas en publicaciones vertidas a diversas lenguas, han servido de base durante décadas al avance y difusión de los estudios del urbanismo moderno en todo el mundo y a la refundación de conceptos fundamentales de la cultura arquitectónica contemporánea. Sus estudios de la tratadística clásica y moderna de la arquitectura y el urbanismo permanecen como referencias inexcusables de cualquier estudioso. Entre sus obras destacan *L'Urbanisme, Utopies et realités* (1965) [trad. cast.: *Urbanismo, utopías y realidades* (1970)], *The Modern City: Planning in the 19th Century* (1969), *La Règle et le Modèle* (1980), y *L'Allegorie du patrimoine* (1992), pero sus aportaciones se difunden también en su presencia constante en las revistas especializadas más prestigiosas.

En 1994 publicó el artículo "Le règne de l'urbain et la mort de la ville", que plantea una actualización necesaria de conceptos presentes en la realidad a los que la teoría se mantenía ajena.

© Daniel Mordzinski

61

# EL REINO DE LO URBANO Y LA MUERTE DE LA CIUDAD*

Françoise Choay

Europa es hoy triunfalmente urbana. El espacio rural y las poblaciones rurales se reducen día a día mientras se multiplica el número de megalópolis, conurbaciones, comunidades urbanas, tecnópolis y polos tecnológicos.

"Ciudad" se ha convertido en la palabra clave de la tribu política, una palabra para todo de la tribu mediática, la palabra coartada de los clanes de urbanistas, de los urbanizadores, de los arquitectos, de los administradores, de los sociólogos que la escrutan, la auscultan y/o pretenden darle forma. ¿Pero es urbanización sinónimo de producción de ciudad?

La situación urbana actual es el resultado de la transformación de la ciudad europea que tuvo lugar de forma manifiesta entre la década de 1850 y nuestra época. Sobre el mapa de Europa

encontramos los mismos nombres que en la Edad Media: admiramos la larga duración de estas construcciones urbanas que llevan por nombre París, Nápoles, Londres, Milán, y también Barcelona, Praga, Zurich..., y nos maravillamos de la vitalidad actual de esos antiguos conjuntos de ciudades medievales, hanseáticas o flamencas.

Sin embargo, lo que se ha producido en el curso de algo más de un siglo no es una trivial evolución, sino una mutación, enmascarada por la permanencia de las palabras y de los topónimos. Sólo nuestra "civilización de la imagen" es capaz de mostrar las secuencias que pongan de manifiesto el carácter, la magnitud y la historia de esta mutación.

Con este fin, esta exposición confronta dos series de representaciones: unas emanan de los arquitectos-urbanistas; las otras de los artistas. Las primeras, al servicio de la acción, de la ideología y a veces del sueño, son proyectos, unas veces realizados, otras no. Las segundas registran la metamorfosis del campo urbano con sensibilidad de sismógrafo. ¡No nos equivo-

* Este artículo fue publicado en 1994 en: *Visiones urbanas: Europa 1870-1933: La ciudad del artista, la ciudad del arquitecto*, Madrid, Electa-CCCB, pp. 23-33 (versión original: *La ville: art et architecture en Europe, 1870 -1993*, París, Éditions du Centre Pompidou, 1994, pp. 26-35).

quemos al respecto! No se trata de ilustración, sino de videncia, privilegio de los artistas que revelan y dan cuerpo a los fenómenos. Así, desde finales del siglo pasado, pintores, grabadores, fotógrafos y cineastas nos confrontan a una ciudad bifronte: benéfica según algunos, efigie del progreso y de la belleza, fermento de vida social incluso en el anonimato de la multitud; maléfica según otros, sinónimo de caos, de perversión, de una indigencia y de una fealdad de la que la soberana estética del cine ha sabido apropiarse. Sin embargo, a medida que pasa el tiempo, unos y otros señalan por igual la acumulación progresiva de personas, la multiplicación de las trayectorias y la aceleración de la velocidad, el gigantismo contagioso de las construcciones verticales y horizontales, la diseminación periférica y, para terminar, una forma de la ausencia.

La mirada sucesiva y convergente de pintores, fotógrafos y cineastas nos pone en guardia contra las palabras. La secuencia de sus presentaciones obliga a preguntarse si la divinidad bifronte, esta ciudad-madre y castradora hoy invocada y conjurada con pasión y desespero para justificar nuestro trabajo de urbanismo y fundamentar sus virtudes, no es más que una trampa; si el viejo concepto y la imagen convenida, en los que tienen cabida desordenada centros históricos, ciudades nuevas, suburbios y megalópolis, no están funcionando a la manera de mito encargado de obviar la impotencia y la angustia, y si no disimulan la inadecuación de la palabra a la cosa. Los historiadores nos han enseñado, no obstante, que "los hombres no suelen cambiar de léxico cada vez que cambian de costumbres",[1] y que la conservación de las palabras contribuye a la larga duración de nuestros esquemas mentales, es decir, en este caso, a su arcaísmo.

¿No ha llegado entonces el momento de admitir, sin sentimentalismos, la desaparición de la ciudad tradicional y de preguntarse sobre lo que la ha sustituido, esto es, sobre la naturaleza de la urbanización y sobre la no-ciudad que parece haberse convertido en el destino de las sociedades occidentales avanzadas? Este va a ser mi propósito.

## La palabra y la cosa

Como paso previo a la exploración del ámbito urbano entre 1850 y 1950, conviene hacer un rápido excurso referido a tres términos: ciudad, urbanismo y técnica. En el caso de los dos primeros se tratará de recordar su acepción original. En cuanto al tercero, por el contrario, se tratará de un enfoque factual y no semántico, destinado a poner de relieve el vínculo insufi-

cientemente reconocido que une la técnica a la ciudad y hace del término una palabra clave del ámbito urbano.

Ciudad. Pondremos entre paréntesis su sentido institucional: objeto de una convención, variable según el país (en Francia, población de al menos 2.000 habitantes aglomerada en un solo municipio, y que constituye un instrumento administrativo, jurídico y fiscal).

En el lenguaje común actual, "ciudad" continúa designando el lugar o el soporte estático de una triple comunicación que atañe al intercambio de bienes, de informaciones y de afectos. Aún se la concibe como la unión indisociable de lo que los romanos llamaban *urbs* (territorio físico de la ciudad) y *civitas* (comunidad de los ciudadanos que la habitan), o también como la pertenencia recíproca entre una población y una entidad espacial discreta y fija.

Pero la entrada en la era industrial y las concentraciones demográficas sin precedente que ésta indujo han hecho mella en esta asociación ancestral. En 1855, Haussmann lo subrayaba a propósito de París en un discurso pronunciado ante el consejo municipal:

"¿Es apropiado hablar de "municipio" para referirse a esta inmensa capital? ¿Qué lazo municipal une a los dos millones de habitantes que se apiñan en ella? ¿Podemos acaso observar entre ellos alguna afinidad de origen? ¡No! La mayoría de ellos proviene de otros departamentos; muchos de países extranjeros donde conservan sus familiares, sus más preciados intereses y, a menudo, la mejor parte de su fortuna. París es para ellos un gran mercado de consumo; una inmensa cantera de trabajo; una arena de ambiciones o tan sólo una cita de placer. No es su tierra".[2]

Etimológicamente, la palabra francesa *ville* procede del latín *villa*, que designaba un asentamiento rural autárquico que a menudo constituyó el núcleo de las ciudades medievales. Esta etimología subraya la pertenencia de la ciudad europea preindustrial al campo. Mumford, uno de los primeros, nos ha enseñado que, "excepto en algunos centros congestionados, la ciudad de la Edad Media no estaba meramente en el campo, sino que formaba parte del campo",[3] y esta relación de interdependencia vuelve a ser puesta de relieve en la actualidad por los historiadores de la ciudad europea.[4]

---

[1] Fórmula de Marc Bloch en *Apología para la historia o el oficio de historiador*, Méjico, INAH, Fondo de Cultura Económica, 1996, p. 146 (versión original: *Apologie pour l'histoire*, París, A. Colin, 1945, pp. 40-41, 7a ed., 1974).

[2] E. Haussmann, *Mémoires*, tomo II, París, Havard, 1891, p. 199. También en la nueva edición *Mémoires du baron Haussmann*, introducción general de Françoise Choay, París, Seuil, 2000, pp. 555-556.

[3] L. Mumford, *La Cultura de las ciudades*, Buenos Aires, Emecé, 2ª ed., 1957, p. 36 (versión original: *The Culture of Cities*, Londres, Secker and Warburg, 1938, p. 306).

[4] P. M. Hohenberg y L. H. Lees, *The Making of Urban Europe (1000-1950)*, Cam-

También aquí la revolución industrial minó una asociación original y destruyó la relación de complementariedad que unía la ciudad y el campo y ahondó la famosa diferencia entre ambos, que según Marx el comunismo debería suprimir. Sin embargo, no fue gracias a una revolución social, sino a una permanente evolución técnica, como se inició la supresión de esta diferencia. Ya veremos que el proceso continúa y tiende a eliminar, en provecho de una entidad que ya no es ciudad ni campo, los dos términos que, lógica y fenomenológicamente, existían el uno por el otro.

Urbanismo. El término es un neologismo propuesto por el catalán Ildefons Cerdà en su *Teoría general de la urbanización* (1867) e introducido en Francia, en la primera década del presente siglo, por H. Prost y un grupo de practicantes que actuaban en el entorno del *Musée* Social. La noción de urbanismo nació en el marco de una reflexión sobre el impacto espacial de la revolución industrial: la ciudad sufrió entonces un trastorno espontáneo que pareció del orden de un cataclismo natural incontrolable.

Desde su creación, la palabra ha servido para designar dos tipos de actuación diferentes.

Por una parte, la palabra "urbanismo" designa una nueva disciplina que se declara autónoma y que pretende ser ciencia de la concepción de las ciudades. Postula la posibilidad de un control completo del hecho urbano y para este fin ha elaborado teorías clasificables en dos corrientes: una, llamada progresista, apunta al progreso y a la productividad; otra, llamada culturalista, se concentra en objetivos humanistas. Sin embargo, a despecho de sus diferencias, las teorías de ambas corrientes se fundamentan en un procedimiento idéntico: análisis crítico de la ciudad existente y elaboración a contrario de un modelo de ciudad que puede ser construida y reproducida ex nihilo.

El modelo progresista (los CIAM, Le Corbusier) propone un objeto urbano separado cuyos componentes estandarizados se reparten en el espacio según un orden funcional y geométrico. El modelo culturalista (la ciudad-jardín de Howard) es, por el contrario, compacto y multifuncional. El modelo progresista dominó la escena europea desde los años veinte, pero no tuvo una aplicación significativa hasta después de la Segunda Guerra Mundial y la reconstrucción.

En esa misma época las pretensiones científicas del urbanismo teórico empezaron a ser desestimadas[5] y empezó a ser denun-

ciado "el postulado del espacio objetivo y neutro".[6] Empezó a ponerse en evidencia la naturaleza política e ideológica de la ordenación de la ciudad o, dicho de otro modo, la elección de los valores que la sustentan: numerosas disciplinas científicas pueden contribuir a la organización del espacio urbano, pero una ciencia normativa de la ciudad es una noción contradictoria. Se ha puesto de manifiesto que las teorías del urbanismo respondían a un pensamiento anacrónico, cosificador y marcado con el sello de la utopía: la creación de modelos urbanos ha aparecido como un dispositivo reductor, el instrumento totalitario de una puesta en condiciones.

Por otra parte, y durante el mismo período, el término "urbanismo" designa también otro procedimiento, pragmático y sin pretensión científica, que no pretende ya cambiar la sociedad, sino que busca más modestamente regularizar y organizar con la mayor eficacia el crecimiento y el movimiento de los flujos demográficos, así como el cambio de escala de los equipamientos y de las construcciones provocados por la revolución industrial.

Antes incluso que la creación de la palabra urbanismo, el arquetipo de esta actuación, que sería mejor llamar *ordenación regularizadora*, aparece con las "grandes obras" de Haussmann. El verbo "regularizar" aparece repetidas veces en sus *Mémoires* para confirmar el papel precursor del prefecto y el parentesco de su enfoque con el de los *Regulierungspläne* de Stübben y de Wagner en Alemania y Austria, así como con los planes reguladores de los urbanistas franceses Hénard, Prost y Jaussely.

La técnica: *deus ex machina* que mueve los hilos del teatro urbano desde el gran cataclismo de mediados del siglo XIX.

Sabemos que la ciudad es un fenómeno demasiado complejo para que pueda ser pensado en términos de cadenas causales simples: pone en juego haces de determinación inscritos en bucles de retroacción, cuya complejidad no se agota con un análisis sistémico. Sin embargo, para explicar las alteraciones espontáneas o concertadas que ha sufrido la ciudad europea preindustrial, los historiadores han hecho especial hincapié en los factores económicos y políticos (papel del capitalismo, lucha de clases), así como en factores demográficos (crecimiento, masificación, flujos, todos ellos igualmente condicionados por los adelantos de la salud pública y de la epidemiología, y por el éxodo rural).

El papel que ha desempeñado la técnica en la transformación de la ciudad europea ha sido tan escasamente reconocido que

63

bridge, Mass., Harvard University Press, 1985.

[5] Cf. en particular, G. C. Argan, *Architettura e ideologia*, Milán, Zodiac, 1957; F. Choay, *L'Urbanisme, utopies et réalités*, París, Le Seuil, 1965 (trad. cast.: *El Urbanismo, utopías y realidades*, Barcelona, Lumen, 1970), y *La Règle et le Modèle*, París, Le Seuil, 1980; H. Lefebvre, *Le Droit à la ville*, París, Anthropos,

1968 (trad. cast.: *El Derecho a la ciudad*, Barcelona, Península, 1969).

[6] H. Lefebvre, "Réflexions sur la politique de l'espace", París, 1970.

merece que le concedamos aquí lugar de privilegio.

La reflexión (no filosófica) sobre la técnica y su historia tiende a aislarla en su campo propio, pese al hecho de hallarse implicada, simultánea y directamente tanto en la morfogénesis del espacio urbano como en la génesis de las mentalidades y de los comportamientos urbanos.

Cerdà fue el primero en calibrar ese poder al hacer de las técnicas de transporte el motor de la historia espacial de las ciudades que el invento del ferrocarril y el uso de la electricidad vinieron a revolucionar.

A fin de distinguir las etapas de la transformación ocurrida entre 1870 y 1990, podemos retomar hoy de manera más global la secuencia de innovaciones técnicas que inauguran y jalonan este período. Los ámbitos que se afirman de modo más notable son:

-La construcción. Cerdà no menciona este campo, el papel del cual fue más tarde destacado por dos historiadores de la arquitectura, S. Giedion[7] y B. Banham.[8] Recordemos que en la segunda mitad del siglo XIX se perfeccionó la fabricación de nuevos materiales (acero, hormigón, cristal), cuyos procedimientos de aplicación contribuyeron a cambiar el estatuto de los edificios, transformándolos en objetos técnicos; los equipamientos mecánicos y eléctricos, que han hecho posible una mayor densidad del tejido urbano al generalizar la construcción en altura (ascensor) y al "acondicionar" (aire, temperatura) los edificios, liberándolos así de un conjunto de restricciones de implantación y de dimensionamiento; la industrialización del edificio, que estandariza el marco edificado y favorece no sólo el crecimiento de la periferia de la ciudad, sino que supone una ocupación difusa del territorio entero disponible para la construcción.



-Los transportes. A partir de 1850, el tren, que permite a la sociedad occidental el acceso a una movilidad en masa sin precedentes, se convirtió en el factor más potente de densificación de las ciudades. Más tarde, a finales de siglo, secundado por el tranvía, y el metro, el tren contribuyó de nuevo a su expansión. A partir de los años treinta, el automóvil devolvió a las redes viarias el papel perdido en la expansión de las ciudades e incrementó aún más la movilidad general, mientras la aeronáutica contribuía a fijar los grandes nudos urbanos.

-Las telecomunicaciones. El telégrafo, la radio y el teléfono, con sus últimas aplicaciones informatizadas, han sido respectivamente emparejados con las diferentes técnicas de transporte, cuyo funcionamiento controlaban o controlan. Además, las telecomunicaciones han multiplicado directamente los intercambios de información entre los ciudadanos, extendido su campo de acción, transformado su experiencia del espacio y del tiempo y, con ello, la estructura de sus comportamientos.

## La última cara de la urbanidad

Con sus resplandores, estancamientos y fracasos, en la mutación urbana, cuyo ineluctable cumplimiento configura el tema de esta exposición, destacan algunos puntos álgidos. Sin embargo, su sucesión se ordena a partir de un origen que ha dejado huella en la mayoría de las ciudades de Europa y cuya ausencia lamentamos: la obra de Haussmann.

El París de Haussmann posee valor de límite: desenlace de una tradición y punto de partida de otra. El vínculo de la capital metamorfoseada con la ciudad preindustrial es tanto más fuerte cuanto que, por una ironía de la historia, París sigue siendo la única metrópolis cerrada en Europa, encerrada por voluntad de Thiers en el interior del muro anacrónico que sólo caerá después de la Primera Guerra Mundial. Pero, a pesar de este encierro, juega un papel inaugural gracias a la regularización impuesta por el prefecto. Por primera vez, éste trata el conjunto de los espacios heterogéneos de la capital como una entidad única a la que un plan global dotará de isotropía. Este plan, que transformó *los* París de Balzac en la metrópolis de Zola, permitió de modo particular tres logros fundamentales e inseparables. Hizo de la ciudad por entero un sistema de comunicaciones: un entramado jerarquizado de vías rompe el aislamiento de los barrios, comunica los puntos claves y cardinales de la ciudad entre sí y con las estaciones de ferrocarril, como puertas urbanas que conectan la ciudad cerrada con el conjunto del territorio nacional. Como corolario, la escala de toda la ciudad aumenta, al conjugar operaciones quirúrgicas (aberturas, ensanches) e injertos (integración de todos los espacios libres *intra muros* a ambos lados de la barrera del antiguo edificio de los recaudadores de impuestos). Finalmente, dota a toda la ciudad de un equipamiento higiénico concebido en forma de redes técnicas isomorfas y de un sistema respiratorio de zonas verdes.

Si llamamos urbanidad al ajuste recíproco de una forma de tejido urbano y de una forma de convivencia, se puede, con toda razón, hablar de una urbanidad haussmanniana. Ciertamente, el ensanchamiento de la escala de las vías, de las parcelas y de los edificios rompió el marco de relaciones sociales de pro-

---

[7] S. Giedion, *Mechanization Takes Command,* Nueva York, Oxford University Press, 1948 (trad. cast.: *La Mecanización toma el mando*, Barcelona, Gustavo Gili, 1978).

[8] R. Banham, *The Architecture of the Well Tempered Environment,* Londres, Architectural Press, 1949 (trad. cast.: *La Arquitectura del entorno bien climatizado*, Buenos Aires, Infinito, 1975).

ximidad característico de la ciudad preindustrial; pero sólo para sustituirlo por un nuevo marco de convivencia. De una parte, el tejido urbano de plantillas ensanchadas conservó una continuidad que satisfacía a la vista y al cuerpo por la proporción recíproca y rigurosa de las dimensiones (anchura y altura) de las calles, de las aceras y de los edificios que las bordean. Sobre todo, queda encajada en el tejido urbano una estructura a pequeña escala. Constituida por un mobiliario urbano diversificado, concebido, diseñado, producido e instalado con esmero, así como por árboles y recintos cubiertos de verde, la ciudad convierte las aceras y los jardines en un teatro de relaciones sociales inéditas: aleatorias, anónimas, cosmopolitas.

En otros lugares, entretanto, las fortificaciones habían sido o estaban siendo derribadas; la ciudad tradicional estallaba bajo la presión demográfica y las parcelas sin fin de los suburbios londinenses simbolizaban la expansión salvaje de la ciudad. El ejemplo del París haussmanniano había sido meditado: Cerdà, Stübben y Wagner dieron fe de ello; la acción regularizadora había sido llevada a las ciudades abiertas y, de acuerdo con otros procedimientos, promovería la misma urbanidad inédita en Viena y Barcelona, por ejemplo.

A diferencia de París, en estos dos casos los antiguos centros históricos se dejaron casi intactos, lamentablemente según Cerdà y con la voluntad expresa de conservar el pasado en el caso de Otto Wagner. "Conviene respetar la belleza y satisfacer las exigencias de salubridad y de circulación con la conservación adecuada del patrimonio existente, aplicándonos a aportar las mejoras capaces de satisfacer las exigencias modernas", observa Otto Wagner en 1893 en la introducción a su Proyecto del plan regulador general para la ciudad de Viena.[9]

Este plan procede, igual que el de Haussmann, de una visión global y prospectiva de la ciudad. Pero, en esta ocasión, se trata de un plan ampliamente abierto al territorio circundante, a partir del *Ring* monumental que había sido acondicionado sobre el trazado de las antiguas fortificaciones. En la versión definitiva de 1910 tres fueron los instrumentos a los que se recurrió para controlar la expansión de la ciudad: un sistema viario prolongable indefinidamente, concebido en forma de anillos periféricos concéntricos, relacionados entre sí y con el anillo inicial del *Ring* por medio de vías radiales; un sistema de unidades de aglomeración (*Stellen* de cien a ciento cincuenta mil habitantes), bien individualizadas, implantables en las vías radiales y destinadas a canalizar la urbanización; y abundantes reservas inmobiliarias periféricas justificadas por la imposibili-

dad de una prospectiva urbana. Contrario a todo tipo de actitudes utopistas, de las que denuncia su dogmatismo cientifista y su lógica del objeto discreto, Otto Wagner constata que "no es posible prefigurar con certeza cuál será la imagen futura de la ciudad, dado que no existe un catecismo de lo urbano".[10] Su plan está abierto a los cambios y a las incertidumbres, pero tanto en el tratamiento del *Ring* como en el de los *Stellen* se mantiene vinculado a una concepción de la ciudad como objeto discreto, de tejido continuo. Y si ese tejido no siempre escapa a la desmesura y presenta en ocasiones algunas lagunas, Wagner se inclina a paliar este defecto a través de la pequeña escala y mediante la acusada estética de un sistema de detalles amables y de mobiliario urbano comparable al de París.

En Barcelona, Cerdà había propuesto una solución a la vez más innovadora y más restrictiva. Su plan de 1859 (traicionado en parte en su realización) pone en relación el centro histórico, por fin liberado de sus murallas, con un territorio virtualmente ampliado a toda Europa. "Los rasgos distintivos de la nueva civilización son el movimiento y la comunicación" y, a sus ojos, "la ciudad no es más que una especie de estación, o de un eje del gran sistema viario universal." Se trata pues de un plan de extensión indefinida que rompe a la vez con la noción de aglomeración discreta y con los esquemas de organización concéntrica. Se basa en la interconexión de sendos entramados ortogonales de escala distinta: un entramado mayor atravesado por diagonales y destinado al gran tráfico territorial, con vías de 20 a 50 metros de ancho; y otro menor, destinado al pequeño tráfico local y que, con sus manzanas de 133 metros de lado, chaflanes en sus esquinas y el centro abierto, constituye el elemento urbano de base, una especia de unidad de vida y de vecindad.

¿Es pertinente considerar el plan Cerdà como una de las tres figuras clave del urbanismo de regularización? Varios argumentos parecen refutar la afirmación. Primero, Cerdà es el primer teórico del urbanismo que pretende hacer de él una disciplina científica completa. Luego, su plan titulado *Reforma y Ensanche de Barcelona* había sido en efecto concebido como instrumento de una política igualitaria que debía procurar las mismas ventajas a todas las clases de la población, un plan marcado indiscutiblemente por la utopía. Finalmente, este plan no se contenta con crear redes de unión con el territorio, sino que se convierte en territorio y, por lo mismo, parece contradecir la lógica del urbanismo modelizador tanto como la del urbanismo regularizador. Sin embargo, todas esas objeciones son rebatibles. El plan de Barcelona precede en cuatro años a la gran obra teórica que constituye una justificación *a posteriori* del primero. Además, no propone el modelo de una ciudad nueva, sino estructuras generativas que permiten adaptar la

---

[9] Citado en R. Trévisiol, *Otto Wagner*, Roma-Bari, Laterza, 1990, p. 182. Esta introducción presenta con dos años de antelación las ideas de *Moderne Architektur* (1896).

---

[10] *Ibid*, p. 182.

antigua ciudad a las nuevas técnicas. Estas estructuras se han deducido de un doble análisis de la situación específica de Barcelona y de los componentes de la ciudad en general, lo que convierte a Cerdà en el creador de la geomorfología urbana. Además, si la capital catalana se ve inducida a extenderse en todas las direcciones por donde lo permitan las condiciones físicas, este proceso queda controlado por el dispositivo del doble mallado ortogonal. Éste asegura la continuidad (por aireada que sea) y la homogeneidad de una trama edificada cuyas manzanas normalizadas ofrecen una completa libertad arquitectónica y, sobre todo, se convierte, gracias a la articulación de su reducida escala con el gran sistema viario, en el escenario de inéditas formas de convivencia. Por todo ello, el plan Cerdà debe ser clasificado dentro de la misma categoría que los de Haussmann y Otto Wagner.

Otros planes cercanos o derivados de estas tres estructuras regularizadoras han asegurado, en otras grandes ciudades europeas, la pervivencia de la urbanidad metropolitana nacida en la segunda mitad del siglo XIX. Hasta mediados del siglo XX, todas esas ciudades y muchas otras acogieron e integraron, sin verse alteradas por ello, la sucesión y la diversidad de experiencias y de estilos arquitectónicos nuevos. El modernismo (más barroco en Barcelona, más pictórico en Praga, Viena o Múnich, más reservado en París o en Bruselas), el clasicismo estructural de Perret, el funcionalismo de los CIAM o incluso el monumentalismo de la arquitectura llamada totalitaria, en Italia o en Alemania, han aportado una nota plástica nueva a la ciudad europea sin modificar su estructura.

Después de la Segunda Guerra Mundial, la reconstrucción respetó en la mayoría de ocasiones el perímetro de las ciudades destruidas, limitándose a ampliar y homogeneizar su tejido urbano. Le Havre, que fue reconstruida de arriba abajo con hormigón por Perret, sigue siendo una ciudad tradicional fechada únicamente por el material y un estilo arquitectónico.

Al lado del tipo metropolitano, el de la ciudad y la urbanidad preindustriales no había desaparecido de Europa. Aún vegetaban numerosos asentamientos antiguos y, en otros casos, por ejemplo en Italia del norte, en el sur de Alemania o en los Midlands de Inglaterra, la densidad de la antigua base urbana limitaba la extensión de las ciudades.

### Señales de deconstrucción

Con todo, no habían faltado desde principios de siglo signos que anunciaban una deconstrucción inminente de la ciudad europea. Se puede realizar un rápido resumen sin separar el pequeño número de realizaciones de los innumerables proyectos, sueños y teorías.

### La ciudad lineal

En 1882, un intelectual español, Soria y Mata, publica en el periódico madrileño *El Progreso* un primer proyecto de ciudad lineal,[11] fruto de su reflexión sobre las nuevas técnicas de transporte y de telecomunicaciones y las incidencias sociales de éstas. Al igual que Cerdà, se halla convencido de que la comunicación bajo todas sus formas es el futuro del mundo, y comparte con él el empeño en mejorar las condiciones de la clase obrera. Sin embargo, en lugar de pensar el proceso de comunicación generalizada que es el urbanismo en términos de implantación homogénea y multidireccional, lo concibe bajo una forma puramente lineal: "una calle indefinidamente prolongable de 500 metros de anchura."

El eje longitudinal de la Ciudad Lineal reagrupa las vías de transporte (ferrocarriles, tranvías, carreteras), las redes de servicios de distribución de agua, gas, electricidad y teléfono, así como los servicios municipales y de parques. A un lado y a otro de esta espina dorsal, dos franjas longitudinales formadas por manzanas ortogonales asocian el hábitat individual a los establecimientos públicos, comerciales y culturales, y su desarrollo tiene lugar *pari passu*, conforme a las necesidades.

Este modelo está destinado a suprimir la concentración y la densificación urbanas; debe evitar la diseminación de la construcción a través del territorio y preservar la integridad del campo. Por último, simplifica al máximo la interconexión de las redes de servicios.

Soria imagina de este modo una ciudad lineal ininterrumpida de Cádiz a San Petersburgo, planteando por vez primera el problema del asentamiento humano a escala mundial. Pero las ambiciones de Soria aún eran prematuras y sólo pudo aplicar su modelo a las dimensiones de un suburbio madrileño comunicado por un carril central de tranvía.

El mismo esquema de desarrollo fue recogido a finales de los años veinte en la Unión Soviética por un grupo de arquitectos e ingenieros que se daban a sí mismos el nombre de "desurbanistas" y para quienes la urbanización lineal significaba la abolición de la ciudad. Conocían la obra publicada de Soria y es probable que se inspiraran en él. Pero su modelo, más elabo-

---

[11] Lo desarrollará más adelante en numerosos artículos y en la revista *Ciudad lineal* que él mismo fundó en 1896. Cf. también G. R. Collins, "Linear planning throughout the world", *Journal of the Society of Architectural Historians*, XVIII, Filadelfia, octubre de 1959; también del mismo autor en cast. *Arturo Soria y la ciudad lineal*, Madrid, Revista de Occidente, 1968.

66

rado y con una zonificación rigurosa, favorecía objetivos distintos: la realización del socialismo y la optimización de la producción industrial. Como señalaba M. Miliutin en una importante obra teórica,[12] la cadena de montaje había sido trasladada de la fábrica al nivel del territorio. El proyecto de desurbanización conoció un principio de aplicación en Magnitogorsk (Leonidov, 1929) y en Stalingrado (Miliutin, 1930). Pero en 1931, Stalin puso punto final a esas "desviaciones" ideológicas.

## Los CIAM: Ciudad máquina y desaparición de la urbanidad

Le Corbusier se mofó de los desurbanistas en nombre de la defensa de la ciudad. Pero ¿era acaso una ciudad la utopía que él describió y diseñó a lo largo de su vida con el nombre de *Ciudad Radiante*?[13] Más bien se presenta como deconstrucción sistemática de todos los tipos anteriores de ciudades, de toda forma de aglomeración continua y articulada. Y es, por lo demás, el mismo tipo de desintegración y el mismo modelo el que proponen, desde los años veinte a los años cincuenta, los planes de Le Corbusier para París, Argel, Saint-Dié, Albi...

La Ciudad Radiante me servirá de paradigma para definir -esquemáticamente- el urbanismo de los CIAM, que tuvo en Le Corbusier a su instigador en 1928 y a uno de sus principales protagonistas más adelante. Esta elección es legítima, ya que, si bien Le Corbusier inventó poco en la materia, "su gran mérito", según la palabra de Bruno Taut, "es haber dado forma literaria a los principios modernos." En este sentido, ejerció una influencia internacional sin igual sobre la ordenación territorial y urbana después de la Segunda Guerra Mundial.

CIAM: Congresos Internacionales de Arquitectura Moderna. El Congreso representa, a intervalos regulares, un momento culminante de militancia y de formulación doctrinal para los miembros de un movimiento que agrupa a arquitectos reunidos por su fe en la técnica y una voluntad común de romper con el pasado. Este movimiento surgió de la crisis abierta en el transcurso de la segunda mitad del siglo XIX a causa de la transformación de las técnicas de construcción y la amenaza que dicha transformación hacía gravitar sobre el estatuto de los arquitectos. Responde, a su modo, a la advertencia realizada por Viollet-le-Duc al final de sus *Entretiens*, donde temía que "el papel de los arquitectos (hubiese) llegado a su fin (y) empezado el de los ingenieros".[14]

Los miembros del CIAM redefinen el papel del arquitecto en la nueva sociedad tecnicista cuya ordenación global reivindican. Pero romper sin compromiso con su propia tradición y asimilar la magnitud y el alcance de las transformaciones técnicas ocurridas en su campo hubiese exigido de ellos la adquisición de nuevos conocimientos y de nuevas competencias; la mayoría se ahorró este esfuerzo, en favor de una ideología de vanguardia. Combatían por una causa, la modernidad. Luchaban por erradicar las formas y tradiciones arquitectónicas del pasado; para ellos, la modernidad estaba simbolizada por objetos (silos, transatlánticos...) antes que por procesos o nuevos sistemas de relaciones. El edificio era proyectado como objeto técnico, como artefacto incluso, según atestigua la famosa fórmula de "artefacto habitable" que Le Corbusier tomó de Ozenfant. Corolarios: el edificio se convertía en objeto autónomo, desligado de toda dependencia o articulación contextual y, llegado el caso, podía ser reproducido por la industria.

Además, el nuevo estatuto de objeto arquitectónico contaminaba el de la ciudad que, participando de los mismos principios, pasaba al control del arquitecto: transferencia de competencias avalada por la Carta de Atenas,[15] que redactó el CIAM de 1933. La ciudad se convierte a su vez en una *machine à vivre* y debe asimismo "hacer tábula rasa del pasado". Se excluye conservar los centros antiguos como núcleos dinamizadores de un nuevo desarrollo, según la actuación del urbanismo regularizador. El Plan Voisin de París[16] es un buen ejemplo: derriba los barrios antiguos y sólo conserva algunos edificios aislados convertidos en curiosidades históricas y turísticas.

Le Corbusier ha proscrito de la Ciudad Radiante la calle que federaba los distintos elementos del tejido urbano, hacía compactas las ciudades antiguas y se hacía así responsable de su salubridad y de su "desorden." La Ciudad Radiante, higiénica y ordenada, se sitúa bajo el signo de lo funcional; la vida urbana se reduce a cuatro actividades: el hábitat, el trabajo, la circulación y el ocio. Las dos primeras se alojan en "unidades" gigantes y autónomas cuyos distintos tipos aparecen estandarizados. La tercera se concibe como un sistema jerarquizado de rutas (hundidas o elevadas), que asegura gracias al automóvil la interrelación de las megaestructuras y su conexión con el territorio. La cuarta parece tener lugar en las zonas verdes donde "el suelo pertenece al peatón al cien por cien".[17]

67

[12] N. Miliutin, *Sotsgorod*, Leningrado, 1930; traducido al inglés con notas y comentarios por G. R. Collins y W. Allix, Cambridge, Mass., MIT Press, 1974 (trad. cast. en: Aynomino, Carlo, *Orígenes y desarrollo de la ciudad moderna*, Barcelona, Gustavo Gili, 1972, pp. 285-329).

[13] Le Corbusier, *La Ville radieuse*, París, Vincent Fréal, 1933.

[14] E. E. Viollet-le-Duc, *Entretiens sur l'architecture*, París, Morel & Co., Vol. II, 1872, p. 445.

[15] Documento colectivo publicado en 1933 cuya versión original se publicó en francés y holandés. En 1943 se publicó una versión comentada por Le Corbusier. Ha sido reeditada, aunque desgraciadamente sin notas explicativas, en libro de bolsillo: *La Charte d'Athènes*, París, Le Seuil, 1971, col. "Points-Architecture" (trad. cast.: *Principios de urbanismo: la carta de Atenas*, Barcelona, Ariel, 1971).

[16] Propuesto en 1925 por Le Corbusier, quien le dio el nombre del fabricante de automóviles Gabriel Voisin.

[17] Le Corbusier, *La Ville radieuse*, op. cit., fórmula repetida de principio a fin del libro.

Conjunto discontinuo de megaestructuras clasificadas en sub-conjuntos discontinuos: la red de carreteras ofrece la única continuidad entre los grandes equipamientos integrados en una configuración geométrica simple, que sólo resulta legible sobre el plano o desde una visión aérea. La comunicación se traduce en circulación, la escala local y la urbanidad ceden el sitio por completo a la escala territorial.

Este modelo inspiró la renovación urbana y los grandes conjuntos posteriores a la Segunda Guerra Mundial. Pero, bajo una fraseología modernista, la deconstrucción radical de la ciudad no resulta por ello menos anacrónica. Participa de un cierto fijismo utópico puesto al servicio de una visión paleotecnicista, en las antípodas de un pensamiento de la complejidad.

El privilegio exclusivo que el movimiento moderno concedió a la escala territorial tuvo, no obstante, una excepción, relativa a algunos programas municipales de ciudades obreras. En línea directa con la tradición inaugurada a finales del siglo XIX por los patrones de industria en Gran Bretaña y Alemania, un puñado de arquitectos supo concebir y realizar en la periferia urbana, destinadas a la población obrera o a la de ingresos modestos, pequeñas ciudades cuya escala, articulación espacial y tratamiento sofisticado de materiales poco costosos, indistintamente modernos o tradicionales, conformaban auténticos núcleos de vida social. La obra de Bruno Taut, ejemplar todavía, objeto de estudio y de restauración (en las afueras de Berlín, por ejemplo), traduce la búsqueda de un contrapunto local frente al proceso, plenamente asumido, de la *Auflösung der Städte,*[18] de la desagregación de las ciudades.

## La *Garden-City* entre dos mundos

La ciudad-jardín (*garden-city*) de Ebenezer Howard ya no es contrapunto, sino contrapropuesta. Le Corbusier la situaba al extremo opuesto de la Ciudad Radiante. Su valor sintomático no reside en una participación, simbólica o concreta, en el proceso de desagregación de la ciudad europea, sino en la reacción antagónica que le opone. A la amenaza de deconstrucción que ilustran el difuso estallido del suburbio londinense o el desarrollo monofuncional de las ciudades del Black Country, la ciudad-jardín responde con un proyecto de reconstrucción.

No debe confundirse la *garden-city* de Howard con la *cité-jardin,* su homónima francesa, que es, según los casos, una ciudad dormitorio más o menos lograda. La propuesta de Howard en su libro *Tomorrow: A Peaceful Path to Social Reform* (1898)[19] es un modelo de ciudad completa que subtiende un proyecto de sociedad global. Su inventor era un reformador social. No dibuja su propuesta, sino que la presenta bajo la forma abstracta de un esquema o "diagrama." Objetivo: repartir racionalmente y fijar armoniosamente los flujos demográficos y las actividades sociales en aglomeraciones discretas, de pequeñas dimensiones y casi autárquicas, que no debían exceder los treinta mil habitantes. Circunscritas por anchos cinturones verdes, agrupan concéntricamente todo tipo de instituciones y de actividades sociales. Los sectores industrial y agrícola están localizados en la periferia, aunque en el interior de la entidad física definida por cinturón verde. Estas ciudades están unidas entre sí por una red ferroviaria que hace de ellas un conjunto de sistemas interconectados, cada uno de los cuales gravita alrededor de una ciudad central de sesenta mil habitantes.

El dispositivo tiene por objeto preservar a un tiempo la ciudad y el campo, y poner su complementariedad al servicio de la urbanidad y de la calidad de vida, en previsión de la diseminación de las construcciones, considerada de alto riesgo social y cultural. Permite asimismo operar una pacífica revolución social gracias a un conjunto complejo de mecanismos territoriales y financieros, que no me propongo describir aquí.

El esquema de Howard no carece de parentescos con el de Soria, y su uso del ferrocarril lo incluye en una lógica del desarrollo técnico. No obstante, aun racionalizando la repartición territorial, reproduce el modelo fijo y discreto de la ciudad preindustrial. Bajo un aspecto sistemático, remite incluso -como su nombre indica- a la ruralidad de la ciudad medieval.

Inglaterra, país que siempre ha sabido aunar innovación y tradición, reservó una entusiasta acogida a *Tomorrow.* Las obras de la primera *garden-city* tuvieron su inicio en 1903, en Letchworth. El modelo de Howard continuó inspirando la creación de los *New Towns* ingleses después de la Segunda Guerra Mundial. Sin embargo, el esquema howardiano no puede en modo alguno seguirse al pie de la letra. Esta distancia y las disfunciones que no logró evitar son consecuencia de la proyección anacrónica de la ciudad preindustrial, que neutraliza las innovaciones de la *garden-city.*

## Una anticipación realista

La perspectiva de la historia nos permite leer hoy la escala territorial de la Ciudad Radiante y la rehabilitación de las pequeñas escalas de ordenación local realizadas por Howard como signos de una próxima deconstrucción de la ciudad europea.

[18] B. Taut, *Die Auflösung der Städte,* Hagen, Volkwaang Verlag, 1920.

[19] E. Howard, *Tomorrow : A Peaceful Path to Social Reform,* Londres, Swann

Sonnenschein, 1898. En la segunda edición el título es *Garden-Cities of Tomorrow* (trad. cast. en: Aynomino, Carlo, *Orígenes y desarrollo de la ciudad moderna,* Barcelona, Gustavo Gili, 1972, pp. 129-213).

Sin embargo, sin la ayuda de la perspectiva histórica, sin el apoyo de la actuación utopista y fuera del marco de la ciencia-ficción, los indicios de tal deconstrucción fueron descritos, y sus consecuencias deducibles analizadas[20] y aplicadas en la época, por un espíritu cuya clarividencia no ha sido bien reconocida:[21] el italiano Gustavo Giovannoni (1873-1943). Su lucidez responde sin duda a su triple formación como ingeniero, arquitecto e historiador del arte. Esta adhesión a múltiples disciplinas le permite, en efecto, no concentrar su atención en una única escala de ordenación, asignar un papel inédito al antiguo patrimonio urbano y formular un conjunto de hipótesis que todavía hoy pueden guiar la reflexión sobre la forma de las implantaciones humanas en las sociedades técnicas avanzadas.

El ingeniero Giovannoni había comprendido que las grandes redes de comunicación y de telecomunicación concebidas a nivel de los territorios se estaban convirtiendo en el canal obligado de la urbanización y en el instrumento de su diseminación. Como técnico sagaz, presentía la complejidad virtual de estas redes, ignorada por los CIAM. Veía en ellas el instrumento de una disminución de la densificación de las ciudades, de su reducción a través de lo que él llamaba un proceso de "anti-urbanización", en provecho de una distribución más flexible y menos densa de aglomeraciones menores.

El Giovannoni arquitecto estimaba, sin embargo, que, si bien las grandes redes técnicas de equipamiento son necesarias para el desarrollo de la nueva sociedad, no son sin embargo suficientes: demandan la conexión de un complemento, igualmente necesario y no suficiente: lugares de ocio y reposo cuya estructura responde, en este caso, a una práctica arquitectónica. Dicho de otra manera, el marco espacial de la nueva sociedad implica una dialéctica entre dos escalas de ordenación, una territorial, la otra local. Pero ¿se confunden la forma y las dimensiones de los lugares de ocio y de los de la vida cotidiana con las formas y dimensiones de las ciudades preindustriales? Según Giovannoni, el conjunto del patrimonio urbano existente sería sin ninguna duda, fragmentariamente y bajo reserva de que el tratamiento fuera conveniente, utilizable para este fin. Pero la flexibilidad de implantación y de dimensionamiento que permite la infraestructura reticulada no dejará de suscitar la creación de nuevas tipologías.

Se sintió implicado entonces el Giovannoni historiador del arte y lector de Camillo Sitte, desarrollando, en particular, tres tesis:

---

[20] G. Giovannoni, "Vecchie città ed edilizia nuova", *Nuova Antologia*, No. 995, Milán, 1913; el mismo título fue retomado para un libro, Turín, UTET, 1931.

[21] Véanse los ataques o el silencio deliberado de los historiadores italianos de la arquitectura después de la Segunda Guerra Mundial. La rehabilitación de Giovannoni es reciente.

-El espacio urbanizado responde a dos estéticas diferentes, una de las cuales implica al ingeniero y la otra al arquitecto.

-El estudio del tejido de los centros urbanos históricos revela una escala de proximidad que puede servir de principio generador y regulador en la concepción de nuevos tipos de implantación.

-El antiguo patrimonio urbano no debe quedar relegado a funciones museísticas; puede efectivamente, y siempre que su nuevo destino sea compatible con su morfología, ser utilizado para usos contemporáneos, de proximidad, y con ello integrado en los planes de urbanismo y ordenación. A este empeño se consagró en Italia el Giovannoni constructor.

## Lo urbano contra la ciudad: culminación de una mutación

A partir de los años sesenta, la concomitancia y la sinergia de un conjunto de innovaciones técnicas inauguran una fase crucial en el proceso de urbanización de Europa: el cumplimiento de las condiciones necesarias para que culminara la mutación iniciada un siglo antes.

Entre dichas innovaciones, las más determinantes se refieren en primer lugar a los transportes y a la comunicación a distancia. Las redes de trenes y metros de gran velocidad; los grandes aviones que multiplican la velocidad y la capacidad de las redes aéreas; las nuevas aplicaciones del teléfono con la consulta a distancia de datos informatizados y la transmisión inmediata de datos escritos: todos esos instrumentos confieren a sus usuarios una especie de ubicuidad.

## El espacio esclavizado por la velocidad

La compresión del tiempo necesario para los desplazamientos, así como para la adquisición y la comunicación de información, anula una parte de las antiguas restricciones y servidumbres espaciales a las que se hallaban sometidos los asentamientos humanos. Las nuevas velocidades de circulación favorecen idénticamente dos tipos opuestos de movimientos y de implantaciones.

Por una parte, una tendencia a la concentración focaliza los flujos humanos en dirección a los polos de atracción que siguen siendo las metrópolis nacionales o regionales, pero las actividades se instalan en las periferias cada vez más ampliamente irradiadas, cuya expansión, ligada a la saturación progresiva de las redes de servicios, coincide con el despoblamiento general y progresivo del centro y de los núcleos urbanos históricos. Por

69

otra parte, una tendencia a la dispersión provoca una desconcentración que puede ser lineal o puntual. Ejemplos del primer caso: la urbanización continua en la línea de la costa o de las cuencas fluviales. Ejemplos del segundo caso: las aglomeraciones improvisadas en torno a terminales aéreas (aerociudades) o de centros de investigación y universidades (polos tecnológicos), las megamáquinas comerciales o culturales, que no son imputables a la influencia americana, sino efecto de un equipamiento técnico; finalmente, la implantación difusa de hábitats en zonas rurales, que ha recibido en Francia el nombre de *rurbanisation*.[22] Puede suceder que todos esos tipos de implantación se asocien: así el sueño lineal de Soria ha sido realizado entre Génova y Marsella, aunque combinado con desbordamientos laterales, densos o diseminados, que han destruido irremediablemente antiguas poblaciones y paisajes ancestrales.

En otras palabras, la era de las entidades urbanas discretas ha terminado. La era de la "comunicabilidad universal" anunciada por Cerdà y por Giovannoni es también la de la urbanización universal, difusa y explosionada. Ingenieros,[23] geógrafos,[24] demógrafos[25] coinciden en constatar que el modelo de los "lugares centrales" que servía a W. Christaller[26] para explicar el crecimiento y la repartición de las ciudades ya no justifica una reticulación generalizada, a la vez más estable y sobre todo menos concentrada, ni tampoco de las corrientes de urbanización en forma de filamentos y de tentáculos caprichosos que ponen en evidencia las nuevas técnicas de cartografía. Sin embargo, si bien según la frase de H. Le Bras, "el paso de una geografía de polos a una geografía de líneas significa la modernización",[27] no existe modelo, siquiera disipador, que aclare la fluctuación y las incertidumbres inherentes a los nuevos estilos de poblamiento.

## Divorcio entre *urbs* y *civitas*

La dinámica de las redes de servicios tiende así a sustituir a la estática de los lugares edificados para condicionar mentalidades y comportamientos urbanos. Un sistema de referencia físico y mental, constituido por redes materiales e inmateriales, así como por objetos técnicos, y cuya manipulación pone en juego un repertorio de imágenes y de informaciones, resuena en un circuito que se cierra sobre las relaciones que mantienen nuestras sociedades con el espacio, el tiempo y los hombres.[28] A este sistema operativo, válido y factible en cualquier lugar, en la ciudad como en el campo, en los pueblos como en los suburbios, se le puede llamar lo *Urbano*.

El advenimiento de lo urbano deshace la antigua solidaridad entre *urbs* y *civitas*. La interacción de los individuos resulta desde entonces desmultiplicada y deslocalizada. La pertenencia a comunidades de intereses diversos deja de estar fundada en la proximidad o en la densidad demográfica local. Transportes y telecomunicaciones nos implican en relaciones cada vez más numerosas y variadas, miembros de colectividades abstractas o cuyas implantaciones espaciales ya no coinciden ni presentan estabilidad a lo largo del tiempo.

El economista americano Melvin Webber supo calificar en una fórmula lapidaria -"*the non-place urban realm*"[29]- la deslocalización de la ancestral *civitas*, y analizar ejemplarmente sus posibles repercusiones y su utilidad, sobre todo el tele-trabajo que la Datar ha descubierto hoy en Francia. En 1968, proponía el concepto *post-city age*,[30] (era postciudad), que resultaría ambiguo traducir por "era posturbana",[31] desde el momento en que convenimos en designar como lo urbano la nueva cultura planetaria y su manera, a un tiempo única y polimorfa, de ocupar el espacio habitable.

El examen del léxico y de sus neologismos destapa la hegemonía de lo urbano. Región urbana,[32] comunidad urbana, distrito urbano..., esas nuevas entidades expresan con bastante eficacia el desvanecimiento de la ciudad y el anacronismo de "municipio", "pueblo", "ciudad antigua": unos términos que pronto sólo remitirán a la historia o a nostalgias cargadas de sentido. Y es que esas palabras anticuadas nos recuerdan también la insoslayable realidad de nuestra condición natural, animal, el hecho de que sea cual fuera la inmaterialidad, la abstracción, la multiplicidad de relaciones que los urbanos mantienen entre

---

[22] G. Bauer y J. M. Roux, *La Rurbanisation*, París, Le Seuil, 1976 [N. de t.: *Rurbanisation*, de "rural" y "urbanización"]

[23] Por ejemplo, G. Dupuy, *Systèmes, réseaux et territoires*, París, Presses de l'École nationale des ponts et chaussées, 1991; P. Veltz, "Hiérarchie et réseaux dans l'organisation de la production et du territoire", en A. Lipietz y G. Benko, *Les régions qui gagnent. Districts et réseaux, les nouveaux paradigmes de la géographie économique*, París, PUF, 1992 (trad. cast.: *Las Regiones que ganan. Distritos y redes, los nuevos paradigmas de la geografía económica*, Valencia, Edicions Alfons el Magnànim, 1994).

[24] P. George, *Les Hommes sur la terre; la géographie en mouvement*, París, Seghers, 1989. Cf. también las obras de Th. St. Julien y D. Pumain.

[25] H. Le Bras, *La Planète au village*, París, Datar-Éditions de l'Àube, 1993.

[26] W. Christaller, *Die Zentrallen Orten in Süd Deutschland*, Jena, G. Fisher, 1933.

[27] H. Le Bras, *La Planète au village*, op. cit., p. 146.

[28] A. Gras, *Grandeur et dépendance. Sociologie des macro-systèmes techniques*, París, PUF, 1993.

[29] Extraído del título de su artículo: "The Urban place and the non-place urban realm", en M. Webber (ed.), *Explorations into Urban Structure*, Filadelfia, The University of Pennsylvania Press, 1964 (trad. cast.: "El lugar urbano y el dominio urbano ilocal", en *Indagaciones sobre la estructura urbana*, Barcelona, Gustavo Gili, 1970, pp. 73-140).

[30] M. Webber, "The Post-City Age", *Daedalus*, Nueva York, 1968. Incluido en esta misma publicación.

[31] Como he tenido ocasión de hacer repetidas veces, especialmente en *L'Orizzonte del posturbano*, Roma, Officina, 1992.

[32] Cf. J. Gottmann, *Megalopolis*, Nueva York, Twentieth Century Fund, 1961.

sí a través del planeta, son, hemos sido, pese a nosotros mismos, arrojados al espacio y forzados a vivir en él y a residir en algún lugar. Pero ¿dónde y cómo?

## Pensar lo urbano

Pensar lo urbano es hoy una necesidad. La persistencia de la imagen de la ciudad que la anula responde a un mecanismo de defensa: se niega una realidad que resulta demasiado difícil o demasiado desagradable afrontar. Ejemplo: un semanario parisino[33] publica en forma de cuento una proyección realista de las posibilidades de deslocalización que ofrecen las redes de servicios; los cargos electos consultados condenaron unánimemente esta fantasía en nombre de la perennidad de la ciudad.

Pero el mecanismo general oculta formas específicas de resistencia, que emanan de modo particular de los medios profesionales.

Existe en primer lugar la persistencia de un urbanismo cosificador, atascado en un enfoque fijista de la ordenación urbana. M. Webber había de invocar la *"obsession of placeness"*.[34] La actitud queda ilustrada por las utopías pseudo-técnicas (Y. Friedman, N. Schöffer, P. Maymont) que prosperaron entre los años cincuenta y finales de los sesenta. A ellas se opusieron, casi únicos en su género, los ejercicios del grupo inglés Archigram, fundado en 1961. P. Cook y un grupo de jóvenes arquitectos británicos emprendieron una gran limpieza epistemológica. Recurren a la cibernética y a la informática, pero también a los datos de la economía y de la demografía, así como a la cultura pop, para presentar en forma de tebeo configuraciones[35] inmediatamente conectables y desconectables a redes técnicas complejas. Ubicuidad, movilidad, reversibilidad, instantaneidad, precariedad, indeterminismo son sus conceptos operativos.

La crítica de los arcaísmos mentales relacionados con la ciudad llega más lejos todavía cuando R. Banham lanza, en la senda abierta por Archigram, la propedéutica provocadora del *"non-plan of a non-city"*:[36] el urbanismo frena los procesos innovadores espontáneos y el advenimiento de lo urbano en lugar de dinamizarlos. Pruebas retrospectivas de esta afirmación son la completa falta de impacto de Archigram sobre la planificación de la época y, sobre todo, los proyectos contemporáneos,

pronto realizados, de ciudades nuevas, el anacronismo de los cuales tiene en Vaudreil (Francia) uno de los máximos símbolos.

El enfoque fijista de los urbanizadores se ha visto reafirmado por la contribución de ciertas "ciencias sociales" en el marco de la interdisciplinaridad, entronizada en la época, tanto en la investigación como en el ámbito operativo, para paliar las carencias teóricas del urbanismo. Así, por ejemplo, la sociología urbana, apoyada por las investigaciones de la antropología cultural, supo poner en evidencia con exactitud los lazos de dependencia que, en las sociedades tradicionales, vinculan el funcionamiento de las instituciones sociales a la morfología espacial. Los estudios de Claude Lévi-Strauss sobre la organización espacial de las sociedades homeostáticas, los de Pierre Bourdieu sobre las ciudades cabileñas, o incluso ciertos análisis relativos a la estructura de las medinas proporcionaban importantes enseñanzas, susceptibles de ser aplicadas a escala de barrios o manzanas, en el caso de minorías -económicas o culturales- no integradas en la cultura urbana dominante. Pero estos datos no se podían trasponer legítimamente a la sociedad global, en cuyo seno las nociones de arraigo y de pertenencia local habían perdido su pertinencia y exigen un replanteamiento en función de nuevos parámetros y según una relación inédita con la temporalidad.

Asimismo, la historia (de las formas urbanas), tan reveladora para comprender el pasado y tratar los antiguos tejidos urbanos, ha servido de aval al historicismo lúdico de arquitectos prácticos aficionados y legitimado que se proyectaran modelos caducos (L. y R. Krier, Ch. Moore).

Pero la resistencia de la imagen de la ciudad discreta está ligada también a la persistencia de otra imagen y de otra ilusión, la de la arquitectura eterna. En efecto, la tendencia apuntada por los CIAM se ha visto confirmada. La arquitectura que actualmente ocupa los medios de comunicación ha cambiado de estatuto y ha dejado de tener vocación local. Obedece a una lógica del objeto autónomo y pasa a ser competencia del ingeniero. Pero, si bien la prensa ha convertido a Foster y a los Nouvel en estrellas de la arquitectura, ¿quién de entre el gran público conoce el nombre de Ove Arrup? El ingeniero es, sin embargo, el mago detentador de un saber que permite las llamativas hazañas de las "torres sin fin" que es oficio del arquitecto diseñar: publicista, creador de logos y de imagen. Pues la profecía de Adolf Loos (de quien Tristan Tzara decía que era "el único cuyas realizaciones no son fotogénicas")[37] se ha cumplido: "Por culpa del arquitecto, el arte de construir se ha degradado, se ha convertido en un arte gráfico".[38] Esta desrealiza-

---

[33] *Le Point*, 5 junio 1993.

[34] M. Webber, *Explorations into urban structure, op. cit.*, p. 147 (trad. cast.: *op. cit.*, p. 135).

[35] Cf. "Plug-in-City" (1964-1966), "Instant-City" (1968-1971), en *Archigram*, Londres, Studio Vista, 1972.

[36] R. Banham, Barker, C. Price, P. Hall, "Non-plan: an experiment in freedom", *New Society*, No. 26, 1969, pp. 435-443.

[37] Citado por P. Tournikiotis, *Adolphe Loos*, París, Macula, 1991, p. 22.

[38] A. Loos, "Architecture" (1910), reeditado en *Trotzdem*, Innsbruck, Brenner *Ver-*

ción ha aumentado más con las nuevas técnicas de simulación basadas en imágenes virtuales.[39]

Los objetos técnicos así producidos se inscriben en las redes territoriales. En las periferias, conforman simples yuxtaposiciones inarticulables a conjuntos de escala reducida (véase en la orilla derecha del Sena, en París, el añadido megaministerio, megaestadio, supermercado). En otros lugares destruyen las antiguas ciudades y los campos inmemoriales: aquí, gigantescos rincones que hacen añicos los antiguos barrios (véase Bruselas); allá, masas heterogéneas que apolillan y agujerean paisajes rurales.

La arquitectura que operaba a escala local ha desaparecido; la misma que, cualesquiera que fuesen las técnicas empleadas, exigía una experiencia directa de la tridimensionalidad, una ocupación de cuerpo entero, el del arquitecto y el de los habitantes, que ninguna simulación puede sustituir, pues la arquitectura no es cosa mental. "Permite su cuerpo a los vivientes salir del conocimiento y reingresar en él",[40] recuerda Eupalinos. Y este cuerpo arrojado al espacio funda la "intersomaticidad"[41] que, a su vez, funda la urbanidad. Parapetados en el "proyecto" y bajo la invocación de la morfología urbana y otras apariencias engañosas, los arquitectos, los urbanistas, las administraciones y las colectividades locales se obstinan en no reconocer que, hoy por hoy, ellos sólo reconocen una escala local de ordenación espacial.

Sobre la nueva Babel se cierne una nueva maldición: la confusión de escalas, que confunde la escena urbana y no permite distinguir la diferencia de objetivos y de actores que en ella coinciden.

Reino de lo urbano, desvanecimiento de la ciudad, escala única de ordenación: mejor que taparse los ojos ante tales evidencias, convendría extraer consecuencias, que hoy sólo pueden ser enunciadas en forma de interrogantes.

## Interrogantes

El primero se refiere a la escala local. Esa escala de urbanidad que supieron conservar Haussmann, Wagner y Cerdà y a la que hoy aspiran los falsos pretextos de los historicistas[42] ¿es compatible con la ordenación reticulada? ¿Es compatible con el *laisser-être* de la técnica y con la evolución de las mentalidades que ésta determina? Lo urbano no es sinónimo de urbanidad. Ni tan solo propiedad exclusiva de la ciudad. Podemos, así, volver a Giovannoni e imaginar núcleos de urbanidad, de múltiples tamaños y formas, susceptibles de entrar en una dialéctica con lo urbano homóloga a la que en otro tiempo vinculaba ciudad y campo.

Pero esta hipótesis es aleatoria. Depende de una toma de conciencia colectiva, de una elección de sociedad; mejor, de una opción filosófica. Subsidiariamente, pero solidariamente, implica también el destino de la práctica que continúa llamándose arquitectura. ¿Sabrán nuestras sociedades redescubrir la esencia de la arquitectura y reorganizar su enseñanza? ¿Volverán los arquitectos a aprender la experiencia tridimensional del espacio y el arte de la articulación? ¿Volverán a encontrar el camino de la modestia para devolver a su disciplina su papel fundador?

El resto de interrogantes son tributarios del primero, incluido el de la estética. Me limitaré a plantear el problema de nuestras herencias. La ciudad histórica, así como el campo de los pueblos y de los paisajes -que hoy conforman un todo- ¿pueden ser abandonados al consumo cultural únicamente? ¿No ha llegado ya la hora de volver a hacer obras? La ciudad europea, aún presente de forma tan masiva, aunque tan drásticamente deteriorada, debe y podría ser a la vez conservada y utilizada como obra de arte, como patrimonio social y como incitación a un reencuentro con los niveles de la urbanidad. Aún estamos a tiempo.

Pero no hay que engañarse. La ciudad europea no va a convertirse en una *Collage City*;[43] no puede continuar siendo un objeto que yuxtapone un estilo nuevo a los del pasado. Sólo sobrevivirá en forma de fragmentos, sumergidos en la marea de lo urbano, faros y balizas de un camino todavía por inventar.

lag, 1931.

[39] P. Quéau, *Le Virtuel*, Le Creusot, Champ Vallon, 1993 (trad. cast.: *Lo virtual*, Barcelona, Paidós, 1995).

[40] Paul Valéry, *Eupalinos o el arquitecto*, Murcia, Aparejadores y Arquitectos Técnicos, 1982, p. 13 (versión original: *Eupalinos ou l'architecte, précédé de l'Ame et la Danse*, París, Gallimard, 1924, reed. 1944, p. 11).

[41] Expresión del filósofo italiano Dino Formaggio en *Arte come Idea e come esperienza*, Milán, Mondadori, 1976.

[42] Cf. "La reconstruction de la ville européenne", *Architecture rationnelle*, Bruselas, Archives de l'Architecture Moderne, 1978.

[43] C. Rowe y F. Koetter, *Collage City*, Cambridge Mass., MIT Press, 1978 (trad. cast.: *Ciudad collage*, Barcelona, Gustavo Gili, 1981).

Rem Koolhaas y OMA (*Office for Metropolitan Architecture*) son hoy en día referencias extendidas mundialmente en el campo de la arquitectura contemporánea. Fundada en 1975 con base en Rotterdam, OMA ha participado con renombrado éxito en importantes concursos internacionales y ha desarrollado relevantes obras de distintas escalas hasta alcanzar en la actualidad una difusión de su actividad en varios continentes. Además de su papel creador, Rem Koolhaas ha cultivado la reflexión teórica, difundida en obras como *Delirious New York* (1978) o *S, M, L, XL* (1995), con su investigación *Harvard Design School Project on the City*, o por medio de la creación de AMO, compañía dedicada a la investigación en el campo de la arquitectura y los sistemas conceptuales ligados a su evolución y desarrollo en el mundo de los medios de comunicación y del dominio virtual. Rem Koolhaas está en posesión del Premio Pritzker del año 2000 y del *Praemium Imperiale* del 2003.

Se presenta aquí uno de los textos de su mano de 1994 que más directamente abordan en su globalidad aquella entidad nueva percibida en la ciudad contemporánea que le permite advertir la naturaleza de un cambio en lo urbano del mundo de hoy.

© Sanne Peper

73

# LA CIUDAD GENÉRICA*

Rem Koolhaas / OMA

**1. Introducción 1.1** ¿Es la ciudad contemporánea como el aeropuerto contemporáneo, «exactamente igual»? ¿Es posible teorizar sobre esa convergencia? En caso afirmativo, ¿a qué configuración definitiva aspira? La convergencia sólo es posible al precio de despojarse de identidad. Eso suele considerarse una pérdida. Pero a la escala a la que se da, *debe de* significar algo. ¿Cuáles son las desventajas de la identidad?, y a la inversa, ¿cuáles son las ventajas de su falta? ¿Y si esa homogeneización aparentemente accidental –y normalmente lamentada– fuera un proceso deliberado, un movimiento consciente para alejarse de la diferencia y avanzar hacia la similitud? ¿Y si estuviéramos asistiendo a un movimiento global de liberación «¡Abajo el carácter!»? ¿Qué queda una vez que la identidad se desnuda? ¿Lo genérico? **1.2** En la medida en que la identidad deriva de la sustancia física, de lo histórico, del contexto, de lo real, no somos capaces de imaginar que nada contemporáneo –hecho por nosotros– contribuya a ella. Pero el hecho de que

el crecimiento humano sea exponencial implica que en un momento dado el pasado se hará demasiado «pequeño» para ser habitado y compartido por los vivos. Lo agotamos nosotros mismos. En la medida en que la historia encuentra su poso en la arquitectura, las cifras de población actuales explotarán inevitablemente y agotarán la sustancia previa. La identidad concebida como esa forma de compartir el pasado es una premisa que lleva todas las de perder: no sólo hay –en un modelo estable de expansión continua de la población– proporcionalmente cada vez menos para compartir, sino que la historia tiene también una media vida odiosa –cuanto más se abusa de ella, menos importante se hace–, hasta el punto de que sus cada vez menos frecuentes comunicados se hacen insultantes. Ese adelgazamiento de sustancia se ve agudizado por la masa de turistas que crece constantemente, una avalancha que, en una búsqueda perpetua de «carácter», machaca identidades logradas hasta hacerlas polvo insignificante. **1.3** La identidad es como una ratonera en la que cada vez más ratones tienen que compartir el cebo original, y que, observada de cerca, puede llevar siglos vacía. Cuanto más fuerte es la identidad,

---

* Traducido del original publicado en: OMA, *S, M, L, XL*, Rotterdam, 010 Publishers, 1995, pp. 1247-1264.

más aprisiona, más se resiste a la expansión, a la interpretación, a la renovación, a la contradicción. La identidad se convierte en algo parecido a un faro, algo fijo, sobredefinido: puede cambiar de posición o de mensaje luminoso, pero sólo a costa de desestabilizar la navegación. (París sólo puede hacerse más parisina, lleva ya camino de convertirse en un hiper-París, una caricatura refinada. Hay excepciones: Londres –cuya única identidad consiste en la falta de una identidad clara– está convirtiéndose cada vez en menos Londres, y haciéndose más abierta, menos estática.) **1.4** La identidad centraliza; insiste en una esencia, en un punto. Su tragedia viene dada en términos geométricos simples. A medida que se expande su esfera de influencia, el área caracterizada por el centro se hace cada vez mayor, diluyendo completamente tanto la fuerza como la autoridad del núcleo; de forma inevitable, la distancia entre el centro y la circunferencia aumenta hasta el punto de ruptura. En esa perspectiva, el reciente descubrimiento tardío de la periferia como zona de valor potencial –una especie de condición prehistórica que podría finalmente llegar a merecer la atención de la arquitectura– es sólo una disimulada insistencia en la prioridad del centro y en la dependencia de él: sin centro, no hay periferia; el interés de aquél compensa supuestamente el vacío de ésta. La situación de la periferia, conceptualmente huérfana, empeora por el hecho de que su madre sigue viva, chupando cámara, haciendo hincapié en las deficiencias de su descendencia. Las últimas vibraciones emitidas por el centro agotado hacen imposible la lectura de la periferia como masa crítica. El centro no sólo es, por definición, demasiado pequeño para desempeñar las funciones a él asignadas: también ha dejado de ser el centro real para convertirse en un espejismo amplificado que va camino de su implosión; aun así, su presencia ilusoria niega legitimidad al resto de la ciudad (Manhattan denomina peyorativamente «gente de puente y túnel» a quienes precisan del apoyo de infraestructuras para entrar en la ciudad, y les hace pagar por ello). La persistencia de la actual obsesión concéntrica nos hace a *todos* gente de puente y túnel, ciudadanos de segunda en nuestra propia civilización, despojados de nuestros derechos por la estúpida coincidencia de nuestro exilio colectivo del centro. **1.5** En nuestra programación concéntrica (el autor pasó parte de su juventud en Amsterdam, ciudad de centralidad fundamental), la insistencia en el centro como núcleo de valor e importancia, fuente de toda significación, es doblemente destructiva: el volumen cada vez mayor de dependencias no sólo constituye una presión totalmente intolerable, supone también que el centro tiene que ser constantemente *mantenido*, es decir, modernizado. Como «el lugar más importante» que es, tiene que ser, paradójicamente, al mismo tiempo lo más antiguo y lo más nuevo, lo más fijo y lo más dinámico; experimenta la adaptación más intensa y constante, que después se ve comprometida y complicada por el hecho de que tiene que ser una transformación no reconocida,

invisible a simple vista. (La ciudad de Zurich ha encontrado la solución más radical y cara para volver a una especie de arqueología al revés: capas y más capas de nuevas instalaciones modernas –centros comerciales, aparcamientos, bancos, cajas fuertes, laboratorios– se construyen bajo el centro. El centro no se expande ya hacia fuera o hacia el cielo, sino hacia dentro, hacia el mismísimo centro de la tierra.) Desde el injerto de arterias de tráfico más o menos discretas, desvíos, soterramientos, la construcción de cada vez más *tangentiales*, hasta la transformación rutinaria de viviendas en oficinas, de almacenes en *lofts*, de iglesias abandonadas en club nocturnos, desde las bancarrotas en serie y consiguientes reaperturas de unidades específicas en unos centros comerciales cada vez más caros hasta la implacable conversión de espacio útil en espacio «público», peatonalizaciones, creación de nuevos parques, plantaciones, exhibiciones, puentes, una restauración sistemática de la mediocridad histórica... Toda autenticidad se expulsa sin piedad. **1.6** La Ciudad Genérica es la ciudad liberada del cautiverio del centro, de la camisa de fuerza de la identidad. La Ciudad Genérica rompe con ese ciclo destructivo de dependencia: no es sino un reflejo de la necesidad actual y de la capacidad actual. Es la ciudad sin historia. Es lo bastante grande para todo el mundo. Es cómoda. No necesita mantenimiento. Si se queda demasiado pequeña, basta con que se expanda. Si envejece, basta con que se autodestruya y renueve. Es igual de emocionante –o no emocionante– en todas partes. Es «superficial»: igual que un estudio de cine de Hollywood, puede producir una nueva identidad cada lunes por la mañana.

**2. Estadísticas 2.1** La Ciudad Genérica ha crecido espectacularmente durante las últimas décadas. No sólo ha aumentado de tamaño, también lo ha hecho en cifras. A principios de los años setenta, tenía una media de 2,5 millones de habitantes oficiales (y más o menos 500.000 no oficiales); ahora anda por los 15 millones. **2.2** ¿Nació en Norteamérica la Ciudad Genérica? ¿Es acaso tan profundamente poco original que sólo puede ser importada? El caso es que la Ciudad Genérica existe actualmente también en Asia, Europa, Australia, África. El movimiento definitivo de alejamiento del campo, de la agricultura, a la ciudad, no es un desplazamiento a la ciudad tradicional: es un desplazamiento a la Ciudad Genérica, una ciudad tan penetrante que ha llegado hasta el campo. **2.3** Algunos continentes, como Asia, aspiran a la Ciudad Genérica; otros se sienten avergonzados de ella. Como tiende hacia los trópicos –convergiendo en torno al ecuador–, una gran proporción de Ciudades Genéricas están en Asia, lo que parece una contradicción de términos: lo superfamiliar habitado por lo inescrutable. Un buen día volverá a ser exótico ese producto desechado de la civilización occidental, mediante la resemantización que su propia diseminación trae como consecuencia... **2.4** A veces, una ciudad antigua, singular, como Barcelona, simplificando en exceso su identidad, se vuelve Genérica. Se hace transparente, como un logo. Lo contrario no sucede nunca... al menos, aún no. **3. General 3.1.** La Ciudad Genérica es lo que queda después de que amplias secciones de la vida urbana saltaran al ciberespacio. Es un lugar de sensaciones tenues y distendidas, pocas y distanciadas emociones, discretas y misteriosas como un espacio extenso iluminado por una lámpara de cabecera. Comparada con la ciudad clásica, la Ciudad Genérica está *sedada*, percibida normalmente desde una posición sedentaria. En lugar de concentración –presencia simultánea–, en la Ciudad Genérica los «momentos» individuales están muy espaciados entre sí, para crear un trance de experiencias estéticas casi imperceptibles: las variaciones de color de la iluminación fluorescente de un edificio de oficinas justo antes de ponerse el sol, las sutilezas de los blancos ligeramente diferentes de un anuncio iluminado de noche. Como la comida japonesa, las sensaciones pueden reconstituirse e intensificarse en la mente; o no, pueden ser simplemente ignoradas (hay una posibilidad). Esa omnipresente falta de urgencia e insistencia actúa como una droga potente: induce una *alucinación de lo normal*. **3.2** Trastocando drásticamente lo que se supone que es la característica más importante de la ciudad –los «negocios»–, la sensación dominante de la Ciudad Genérica es una calma extraña: cuanto mayor es la calma, más se aproxima a su estado puro. La Ciudad Genérica afronta los «males» que se atribuían a la ciudad tradicional antes de que nuestro amor por ella se hiciera incondicional. La serenidad de la Ciudad Genérica se logra por la *evacuación* del ámbito público, como en un ensayo de emergencia en caso de incendio. El plano urbano ahora sólo acoge en su seno el movimiento necesario, fundamentalmente en coche; las autopistas son una versión superior de bulevares y plazas que ocupan más y más espacio; su diseño, aparentemente dirigido a la eficacia en la automoción, es de hecho sorprendentemente sensual, una apariencia utilitaria que entra en el dominio del espacio *terso*. Lo que tiene de nuevo ese dominio público locomotor es que no pueden medirse sus dimensiones. El mismo segmento –digamos, quince kilómetros– proporciona una cantidad enorme de experiencias muy distintas entre sí: puede durar cinco minutos, o cuarenta; puede compartirse con casi nadie, o con toda la población; puede proporcionar el placer absoluto de la anfetamina pura, sin adulterar –momento en que la sensación de la Ciudad Genérica puede incluso llegar a ser intensa, o al menos adquirir densidad–, o momentos absolutamente claustrofóbicos de bloqueo, momentos en que la liviandad de la Ciudad Genérica llega a su punto más notable. **3.3** La Ciudad Genérica es fractal, una repetición sin fin del mismo módulo estructural simple; es posible reconstruirlo a partir de su ente más minúsculo, un ordenador, tal vez incluso un disquete. **3.4** Los campos de golf son lo único que queda de alteridad. **3.5** La Ciudad Genérica tiene números de teléfono fáciles, no los de diez cifras, resistentes y destrozacerebros de la ciudad tradicionales, sino ver-

siones más fáciles, con los números centrales iguales, por ejemplo. **3.6** Su principal atractivo reside en su anomia.

**4. Aeropuerto 4.1** Los aeropuertos, una vez manifestaciones de neutralidad esencial, se encuentran ahora entre los elementos más característicos y singulares de la Ciudad Genérica, son su medio de diferenciación más fuerte. Han de serlo, porque son cuanto la persona de la calle tiende a experimentar de una ciudad en concreto. Como una demostración drástica de perfume, foto-murales, o vegetación, las costumbres locales dan una primera impresión concentrada de la identidad local (a veces es también la última). Lejano, cómodo, exótico, polar, regional, oriental, rústico, nuevo, incluso «sin descubrir»: esos son los registros emocionales que se invocan. Los aeropuertos, tan cargados conceptualmente, se convierten en señales emblemáticas impresas en el inconsciente colectivo global bajo la forma de manipulaciones salvajes de sus atractivos no aéreos: establecimientos libres de impuestos, cualidades espaciales espectaculares, la frecuencia y fiabilidad de sus conexiones con otros aeropuertos. En cuanto a su iconografía/rendimiento, el aeropuerto es un concentrado de lo hiperlocal y lo hiperglobal; hiperglobal en el sentido de que puedes conseguir allí productos que no se encuentran ni en la ciudad; hiperlocal en el sentido de que puedes adquirir allí cosas que no pueden conseguirse en ninguna otra parte. **4.2** La tendencia en el comportamiento del aeropuerto va hacia una mayor autonomía: a veces no están ni siquiera relacionados en la práctica a una Ciudad Genérica concreta. Cada vez mayores y equipados con cada vez más instalaciones sin relación con el viaje, están empezando a reemplazar a la ciudad. La condición de *en tránsito* se está haciendo universal. Los aeropuertos, todos juntos, contienen poblaciones de millones de personas, a las que hay que sumar una enorme mano de obra diaria. Siendo sus instalaciones tan completas, son como barrios de la Ciudad Genérica, a veces incluso su razón de ser (¿su centro?), con el atractivo añadido de ser sistemas herméticos de los que no hay escapatoria posible, excepto a otro aeropuerto.

**4.3** La época/edad de la Ciudad Genérica puede reconstruirse a partir de una lectura cercana de la geometría de su aeropuerto. Planta hexagonal (en algunos casos aislados pentagonal o heptagonal): años sesenta. Planta y sección ortogonal: años setenta. Ciudad del Collage: años ochenta. Una simple sección curva, estirada sin fin en un plano lineal: probablemente, años noventa (si la estructura se ramifica como un roble: Alemania).

**4.4** Los aeropuertos se presentan en dos tamaños: demasiado grandes y demasiado pequeños. Pero su tamaño no influye en su funcionamiento. Esto indica que el aspecto más intrigante de toda infraestructura es su elasticidad esencial. Calculados con exactitud por los números –pasajeros por año–, se ven invadidos por lo incontable y sobreviven, estirados hacia la indeterminación definitiva. **5. Población 5.1** La Ciudad Genérica es tremendamente multirracial, por término medio un

8% de negros, un 12% de blancos, un 27% de hispanos, un 37% de chinos/asiáticos, un 6% indeterminado y un 10% de otras razas. No sólo multirracial, sino multicultural también. Por eso no parece sorprendente ver templos entre los bloques, dragones en los grandes bulevares, o Budas en el distrito central de negocios. **5.2** La Ciudad Genérica la funda siempre gente en movimiento, confiada en seguir adelante. Eso explica la insustancialidad de sus fundamentos. Como los copos que se forman de repente en un líquido claro al unir dos sustancias químicas, para después depositarse en forma de montón vacilante en el fondo, la colisión o confluencia de dos migraciones –emigrados cubanos yendo al norte y retirados judíos yendo al sur, por ejemplo, ambas en última instancia para ir a alguna otra parte– establece un asentamiento donde antes no había nada. Una Ciudad Genérica ha nacido. **6. Urbanismo 6.1** La gran originalidad de la Ciudad Genérica consiste simplemente en abandonar lo que no funciona –lo que ha sobrevivido a su uso–, romper el asfaltado del idealismo con los martillos neumáticos del realismo y aceptar cualquier cosa que pueda crecer en su lugar. En ese sentido, la Ciudad Genérica da cabida en su seno tanto a lo primordial como a lo futurista: de hecho, *sólo* a esas dos cosas. La Ciudad Genérica es cuanto queda de lo que solía ser la ciudad. La Ciudad Genérica es la posciudad que se prepara en el solar de la exciudad. **6.2** La Ciudad Genérica se mantiene unida, no por una esfera pública demasiado exigente –progresivamente desvalorizada en una secuencia sorprendentemente larga en la que el foro romano es al ágora griega como la gran superficie comercial es a la calle mayor–, sino por lo *residual*. En el estilo original de los modernos, lo residual era simplemente verde, su pulcritud controlada una afirmación moralista de buenas intenciones que desanima la asociación, el uso. En la Ciudad Genérica, como la corteza de su civilización es tan delgada, y por medio de su inmanente tropicalidad, lo vegetal se transforma en residuo *edénico*, el principal portador de su identidad: un híbrido de política y paisaje. Simultáneamente refugio de lo ilegal, de lo incontrolable, y objeto de interminable manipulación, representa un triunfo simultáneo de lo bien cuidado y lo primitivo. Su exuberancia inmoral compensa las demás carencias de la Ciudad Genérica. Siendo como es sumamente inorgánica, lo orgánico es el mito más fuerte de la Ciudad Genérica. **6.3** La calle ha muerto. Ese descubrimiento ha coincidido con los intentos frenéticos de resucitarla. El arte público está por todas partes, como si dos muertes equivalieran a una vida. La peatonalización –realizada con intención de conservar– simplemente canaliza el flujo de los condenados a destruir con los pies el objeto de su calculada reverencia. **6.4** La Ciudad Genérica está pasando de la horizontalidad a la verticalidad. El rascacielos parece que va a ser la tipología definitiva, final. Ha engullido todo lo demás. Puede existir en cualquier parte: en un arrozal, o en el centro de la ciudad, ahora ya no acusa la diferen-

cia. Las torres no se alzan juntas ya; están separadas, para que no interactúen mutuamente. La densidad en el aislamiento es el ideal. **6.5** La vivienda no es un problema. Una de dos: o ha sido totalmente resuelto, o se ha abandonado totalmente a su suerte; en el primer caso es legal, en el segundo «ilegal»; en el primer caso, torres, o, normalmente, bloques (como mucho, de 15 metros de fondo), en el segundo (en perfecta complementariedad), una costra de improvisados cuchitriles. Una solución consume el cielo, la otra el suelo. Es extraño que quienes menos dinero tienen habitan lo que más cuesta: el suelo; y los que pagan, algo que es gratis: el aire. Tanto en un caso como en el otro, la vivienda parece ser sorprendentemente acomodaticia; no es sólo que la población se dobla cada equis años, sino que, además, al relajarse la disciplina de las diversas religiones, el número medio de habitantes por unidad de vivienda se reduce a la mitad –por medio del divorcio y otros fenómenos que provocan la división de familias– al mismo ritmo con que la ciudad dobla el número de sus habitantes; a medida que crecen las poblaciones, la densidad de la Ciudad Genérica decrece continuamente. **6.6** Todas las Ciudades Genéricas surgen de la *tabula rasa*; si antes no había nada, ahora están ellas; si antes había algo, ellas lo han reemplazado. No les queda otro remedio, de lo contrario serían ciudades históricas. **6.7** El paisaje de la Ciudad Genérica es normalmente una amalgama de secciones demasiado ordenadas –que se remontan al principio de su desarrollo, cuando «el poder» estaba sin diluir aún– y con una organización cada vez más libre en el resto. **6.8** La Ciudad Genérica es la apoteosis del concepto de múltiple opción: todas las casillas llevan una equis, es una antología de *todas* las opciones. Normalmente, la Ciudad Genérica ha sido «planificada», no en el sentido habitual de alguna organización burocrática que controla su desarrollo, sino como si ecos, esporas, tropos, semillas varias cayeran al suelo al azar, igual que en la naturaleza, arraigaran –explotando la fertilidad natural del terreno– y ahora formaran un conjunto: un parque genético arbitrario que a veces produce resultados asombrosos. **6.9** La escritura de la ciudad puede ser indescifrable, defectuosa, pero eso no quiere decir que *no haya* escritura; puede suceder simplemente que *nosotros* hayamos desarrollado una nueva forma de analfabetismo, una nueva forma de ceguera. Una detección paciente revela los temas, partículas, fibras que pueden aislarse de las aparentes tinieblas de esa *ur*-sopa wagneriana: notas abandonadas en una pizarra por un genio de visita hace cincuenta años, informes a multicopista de las Naciones Unidas desintegrándose en su silo de cristal de Manhattan, descubrimientos de antiguos pensadores coloniales con buen ojo para el clima, rebotes impredecibles de educación de diseño haciendo acopio de fuerzas como proceso de blanqueo global. **6.10** La mejor definición de la estética de la Ciudad Genérica es el «estilo libre». ¿Cómo describirlo? Imaginemos un espacio abierto, un claro en el bosque, una ciudad nivelada. Existen tres elementos: carreteras, edificios y naturaleza, que coexisten por medio de relaciones flexibles, sin razón aparente, en una diversidad organizativa espectacular. Cualquiera de los tres puede dominar: a veces se pierde la «carretera», para encontrarla después serpenteando tras un rodeo incomprensible; a veces *no se ven edificios*, sólo naturaleza; después, de un modo igual de impredecible, estás rodeado sólo de edificios. En ciertos lugares espantosos, los tres elementos están igualmente ausentes. En esos «sitios» (de hecho, ¿qué es lo opuesto a un sitio? Son como agujeros que atraviesan el concepto de ciudad), el arte público emerge como el monstruo del Lago Ness, figurativo y abstracto a partes iguales, normalmente autolimpiable. **6.11** Algunas ciudades concretas siguen discutiendo seriamente los errores de los arquitectos –por ejemplo, sus propuestas de creación de redes peatonales elevadas con tentáculos que llevan de un bloque a otro, como solución a la congestión–, pero la Ciudad Genérica se limita a disfrutar las ventajas de sus inventos: *plataformas, puentes, túneles, autopistas* –una enorme proliferación de la parafernalia de la conexión– frecuentemente decorados con helechos y flores, como para alejar de sí el pecado original, creando una congestión vegetal mayor aún que en una película de ciencia-ficción de los años cincuenta. **6.12** Las carreteras son sólo para coches. La gente (los peatones) dan una vuelta (como en un parque de atracciones) en «paseos» que los elevan del suelo, después los someten a un catálogo de condiciones exageradas –viento, calor, cuestas, frío, interior, exterior, olores, humos– en una secuencia que es una caricatura grotesca de la vida en la ciudad histórica. **6.13** En la Ciudad Genérica *hay* horizontalidad, pero es algo que está desapareciendo. Consiste en historia que no se ha borrado aún, o bien en enclaves de estilo Tudor que se multiplican en torno al centro como emblemas recién acuñados de la conservación. **6.14** Por irónico que parezca, aunque la Ciudad Genérica sea nueva en sí, está rodeada de una constelación de Nuevas Ciudades: las Nuevas Ciudades son como los anillos de los años. De uno u otro modo, las Nuevas Ciudades envejecen muy rápidamente, del mismo modo en que un niño de cinco años puede desarrollar arrugas y artritis como consecuencia de una enfermedad llamada progeria. **6.15** La Ciudad Genérica presenta la muerte final de la planificación. ¿Por qué? No porque no está planificada; de hecho, enormes universos complementarios de burócratas y contratistas encauzan flujos inimaginables de energía y dinero en su realización. Por el mismo dinero, sus llanuras pueden fertilizarse con diamantes, pavimentarse sus campos embarrados con adoquines de oro... Pero su descubrimiento más peligroso *y* más estimulante es que la planificación no cambia nada en absoluto. Los edificios se pueden construir bien (una torre junto a una boca de metro) o mal (centros situados a kilómetros de cualquier carretera). Florecen/marchitan de modo imprevisible. Las redes se extienden demasiado, enveje-

cen, se pudren, se quedan obsoletas; las poblaciones se doblan, triplican, cuadriplican, y de pronto desaparecen. La superficie de la ciudad explota, la economía se acelera, frena, emerge, se viene abajo. Como madres de la antigüedad que siguen alimentando embriones titánicos, se construyen ciudades enteras sobre infraestructuras coloniales cuyos planos se llevaron consigo los opresores de vuelta a casa. Nadie sabe dónde ni cómo, ni desde cuándo funcionan las alcantarillas, la ubicación exacta de las líneas telefónicas, cuál fue la razón para colocar el centro donde está, dónde terminan los ejes monumentales. Lo único que demuestra es que hay infinitos márgenes ocultos, depósitos colosales de negligencia, un perpetuo proceso orgánico de ajuste, estándares, comportamiento; las expectativas cambian con la inteligencia biológica del animal más atento. En esa apoteosis de múltiple opción, no va a ser posible reconstruir de nuevo causa y efecto. Funcionan, eso es todo. **6.16** La aspiración de la Ciudad Genérica a la tropicalidad implica automáticamente el rechazo de cualquier referencia prolongada a la ciudad como fortaleza, como ciudadela; es abierta y adaptable, como un manglar. **7. Política 7.1** La Ciudad Genérica tiene una relación (a veces distante) con un régimen más o menos autoritario, local o nacional. Normalmente, los amiguetes del «líder» –quienquiera que fuera– decidieron desarrollar una parte del «centro» o la periferia, o incluso empezar a construir una ciudad donde antes no había nada, y así desencadenaron el auge que puso a la ciudad en el mapa. **7.2** Muy a menudo, el régimen ha evolucionado hacia un grado sorprendente de invisibilidad, como si, por su propia permisividad, la Ciudad Genérica se resistiera a lo dictatorial. **8. Sociología 8.1** Es muy sorprendente que el triunfo de la Ciudad Genérica no haya coincidido con el triunfo de la sociología, disciplina cuyo «campo» se ha extendido gracias a la Ciudad Genérica más allá de su imaginación más desatada. La Ciudad Genérica *es* sociología, acontecimiento. Cada Ciudad Genérica es una bandeja de cultivo, o una pizarra con una paciencia infinita en la que casi todas las hipótesis pueden «demostrarse» y después borrarse, para no reverberar nunca más en la mente de sus autores o de su público. **8.2** Está claro que hay una proliferación de comunidades –un zapeo sociológico– que se resiste a una sola interpretación absoluta. La Ciudad Genérica está aflojando la estructura que antes mantenía todo unido. **8.3** Aunque infinitamente paciente, la Ciudad Genérica resiste también firmemente a la especulación: demuestra que la sociología puede ser el peor sistema para captar la sociología en potencia. Desmonta cuanta crítica se le hace. Aporta enormes cantidades de pruebas a favor y –en cantidades aún más impresionantes– en contra de cada hipótesis. En la torre *A*, los bloques llevan al suicidio, en la *B* a la felicidad posterior. En la *C* se perciben como un primer paso hacia la emancipación (presumiblemente, sin embargo, bajo

77

algún tipo de «coacción»), en la *D* se perciben simplemente como pasados de moda. En la *K* están construidos en cantidades inimaginables, en la *L* están despiezados. El nivel de creatividad es inexplicablemente alto en la *E*, inexistente en la *F*. La *G* es un mosaico étnico sin fisuras, la *H* está siempre a merced del separatismo, si no al borde de la guerra civil. El modelo *Y* nunca durará, porque está desnaturalizando la estructura familiar, pero *Z* florece -palabra que ningún académico aplicaría jamás a ninguna actividad de la Ciudad Genérica- debido a ello. La religión está corroída en la *V*, sobrevive en la *W*, se transmuta en la *X*. **8.4** Aunque parezca extraño, nadie ha pensado que las contradicciones sin fin de esas interpretaciones demuestran cada vez más la riqueza de la Ciudad Genérica; ésa es la hipótesis que se ha eliminado de antemano. **9.**

**Barrios 9.1** Siempre hay un barrio llamado Buenas Palabras, donde se guarda un mínimo del pasado: normalmente suele tener un viejo tren/tranvía o autobús de dos pisos discurriendo por él, haciendo sonar campanas siniestras, versiones domesticadas del buque fantasma del Holandés Errante. Sus cabinas de teléfono son rojas y transplantadas de Londres, o bien llevan pequeños tejados chinos. Buenas Palabras –también llamado Ocurrencia Tardía, Muelles, Demasiado Tarde, Calle 42, simplemente el Village, o incluso Metro– es una elaborada operación mítica: celebra el pasado como sólo puede hacerlo algo recién concebido. Es una máquina. **9.2** La Ciudad Genérica tuvo una vez un pasado. Llevada por su ambición de prestigio, grandes secciones suyas desaparecieron de algún modo, primero sin que nadie lo lamentara –aparentemente, el pasado fue sorprendentemente antihigiénico, incluso peligroso–; después, sin previo aviso, el alivio se volvió pesar. Ciertos profetas –con largo pelo blanco, calcetines grises y sandalias- habían advertido siempre de que el pasado era algo necesario, un recurso. Lentamente, la máquina destructora se detiene con un chirrido; algunos cuchitriles elegidos al azar en el plano euclídeo blanqueado son protegidos y devueltos a un esplendor que nunca conocieron... **9.3** A pesar de su ausencia, la historia es la preocupación principal, incluso la actividad principal de la Ciudad Genérica. En el suelo liberado, en torno a los cuchitriles restaurados, se construyen más hoteles aún para recibir más y más turistas en proporción directa al borrado del pasado. Su desaparición no tiene ninguna influencia en las cifras de aquellos, o tal vez se trata sólo de la prisa de última hora. El turismo es ahora independiente del destino... **9.4** En lugar de recuerdos concretos, las asociaciones que moviliza la Ciudad Genérica son recuerdos generales, recuerdos de recuerdos: ya que no todos los recuerdos a la vez, sí al menos un recuerdo abstracto simbólico, un *déjà vu* que jamás termina, un recuerdo genérico. **9.5** A pesar de su presencia física modesta (en Buenas Palabras las casas no tienen más de tres pisos: ¿homenaje a/venganza de Jane Jacobs?), condensa todo el pasado en un único complejo. La historia vuelve, no como farsa, sino como *servicio*: comerciantes disfrazados (sombreros raros, trajes gastados, velos) ponen en escena las condiciones (esclavitud, tiranía, enfermedad, pobreza, colonia) para abolir las cuales su país fue a la guerra. Como un virus duplicado, por todo el mundo lo colonial parece ser la única fuente inagotable de autenticidad. **9.6** Calle 42: aparentemente, los lugares donde el pasado se conserva son de hecho los lugares donde más ha cambiado el pasado, donde está más distante –como visto por el extremo equivocado de un telescopio–, o incluso está totalmente eliminado. **9.7** Sólo el recuerdo de antiguos excesos es lo suficientemente fuerte para acusar lo suave. Como si trataran de calentarse al calor de un volcán inactivo, los lugares más populares (con turistas, y en la Ciudad Genérica el término incluye a todo el mundo) son los que en otro tiempo estuvieron más intensamente relacionados con el sexo y la conducta licenciosa. Los inocentes invaden los lugares antes frecuentados por proxenetas, prostitutas, camellos, putas, travestís y, en menor grado, artistas. Paradójicamente, en el mismo instante en que las autopistas de la información están a punto de suministrar pornografía por camiones hasta sus salas de estar, es como si la experiencia de caminar sobre los rescoldos recalentados de la trasgresión y el pecado los hiciera sentirse especiales, vivos. En una época que no genera nuevos ambientes, el valor del ambiente establecido se pone por las nubes. ¿Será que caminar sobre esas cenizas es lo más que pueden acercarse a la culpabilidad? ¿Existencialismo diluido hasta lograr la intensidad de una Perrier? **9.8** Cada Ciudad Genérica tiene unos muelles, no necesariamente con agua –pueden ser con desierto, por ejemplo–, pero al menos con un borde, donde uno entra en contacto con otras circunstancias, como si una posición de librarse por los pelos fuera la mejor garantía de su disfrute. Aquí, los turistas se congregan en manada en torno a un grupo de puestos. Hordas de «vendedores ambulantes» tratan de venderles los aspectos «singulares» de la ciudad. Las partes singulares de todas las Ciudades Genéricas han creado en comunión un *souvenir* universal, cruce científico entre la Torre Eiffel, el Sacre Coeur y la Estatua de la Libertad: un edificio alto (normalmente entre 200 y 300 metros) metido en una pequeña bola de cristal con nieve o, si está cerca del ecuador, copos de oro; diarios con cubiertas de cuero picadas de viruelas; sandalias *hippies*, aunque los *hippies* de verdad son rápidamente repatriados. Los turistas las acarician –nadie ha sido jamás testigo de una venta– y después se sientan en los restaurantes exóticos que se suceden a lo largo de los muelles: allí se experimenta con toda la gama de la gastronomía actual: *picante*: primera indicación, y quizá definitivamente la más fiable, de estar en otro lugar; *empanada*: de buey o sintética; *cruda*: práctica atávica que va a ser muy popular en el tercer milenio. **9.9** Las gambas son el aperitivo definitivo. Gracias a la simplificación de la cadena alimentaria –y las

78

vicisitudes de la preparación–, saben igual que los bollos ingleses, es decir, a nada. **10. Programa 10.1** Las oficinas siguen ahí, de hecho hay cada vez más. La gente dice que ya no son necesarias. Dentro de cinco o diez años, todos trabajaremos en casa. Pero entonces necesitaremos casas mayores, lo suficientemente grandes como para poder hacer reuniones en ellas. Las oficinas tendrán que convertirse en viviendas. **10.2** La única actividad es hacer compras. Pero ¿por qué no considerar el hacer compras como algo temporal, provisional? Espera a tiempos mejores. Es culpa nuestra, por no haber pensado en algo mejor que hacer. Esos mismos espacios inundados con otros programas –bibliotecas, baños públicos, universidades– serían algo magnífico; nos quedaríamos impresionados por su grandeza. **10.3** Los hoteles se están convirtiendo en el alojamiento genérico de la Ciudad Genérica, su bloque edificado más común. Antes lo solía ser la oficina, lo que al menos implicaba un ir y venir, suponiendo la existencia de otros alojamientos importantes *en otros lugares*. Los hoteles son ahora contenedores que, por la expansión y perfección de sus instalaciones, hacen innecesarios casi todos los demás edificios. Aunque funcionan también como centros comerciales, son lo más cercano que tenemos a la *existencia* urbana, al estilo del siglo XXI. **10.4** El hotel trae consigo ahora prisión, arresto domiciliario voluntario; no queda ningún otro lugar de la competencia al que ir; llegas y te quedas. Describe cada vez más a una ciudad de diez millones, todos ellos encerrados en sus habitaciones, algo así como el reverso de la animación: la densidad implosionada. **11. Arquitectura 11.1** Cerremos los ojos e imaginemos una explosión de color beige. En su epicentro aparece el color de los labios vaginales (sin excitar), un berenjena mate-metálico, caqui-tabaco, calabaza polvorienta; todos los coches camino de la blancura nupcial... **11.2** En la Ciudad Genérica hay edificios interesantes y aburridos, como en todas las ciudades. Ambos tipos se remontan a los tiempos de Mies van der Rohe: la primera categoría, a su irregular Torre Friedrichstadt (1921), la segunda a las cajas que concibió no mucho después. Esa secuencia es importante: evidentemente, después de cierta experimentación inicial, Mies cambió de opinión de una vez por todas y se puso en contra del interés y a favor del aburrimiento. Como mucho, sus últimos edificios captan el espíritu de su obra temprana –¿sublimado, reprimido?– como una ausencia más o menos notable, pero nunca volvió a proponer proyectos «interesantes» para posibles edificios. La Ciudad Genérica demuestra que estaba equivocado: sus arquitectos más atrevidos han aceptado el reto que Mies abandonó, hasta el extremo de que ahora es difícil encontrar una caja. Aunque parezca irónico, ese homenaje al Mies interesante muestra que «el» Mies estaba equivocado. **11.3** La arquitectura de la Ciudad Genérica es bella por definición. Construida a velocidad increíble, y concebida a un ritmo más increíble aún,

hay una media de 27 versiones fracasadas por cada estructura realizada –pero ese no es el término exacto–. Se elaboran en los 10.000 estudios de arquitectura de los que nadie ha oído hablar, todos ellos vibrantes de fresca inspiración. Presumiblemente más modestos que sus colegas famosos, esos estudios están unidos por una conciencia colectiva de que algo va mal con una arquitectura que solamente puede rectificarse mediante *sus* esfuerzos. El poder de las cifras les da una arrogancia espléndida, reluciente. Son los que diseñan sin dudar. Acaparan, con feroz precisión, procedentes de mil y una fuentes, más riquezas que las que pudiera amasar cualquier genio. Por término medio, su educación ha costado 30.000 dólares, sin contar el transporte y alojamiento. El 23% han sido blanqueados en universidades de la American Ivy League, donde han estado expuestos –cierto es que durante periodos cortos– a la bien pagada élite de la otra profesión, la «oficial». De ello resulta que una inversión combinada total de trescientos mil millones de dólares (300.000.000.000 $) en formación de arquitectos [es decir, 30.000 $ (coste medio) x 100 (media de trabajadores por estudio) x 100.000 (número de estudios en todo el mundo)] está funcionando y produciendo Ciudades Genéricas en cualquier momento. **11.4** Los edificios de formas complejas dependen de la industria del muro-cortina, de adhesivos y agentes selladores cada vez más eficaces, que transforman cada edificio en una mezcla de camisa de fuerza y cámara de oxígeno. La utilización de silicona -«estamos estirando la fachada todo lo que podemos»- ha aplanado todas las fachadas, ha pegado cristal a piedra, a acero, a cemento, en una impureza propia de la edad espacial. Esas conexiones guardan la apariencia del rigor intelectual mediante la aplicación generosa de un compuesto transparente espermático que mantiene todo junto por intención más que por diseño, un triunfo de la cola sobre la integridad de los materiales. Como todo lo demás en la Ciudad Genérica, su arquitectura es lo resistente hecho maleable, una epidemia de rendimiento, ya no mediante la aplicación del principio, sino mediante la *sistemática* aplicación de lo falto de principios. **11.5** Como la Ciudad Genérica es en su mayoría asiática, su arquitectura lleva generalmente aire acondicionado; aquí es donde la paradoja del reciente cambio de paradigma –la ciudad no representa ya el máximo desarrollo, sino algo que hace frontera con el subdesarrollo– se agudiza: los medios brutales por los que se logra el acondicionamiento de aire universal imita en el interior del edificio las condiciones climáticas que una vez «se daban» en el exterior: tormentas repentinas, mini-tornados, rachas heladas en la cafetería, olas de calor, incluso niebla. Un provincialismo de lo mecánico, abandonado por la materia gris encaminada hacia la electrónica. ¿Incompetencia o imaginación? **11.6** La ironía consiste en que, a su manera, la Ciudad Genérica presenta en su lado más subversivo, lo más ideológico; eleva la mediocridad a un nivel superior; es como el *Merzbau* de Kurt

Schwitters a escala ciudad: la Ciudad Genérica es una *Merz-Ciudad*. **11.7** El ángulo de las fachadas es el único índice fiable del genio arquitectónico: 3 puntos para las inclinadas hacia atrás, 12 puntos para las inclinadas hacia delante, 2 puntos de castigo para los retranqueos (demasiado nostálgicos). **11.8** La sustancia aparentemente sólida de la Ciudad Genérica es engañosa. El 51% de su volumen consiste en atrios. El atrio es un artefacto diabólico porque es capaz de dar sustancia a lo insustancial. Su nombre romano es garantía eterna de su clase arquitectónica, sus orígenes históricos hacen que el tema sea inagotable. Acomoda al habitante rupestre en su infatigable suministro de comodidad metropolitana. **11.9** El atrio es espacio vacío: los vacíos son el bloque edificado esencial de la Ciudad Genérica. Paradójicamente, su vaciedad asegura su propia fisicidad, e inflar el volumen es el único pretexto para su manifestación física. Cuanto más acabados y repetitivos son sus interiores, menos se nota su repetición esencial. **11.10** El estilo de elección es posmoderno, *y lo seguirá siendo siempre*. La posmodernidad es el único movimiento que ha logrado conectar la práctica de la arquitectura con la práctica del pánico. La posmodernidad no es una doctrina basada en una lectura sumamente civilizada de la historia de la arquitectura, sino un método, una conversión en la arquitectura profesional que produce resultados a la velocidad suficiente para no quedar rezagada en el crecimiento de la Ciudad Genérica. En lugar de conciencia, como podrían haber esperado sus inventores originales, crea un nuevo inconsciente. Es algo así como el pinche de la modernización. Cualquiera puede hacerlo: un rascacielos basado en la pagoda china *y/o* una ciudad toscana sobre una loma. **11.11** Toda resistencia al posmodernismo es antidemocrática. Crea un envoltorio «furtivo» en torno a la arquitectura que la hace irresistible, como un regalo de Navidad procedente de la caridad. **11.12** ¿Existe alguna conexión entre la predominancia del espejo en la Ciudad Genérica –¿es para celebrar la insignificancia mediante su multiplicación, o un esfuerzo desesperado por captar esencias que están a punto de evaporarse?– y los «obsequios» que, durante siglos, se suponía que iban a ser el regalo más popular y eficaz para los salvajes? **11.13** Máximo Gorki habla sobre Coney Island de «aburrimiento variado». Está claro que trata el término como un oximorón. La variedad no puede ser aburrida. El aburrimiento no puede ser variado. Pero la infinita variedad de la Ciudad Genérica se acerca, al menos, a hacer de la variedad algo normal, banalizado, en una inversión de la expectativa: es la repetición lo que se ha convertido en algo inusual, y por lo tanto potencialmente atrevido, estimulante. Pero eso es para el siglo XXI. **12. Geografía 12.1** La Ciudad Genérica se encuentra en un clima más cálido de lo habitual; se desplaza hacia el sur –hacia el ecuador–, alejándose del desorden creado por el norte en el segundo milenio. Es un concepto en estado de migración. Su destino definitivo es ser tropical, con mejor clima y gente más guapa. La habitan aquellos a quienes no gusta vivir en otra parte. **12.2** En la Ciudad Genérica, la gente no es sólo más guapa que sus semejantes, tienen fama también de ser más ecuánimes, menos preocupados por el trabajo, menos hostiles, más agradables: prueba, dicho en otras palabras, de que *hay* una conexión entre arquitectura y comportamiento, que la ciudad puede producir gente mejor mediante métodos por el momento desconocidos. **12.3** Una de las características más potentes de la Ciudad Genérica es la estabilidad de su clima –sin estaciones, vistas soleadas–, pero todos los pronósticos se presentan en términos de cambio inminente y futuro deterioro: nubes sobre Karachi. La cuestión del funesto destino se ha desplazado de lo ético y religioso al dominio ineludible de lo meteorológico. El mal tiempo es casi la única preocupación que se cierne sobre la Ciudad Genérica. **13. Identidad 13.1** Hay una redundancia calculada (?) en la iconografía adoptada por la Ciudad Genérica. Si está de cara al mar, entonces se distribuyen por todo su territorio símbolos basados en el agua. Si es un puerto, entonces aparecerán lejos, en el interior, barcos y grúas (no obstante, mostrar los propios contenedores no sería lógico: no se puede particularizar lo genérico mediante lo Genérico). Si es asiática, entonces aparecen mujeres «delicadas» (sensuales, inescrutables) en poses elásticas, sugiriendo sumisión (religiosa, sexual) en todas partes. Si tiene un monte, entonces cada folleto, cada menú, cada billete, cada cartelera insistirá en la colina, como si nada que esté por debajo de una tautología sin fisuras pueda convencer. Su identidad es como un mantra. **14. Historia 14.1** El pesar por la ausencia de historia es un reflejo agotador. Expone un consenso tácito sobre la presencia deseable de la historia. Pero ¿quién dice que lo sea? Una ciudad es un plano habitado del modo más eficaz por gente y procesos, y, en la mayoría de los casos, la presencia de la historia no hace más que aminorar su rendimiento... **14.2** La historia actual obstruye la pura explotación de su valor teórico como ausencia. **14.3** A lo largo de la historia de la humanidad –por empezar un párrafo al estilo norteamericano– las ciudades han crecido por un proceso de consolidación. Los cambios se hacen en el momento. Las cosas mejoran. Las culturas florecen, decaen, reviven, desaparecen, son saqueadas, invadidas, humilladas, violadas, triunfan, renacen, tienen edades de oro, callan de repente... y todo en el mismo lugar. Por eso es la arqueología una profesión de *excavar*: expone capa tras capa de civilización (es decir, ciudad). La Ciudad Genérica, igual que un *sketch* que nunca se explica, no mejora, sino que se abandona. La idea de estratificación, intensificación o conclusión le son ajenas: no tiene capas. Su próxima capa tiene lugar en otra parte, bien al lado –puede ser del tamaño de un país– o incluso en un lugar totalmente apartado. Lo arqueológico (= arqueología con más interpretación) del siglo XX necesi-

80

ta billetes de avión ilimitados, no una pala. **14.4** Al exportar/expulsar sus mejoras, la Ciudad Genérica perpetúa su propia amnesia (¿su único vínculo con la eternidad?). Por tanto, su arqueología será la prueba de su olvido progresivo, la documentación de su evaporación. Su genio estará con las manos vacías: no será un emperador desnudo, sino un arqueólogo sin descubrimientos, o incluso sin yacimiento. **15. Infraestructura 15.1** Las infraestructuras, que se reforzaban y totalizaban mutuamente, se están haciendo cada vez más competitivas y locales; ya no pretenden crear totalidades que funcionen, sino que ahora despliegan entidades funcionales. En lugar de red y organismo, la nueva infraestructura crea enclave y atolladero: ya no crea el *grand récit*, sino el desvío parasitario (la ciudad de Bangkok ha aprobado planes para tres sistemas de metro elevado para ir de A a B; que gane el mejor). **15.2** La infraestructura no es ya una respuesta más o menos retrasada a una necesidad más o menos urgente, sino un arma estratégica, una predicción: el puerto *X* no se amplía para prestar servicio a un mercado interior de consumidores frenéticos, sino para acabar con o reducir las posibilidades de que el puerto *Y* sobreviva al siglo XXI. En una sola isla, a la metrópolis del sur *Z*, aún en su infancia, se le «da» un nuevo sistema de metro para que la metrópoli asentada del norte *W* parezca torpe, congestionada y anticuada. La vida en *V* se hace más fácil para lograr que la vida en *U* llegue a ser insoportable. **16. Cultura 16.1** Sólo cuenta lo redundante. **16.2** En cada zona horaria, hay al menos tres representaciones de *Cats*. El mundo está rodeado de un anillo de Saturno de maullidos. **16.3** La ciudad solía ser el gran territorio de caza sexual. La Ciudad Genérica es como una agencia de citas: adecua eficazmente oferta y demanda. Orgasmo en vez de agonía: he *ahí* el progreso. Las posibilidades más obscenas se anuncian en la tipografía más limpia; el tipo Helvética se ha hecho pornográfico. **17. Fin 17.1** Imaginemos una película de Hollywood sobre la Biblia. Una ciudad, en alguna parte de Tierra Santa. Escena de mercado: por todas partes hay extras cubiertos con trapos de colores, pieles, ropajes de seda, entran en escena gritando, gesticulando, ponen los ojos en blanco, empiezan peleas, se ríen, se rascan la barba, con la cola de las pelucas goteando, se apiñan en el centro de la imagen blandiendo palos, puños cerrados, derribando puestos, aplastando animales... La gente grita. ¿Para vender cosas? ¿Para revelar el futuro? ¿Para invocar a los dioses? Se roban bolsas de dinero, la muchedumbre persigue a los delincuentes (¿o los ayuda?). Los sacerdotes oran pidiendo calma. Los niños se vuelven locos entre la maleza de piernas y ropajes. Los animales rugen. Las estatuas se vienen abajo. Las mujeres chillan, ¿amenazadas?, ¿en éxtasis? La masa agitada se transforma en oceánica. Rompen las olas. Ahora quitemos el sonido –silencio, un alivio bienvenido– y veamos la película al revés. Hombres y mujeres mudos pero visiblemente agitados retroceden vacilantes: el observador no registra ya solamente a seres humanos, sino que empieza a advertir espacios entre ellos. El centro se vacía: las últimas sombras desaparecen del rectángulo del fotograma, probablemente entre quejas, pero por suerte no las oímos. El silencio se ve ahora reforzado por el vacío: la imagen muestra puestos vacíos, algunos restos aplastados bajo los pies. Alivio... se acabó. Esa es la historia de la ciudad. La ciudad ya no existe. Ya podemos salir del cine...

Peter Marcuse es profesor de Planeamiento Urbano en la Universidad de Columbia, en Nueva York. Formado como abogado, inicialmente, y especializado después en los estudios urbanos en las universidades de Yale y California (Berkeley), su dilatada vida profesional y académica ha tenido en la atención a las cuestiones de la vivienda urbana, de la gestión y efectos del planeamiento urbano, o de las implicaciones sociales del desarrollo urbano, una referencia permanente. Ha actuado como consultor de numerosas instituciones y órganos administrativos, es miembro de destacados comités y organizaciones que tienen a las cuestiones urbanas como fundamento, y ha sido profesor invitado de varias universidades de EE.UU., Canadá y diversos países centroeuropeos, particularmente de Alemania. Forma parte del consejo de redacción de renombradas revistas especializadas, vehículo a través del cual ha difundido con reiteración sus estudios y opiniones expertas, además de ser autor de libros diversos.

Entre su producción más reciente se encuentra el artículo publicado en 1995 *"Not Chaos, but Walls..."*, en el que la perspectiva del conflicto social en la ciudad contemporánea se presenta desde un punto de vista con significación física que ofrece una visión de especial interés.

© Peter Marcuse

# NO CAOS, SINO MUROS: EL POSTMODERNISMO Y LA CIUDAD COMPARTIMENTADA[*]

Peter Marcuse

Una curiosa inversión ha tenido lugar en la teoría urbana actual. Si la historia de las ciudades modernas ha sido una tentativa de imponer orden sobre el caos aparente, que es el resultado singular del impacto del capitalismo sobre la forma urbana, una prueba que Marshall Berman (1982) considera como característica definidora del modernismo,[1] por el contrario lo que está sucediendo hoy puede ser considerado el ensayo por imponer caos al orden, un intento por cubrir con una capa de anarquía perceptible (y visual) un orden cada vez más dominante e intruso (para ser más específico, cubrir un patrón cada vez más dominante de relaciones jerárquicas entre la población y los órdenes del espacio de la ciudad, reflejando y reforzando ese patrón jerárquico con una capa de aleatoriedad calculada). La inversión tiene una tendencia claramente conservadora incorporada en sí misma, por ello puede ser usada para impregnar con el pincel de "teoría grandiosa" y de "ideología de progreso" el argumento de que las ciudades pueden ser mejor hechas, lugares más humanos para vivir, con los instrumentos de la acción intencionada y de la planificación pública.[2]

La inversión es un reflejo de la práctica y defiende la práctica. Un ejemplo perfecto es el nuevo plan de la Ciudad de Nueva York para la "rehabilitación" de *Times Square*,[3] el cual intenta "producir una calle que parece no planeada", con la ayuda de un equipo numeroso y sofisticado de urbanistas y arquitectos. Comenta el crítico de arquitectura del *New York Times*: "el plan podría pasar fácilmente por una anticipación apocalíptica de lo

---

[*] Traducido del original publicado en 1994 en: Watson, S., Gibson, K. (eds.), *Postmodern Cities and Spaces*, Cambridge, Mass., Blackwell, pp. 243-254.

[1] Tanto el término "moderno" como el "posmoderno" son huidizos; cada uno ha sido utilizado para abarcar una tendencia al caos y a la fragmentación (véase, por ejemplo, Wilson 1991), pero el intento de imponer orden sobre el caos es ciertamente un rasgo del modernismo, rechazado en gran medida por el posmodernismo.

[2] Vuelvo sobre este punto al final del ensayo.

[3] El plan fue desarrollado como una reacción a un bache económico en el mercado que, por lo visto solo temporalmente, impidió una propuesta para que cuatro torres de oficinas de gran éxito fueran construidas en el lugar, pero lo que es temporal bien puede cambiar a ser permanente, y el enfoque ya se reflejaba en las directrices para las torres de oficinas. Para una discusión de las políticas de la situación, véase Fainstein 1993.

que parecerían las cosas si todos los espacios públicos sucumbieran a la privatización".[4] Tales esfuerzos pueden ser interpretados fácilmente como un intento por utilizar los recursos postmodernos para derrotar al "proyecto del modernismo", reflejando tanto un esfuerzo directo por defender disimulando un orden predominante, como un temor más profundo acerca de la inestabilidad inherente a ese orden. Una preocupación urgente por solidificar el caos renombrándolo como un orden desordenado, para que así pueda ser adecuadamente amortizado, se combina con una esperanza más profunda y patética de que lo que hoy es "sólido" en realidad no se "desvanecerá en el aire" por temor a que nada igualmente valorado vaya a sustituirlo. Es, por tanto, una práctica reaccionaria, en el sentido peyorativo de ese término, utilizar las metas del mercado privado para establecer objetivos públicos, esperando utilizar instrumentalizaciones públicas para la apoteosis del beneficio privado. Y el lenguaje utilizado para justificarlo habla del deseo de lo no proyectado, de lo espontáneo, de lo desordenado.

Pero ni las ciudades ni los lugares en sí mismos están desordenados, no planificados; la cuestión es solamente el orden de quién, el planeamiento de quién, con qué propósito, en el interés de quién. Estas cuestiones no son fáciles de responder. Pero eso no significa que no tengan respuesta. El mercado tiene un orden así como el estado, las relaciones sociales constituyen un orden al igual que las económicas. A menudo órdenes diferentes entran en conflicto, se contradicen entre ellos, cambian sus patrones, rompen sus moldes, y las críticas a una teoría demasiado simplificada y a las representaciones de un único orden lógico para el espacio de las ciudades están bien justificadas. Sin embargo, el esfuerzo por entender y por cambiar, no solo por describir, los patrones espaciales en las ciudades sigue siendo una tarea fundamental de la teoría urbana.

Las ciudades están efectivamente integradas por partes, y lógicamente esas partes están conectadas entre sí. Algunas divisiones en partes son funcionales; las partes de la ciudad utilizadas para el transporte, para las calles, no pueden ser usadas al mismo tiempo para viviendas, para edificios; las partes destinadas a la industria manufacturera ruidosa o nociva no se prestan a acoger familias. Pero otras particiones de la ciudad solo reflejan (y refuerzan) las relaciones sociales que produce el funcionamiento de la ciudad; la separación de las casas en serie de tipología suburbana por calidad, precio y nivel de renta no es una separación funcional sino social, que refleja una consecuencia jerárquica de una organización particular de funciones. Y aun otras particiones reflejan alguna mezcla de ambas: Ciertos usos de oficinas pueden agruparse para conseguir economías de escala, para compartir instalaciones que ellos y solo ellos utilizan; pero su particular ubicación en una ciudad, y su exclusión de otros usos no competitivos en sus cercanías, puede reflejar más bien valoraciones sociales que de eficiencia o difícilmente económicas (producción y distribución de bienes y servicios).

En este ensayo quiero centrarme en las divisiones sociales, aunque pretendo hacer alguna referencia a las relaciones de esas divisiones sociales con la organización económica de la ciudad. Quiero utilizar muros –límites, particiones, fronteras, transiciones– a la vez como una corporeidad y una metáfora para la naturaleza de estas divisiones sociales, muros como reflexión y como refuerzo, al mismo tiempo, de las divisiones. La tendencia que revela tal investigación es, creo, lamentable: Una creciente división social, según líneas cada vez más acusadas aunque de doble filo y en consecuencia ambiguas, oculta, a menudo en espacios aparentemente caóticos o "naturales", divisiones jerárquicas en su naturaleza y de severidad creciente en su impacto. Obviamente la discusión completa no puede ser abordada aquí; solo espero presentar un esquema coherente sobre el tema. Al final, trataré de extraer del análisis algunas conclusiones sobre políticas de acción.

Resumiré la ciudad como lo ha sido parcialmente por algún tiempo y está llegando a ser cada vez más por completo: Parece caótica y está fragmentada, pero debajo del caos hay órdenes; la fragmentación no es aleatoria. Está dividida, pero no es dual o ilimitadamente plural. Hablar de *quartered city*,[5] o ciudad partida en cinco porciones, es una definición que responde mejor a la realidad. Sus barrios están amurallados a la vez hacia adentro y hacia afuera, pero los muros no desempeñan un papel similar en todos los barrios. De este modo, cada barrio está separado de los otros, pero aun así cada uno de ellos se relaciona íntimamente con todos los demás; son mutuamente dependientes. Mientras que los barrios son jerárquicos según el poder y la riqueza de sus residentes, todos dependen de fuerzas que van más allá de su control individual. Solo una reestructuración de las dinámicas subyacentes de la vida urbana, una reestructuración que necesita ser local, pero también nacional, y verdaderamente internacional, puede cambiar este patrón de vida urbana cada vez más antidemocrático.

Las causas de estos fenómenos son complejas, pero no difíciles de resumir en términos generales. Las sociedades en las que viven nuestras ciudades son, y han sido por siglos, jerárquicas; las desigualdades entre sus residentes están reflejadas en las desigualdades de los espacios que éstos ocupan. Con la

---

[4] *The New York Times*, 19 de Septiembre de 1993, 33.

[5] El término fue introducido en Marcuse (1989). No puede ser lógicamente perfecto, pero me parece que es apropiadamente descriptivo.
(El autor utiliza este término valiéndose del doble juego de significados que en inglés se deriva de *quarter* como 'barrio' y de *quartered* como 'cuarteado'.)
[N. de t.]

llegada del capitalismo y de la revolución industrial, esas desigualdades se concentraron cada vez más en las ciudades. El crecimiento de las industrias dio forma al paisaje físico de las ciudades, haciendo proliferar barrios obreros cerca de las zonas industriales, separados de los lugares de residencia de los ricos y de los sitios donde el comercio se dispuso. Los trabajadores temporales y los desempleados fueron relegados a los distritos decaídos de las afueras. El comercio creciente y la importancia progresiva de las finanzas dieron lugar al crecimiento de los barrios de negocios, centradamente ubicados. Estas y otras tendencias relacionadas con ellas son demasiado conocidas como para necesitar repetirlas.

Gran parte de lo que ha estado sucediendo en las ciudades en los últimos veinte años es simplemente una extensión de estas tendencias a largo plazo –probablemente más de lo que nosotros, a quienes nos gusta la novedad y cobramos por explorarla, queramos admitir–. La división de las ciudades entre ricos y pobres ciertamente no es nada nuevo; Platón la describió y la tomó como una parte ineludible de la vida urbana hace más de dos milenios.[6] La relación espacial rígidamente jerárquica entre iglesia, señor, ciudad y campo en la época medieval reflejaba claramente divisiones sociales. Pero las divisiones eran distintas a las que existen hoy en día; las divisiones actuales se de-sarrollaron fundamentalmente con el origen del capitalismo industrial en el siglo XVIII, y se hicieron bastante visibles en el siglo XIX. La descripción que realizó Engels de Manchester es, con la única excepción del desarrollo de los principales sectores de servicio y su reflejo físico en la construcción de gran altura, notablemente aplicable hoy en día.[7] Las relaciones básicas de clase, raza y género eran ciertamente visibles ya desde entonces.

Pero mucho de todo esto es nuevo. El desarrollo del sector de los servicios y los avances tecnológicos que hicieron posibles los rascacielos, el tráfico masivo, y sus correspondientes influencias en la forma de la ciudad se remontan a los años de antes del cambio de siglo. En el periodo caracterizado algunas veces como postmoderno, que en cualquier caso comienza alrededor de 1970, surgen otras características nuevas. Resumidamente,[8] incluyen el desplazamiento como mecanismo del cambio espacial; la intensidad de la fidelidad al dominio territorial y de las luchas por el lugar urbano propio; la naturaleza y alcance de los sin-techo; la franqueza con la que el gobierno apoya la maximización de las demandas de la empresa privada sobre el suelo y la infraestructura de la ciudad; y las

reorientaciones políticas que han acompañado a estos cambios. El contexto en el que estas nuevas tendencias locales y nacionales se hacen realidad es también cuantitativamente nuevo: la internacionalización de la actividad económica y las posibilidades decrecientes del control público sobre ellas a nivel nacional y local, en paralelo a la pérdida de significado de las consideraciones locales e incluso nacionales para las decisiones de negocios.

Como resultado de las tendencias descritas anteriormente, podemos encontrar, al menos en la gran ciudad típica de las urbes tecnológicamente desarrolladas de hoy en día, un nuevo modelo: cinco tipologías características de barrio residencial. Mientras que cada tipo está representado en múltiples barrios, proporcionando una apariencia fragmentada similar a un mosaico, esos barrios corresponden a un patrón ordenado que forma ciudades separadas pero interdependientes dentro de la ciudad residencial:[9]

- una ciudad dominante, con sus viviendas de lujo, que en realidad no es parte de la ciudad, sino que está constituida por enclaves o edificios aislados, ocupados por la parte más alta de la jerarquía económica, social y política;

- una ciudad "*gentrificada*", ocupada por los grupos profesionales, directivos y técnicos, integrada por profesionales jóvenes o maduros prósperos, sin hijos;

- una ciudad suburbana, algunas veces de viviendas unifamiliares en la ciudad externa, otras veces de apartamentos cerca del centro, ocupada por trabajadores cualificados, profesionales de nivel medio, funcionarios superiores;

- una ciudad de barrios de viviendas, alguna veces áreas unifamiliares baratas, frecuentemente de alquiler, ocupadas por trabajadores, administrativos o artesanos, con los salarios más bajos, y generalmente (aunque en menor proporción en los Estados Unidos) incluyendo la vivienda social esencial;

- una ciudad abandonada, el resultado final de un proceso de goteo, dejada para los pobres, los desempleados, los excluidos, donde en los Estados Unidos se ubican con mayor frecuencia los refugios de los sin-techo.

Para la mayor parte de la gente, el lugar en el que vive no tiene probabilidades de ser el mismo en el que trabaja. Mientras que

85

---

[6] Platón, *The Republic*, IV, 422B (trad. cast.: *La República*, Madrid, Alianza, 1988). Debo la referencia a Mollenkopf y Castells (1991).

[7] Para una discusión adecuada, y una comparación con otras explicaciones contemporáneas de las ciudades industriales inglesas, véase Marcus (1974).

[8] Para una discusión más completa, véase Marcuse (1993, 355-65).

[9] Ya he analizado el concepto de "*Quartered city*" en otros artículos (1989,1991). "*Quartered*" es utilizado tanto en el sentido de "diseñada y cuarteada" y de "barrios" residenciales; esencialmente hay cuatro de estos barrios, no encontrándose los más ricos limitados por ninguna configuración espacial específica en relación con el lugar en que viven. Véase también Mollenkopf y Castells (1991), especialmente la introducción y conclusión, y Wallock (1987).

las divisiones residenciales son semejantes en gran medida a las profesionales y sociales (Marcuse 1989; Mollenkopf y Castells 1991), la ciudad económica no es congruente con la ciudad residencial. Las líneas divisorias de los patrones espaciales de la actividad económica definen áreas en las cuales trabaja gente de empleos, clases y estatus diversos en estrecha proximidad. Sin embargo, si definiéramos las divisiones económicas de acuerdo a la actividad primaria que se está desarrollando dentro de ellas, uno podría obtener nuevamente una división integrada por cuatro o cinco partes.

La "ciudad que gobierna", la ciudad de las grandes decisiones, incluye una red de torres de oficinas de gran altura, casas de piedra o mansiones antiguas en emplazamientos prestigiosos, y su ubicación está cada vez menos circunscrita. Incluye yates para algunos, los asientos traseros de limusinas extralargas para otros, aeroplanos y residencias dispersas para otros más. Pero espacialmente no está desarraigada. La ciudad que gobierna no está limitada espacialmente, aunque los lugares donde se desarrollan sus actividades en distintos momentos ciertamente están ubicados en algún sitio, y más protegidos por medio de muros, barreras y requisitos para acceder que cualquier otra parte de la ciudad.

No obstante, la ciudad que gobierna tiende a estar localizada en (la cima, física y simbólicamente) los centros de servicios avanzados de gran altura, porque los situados en la parte más alta de la cadena de mando desean tener al menos a aquellos que ocupan el escalón inferior a mano y a sus órdenes, y así sucede a medida que se desciende en la jerarquía.[10] Estas ubicaciones, donde quiera que se encuentren, están unidas decisivamente entre ellas a través de los canales de comunicación y transporte que les permiten una existencia aislada de todas las demás partes de la ciudad, aunque dependientes de ellas. En ese sentido un "espacio de los flujos", o un "espacio del movimiento", es, aunque metafórica, una expresión apropiada.

La "ciudad de los servicios avanzados", de oficinas profesionales agrupadas estrechamente en los centros de las ciudades, con muchos servicios auxiliares en torres de oficinas de gran altura, está pesadamente enredada en una extensa y tecnológicamente avanzada red de comunicaciones. El centro de los rascacielos es el patrón estereotípico, pero no la única posibili-

dad. Ubicaciones en el borde del centro de la ciudad, como en Frankfurt, fuera de éste, como en *La Défense* de París o fuera de Roma, o en los *Docklands* en Londres, o desparramadas tanto en el interior como en el exterior de una ciudad con buenos transportes y comunicaciones, como en Amsterdam. Los factores sociales, de "imagen", también jugarán un papel; la "dirección profesional" así como la ubicación es importante para los negocios. Ya sea en una sola ubicación o en varias en una ciudad dada, de cualquier modo se producirá una agrupación muy marcada y la ciudad de los servicios avanzados será reconocible a simple vista.

La "ciudad de la producción directa" incluye no solo las manufacturas, sino también el aspecto productivo de los servicios avanzados, según expresión de Saskia Sassen (1989), oficinas gubernamentales, las oficinas de apoyo de empresas principales, anexas o no a las oficinas centrales, ubicadas en agrupaciones y con aglomeraciones significativas, pero en variados emplazamientos dentro de un área metropolitana. Variados, efectivamente, pero no arbitrarios o caóticos: están donde los clientes/consumidores (¡una dicotomía interesante!) desean entrar rápida y fácilmente en contacto, las ubicaciones en la ciudad interna se prefieren (como en el valle industrial entre el *midtown* de Manhattan y el distrito financiero para la industria de las artes gráficas, o entre Chinatown y el distrito de la confección para la producción textil, en la ciudad de Nueva York).

Los emplazamientos serán distintos para la producción masiva. Aquí el patrón ha cambiado de manera impresionante desde el comienzo de la revolución industrial. En un principio las fábricas estaban cerca del centro de la ciudad; de hecho dirigieron en gran medida el crecimiento de la ciudad alrededor de ellas, como en las ciudades manufactureras de Nueva Inglaterra o del *midwest*, o en las ciudades industriales de Inglaterra. Pero los métodos manufactureros más modernos requieren más espacio en planta, inmensamente más, con aparcamientos para el acceso rodado más que caminos para los trabajadores que vengan a pie, y a muchas más operaciones se les acoge internamente; de este modo, los costes del suelo adquieren más importancia que las economías locales de aglomeración, y se prefieren las ubicaciones rurales o suburbanas.

La "ciudad del trabajo no cualificado y de la economía informal", que incluye manufacturas a pequeña escala, almacenes, talleres de trabajadores explotados abusivamente, servicios de consumo técnicamente no cualificados, industrias de inmigrantes, está relacionada muy estrechamente con las ciudades de la producción y de los servicios avanzados y por lo tanto ubicada cerca de ellas, pero separadamente y en agrupaciones dispersas,[11] en ubicaciones a menudo determinadas en parte por

86

[10] Nuestras entrevistas con los responsables del planeamiento de las entonces nuevas torres de oficinas de gran altura para el *Bank für Gemeinwirtschaft* en Frankfurt revelaron que los profesionales habían concluido que una separación de funciones, con los ejecutivos de más alto nivel en el centro de la ciudad pero todos los demás en las ubicaciones de las oficinas de apoyo, era el modelo más eficiente para el banco, pero fue descartado por sus superiores, solo con la ventaja citada anteriormente como su razonamiento. Del mismo modo, *Citibank* en Nueva York quiere a su nivel siguiente de profesionales directamente accesibles a sus funcionarios superiores con poder de decisión; las operaciones de introducción de datos de tarjeta de crédito pueden moverse a Dakota del Sur, pero no las actividades bancarias que requieren del ejercicio de la discreción.

[11] Véase, por ejemplo, Sassen (1989), cuyos comentarios breves pero provocati-

las relaciones económicas y en parte por los patrones de la ciudad residencial. Debido a que la naturaleza del suministro de mano de obra determina la rentabilidad de estas actividades, los asentamientos residenciales de trabajadores dispuestos a hacer trabajos no cualificados y con salarios bajos tienen influencia principal. De este modo, las fábricas donde se explota a los trabajadores en la ciudad de Nueva York se ubican en Chinatown o en las áreas dominicanas de Washington Heights, en Miami en el enclave cubano, o en las áreas deprimidas de las ciudades de todo el mundo.

La "ciudad residual" es la ciudad de las porciones menos legales de la economía informal, la ciudad de almacenaje donde, por otra parte, se emplazan los equipamientos no deseados (*NIMBY*),[12] y se encuentran edificios de fábricas abandonadas, generalmente también en congruencia con la ciudad residencial abandonada. Pero debido a las protestas políticas, muchos de los componentes de la infraestructura urbana más contaminantes y medioambientalmente más perjudiciales, necesarios para su supervivencia económica pero no vinculados directamente a ninguna actividad económica, están ubicados aquí: plantas de depuración de aguas negras, incineradoras, garajes de autobuses, residencias para enfermos de SIDA, refugios para los sin-techo, centros de detención de menores, prisiones. Las regulaciones para el "reparto justo" adoptadas recientemente en la ciudad de Nueva York son un reflejo tanto del alcance del problema como de su volatilidad política.

A medida que uno desciende en la escala de los barrios tanto de la ciudad residencial como de la ciudad económica, en los Estados Unidos crece la proporción de familias de raza negra, de hispanos y de inmigrantes, así como también la proporción de mujeres cabeza de familia. Raza, clase y género crean patrones superpuestos de diferenciación (denigrante diferenciación, porque no hay duda de que las diferencias no son simplemente de "estilos de vida" o de "necesidades especiales", sino que reflejan posiciones en una jerarquía de poder y riqueza en la cual algunos toman las decisiones y otros se someten a ellas).

Los muros definen los barrios de la ciudad. Definen, no rodean. Desde que los *ghettos* de la Europa medieval se construyeran, ha sido extraño que los muros físicos, de hecho, hayan circunscrito un barrio delimitado y homogéneo de la ciudad. No obstante, los muros existentes dentro de cada barrio definen la naturaleza de ese barrio y la posición de sus residentes dentro de la jerarquía de barrios, la jerarquía de ciudades dentro de la ciudad. Algunas veces los muros son límites simbólicos, a menudo encierran unidades individuales similares dentro de un barrio y definen su carácter.

Se podrían definir cinco tipos de muros, relacionados con los cinco tipos de ciudad dentro de nuestras ciudades contemporáneas compartimentadas:

1. Muros de prisión, muros que definen *ghettos* y lugares de confinamiento, muros construidos para el control y la reeducación de los obligados a vivir detrás de ellos, los muros de los *ghettos* antiguos, los muros sociales y económicos que rodean a los *ghettos* modernos, los muros físicos de los refugios transitorios de los sin-techo de Andrew Cuomo en la ciudad de Nueva York; los muros que definen la Ciudad Abandonada.

2. Barricadas, muros para la protección, cohesión y solidaridad, a veces definidos, como para los barrios de inmigrantes, simplemente por el lenguaje de las señales de la calle y de las palabras habladas, algunas veces por el color de la piel de los residentes, otras veces por la edad y las pretensiones limitadas de vivienda, en ocasiones por el simbolismo social de la señal que dice "vivienda pública" o la arquitectura de los muros en blanco sin ornamentación que indica "proyecto"; muros que definen la Ciudad de los Barrios de Viviendas.

3. Estacadas, muros de agresión, simbólicamente muros de estacas puntiagudas tales como las utilizadas por las tropas del ejército en la conquista del Oeste americano de los nativos, muros similares en función a las murallas construidas alrededor de los asentamientos creados por el Imperio Romano en la tierra de los "bárbaros", muros de superioridad, tanto para proteger a los pioneros como para asegurar su invasión, según la analogía sugerida por Neil Smith (1992), apropiada para el proceso que crea la Ciudad "Gentrificada".

4. Muros de estuco, cobijando a las comunidades exclusivas y con acceso limitado, donde los muros excluyen por razones de (y a menudo en realidad por medio de, ya que se pueden provocar, físicamente, aberturas en ellos) estatus y control social, protegiendo al privilegio y a la riqueza de la amenaza de intrusión física, pero necesariamente unidos a otras formas de selección y control de los admitidos, ya que de hecho su presencia es necesaria, al menos durante las horas del día, para hacer el trabajo sucio de mantenimiento y reparación necesario para el confort continuado y la comodidad de la Ciudad Suburbana.

5. Murallas, muros de castillo, las fortificaciones que rodean a las ciudadelas[13] en su significado literal: conforme al *Oxford*

87

---

vos sobre los aspectos espaciales de las tendencias que ella describe merecen desarrollo adicional.

[12] Vocablo formado con las iniciales de *"Not in my backyard"* ("No en mi patio") como lema común de tantas reivindicaciones contra decisiones de ubicación de usos u obras no deseados por los ciudadanos directamente afectados. [N. de t.]

---

[13] El término fue utilizado por primera vez en la yuxtaposición sugerida aquí por

*English Dictionary*, una "pequeña ciudad...una fortaleza que controla una ciudad, que sirve a la vez para protegerla y para mantenerla sometida". Muros de dominio, expresando superioridad, típicamente representados hoy físicamente por la altura superior de los apartamentos y áticos de los rascacielos que han reemplazado a las mansiones de las clases altas en la ciudad, protegidos por muros desarrollados tecnológicamente, cancelas, y dispositivos de seguridad; muros que definen la Ciudad Dominante.

¿Cómo podemos evaluar estos tipos de muros tan diferentes? Resulta posible una variedad de distinciones, pero ciertas diferencias son particularmente relevantes a efectos de establecer políticas:

• ¿Cuál es el propósito de los muros: protección o confinamiento, aislamiento o limitación? Los muros pueden aislar: del tiempo, de la lluvia, del frío, en su mayor parte obviamente, pero también de la intrusión de extraños amenazantes. Pueden, para el individuo, proporcionar privacidad, para un grupo identidad, y una posibilidad de cohesión y refuerzo mutuo. Pero los muros también pueden erigirse para limitar a otros, detrás de los barrotes de la prisión, en *ghettos* segregados, en desprotegidas laderas y valles de ríos, en barrios de viviendas atestados o en asentamientos ilegales.

• ¿Cuál es la forma del muro: tangible o intangible, físicamente efectivo o simbólico de barreras sociales y económicas? Los muros pueden ser de hormigón o de alambre de púas; pero también pueden ser de precio y estatus, de norma y prejuicio, y también, con mayor efectividad quizá para los muros intangibles, pueden ser interiorizados en el propio proceso por la fuerza y la costumbre, siendo sus causas y funciones ocultadas y sus costes de mantenimiento reducidos.

• ¿A quién sirve el muro? ¿Perpetúa el muro el poder de los poderosos, o defiende a los que carecen de poder; protege la dominación, o defiende la vulnerabilidad? ¿A qué parte de la *quartered city* rodea, a qué parte excluye; para quién está, y en contra de quién? Moralmente, en términos de los derechos humanos y de vida urbana, quizá es la distinción más importante de todas. Tal como Robert Frost cuestionó hace unas décadas en *Mending Wall*, "Antes de que construyera un muro pediría saber / Qué estoy encerrando y qué dejando fuera...".

Efectivamente, ésta es la cuestión decisiva; los residentes de las clases bajas del *Lower East Side* de Manhattan, de Kreuzberg en Berlín, del área alrededor de la Universidad del Sur de California en Los Angeles, desean mantener a los "gentrificadores" fuera, así como los residentes de los suburbios y

de los barrios lujosos de Manhattan, Berlín, Los Angeles, desean mantener a las clases bajas fuera; sin embargo, estos dos deseos no son equivalentes moralmente. Uno representa el deseo de los más pobres de aislarse a sí mismos de inconvenientes derivados de los más poderosos; el otro, la fuerza de los más poderosos para aislarse a sí mismos de la necesidad de compartir con, o de quedar expuestos a, los más pobres. Un muro defiende la supervivencia, el otro protege el privilegio.

Una de las contribuciones de la crítica postmodernista es que ésta debilita la concepción de que los muros son rígidos, de que cada uno de ellos tiene uno y solo un propósito claro. Las líneas de límite son dinámicas; en el caso extremo, como quizás en Los Angeles, pueden moverse de manzana a manzana, de calle a calle, a medida que un grupo se instala y otro avanza o se marcha, y solo las características sociales o étnicas pueden separar un barrio étnico de otro. Pero si las Koreatowns, los Watts y los "barrios" de Los Angeles son entendidos como étnicamente separados, y si todos los componentes de una ciudad varían de la ciudad abandonada a la ciudad de los barrios de viviendas, los límites son más fáciles de percibir.

Para todos los casos excepto aquellos en los extremos finales del espectro, los muros serán ambivalentes. El alambre de púas protege, pero encarcela; las estacadas protegen del invasor, pero también confinan; los muros de estuco y las cercas de hierro forjado proporcionan un sentido de identidad, pero también pueden incrementar la sensación de inseguridad, mostrar vulnerabilidad.

Estas ambivalencias, o ambigüedades, no son accidentales. La mayoría de la gente no está ni en la parte más alta ni en la parte más baja de la jerarquía de poder, sino en medio. Está a diario en contacto con personas situadas por encima y por debajo de ella en la escala de riqueza e influencia; necesita a ambas, y es necesitada por ambas. De este modo la gente puede defender y atacar en momentos diferentes, necesita protección y quiere agredir, desea excluir pero quiere no ser excluida. Esos son los resultados inevitables de vivir en una sociedad que está ordenada jerárquicamente; la posición de cada uno en la jerarquía necesita ser definida continuadamente, asegurada, en todas las direcciones. De aquí la creación de muros que reflejan tal estatus jerárquico.

Una tendencia dentro del postmodernismo, que personalmente denominaría su *tendencia crítica*, destaca precisamente estas ambigüedades, junto con los muros que al mismo tiempo las contradicen y les dan cuerpo. En su rechazo de las grandes teorías rígidas, del esfuerzo por imponer modelos racionales sobre toda actividad humana, en su revelación de las comple-

John Friedmann (Friedmann y Goetz 1982, 309-44).

jidades de la vida urbana y de la insuficiencia de cualquier intento por encontrar soluciones únicas para problemas múltiples, en su atención a las muchas capas que constituyen las relaciones sociales y económicas, en su énfasis sobre los componentes culturales de las actividades que tienen lugar en las ciudades, en sus reflexiones sobre las ambigüedades del concepto de progreso y sus dudas con respecto a cualquier progresión unilineal o inevitable, la teoría postmodernista ha hecho contribuciones significativas para tratar los problemas de las ciudades compartimentadas y los muros dentro de ellas.

Pero el postmodernismo también tiene otra faceta; es al menos tan ambiguo como su argumento. Cito a Edward Soja en un resumen de Los Angeles que quisiera dar como un compendio de la aproximación postmoderna al análisis urbano en su totalidad. Él dice, en un sentido político que necesita más énfasis del que ha recibido:

> "(En Los Angeles) allí permanece un orden económico... una división espacial del trabajo esencialmente explotadora,... más continuadamente eficaz que casi ninguna otra en el mundo. Pero que también ha sido crecientemente enturbiada en su aspecto, mistificada imaginativamente en un ambiente más especializado en la producción de encriptadas confusiones que prácticamente ningún otro que pueda pensarse... esta deconstrucción conservadora es acompañada por una despolitización insensible de las relaciones y conflictos fundamentales de clase y género. Cuando todo lo que se ve está tan fragmentado y cubierto con caprichos y pastiches, los duros bordes del paisaje capitalista, racista y patriarcal parecen desaparecer, desvanecerse en el aire." (Soja 1989:246)

Estos bordes duros son, de hecho, muy sólidos, además de complejos. Cada vez están más representados por muros dentro de la ciudad, muros tanto físicos como simbólicos, con dos caras, ambiguos pero reales. Ya sea creados directamente por acciones públicas o por esas fuerzas del mercado que dominan las acciones públicas, pueden ser abordados, reformados, incluso destruidos, por la acción pública.

El planeamiento puede ser parte de esa acción pública remedial. Como el postmodernismo, como el modernismo, el planeamiento es ambiguo, multifacético, contradictorio; el mismo postmodernismo crítico nos lo diría. En realidad el planeamiento ha contribuido sustancialmente a la construcción de muchos de los muros jerárquicos que necesitan venirse abajo, y quizá ha intervenido materialmente con la preservación de los muros defensivos necesarios para la protección de los grupos vulnerables, de las culturas alternativas. Ha actuado, así, tanto por

omisión como por acción, permitiendo al mercado construir muros donde éstos no tienen su lugar, autorizando los procesos de "gentrificación" y abandono, desplazamiento y construcción excesiva, hasta escapar del control social. Las consecuencias de las acciones mal planificadas, pero planificadas al fin y al cabo, pueden verse desde *Columbus Circle* en Nueva York hasta el *West Bank* en Palestina, desde Johannesburgo a Chicago, desde San Fernando Valley hasta Berlín.

Pero el planeamiento también puede, siguiendo la otra línea de su tradición, ser utilizado para reducir desigualdades, abrir puertas, arrasar muros, permitir relaciones libres y no jerárquicas entre los residentes de la ciudad. Los edificios históricos de París, los enlaces de tránsito de la mayoría de las ciudades alemanas, *Roosevelt Island* en Nueva York, *Harbor Point* en Boston, son ejemplos. Formas particulares de acción política son necesarias para hacer que el planeamiento contribuya a estos resultados positivos. Pero puede hacerse.

La jerarquía no es una parte inevitable de la organización social. Vivimos en una sociedad en la cual la prosperidad de uno a menudo está basada en la pobreza del otro. Esto no necesita ser así; hoy tenemos los recursos, los conocimientos, el espacio, para ser capaces de combinar justicia con prosperidad, respeto mutuo con organización eficiente. Cambios físicos y reestructuraciones pueden ayudar a conseguir tal sociedad; atacar los muros de dominio, los muros de confinamiento, ayudará. Pero necesitan ser parte de un esfuerzo más amplio para construir una sociedad mejor, física, económica, social y políticamente.

Hasta entonces, aunque lo mejor de los muros solo proporcionará un refugio temporal, lo peor de los muros tiende a permanecer. Permítanme finalizar citando a Thomas Hobbes (1989: 168), con otro uso de la palabra "*quarter*": "lo que los hombres hacen cuando... piden *cuartel*... ser tomados con vida, es evadirse de la furia inmediata del vencedor, sometiéndose a él y llegando a un compromiso que les permita conservar la vida, bien mediante pago de un rescate, o con servicio. Por tanto, aquel a quien se le ha concedido cuartel no tiene su vida asegurada, sino que la decisión sobre lo que hará el vencedor con ella se deja para una deliberación posterior, pues no se ha rendido con la condición de que se le perdone la vida, sino que deja esto a la discreción de quien lo ha vencido."[14]

Necesitamos ciudades que quieran ser condiciones de vida, de vidas completas, libres y no fragmentadas, no ciudades de discreción y dominación; necesitamos muros que acojan y cobijen, no muros que excluyan y opriman.

---

[14] Tomado de la trad. cast. (1989), de Carlos Mellizo. [N. de t.]

## REFERENCIAS

- Berman, M., *All That is Solid Melts into Air: The Experience of Modernity*, Nueva York, Simon and Schuster, 1982 (trad. cast.: *Todo lo sólido se desvanece en el aire. La experiencia de la modernidad*, Madrid, Siglo XXI, 4ª. ed., 1991).

- Fainstein, S., *The City Builders*, Oxford, Blackwell, 1993.

- Friedmann, J. y Goetz, W., "World City Formation: An Agenda for Research and Action", *International Journal of Urban and Regional Research*, 1982, 6, pp. 309-44.

- Hobbes, T., *Leviatán: la materia, forma y poder de un estado eclesiástico y civil*, Madrid, Alianza Editorial, 1989, p. 168 (versión original: *Leviathan*, Londres, Fount, 1983).

- Marcus, S., *Engels, Manchester and the Working Class*, Nueva York, Random House, 1974.

- Marcuse, P., "Dual City: A Muddy Metaphor for a Quartered City", *International Journal of Urban and Regional Research*, 1989, 13, 4, pp. 697-708.

- Marcuse, P., "Housing Markets and Labour Markets in the Quartered City", en Allen, J. y Hamnett, C. (eds.), *Housing and Labour Markets: Building the Connections*, Londres, Unwin Hyman, 1991.

- Marcuse, P., "What's new about Divided Cities", *International Journal of Urban and Regional Research*, 1993, 17, 3, pp. 355-65.

- Mollenkopf, J. H., y Castells, M. (eds.), *Dual City: Restructuring New York*, Nueva York, Russell Sage Foundation, 1991.

- Sassen, S., "New Trends in the Sociospatial Organization of the New York City Economy", en Beauregard, R. A. (ed.), *Economic Restructuring and Political Response*, Newbury Park, CA, Sage, 1989.

- Smith, N., "New City, New Frontier: The Lower East Side as Wild Wild West", en Sorkin, M. (ed.), *Variations on a Theme Park: the New American City and the End of Public Space*, Nueva York, Farrar, Straus and Giroux, 1992.

- Soja, E. W., *Postmodern Geographies: The Reassertion of Space in Critical Social Theory*, Londres, Verso, 1989.

- Wallock, L., "Tales of Two Cities: Gentrification and Displacement in Contemporary New York", en Campbell, M.B. y Rollins, M. (eds.), *Beggeting Images*, Nueva York, Peter Lang, 1987.

- Wilson, E., *The Sphinx in the City*, Londres, Virago, 1991.

Edward W. Soja es profesor de Planificación Urbana en la Universidad de California, en Los Angeles (UCLA) y profesor visitante en la *London School of Economics* dentro del programa *Cities*.

Comenzó su carrera académica como especialista en geografía política de África, incluidas sus estancias en las universidades de Ibadan (Nigeria) y Nairobi (Kenia). En los últimos veinticinco años ha centrado su investigación en la transformación urbana de Los Angeles dentro de una amplia perspectiva de relación entre la geografía urbana y la espacialidad de la vida social en todas las facetas que los estudios críticos de la cultura contemporánea ponen de manifiesto. Invitado a numerosos foros internacionales, es autor prolífico, encontrándose entre sus más destacadas publicaciones los libros *Postmodern Geographies: The Reassertion of Space in Critical Social Theory* (Londres, 1989), *The City: Los Angeles and Urban Theory at the End of the Twentieth Century* (con Allen J. Scott, como eds., Berkeley, 1996), *Thirdspace: Journeys to Los Angeles and Other Real-and-Imagined Places* (Oxford, 1996), y *Postmetropolis: Critical Studies of Cities and Regions* (Oxford, 2000).

Como antecedente de lo que después desarrollaría en sus libros, en 1995 adelantó una interpretación de la fenomenología que afectaba a la región urbana de Los Angeles, anticipo de una nueva era en ciertas manifestaciones de la evolución del fenómeno urbano en el mundo de hoy. Esa interpretación es la que aquí se presenta.

© Pilar Soberón, ARTELEKU

# SEIS DISCURSOS SOBRE LA POSTMETRÓPOLIS*

Edward W. Soja

La región urbana de Los Angeles, entre los disturbios de Watts de 1965 y lo que ahora se llama Rodney King o *Motines Justice* de 1992, ha sufrido una de las transformaciones más espectaculares en comparación con cualquier otra ciudad del mundo. Para los residentes en Los Angeles de los primeros años sesenta, una transformación radicalmente diferente, "otro" Los Angeles se estaba desarrollando más allá de su control o comprensión. A lo largo del tiempo, y cada vez con más frecuencia, continuaría sustituyendo muchos otros mundos urbanos familiares por otros nuevos más inquietantes. Durante el mismo periodo de aproximadamente treinta años, un grupo de especialistas locales han intentado darle un sentido práctico y teórico a esta reestructuración radical de Los Angeles y usar este conocimiento para comprender las transformaciones urbanas, igualmente intensas, que están sucediendo por todo el mun-

do. Lo que me gustaría conseguir con este estudio es ilustrar el trabajo de lo que algunos, quizás prematuramente, han comenzado a llamar *Los Angeles School* de estudios urbanos, y argumentar que la transformación de Los Angeles representa tanto una experiencia urbana única como un ejemplo particularmente vívido de un cambio radical más general en la auténtica naturaleza de la vida urbana contemporánea, lo que los urbanistas hemos llamado el *proceso urbano*.

Algunos se encuentran tan entusiasmados con esta reestructuración urbana que la proclaman como la transformación más extraordinaria en la naturaleza del urbanismo desde los orígenes de la ciudad, hace más de 6.000 años. Otros, algo más modestos, la describen como la segunda gran transformación urbana, después de la tumultuosa emergencia de la ciudad capitalista industrial del siglo XIX. Mi intención es considerarla como la más reciente de una serie de crisis radicales que han tenido como consecuencia las reestructuraciones urbanas ocurridas durante los últimos doscientos años. Pero, aunque uno interprete la magnitud de los cambios actuales y los coloque en

* Este artículo es una adaptación de una comunicación presentada en la reunión anual de la *British Sociological Association*, Leicester, 12 de Abril 1995.
Fue publicado en la revista *URBAN* (2, 1998, pp. 37-50) del Departamento de Urbanismo y Ordenación del Territorio de la E.T.S.A. de Madrid (UPM). Se reproduce aquí con la amable autorización de esa revista.

un marco histórico comparativo, nos quedan muy pocas dudas de que algo realmente excepcional le ha sucedido a la moderna metrópolis durante el último cuarto del siglo XX. Según mi opinión, la concienciación de estos nuevos procesos urbanos, tomando como base su significativa diferencia con el pasado, resulta incluso más necesaria que el detallar sus orígenes en una historia dilatada de urbanización y urbanismo como un modo de vida.

He elegido recientemente el uso de posmetrópolis como un término general para resaltar las diferencias entre regiones urbanas contemporáneas y aquellas que se consolidaron en las décadas de la mitad del siglo XX. Por lo tanto, el prefijo "post" marca la transición entre lo que se ha llamado de forma convencional la moderna metrópolis y algo significativamente diferente, nuevas formas posmodernas y pautas de vida urbana que están en continuo desafío con los estilos bien establecidos de análisis urbanos. Como iré aclarando a lo largo de mis seis discursos, existen otros términos y conceptos posprefijados incluidos en la postmetrópolis, desde la noción de sociedad posindustrial tan familiar a los sociólogos, a las discusiones más actuales de economías políticas posfordistas y poskeynessianas y estilos posestructuralistas y poscolonialistas de análisis críticos. No obstante, antes de profundizar en dichos discursos, me gustaría realizar unas cuantas observaciones de introducción más generales.

En primer lugar, como ya he sugerido, los cambios descritos o representados por estos seis discursos no solamente están sucediendo en Los Angeles, sino en mayor o menor grado y, sin duda alguna, con un desarrollo irregular de tiempo y espacio, en todo el mundo. Aunque adoptan formas específicas en lugares específicos, constituyen procesos generales. Más aún, estos procesos no resultan del todo nuevos. Sus orígenes podrían remontarse antes del último cuarto de este siglo. Su intensificación, su estrecha relación y su creciente ámbito es lo que evidencia que su expresión actual resulte diferente a la del pasado. También quiero destacar que cuando uso el término postmetrópolis en oposición a la última metrópolis moderna; no estoy diciendo que ésta haya desaparecido o esté completamente desplazada, ni siquiera en Los Angeles. Lo que ha estado sucediendo es que los nuevos procesos de urbanización y configuración se han superpuesto sobre los viejos y han conectado con ellos en crecientes formas complejas. Las superposiciones y articulaciones se están volviendo más espesas y densas en muchas partes del mundo, pero la moderna metrópolis no se ha desvanecido por completo en ningún lugar.

Lo que esto significa es que debemos entender la nueva urbanización y el urbanismo sin descartar nuestras viejas concepciones. Al mismo tiempo, sin embargo, debemos reconocer que

las discutidas ciudades actuales y sus complejas relaciones entre proceso social y forma espacial, así como proceso espacial y forma social -que en cierta ocasión he llamado la dialéctica socioespacial- cada vez resultan más diferentes de cómo eran durante los años sesenta. Aunque no debemos ignorar el pasado, debemos sin embargo tener en primer plano lo que es nuevo y diferente sobre el presente. La observación de la sociología urbana contemporánea nos sugiere que no podemos ya depender tanto de los "nuevos" enfoques que surgieron tan brillantemente en los años setenta, con trabajos clásicos como *La cuestión urbana* (1974, edición francesa de 1972) de Manuel Castells, *Social Justice and the City*, de David Harvey (1973) y la sociología pionera sobre sistemas mundiales de Immanuel Wallerstein. Estas obras fueron, y continúan siéndolo, poderosas e incisivas interpretaciones de las últimas metrópolis modernas, *monopolville* y *ville sauvage* de Castells, las "ciudades salvajes" que se consolidaron durante el *boom* de la posguerra y que ocasionaron la crisis urbana de los años sesenta. Pero la última metrópolis moderna, por así decirlo, ya no es como la del pasado.

Muchas de las ideas desarrolladas por estos teóricos y analistas todavía se pueden aplicar y debo añadir que aún resulta posible la aplicación de la política radical que ellos propulsaron. Sin embargo, mi razonamiento se basa en que los cambios han sido tan espectaculares que ya no resulta tan sencillo añadir nuestros nuevos conocimientos a los antiguos. Existen demasiadas incompatibilidades, contradicciones, disrupciones. Debemos a su vez volver a pensar radicalmente y quizás a reestructurar profundamente -es decir, destruir y reconstituir- nuestras formas heredadas de análisis urbano para satisfacer los desafíos teóricos, políticos y prácticos presentados por la postmetrópolis.

Otra observación preliminar complica incluso aún más todo lo anterior. Mientras que los urbanistas continúan debatiendo las diferencias entre la nueva metrópolis y la antigua y precisando con exactitud lo que debemos destruir y reconstituir de nuestros modelos tradicionales de análisis urbano, la postmetrópolis está cambiando significativamente. Comenzando con el memorable año 1989 en Berlín, Pekín y otras grandes ciudades mundiales, y destacando el sur de California por los disturbios de Spring, 1992, y la crisis fiscal posmoderna de Orange County en 1994, parece ser que la postmetrópolis está entrando en una nueva era de inestabilidad y crisis. Existen crecientes indicios de un cambio desde lo que todos nosotros hemos reconocido como un periodo de crisis, originando una reestructuración generada en los levantamientos urbanos de los años sesenta a lo que ahora podría llamarse una crisis generada de reestructuración. Es decir, lo que observamos en los años noventa puede ser una rotura emergente en la reestructurada postmetrópolis en sí misma, en el urbanismo posmoderno y posfordista y quizás también en el poder explicativo de los seis discursos que voy a comentar.

Mi último comentario preliminar hace referencia a algunos desarrollos recientes en los estudios críticos urbanos, un nuevo e interesante campo que ha surgido de la inyección de estudios culturales críticos en los análisis sociocientíficos de urbanismo y de proceso urbano más tradicionales. Mientras que yo considero que mi propio trabajo forma parte de este progresista campo transdisciplinario, me he sentido últimamente preocupado por lo que percibo como un creciente superprivilegio de lo que se ha llamado, a menudo con referencia al trabajo de Michel de Certeau, la "vista desde abajo" -estudios del barrio, el cuerpo, las calles, psicogeografías de intimidad, subjetividades eróticas, los micromundos de la vida cotidiana- a expensas de comprender la estructuración de la ciudad como un todo, las macrovistas de urbanismo, la economía política del proceso urbano.

La intención de estos seis discursos es facilitar la comprensión de la región urbana en su conjunto, la espacialidad y sociabilidad de una pronunciada estructura urbana. Se trata exactamente del tipo de discursos fustigados por aquellos críticos microurbanos que únicamente ven en ellos la distorsionadora, por no decir represiva, mirada del poder masculino autoritario, la magistral "vista desde arriba". Una táctica primaria en el fomento de estas frecuentes críticas reduccionistas de teorías de macronivel ha sido una especie de privilegios epistemológicos de la experiencia del *flâneur*, el agente libre vagabundo de la vida cotidiana, el definitivo progenitor de la vista desde abajo. Sin lugar a dudas, hay que avanzar mucho desde esta vista de la ciudad a nivel del suelo, y de hecho, muchos de los que se centran en más perspectivas macroespaciales pasan por alto muy a menudo los lados oscuros de la vida diaria y de las opresiones menos visibles, tales como raza, género, clase y sexualidad. No obstante, lo que más me preocupa es el grado al que tales críticas de micronivel han estado polarizando sin ningún provecho estudios urbanos críticos, especulando con los organismos y la vista desde abajo hasta el punto de encasillar a todas las perspectivas de macronivel como tabú, prohibidas y políticamente incorrectas.

En parte, estos seis discursos a los que me voy a referir son un intento de recapturar y reafirmar la importancia de una tradición macrourbana, no en oposición a la vista local desde abajo, sino recurriendo a las experiencias que vienen directamente del significativo trabajo llevado a cabo en las microgeografías de la ciudad por distintos especialistas urbanos críticos. La comprensión de la postmetrópolis requiere una recombinación creativa de micro y macro perspectivas, vistas desde arriba y desde

abajo, una nueva síntesis crítica que rechace las rigideces de cualquiera de ellas o que ofrezca alternativas para la apertura radical de ambas. Con este pequeño cumplido a una perspectiva crítica explícitamente posmoderna y después de una introducción más extensa de la que había pensado en un principio, nos encontramos ya dispuestos a comenzar el examen de lo seis discursos.

Estos seis discursos ya les resultan familiares a la mayoría y, de una forma u otra, se entrelazan con un gran número de los estudios presentados en esta conferencia de la Asociación Británica de Sociología. Ya los he tratado con anterioridad en un capítulo en *Postmodern Cities and Spaces*, editado por Sophie Watson y Kathy Gibson, y los plantearé con mayor profundidad en mi próximo libro, *Postmetropolis*.[1] Más abajo ofrezco un listado con breves descripciones y una selección de subtemas seleccionados de lo que formarán seis capítulos aparte en *Postmetropolis*.

*1. Flexcity:* trata de la reestructuración de la economía política de urbanización y la formación de la metrópolis industrial posfordista con una especialización más flexible

- La primacía de la producción

- Crisis-formación y el gran giro en U

- Subida del posfordismo

- La capacitación de la flexibilidad

*2. Cosmópolis:* trata de la globalización de la capital urbana, trabajo, cultura y la formación de una nueva jerarquía de ciudades globales

- La primacía de la globalización

- El proceso globalización

- La globalización del discurso en Nueva York y Londres

- La vanidad de los *BonFIRES*

- Repoblación de Los Angeles

*3. Exópolis:* trata sobre la reestructuración de la forma urbana

---

[1] Consultar Edward W. Soja, "Postmodern Urbanization; The Six Restructurings of Los Angeles", en las ediciones de Sophie Watson y Kathy Gibson, *Postmodern Cities and Spaces*, Oxford, U.K. y Cambridge, EE. UU., Blackwell Publishers, 1995, pp. 125-137; y *Postmetropolis*, Oxford, Blackwell, 2000. En el momento de la pre-

93

y crecimiento de las ciudades limítrofes, ciudades exteriores y postsuburbanas: la metrópolis desde dentro hacia fuera y desde fuera hacia dentro

- Paradigmática Los Angeles

- Destrucción del discurso sobre forma urbana

- Reconstrucciones optimistas de la postmetrópolis: el Nuevo Urbanismo

- Exploración del lado oscuro del casco urbano y la ciudad externa

*4. Metropolaridades:* trata del reestructurado mosaico actual y el nacimiento de nuevas polarizaciones y desigualdades

- ¿Un nuevo sociologismo?

- Ampliando brechas y nuevas polaridades

- Debate sobre los "verdaderamente desprotegidos" y la "clase baja"

- El nuevo mosaico étnico de Los Angeles

94

*5. Archipiélagos carcelarios:* sobre el aumento de las ciudades-fortaleza, tecnologías de vigilancia y la substitución de policías por *polis*

- *Ciudades de cuarzo*: Los Angeles de Mike Davis

- Elaboraciones posteriores: espacios interdictorios en el entorno construido

- Otra mirada a la *Ciudad de cuarzo*

*6. Simcities:* sobre la imaginaria reestructuración urbana y la creciente hiperrealidad de la vida diaria

- La irrupción de la hiperrealidad y la sociedad del simulacro

- Ciberespacio: la generación electrónica de la hiperrealidad

- Simulación del urbanismo como un modo de vida

- Variaciones sobre un parque temático

- *"Scamscapes"*, escenarios-chanchullo, la bancarrota de Orange County

En vez de debatir en profundidad estos discursos, haré uso de todo lo que he destacado para seleccionar unos cuantos temas que considero de interés particular para los sociólogos urbanos. Como concesión a la brevedad, las observaciones críticas serán concisas y despojadas de las calificaciones apropiadas (y necesarias). Mi intención no es la de ofrecer una completa presentación crítica de los discursos, sino usarlos para estimular el debate y la discusión y así concienciarnos al máximo de la escena urbana contemporánea.

El primer discurso, sobre la metrópolis industrial posfordista, se basa esencialmente en la relación íntima continuada entre los procesos de urbanización e industrialización. En Los Angeles y también en muchas otras regiones urbanas, quizás el discurso académico predomina en su intento de explicar las diferencias entre la última metrópolis moderna (fordista) y la postmetrópolis (fordista). También ha entrado profundamente en la reciente literatura de sociología urbana como un marco teórico para la comprensión del orden social (y desorden) de la ciudad contemporánea. En el libro de Savage y Warde sobre sociología británica, por ejemplo, nos encontramos con un claro intento de redefinir y reposicionar la sociología urbana alrededor de esta reestructuración industrial posfordista.[2]

En cierto modo, ha sido una unión peculiar, ya que los sociólogos urbanos no han contribuido demasiado a la literatura de reestructuración industrial y a los debates teóricos y conceptuales esbozados en el primer discurso. En cambio, se han contentado primariamente con detallados estudios empíricos de la nueva ciudad capitalista, dejando su discurso preliminar y teorización a los geógrafos, economistas políticos y a otros no-sociólogos. ¿Cómo podemos explicarnos la aparente retirada de la sociología su papel destacado en la conceptualización de los nuevos procesos de urbanización y la postmetrópolis, especialmente teniendo en cuenta su preeminencia en la explicación del desarrollo de la última metrópolis moderna en las décadas de la posguerra?

Parte de la respuesta puede encontrarse en un persistente, si no creciente, "sociologismo", un retroceso hacia las tradiciones disciplinarias probadas y ciertas de la sociología teórica y empírica. Incluso cuando parecen alcanzarse ciertos límites disciplinarios para la inspiración teórica y práctica, tal sociologismo busca el modo de convertir lo nuevo y sorprendente en

---

sentación, de donde se obtuvo este capítulo (abril de 1995), la discusión de los seis discursos sobre la postmetrópolis estaba incluida en la Parte III de un manuscrito titulado *Thirdspace: Journeys to Los Angeles and Other Real-and-Imagined Places*. Posteriormente, se decidió dividir el manuscrito en dos libros. El primero, con el título mencionado, fue publicado en 1996 por Blackwell.

---

[2] Mike Savage y Alan Warde, *Urban Sociology, Capitalism and Modernity*, Nueva York, Continuum, 1993.

viejo y familiar, es decir, absorbible sin una mayor disrupción paradigmática o replanteamiento radical. Entiendo que algo similar ha sucedido en sociología con respecto al nuevo discurso sobre la reestructuración industrial urbana posfordista en particular, y en general con muchos otros discursos posprefijados. Un vehículo para este retroceso hacia la tradición disciplinaria frente a los nuevos retos ha sido el continuo interés especialmente en los EE.UU. por una u otra forma de la tesis sobre la sociedad posindustrial desarrollada dentro de la sociología hace ya décadas.

El uso continuado del término posindustrial nos induce a un discurso basado en la persistente importancia de la industrialización y del proceso productivo. Lo que le ha sucedido a la ciudad capitalista industrial es más relevante que la decadencia de la industria de fabricación y el cambio hacia la economía de servicios. La desindustrialización ha estado ocurriendo junto con un potente proceso de reindustrialización basado no solamente en la producción electrónica de alta tecnología, sino en una intensiva producción artesanal con mano de obra barata y la expansión de servicios y tecnología orientados al productor. Estos cambios, a menudo hacia sistemas de producción más flexibles y hacia redes intensivas de transacción de flujo de información más densas, están produciendo nuevos espacios industriales que han remodelado de forma significativa la geografía industrial de la última metrópolis moderna o fordista. El continuar viendo los nuevos procesos de reestructuración urbana según las tesis posindustriales hace difícil comprender el complejo discurso centrado en la producción sobre la urbanización posfordista.

Problemas similares surgen de los continuos compromisos con las tradiciones políticamente más radicales de la sociología urbana, que se desarrollaron en los años setenta y principios de los ochenta, especialmente reflejados en la obra pionera de Castells y de otros sobre movimientos sociales urbanos y la política de consumo colectivo. También un persistente énfasis consumista dificulta la comprensión del discurso basado en la producción sobre urbanización posfordista y la reestructuración industrial. El que gran parte de este discurso posfordista también se centre explícitamente alrededor de conceptos y análisis espaciales complica aún más las cosas, debido a los recientes intentos de ciertos sociólogos británicos, como Peter Saunders, por desenfatizar el espacio y el análisis espacial en los marcos conceptuales de la sociología urbana. Tales esfuerzos han sido particularmente restrictivos con respecto a la participación de los sociólogos en debates más extensos sobre posmodernismo y estudios culturales críticos, los cuales han experimentado un pronunciado giro espacial desde finales de los ochenta. Pero esto me conduce hacia otro debate que no puedo ampliar en estos momentos.

Los sociólogos han desempeñado un papel mucho más importante en el segundo discurso, sobre globalización y formación de ciudades mundiales. De algún modo, a pesar de su estrecha relación y complementariedad, el primer y segundo discurso se han desarrollado a menudo compitiendo entre sí, cada uno de ellos considerándose la explicación óptima para la nueva urbanización y urbanismo. Esto limita ambos discursos, pero me limitaré a comentar aquí cómo se ha debilitado el discurso sobre ciudades globales debido a un entendimiento inadecuado del proceso de reestructuración industrial, así como por un toque del sociologismo mencionado anteriormente. Puedo resumir mis comentarios en torno a una frase hecha en broma que usé una vez para expresar mi disconformidad con los enfoques dados al estudio sobre Nueva York como una "ciudad dual" que permanece en el vértice de la jerarquía mundial de "capital de capitales".[3] La frase fue "la vanidad de los bonFIRES" y hacía referencia a lo que yo consideré una sobreconcentración en las funciones de control y poder del sector FIRE (*finance, insurance, real estate*)[4] en la literatura de las ciudades globales y un superénfasis estrechamente relacionado en dos minúsculos lugares donde estos bonFIRES dominantes parece que arden con más brillo, Wall Street en Manhattan y The City en Londres, junto con sus filiales tributarias (Battery Park City, the World Trade Center, South Street Seaport, Canary Wharf y the Docklands).

Me parece descubrir algunas fisuras cuando el discurso se ajusta tanto. En primer lugar, existe una tendencia a ver la formación de las ciudades mundiales como si se estuviera creando una separación sectorial y geográfica entre las industrias de fabricación, por un lado, y la base productiva de la economía regional, por el otro. Esto bien podría ajustarse a los modelos posindustriales y de desindustrialización de cambio urbano y describe con exactitud parte de lo que ha sucedido internamente en la ciudad de Nueva York y Londres. Pero distorsiona el debate general sobre globalización y formación de ciudades mundiales, especialmente en lo que respecta a dichas postmetrópolis y regiones industriales manufactureras, tales como Tokio y Los Angeles (y también podría añadir la reindustrialización de regiones interiores del Gran Nueva York y del Gran Londres).

No quiero restar importancia a estos énfasis de investigación e interpretación, pero prefiero destacar los peligros de una especie de miopía como la de Manhattan o Londres. Además de supersimplificar las relaciones entre los sectores financieros e

---

[3] Consultar "Poles Apart: New York and Los Angeles", en J. Mollenkopf y M. Castells (eds.), *Dual City: The Restructuring of New York*, Nueva York, Rusell Sage Foundation, 1991, pp. 361-376.

[4] Juego de palabras entre FIRE (Fuego) y el significado de cada letra. F: Finanzas, I: Seguros, RE: Propiedades inmobiliarias. [N. de t.]

industriales, y entre la ciudad central y la región metropolitana mucho más grande, dicha miopía también tiende a restringir comprensiones más detalladas y sofisticadas de la espacialidad de la globalización y la nueva política cultural de identidad y diferencia que se está expandiendo en las ciudades del mundo. Esto, a su vez, amplía la brecha entre estudios de globalización más sociológicos y los estudios culturales espacializados, cada vez, enfocados a la interpretación de la postmetrópolis.

El tercer discurso está enfocado hacia lo que ya he descrito como la *formación de exópolis*, un proceso que por un lado apunta hacia el crecimiento de ciudades exteriores y ciudades limítrofes y otras manifestaciones de la bastante oximorónica urbanización de los barrios periféricos, y por otro hacia una reconstrucción espectacular de la zona del centro urbano, ambas provocadas por una emigración de poblaciones domésticas y la inmigración de trabajadores y culturas del "tercer mundo". Por tanto, parece ser que la organización social y espacial de la postmetrópolis se está convirtiendo en interior-exterior y exterior-interior al mismo tiempo, creando confusión en nuestros modos tradicionales para definir lo urbano, suburbano, exurbano, no urbano, etc. Probablemente ningún otro discurso está consiguiendo unos desafíos tan profundos, no solamente para la sociología urbana, sino para todos los estudios urbanos tal y como se han constituido convencionalmente.

Algunos ejemplos de Los Angeles podrían usarse para ilustrar esta destrucción y reconstitución de la forma urbana y del vocabulario tradicional para describirlo. Algunos ejemplos clásicos de suburbios americanos, tales como San Fernando Valley y Orange County, cumplen casi todas las definiciones de zonas urbanizadas. Constituyen aglomeraciones muy heterogéneas de producción industrial, empleo, comercio, instalaciones culturales y de ocio, así como otras cualidades característicamente "urbanas" tales como bandas, crimen, tráfico de drogas y violencia callejera. Continuar con el etiquetado de estas áreas "suburbanas" sería desvirtuar su realidad contemporánea. De un modo similar, a la mayoría de lo que continuamos considerando el centro urbano de Los Angeles -incluyendo los guetos urbanos y barrios del este y sur-centro de Los Angeles- nos parecería, especialmente a aquellos familiarizados con ciudades de la zona este de los EE. UU., Europa y Asia, característicamente suburbana.

He usado el término *exópolis* para describir este discurso por su provocativo doble significado: exo refiriéndose, tanto al crecimiento de la ciudad "fuera" de los núcleos urbanos tradicionales como a la ciudad "sin", la ciudad que ya no ofrece las tradicionales cualidades de ciudadanía. Esta destrucción/reconstitución radical de la estructura urbana ha estimulado muchos

otros neologismos para las nuevas formas emergentes en la postmetrópolis. Además de los ya mencionados, incluyendo exópolis, tenemos postsuburbia, metroplex, *technopoles*, *technoburbs*, pueblos urbanos, ciudades-condados, ciudades regionales, la ciudad de 100 millas. También ha originado tímidamente "nuevas" aproximaciones al diseño urbano, tales como el Nuevo Urbanismo en los EE.UU. y, en Gran Bretaña, la mencionada planificación de pueblos neotradicionalistas tan apoyada por el Príncipe Carlos; y, al mismo tiempo, interpretaciones mucho más sombrías de las consecuencias sociales y medioambientales de la reestructuración de la forma urbana, ejemplificadas como *noir-like brilliance* en el trabajo de Mike Davis. También en este discurso se ha empezado a polarizar de un modo potencialmente improductivo, creando la necesidad de enfoques más equilibrados y flexibles, aunque críticos y políticamente conscientes, hacia la interpretación de los cambios del entorno construido y de la geografía social de la postmetrópolis.

El cuarto discurso, que explora el mosaico social reestructurado, es probablemente el discurso que ha atraído al mayor número de sociólogos urbanos. Está especialmente adaptado a la intensificación de lo que describo como *metropolaridades*; aumento de desigualdades sociales, ampliación de brechas salariales; nuevos tipos de polarización social y estratificación que se ajustan inconfortablemente dentro de dualismos tradicionales basados en las clases (trabajo-capital) o razas (blanco-negro), así como modelos de clases convencionales alta-media-baja de la sociedad urbana. Al igual que con el discurso sobre forma espacial urbana, el discurso sobre las cambiantes clases y formaciones sociales en la postmetrópolis ha producido un nuevo vocabulario. *Yuppies* (incluyendo extensiones tales como yuppificación y "guppies", o grupos de yuppies) y la clase marginada permanente (o los verdaderamente desfavorecidos) encabezan la lista, pero existen otros términos muy directamente relacionados: *dinks* (dobles ingresos/familias sin hijos), profesionales superiores, la nueva tecnocracia, los trabajadores pobres, los nuevos huérfanos (tanto niños que crecen sin padre o madre como los ancianos abandonados por sus hijos), guetos dependientes de la asistencia social, hiperguetos, etc.

Mientras que los dos primeros discursos se presentan a sí mismos como capturando (y teorizando eficazmente) los procesos más poderosos que han causado la reestructuración de la última metrópolis moderna, el segundo par se ocupa primariamente de las consecuencias empíricas de estos procesos. Se infunde un énfasis espacial más explícito dentro del discurso sobre exópolis y esto, en mi opinión, crea unos vínculos más estrechos con las percepciones teóricas y prácticas de los discursos sobre industrialización y globalización posfordista. El discurso que trata de las metropolaridades, aunque no es ciertamente espacial, parece desarrollarse con una perspectiva relativamente simple en la compleja espacialidad de la postmetrópolis y, en parte a causa de ello, con una comprensión inadecuada de las conexiones entre causa y efecto o, más específicamente, el proceso de reestructuración y sus consecuencias empíricas.

Quizás el mejor ejemplo de esta brecha conceptual ha sido el trabajo del sociólogo americano William Julius Wilson y sus asociados, que en la actualidad dominan la representación contemporánea de la Chicago School de estudios urbanos. Aunque este trabajo sobre las clases marginadas y los realmente desfavorecidos merece muchos elogios, está lleno de nociones supersimplificadas de la reestructuración industrial posfordista, la teoría del emplazamiento y las relaciones entre espacialidad urbana y el orden social urbano. Parte de lo que ya he destacado anteriormente sobre los efectos restrictivos de la sociología resulta muy evidente, como por ejemplo mis comentarios sobre la creciente disyunción entre trabajo teórico y empírico en los estudios sociológicos de la postmetrópolis. No toda la sociología urbana sufre estas limitaciones, pero sospecho que están más extendidas de lo que piensa la mayoría.

Si el primer par de discursos sobre la postmetrópolis enfatiza las causas de la reestructuración urbana y el segundo par sus efectos sociales y espaciales empíricos, el tercer par explora lo que podría describirse como la respuesta social a los efectos de la reestructuración urbana en la postmetrópolis. En Los Angeles, así como en muchas otras regiones urbanas, el quinto discurso, sobre lo que yo llamo la emergencia de un *archipiélago carcelario*, está dominado por el trabajo de Mike Davis. En *City of Quartz* (1990), y otros escritos, Davis retrata Los Angeles como una ciudad fortificada con prisiones saturadas, ambientes callejeros sádicos, proyectos urbanos que se han transformado en poblados estratégicos, comunidades fortificadas y con guardas armados, donde los carteles dicen: "se disparará a los intrusos" y donde la ciudad está vigilada y patrullada por una policía espacial con alta tecnología. Lo que este trabajo sugiere es que la metrópolis industrial mundial posfordista, con su extraordinaria heterogeneidad cultural, crecientes polaridades sociales y potencial explosivo, se mantiene unida por tecnologías "carcelarias" de violencia y control social, fomentadas por el capital y el estado.

Lo que me interesa cuestionar aquí no es la validez de la descripción de Davis sobre Los Angeles, sino el grado de "fantasía" que le han otorgado otros urbanistas, especialmente de izquierdas, hasta el punto de reducir todos los discursos sobre la postmetrópolis a sus opiniones radicales políticamente tentadoras. Ya he descrito anteriormente *City of Quartz* como el mejor libro antiteórico, antiposmodernista, historicista, nativista

y masculinista escrito sobre una ciudad. Para aquellos que evitan la teorización abstracta porque aleja de un buen trabajo empírico y una acción política radical, que encuentran todo el debate sobre el posmodernismo y las postmetrópolis intrínsecamente conservador y políticamente abrumador, que se sienten más cómodos con el viejo materialismo histórico de Marx que con esta nueva y enmarañada materia espacial y geográfica, que aprecian el valor despierto y enérgico del conductor-callejero-*flâneur* que opera desde su planta baja, y que se asusta de los jactanciosos excesos de las críticas feministas posmodernas, Mike Davis se ha convertido en una figura heroica. Solamente me queda añadir que tal fantasía limita seriamente nuestros esfuerzos de toma de conciencia práctica, política y teórica de nuestro mundo contemporáneo y debilita nuestra habilidad de traducir este conocimiento en una acción radical efectiva.

Finalmente, llegamos al sexto discurso, sobre la postmetrópolis como *Simcity*, un lugar donde las simulaciones de un supuesto mundo real atrae y activa incesantemente nuestra imaginación urbana y se infiltra en la vida urbana cotidiana. En este caso, un concepto clave es el de simulacro, más o menos definido como una copia exacta de algo que quizás nunca haya existido. Planteado sin rodeos y con una aprobación al trabajo de Jean Baudrillard, el argumento es que dichas sorpresas y simulacros, y los mundos hiperreales que define, están más que nunca dando forma a cada aspecto de nuestras vidas, a quién y a qué votamos, cómo nos alimentamos, vestimos, emparejamos y modelamos nuestros cuerpos. Junto a esta expansiva confusión de la diferencia entre lo real y lo imaginado, está lo que Braudillard define como una "precesión de simulacros", una situación en la que las simulaciones cada vez tienen mayor prioridad sobre las realidades que están simulando. Nuestras vidas siempre han estado modeladas por estas hiperrealidades y por las fábricas especializadas que las producen, desde instituciones religiosas a Hollywood y Disneylandia.[5] Sin embargo, la mayoría de las veces, elegimos ir a estas fábricas, frecuentemente atravesando alguna puerta y pagando la entrada. Actualmente, de nuevo más que nunca, la hiperrealidad nos visita, en nuestras casas, en nuestras vidas cotidianas.

Por ello, este discurso sobre *simcity* necesita enfocarse seriamente en los estudios urbanos contemporáneos, no solo en la microescala de la vida diaria, sino también en los análisis microescala de urbanización y producción social del espacio urbano. Mi propio trabajo está intensamente enfocado hacia

97

---

[5] Las referencias a los simulacros abundan en la Biblia y son frecuentes en las prácticas del cristianismo. Para los católicos creyentes, las estatuas de la Virgen María o de Jesucristo en la cruz no son simplemente símbolos, sino presencias reales, al igual que la comunión de la hostia y el vino son el cuerpo y la sangre de Cristo. Uno debe comportarse realmente como si estas simulaciones fueran reales.

esta precesión de simulacro y la creciente hiperrealidad de la vida urbana en la postmetrópolis, en parte porque sospecho que esta reestructuración del imaginario urbano está desempeñando un papel clave en el emergente modo de regulación social, asociado con lo que los teóricos de la regulación francesa definen como los nuevos regímenes de acumulación capitalista (podría añadir, que emergiendo primariamente de los procesos descritos en los dos primeros discursos). Todo lo anterior es demasiado extenso para tratarlo aquí en profundidad, con tan poco tiempo y espacio para hacerlo. A su vez, ofrezco algunas *vignettes*, ilustrativas de lo que yo llamo las *scamscapes* de Orange County.

Orange County es uno de los condados republicanos de los EE.UU. más ricos, más educados y más recalcitrantemente de derechas. Ha sido un punto clave para el discurso local sobre la reestructuración industrial posfordista y un caso ejemplar para mis propias disertaciones sobre la formación de exópolis y la creciente hiperrealidad de la vida urbana.[6] En los mundos hiperreales de Orange County se ha desarrollado un *scamscape* particularmente efusivo, mi término para un entorno en que lo real y lo imaginario se encuentran tan difuminados que animan al fraude y a la mentira como formas de conducta, por no decir rutinarias, adecuadas. Orange County fue uno de los centros del célebre escándalo de Préstamos y Ahorros, cuya resolución le está costando a los EE.UU. incalculables billones de dólares y ha sido el área más activa en el país de fraudes al Ministerio de Defensa. En un caso reciente, se descubrió que una planta que fabrica espoletas, dispositivos de conexión que controlan la explosión de los misiles nucleares, no probaron sus productos, principalmente porque todo el mundo creía verdaderamente el cartel fijado en las paredes de la fábrica: "Sin duda alguna, fabricamos las mejores espoletas de los Estados Unidos". En ese caso, ¿por qué molestarse en probarlas? Por eso, después de cada pedido del gobierno, les dan el visto bueno de "excelentes" con toda confianza. También resultan representativas del *scamscape* las "calderas", especie de fábricas de alta tecnología donde se explota a los trabajadores que son el centro de todo tipo de fraudes y timos de *telemarketing*. En ningún otro lugar existen más calderas que en Orange County, y tienen fama de conseguir más beneficios que los traficantes de drogas. En una de estas activas colmenas del hiperfraude, se encontró un cartel que describe de forma emblemática la honestidad engañosa del *scamscape*. Dice: "¡Engañamos a los otros tipos y Vd. se beneficia de estos ahorros!".

A finales de 1994, el *scamscape* de Orange County explotó en

la mayor bancarrota municipio/condado en la historia de los EE.UU. En el periodo que siguió a esta sorprendente declaración, salió a la luz un sistema de gobierno municipal y del condado que gestionaba rutinariamente la economía pública del condado como si fuera una variable del juego popular de ordenador, *simcity*, con un *sim*gobierno que servía a los *sim*ciudadanos en lo que esencialmente era un *sim*condado. Lo que hacía que esta bancarrota resultara aún más hiperreal era que el personaje clave, el cobrador de impuestos, que estaba jugando el dinero del *sim*condado en el ciberespacio financiero de derivados exóticos y sintéticos con financiación ajena, tenía un nombre más que apropiado de Orange County: ¡Citron! En este bastión del nuevo populismo fiscal en que el pequeño gobierno es el mejor gobierno, este manantial de capitalismo sin regulación empresarial, hogar tanto de Disneyland y la Richard M. Nixon Library y Birthplace, el orgulloso centro para los logros fundacionales de una política posmoderna ultraconservadora que engaña a unos tipos y beneficia a otros con sus ahorros, la simulación, se vino abajo y no existía ningún botón para volverla a poner en marcha.

Con estos sucesos, también se hizo público el extraordinario grado en que el gobierno, políticos y la sociedad civil de los EE.UU. se están modelando por la precesión de simulacro y un juego de simulaciones amañado. Por lo que conozco del legado de Thatcher, el Reino Unido no se encuentra hoy muy lejos. Esto me conduce a algunas conclusiones breves. Nos guste o no, todos estamos inmersos en un mundo cada vez más posmoderno, creador de nuevos retos y contextos a los que no se puede responder siendo fieles a las viejas ideas y actuaciones políticas. La ciudad y lo urbano todavía siguen siendo lugares de lucha y discusión, pero los progresos sociales y las formas urbanas, y los procesos espaciales y las formas sociales que definen estas luchas, son ahora fundamentalmente diferentes de lo que fueron hace diez años. Más aún, existen poderosos indicios de que las formas predominantemente neoconservadoras y neoliberales de la sociedad posmoderna y las postmetrópolis que se han consolidado desde hace tres décadas de reestructuración global y local, están comenzando a desacreditar su propio éxito/exceso. Sucesos tales como los disturbios de 1992 en Justice, Los Angeles y la bancarrota de Orange County de 1994, no son sólo desórdenes aislados locales, sino parte de lo que podría emerger como consecuencia de una crisis global de reestructuración generada. Por ello, es incluso aún más urgente para la izquierda, para los pensadores progresistas y demás protagonistas, resolver sus divisiones internas y actuar en conjunto para crear una política posmoderna eficaz y emancipadora y un marco conceptual para unos estudios urbanos críticos también explícitamente posmodernos ajustados de un modo adecuado y eficaz a las realidades e hiperrealidades del momento contemporáneo.

---

[6] Edward E. Soja, "Inside Exopolis: Scenes From Orange County", en M. Sorkin (ed.), *Variations on a Theme Park: The New American City and the End of Public Space*, Nueva York, Hill y Wang/Noonday Press, 1992, pp. 277-298.

Manuel de Solà-Morales es profesor de Urbanística en la Escuela de Arquitectura de Barcelona y director desde 1968 del Laboratorio de Urbanismo de Barcelona. Ha sido profesor invitado en numerosas universidades de Europa y América, y consultor de destacadas iniciativas que tienen a la ciudad como objeto. La coherencia de las investigaciones desarrolladas sobre el desarrollo urbano moderno le permitieron construir una sólida teoría analítica de los procesos de urbanización que fundamentó la formación de generaciones de arquitectos en la Escuela de Barcelona y fuera de ella. Autor de obra influyente, en la que cabe destacar *Les formes de creixement urbà* (1993) [trad. cast.: *Las formas de crecimiento urbano* (1997)], y colaborador en prestigiosas revistas internacionales, ha sido director de colecciones de obras especializadas como "Ciencia Urbanística" y "Materiales de la ciudad", miembro fundador y redactor de *Arquitecturas Bis*, y director de *UR Urbanisme-Revista*. Ejerce también una intensa actividad como arquitecto de proyectos urbanos muy relevantes en distintas ciudades europeas (Trieste, Génova, Amberes, Lovaina, Oporto, Barcelona, etc.).

En 1996, con motivo de la celebración del Congreso Internacional de la UIA en Barcelona, fue invitado a participar en él y lo hizo con un discurso que se introducía, a través de Barcelona, en la interpretación de la metrópoli contemporánea. Es el que se presenta aquí.

© Rosa Feliu

99

# CONTRA EL MODELO DE METRÓPOLIS UNIVERSAL*

Manuel de Solà-Morales

Barcelona sale de un periodo en el cual, como ciudad física, ha experimentado una fase de intensa actuación sobre importantes aspectos parciales: sobre los espacios públicos, sobre algunos edificios de equipamiento y de servicio, sobre el sistema de comunicación general; pero también, al mismo tiempo, transformaciones de otra envergadura, difusas y multiplicadas sobre todo el tejido urbano, de grandísima eficacia: pequeños parques o reformas viarias de menor escala, acondicionamiento de fachadas y restauración de edificios... Son acciones de dimensión microscópica que, efectivamente, son importantísimas para conseguir la sensación de ciudad que ustedes -y me dirijo sobre todo a los visitantes- pueden tener cuando pasean por nuestras calles. Empiezo advirtiendo que estas cuestiones no son adjetivas ni, a mi juicio, son tampoco una afirmación simple de lo pequeño o lo local en detrimento de lo grande. Son cuestiones que están relacionadas con un modelo de ciudad y de metrópolis, que es de lo que quería hablar hoy aquí.

Pero me parece que en este momento, en la ciudad de Barcelona, se está produciendo un cambio de etapa en el cual, después de esta serie de intervenciones, en su mayoría sobre el tejido central de la ciudad, se empiezan a plantear temas de escala metropolitana, cuestiones que afectan la manera de entender la periferia y las posibles políticas para organizarla, cuestiones que pasan por la discusión de proyectos y de planes estructurales que reflejan algunas alternativas importantes, morfológica y culturalmente importantes, en la discusión del urbanismo de las ciudades.

En Barcelona se habla mucho ahora de infraestructuras, de grandes sistemas y de los problemas de la gran escala derivados del tren de alta velocidad, de las nuevas instalaciones aeroportuarias, de los sistemas logísticos. Los arquitectos explican que Barcelona tiene ese *caché* de la ciudad compacta del XIX, pero también Barcelona es cada vez más semejante a Tokio o a Los Angeles. Se dice que, dado el peso que tienen en la forma de la ciudad y del territorio, estas nuevas estructuras urbanas deberían ser diseñadas con tanto cuidado

* Conferencia pronunciada en Barcelona el 4 de julio de 1996 dentro de los actos del Congreso Internacional de la UIA.

como pueden haberlo sido las plazas decimonónicas o los paseos de principios de siglo. Me parece justo, aunque quizá las analogías no sean tan justas... No creo que las ciudades, por el hecho de tener autopistas, sean todas necesariamente iguales que Tokio o que Los Angeles o que cualquier otro modelo único. La importancia de esta innovación (la realización de grandes infraestructuras) no tiene por qué suprimir las diferencias, del mismo modo que, por el hecho de aparecer los teléfonos hace cien años, las ciudades no dejaron de ser cada una como era. Al fin y al cabo habría que ver dónde están los hechos significativos en la forma de las ciudades.

Me parece que hay ahí un punto interesante, y la experiencia que quisiéramos llevar a cabo en los próximos años en Barcelona puede aportar algunos elementos de interés. Esta ciudad, donde, efectivamente, los elementos de comunicación, las infraestructuras, son ahora operaciones mucho mayores de lo que hasta ahora nunca habían sido, no deja por ello de presentar también otros componentes sustanciales que no se pueden desconsiderar.

Se reflexiona a veces con simplificación cuando se cree todo resuelto diciendo, por ejemplo, que pensar la infraestructura ya incluye tener en cuenta el entorno: quizá el entorno de la infraestructura sea a menudo más importante y más difícil que la infraestructura misma.

Hay que reconocer en la experiencia de nuestras ciudades -no sólo de las ciudades mediterráneas, sino también de las ciudades europeas densas, es decir, de las ciudades del sur de Europa- unas características relativamente comunes que pueden hacer pensar en un modelo de metrópolis para estas ciudades, con aspectos propios, diferenciales, no por un afán de identidad excesiva, sino, realmente, por el reconocimiento de valores de urbanidad que en otras regiones no se presentan o se presentan de otro modo. Me refiero concretamente a la manera de entender la calidad de la vida urbana, y dónde y con qué imaginamos que se construye esa calidad de vida. Es cierto que al visitar Barcelona, la gente aprecia una suma de circunstancias. Aprecia la novedad de las operaciones realizadas, pero aprecia el resultado global de esa novedad, que es, efectivamente, una calidad de vida, una calidad urbana que proviene de una suma de aspectos más complejos, no solamente aspectos históricos, muchos de ellos son nuevos, algunos evolucionados, otros híbridos, pero al fin y al cabo, aspectos más complejos que la transformación en sí misma, como esfuerzo de construcción o de diseño.

Las rondas, por ejemplo. Las rondas de Barcelona son admirables, en un cierto sentido, como bien se ha dicho, por su efecto sobre la agilización del tráfico. Son admirables también, en

un sentido ya más profesional, proyectual, por la habilidad con que ciertos problemas de diseño, de cómo encajar en el tejido pequeño de un barrio denso un elemento grueso, se han resuelto bien. Pero es evidente que, si las rondas de Barcelona no pasaran por el tipo de barrios por donde pasan y por las zonas y ciudades que cruzan, no despertarían este interés. Ciudades con rondas hay muchas. Rondas que funcionan, también, y sin embargo no llaman la atención como la solución de Barcelona.

Me refiero a que, la fisiología es vital, pero que una ciudad, también una metrópolis, es importante por su anatomía: es importante por las partes que contiene, es importante por su riñón, por su hígado, por su pulmón. Naturalmente que el sistema que los alimenta es imprescindible. Pero la calidad de la ciudad proviene de sus parques, de la calidad de sus tejidos, incluso de sus elementos extraños, del límite de sus edificios, y también, sobre todo, de la manera como estos edificios están combinados. No todo es fisiología.

Pienso que ahora hay, efectivamente, una recuperación, a veces ingenua, del argot funcionalista estructural de los años sesenta, que puede resultar útil para la discusión de la escala de las nuevas infraestructuras. Se habla de flujos y de nudos, y hablamos de una idea estructural de la ciudad, de las grandes infraestructuras. No es que yo vea en esto solamente una recuperación polémica y "retro", en algún caso hasta una actitud que me hace sospechar un descubrimiento tardío de la pólvora, pero me parece que hoy estamos en condiciones de pensar -no siempre de ejecutar, pero por lo menos sí de pensar- que la complejidad de la situación metropolitana de nuestras ciudades pueda componerse de una mayor combinación de elementos que los de la gran infraestructura. Pienso que esta visión infraestructural nos llevará, esperemos, a diseñar estos elementos con más cuidado, con mucho más cuidado de lo que habían sido diseñados en otras épocas. Espero que se produzcan objetos arquitectónicos, paisajísticos o estructurales mucho más interesantes. Pero esto no debiera hacernos olvidar la estima y el protagonismo de las formas del tejido metropolitano.

Me parece sustancial, hoy, pensar en el contenido de nuestras ciudades, las sustancias en la composición de nuestras ciudades densas y promiscuas del sur del arco mediterráneo. Por de pronto, tenemos que pensar en un tejido metropolitano que tiene estas condiciones de densidad y de promiscuidad en un grado mucho más elevado que el que nunca encontraremos en las metrópolis construidas con los sistemas de ocupación más simples y recientes: por ejemplo, las metrópolis americanas, las metrópolis del sudeste asiático o las metrópolis japonesas. Esto es tópico, pero es verdad. Podríamos dedicar muchas

horas a justificar estas condiciones de densidad y promiscuidad. En todo caso es un hecho -sea debido al clima, sea debido a las formas culturales o a las características de lo que se
entiende como calidad de vida- que las ciudades en el sur de
Europa organizan una forma de metrópolis bastante original. La
densidad no es sólo cuestión de acumulación de usos, sino que
es también una cuestión de la variedad de estos usos. Y esa
promiscuidad provoca, precisamente, no solamente usos mez-
clados continuamente, sino la aparición continua de excepciones. Es la continua intromisión de elementos discordantes en
la homogeneidad lo que, de alguna manera, caracteriza la condición promiscua de estas ciudades.

Creo que es muy importante, en el mundo globalizado, aprender a leer las diferencias. La globalización no comporta, necesariamente, siempre, la anulación de las diferencias y, a veces,
es precisamente su posibilidad. Tenemos una visión demasiado tópica en el conocimiento crítico del urbanismo, en el conocimiento de las ciudades. La capacidad crítica, y ahora hablo
de la reflexión intelectual, es bastante baja. Conocemos las ciudades por clichés culturales, por los libros, las diapositivas, por
los viajes turístico-arquitecturales. Criticamos o apoyamos
unos esquemas de ciudad o de urbanismo basándonos en cla-
sificaciones críticas, a veces simplemente gráficas, muy limitadas. Conocemos menos la experiencia de las ciudades, conocemos poco las ciudades por haberlas andado, por como se
viven o como han sido hechas. Esta limitación produce realmente escasez en nuestra común capacidad de leer las ciudades actuales o, más concretamente, de leer la parte actual de
nuestras ciudades. Esta dificultad de discernimiento me parece
una de las limitaciones culturales genéricas que la cultura
arquitectónica, incluso la cultura en general, tiene en estos
momentos. Me parece que éste sí que es un problema a la
escala de este congreso. Saber leer las ciudades actuales no
es tan evidente. Hace cincuenta años, los geógrafos urbanos
describían las ciudades. Y existía una disciplina, que era la
geografía urbana, que leía y explicaba cómo eran las partes de
la ciudad y de qué se componían. Hoy día esto no existe. Los
geógrafos se dedican a otras cosas. Se dedican al análisis del
sistema de ciudades, pero no al análisis de la ciudad en sí. Las
partes de las periferias, o las partes de relación de las periferias con el centro, hoy nos parecen lo mismo. No sabemos distinguir porque no tenemos los conceptos, la taxonomía, las
palabras para hacerlo. Y, en este sentido, creo que nos faltan
las palabras más descriptivas, las más reales y, quizás para
generalizar, abusamos de los términos funcionales o de las
palabras mecanicistas para esconder nuestra imprecisión.

No sé. Algún arquitecto importantísimo y conocedor de las ciudades ha escrito, por ejemplo, que hoy día las ciudades todas
son como Atlanta, como Singapur y como Los Angeles. Bueno,
entre Atlanta, Singapur y Los Angeles hay enormes diferencias.
Es que no se parecen en nada a poco que uno las conozca.
Sería bueno comprobar su experiencia sobre estas ciudades.
Yo, sin conocerlas mucho, las conozco lo suficiente como para
ver que realmente, a pesar de que todas han experimentado un
*boom* edificatorio tremendo durante los últimos años, una
explosión de autopistas, y que tienen todas ellas un sistema
espacial fragmentado y descompuesto, eso no debiera bastar-
nos para pensar que son iguales. Porque, con este criterio,
también cabría decir que todas las ciudades del pasado eran
idénticas porque todas se componían de calles y edificios, de
plazas y de paseos. O sea, no matizar algo más sobre estas
cosas nos puede llevar a simplificaciones peligrosas y a perder
la noción de lo que nuestro oficio pueda aportar al futuro de las
ciudades.

Les sugiero, y lo he dicho ya en otras muchas ocasiones, que
para ver bien la Barcelona actual, suban ustedes a una de las
colinas que hay junto al Llobregat, a la colina de Sant Ramon o
a la colina de Sant Pere Màrtir, y desde allá contemplen la composición de la metrópolis, la riqueza formal de la periferia, en
ese multiplicarse en partes y componentes, en tejidos, en las
pequeñas relaciones que la hacen. Verán un espectáculo, por
de pronto, de inmensa belleza, de una belleza que articula en
unidades de orden superior muchísimos elementos. Es algo
que no tiene que ver, desde luego, con otros tipos de ciudad. Y,
ciertamente, muy poco con las periferias norteamericanas o del
sudeste asiático. Tampoco con las holandesas, las inglesas o
las alemanas. En cambio, el tipo de mezcla sí es comparable
al de otras ciudades, pero todas pertenecen a esta misma área
de las ciudades del sur de Europa, y ello por un modelo de
características que ahora intentaré definir pero que vienen a
colación como recomendación del esfuerzo por leer con cuidado las metrópolis contemporáneas.

Para leer Barcelona, suban al Carmelo, que es ese monte
ingrato que hay al final de los ensanches -de la trama Cerdà,
de Gràcia, de Horta y las casas-jardín de los Nou Barris y las
Trinidades y los Montbaus que hay detrás- y observen como se
presenta la articulación de todas esas piezas distintas en la ciudad. Por de pronto, es un espectáculo estético, sí, pero, desde
luego, es también un espectáculo urbanístico, y es una lección
que nos enseña a mirar las formas de las ciudades con más
afecto, y también con mayor capacidad de reconocer sus
actuales diferencias.

¿Cuáles son las características de este tipo de metrópolis
sudeuropea? Obviamente se diferencian de las metrópolis
sudamericanas, que suelen explicarse a partir de su fundación
colonial como trazados, aunque otras veces lo sean en términos de infraestructura generativa, que soportan usos derivados

101

indiferentes. ¿Cómo son de distintas las grandes ciudades del norte de Europa? La relación generativa entre infraestructura y uso existe siempre, es verdad, pero producida de modos bastante distintos. Encontramos tamaños muy desiguales, con unos grados de promiscuidad, de densidad o de adaptación al territorio muy variables. Y eso es lo que da la forma a las ciudades. Y eso es lo que determina como se vivirán y, por lo tanto, las distintas calidades de vida que ofrecerán.

Es obvia y bien sabida la comprensión estructural del crecimiento como lo generado desde el flujo de los sistemas generales, como lo que posibilitan las infraestructuras. Pero hay mucho también en la metrópolis sudeuropea de otras lógicas, más complejas y aleatorias, tal vez menos deterministas, pero que tienden más a seguir comportamientos posibilistas de aprovechamiento de oportunidades que a ser consecuencias deterministas generalizables. Yo diría que nuestras ciudades, en gran medida, crecen gracias a acciones ocasionales que aprovechan oportunidades de suelo y de emplazamiento, de novedad o de residuo, de publicidad o de escondite, de vecindario o de aislamiento. Y las nuevas operaciones no siempre están relacionadas con el sistema infraestructural, pero no solamente con el sistema infraestructural (como ocurre, por ejemplo, en los llanos del "Midwest" americano o, a lo mejor, en las metrópolis asiáticas). La forma de nuestras metrópolis sigue más un modelo "de aprovechamiento de oportunidades fragmentarias" que el esquema determinista del funcionalismo estructural. Aquí hay mucho de aprovechamiento de condiciones especiales del lugar, que vienen dadas por ejemplo por la topografía, o por las ventajas sobre todo de vecindario. Pienso que estas relaciones de contacto perimétrico entre las piezas urbanas, esta lógica de mosaico como principio de crecimiento de la ciudad, la idea de crecimiento por lateralidad, no sólo por creación de infraestructuras, es importantísima en nuestras ciudades.

Quiero en este sentido -y sería mi primera tesis polémica, por lo menos en los términos tradicionales de los especialistas- romper una lanza en favor de una forma urbana difamada y maldecida, la llamada "mancha de aceite". Se decía: "Alerta, las grandes ciudades crecen como manchas de aceite". "Esto es intolerable, esto es lo peor que nos puede pasar, es la imagen del desastre, del caos". Pues bien, yo encuentro la *mancha de aceite* bastante interesante, y quisiera recalcar sus ventajas, aun a riesgo de ser ahora un poco esquemático en mi defensa. No pretendo elogiar la falta de control, ni justificar la falta de infraestructura. Sostengo que, aparte del control y de la infraestructura, hay una condición geográfica de yuxtaposición de los elementos metropolitanos, de continuidad en cómo se colocan vacíos y llenos, en cómo se engancha un barrio de viviendas al lado de un casco antiguo, o un pequeño parque al lado de un

centro de servicios, una condición de contacto que tiene mucho que ver en cómo un centro comercial se adapta a unas viejas industrias, o en como una zona turística explota e ignora a la vez el paisaje. Las dificultades y los conflictos que se derivan no son accidentales ni extraños al modelo, son el precio del oportunismo con que se van distribuyendo las cosas, según lógicas que, naturalmente, necesitan del control y de la infraestructura, pero que muestran la preponderancia de la idea de contigüidad en nuestras ciudades. Creo que esta importancia tenderá a aumentar porque forma parte de las condiciones de la calidad de vida, a las cuales nuestra cultura no quiere renunciar. Por tanto, una primera tesis (que, ya digo, hay que atender en toda su relatividad) es el interés positivo por esta disposición de mancha, más o menos aparentemente descontrolada, y no por descontrolada atractiva, sino por su valor de respuesta, más allá de controles abstractos o de factores infraestructurales, a oportunidades y ventajas más inmediatos. La "mancha de aceite" me parece importantísima en el entendimiento y el tratamiento de la metrópolis sudeuropea.

El segundo aspecto que considero importantísimo en nuestras metrópolis es el gran peso generador de la *topografía*: Aquí la topografía no es un factor de contexto. No es un factor de marco. Es un elemento sustancial de las ciudades. Yo creo que en Barcelona, por ejemplo, es importantísimo observar lo que un colega y amigo, el arquitecto Oriol Clos, decía al ver tantas plazas rediseñadas como tableros horizontales salidos del paralex del delineante: "*Ull! Que Barcelona fa baixada!*", Barcelona baja, "*fa baixada*", que es decir algo más, Barcelona es bajante. El fondo de la cuestión es esa relación fundamental de la ciudad a la topografía. Efectivamente, siempre, y de una manera bastante clara, tenemos al movernos por Barcelona la conciencia, no sólo de la orientación cardinal, sino del sentido topográfico que toma la ciudad: de las calles del Ensanche hacia el mar, o la orientación hacia los ríos en las áreas del Llobregat y del Besós, donde la topografía es igualmente básica y fundamental. Esta condición topográfica de las zonas urbanas es característica de ciertas ciudades, y muy importante en las áreas del sur de Europa, porque ya han establecido desde su origen un juego de interacción con la orografía. No sólo se trata de las condiciones globales de la topografía, sino también de sus formas parciales, menores, de cómo se aprovechan los rincones, de las bolsas que se forman, de la creación de microclimas o de enclaves (por ejemplo, de buena residencia junto a otras de residencia barata para poder conseguir un lugar especialmente privilegiado en cuanto al clima, a las vistas o a la vegetación). Para estos enclaves privilegiados, incómodas vecindades, aceptadas, que permiten un aprovechamiento oportunista y una concepción de la ciudad como un hecho básico de topografía. Y es ésa interacción la que produce una escala de promiscuidad en las distintas partes de la ciu-

102

dad espacialmente distinta de la que se da en otro tipo de metrópolis.

Un tercer aspecto, para mí característico, sería el *grano pequeño*. Barcelona es una ciudad donde el grano pequeño es importante. Ahora uso "grano" como en la terminología clásica de Kevin Lynch, donde este término hace referencia a la abundante variedad de tamaños de los elementos, de las piezas urbanas. En Barcelona, por ejemplo, no hay grandes solares. Yo puedo hablar mal de esto porque soy autor de uno de los edificios completamente fuera de grano de la ciudad, muy grande. Pero es un caso excepcional. En Barcelona, un solar de media hectárea es ya un solar muy grande. Y muy raro. Y, de eso, también podemos dar explicaciones: la estructura mercantil de la ciudad, la división de la propiedad, la inexistencia de una casa real o de un poder central en la ciudad que se representara con grandes palacios o jardines, la ausencia de una aristocracia que acumulara fincas y creara grandes piezas. Eso no ha existido aquí. Por lo tanto, el grano de las unidades de la ciudad es más bien pequeño, y eso provoca una variedad en la interacción muy alta, y, en las zonas de contigüidad, situaciones especialmente interesantes.

Por ejemplo, una de las zonas más ricas de Barcelona es la frontera entre el Ensanche y el Casco Antiguo. Es precisamente ese valor de junta que aparece allí, las charnelas de la calle Fontanella y la plaza Urquinaona, de la plaza Cataluña, de las dos caras de las Rondas... También son de gran riqueza las zonas donde se une Gràcia con Sarrià, o con Horta... O sea, no sólo son fundamentales las piezas, sino cómo se tocan estas piezas, todas estas piezas tan buenas, que el visitante de Barcelona reconoce, y dice: "Hombre, es que Barcelona no es sólo bonita por Las Ramblas. Es que, vayas donde vayas, te encuentras no sé qué, y no sé cuántos. Y vas a Gràcia, y vas al mar y vas a tantos otros sitios...". Y me refiero a esto ahora porque quisiera poner atención a esa articulación de las partes.

El grano pequeño, el que las cosas de menor envergadura se hagan con meticulosidad, es también lo que ha hecho meritorias muchas de las recientes actuaciones en la ciudad (y en otras ciudades próximas) donde, efectivamente, se ha sabido ser sensible al mismo tiempo a las condiciones inmediatas del entorno y del espacio que se quería crear y a la producción de objetos, de edificios, de espacios públicos suficientemente adecuados a funciones urbanas genéricas.

Dice un anuncio de televisión aquello de que "en las distancias cortas es donde se resuelven las grandes cuestiones". Creo que aparece en el anuncio de un perfume masculino que refuerza los atractivos de un galán conquistando a una estupenda señora. Al llegar a las distancias cortas viene la hora de

la verdad. Pienso que, en nuestras metrópolis, algo de eso ocurre. Es en las distancias cortas donde nos jugamos, no sólo las distancias pequeñas, nos jugamos también los principios generales. Un maestro de la arquitectura, a mi juicio, uno de mis maestros de arquitectura y de urbanismo, es Johan Cruyff, ex-entrenador del Barça, persona (otras actividades a parte) de una sabiduría extrema en el entendimiento de lo que es una profesión como actividad creativa, que, al igual que otros grandes profesionales, ya sean pianistas o carpinteros de ribera, cuando explican su oficio hablan de principios que sirven para cualquier otro oficio y, desde luego, para la arquitectura. Decía Cruyff que el buen jugador tiene que tener dos visiones a la vez. Por un lado, tener clara la posición en el campo. Pero, sobre todo, en la distancia corta, decía, ha de saber resolver con un gesto el doble de ideas de las que resuelve el contrario. Tiene que saber desligar la mirada, decía, del juego de piernas y pelota. Venía a decir que la jugada corta, a la vez, tenía que tener en cuenta la jugada larga, aunque la pura posicionalidad no daba el partido y que, al final, era el talento del jugador el que lo resolvía. El jugador de visión general tenía que tener, también, la capacidad extra de no fallar, o "fallar poco"(!) en la jugada corta. Me parece que son afirmaciones aplicables a nuestro tipo de ciudad. Y que, en cambio, tal vez no lo sean a otras metrópolis mundiales que me interesan muchísimo y me parecen de enorme contenido cívico, cultural y arquitectónico, pero cuyo mayor interés es, precisamente, que atienden a cuestiones distintas. Hace falta arriesgar mucho si queremos que hablar de la "gran escala", de "flujos" o de "terrenos vagos", como se hace en este congreso, no sea poco más que verbalismo de etiqueta, y que no resulte imitar a Valdano, cuando el que hace falta es Cruyff.

El cuarto aspecto que me atrevería a proponer como específico de la metrópolis mediterránea, o sudeuropea, es el de la *vialidad abierta*, el hecho de estructurarse con sistemas de vialidad abiertos. En estas metrópolis los grandes sistemas, los sistemas viarios básicos, no son sistemas urbanos, sino sistemas menores de naturaleza casi territorial. Esto ya forma parte de la tradición de las centuriaciones y de los trazados de Jefferson, y de las fundaciones coloniales, pero también forma parte del concepto de una relación imprecisa y múltiple con su territorio inmediato y con su territorio más lejano. Es una relación de jerarquía, de continuidad, que no encontramos en las metrópolis contemporáneas de Asia, de Sudamérica o de la Europa transalpina. En el siglo XVI, a muchas poblaciones interiores de Cataluña se les daba el nombre y tenían el título jurídico de calles de Barcelona, a pesar de estar, a lo mejor, a dos días de camino. Eso refleja una concepción del territorio que me parece extraordinariamente moderna. Creo que está estrechamente relacionada con la idea de que la distancia o la separación no es la única cosa que caracteriza la pertenencia. He descrito en los periódicos, por ejemplo, el eje del Llobregat como un eje importantísimo de Cataluña. Otros habría, no cabe duda. El Maresme podría ser otro frente importante. En cualquier caso, me refiero a una organización de los sistemas viarios urbanos que es de largo alcance, como podemos encontrar en Palermo, en París o en cualquiera de las ciudades grandes del sur de Europa. Milán, por ejemplo, tiene un sistema de vialidad primaria que llega hasta Suiza, un sistema que no incluye solo la gran infraestructura, la autovía o la carretera. Es un sistema de organización urbana y que, por tanto, tiene continuidad en calles y tejidos, aunque sean intermitentes. En ese sentido, y no es la primera vez que lo digo, las rondas de Barcelona, que tantos méritos tienen en cuanto a su buena ejecución, al esfuerzo invertido y a la inmediata solución de problemas de tráfico, son, en cambio, una estructura en buena parte contradictoria con el sistema primario barcelonés, y que en un futuro de quince años puede resultar reductiva para la organización de una Barcelona más amplia. Esa idea anular de ciudad, en una ciudad que no tiene nada de anular, que es tentacular y de alguna manera abierta hacia fuera, no cerrada en sí misma, puede, una vez pasado el primer efecto estimulador de cambios, resultar conflictiva por dar servicios viarios de forma más imprecisa y extensa, menos optimizada y compacta, más intermitente pero menos introvertida. Soy de la opinión de que nuestras ciudades, y hablo de nuestras en este sentido geográfico algo vago, no deberían funcionar tanto con anillos. Me parecen más apropiadas las estructuras tentaculares, estructuras más lanzadas hacia el territorio, que son las que define la naturaleza imprecisa, un poco de magma, de mucha condensación y de acumulación y de densidad, característica de nuestras ciudades.

*Mancha de aceite, topografía, grano pequeño y vialidad abierta* son, para mí, notas características que hemos descrito para Barcelona, pero que tienen valor general como definición de un modelo de metrópolis, un modelo donde la contigüidad es más importante que la continuidad y el tejido pringoso y amorfo de ciudad es un valor en sí mismo; donde los tamaños se mezclan a pequeñas dosis, y donde la vialidad es algo más que un dispositivo lógico de circulación hacia dentro para ser trama de relaciones indefinidas; un tipo de urbanización como forma cultural no reducible a la función economicista de la gran infraestructura como expresión uniformadora de la gran riqueza de diferencias de las grandes ciudades contemporáneas.

104

Rosario Pavia es profesor de teoría de la urbanística en la Facultad de Arquitectura de Pescara (Italia) y director del Departamento *Ambiente Reti Territorio* de la Universidad G. d'Annunzio de Pescara. Es autor de publicaciones tales como *L'idea di città* (1982), *Cittá e territori nel medio Adriatico* (1990), *Le paure dell'urbanistica* (1997), *Territori e spazi delle infrastrutture* (con A. Clementi, 1998), *Paesaggi elettrici* (1998), *Babele, la città della Dispersione* (2001). Ha sido investigador visitante en la *Northeastern University* de Boston y profesor visitante en la *Graduate School of Design* de la Universidad de Harvard. Ha dirigido numerosas investigaciones sobre planeamiento urbano, así como planes de recualificación urbana. Como experto, colabora con la *Direzione Aree Urbana ed Edilizia Residenziale* del Ministerio de Infraestructuras y Transportes de Italia. Ha contribuido a la promoción del Departamento de Arquitectura y Urbanismo de la Universidad de Pescara, habiendo dirigido la revista *Piano Progetto Cittá* entre 1999 y 2001. Dirige actualmente la revista *Adriatico* y la colección del libro *Babele* (junto con M. Ricci).

Su libro *Le paure dell'urbanistica* recoge un valiente y agudo análisis de cuestiones candentes en el urbanismo contemporáneo de Italia justificado en un experto conocimiento de la realidad y en un sabio soporte teórico. La originalidad y viveza de sus hallazgos hacen a su discurso generosamente extendible a otras realidades urbanas y territoriales de Europa. De ese libro, se presenta aquí la versión al castellano de su primer capítulo.

© DART, Pescara

105

# EL MIEDO AL CRECIMIENTO URBANO*

Rosario Pavia

Puedes remontar vuelo cuando quieras –me dijeron– pero llegarás a otra Trude, igual punto por punto, el mundo está cubierto por una única Trude que no empieza ni termina, sólo cambia el nombre del aeropuerto.

Italo Calvino, *Las ciudades invisibles*

El rechazo del crecimiento urbano como factor negativo, tanto en el plano social como en el estético, es quizás el ejemplo más evidente de los miedos que invaden la disciplina urbanística. El temor viene de lejos y demuestra inequívocamente como de la inercia de la ciudad, de su lenta transformación, dan cuenta saberes y comportamientos que son también de larga duración.

## Nostalgia de la "ciudad-cuerpo"

Indudablemente gran parte de nuestra cultura visual, es decir, de nuestra manera de entender y de percibir el espacio, ha quedado ligada a la noción renacentista de la ciudad como forma cerrada, geométrica, limitada. Una ciudad como sistema unitario, en la que todas las partes están relacionadas y proporcionadas. A final del siglo XV Francesco di Giorgio Martini afirmaba que la ciudad "no a un miembro, sino a todo el cuerpo debe tener semejanza, porque como una parte a la parte, así el conjunto al conjunto debe ser equiparado";[1] a principio del siglo XVII, Vincenzo Scamozzi estaba todavía ligado a la metáfora de la "ciudad-cuerpo": "Las ciudades son cuerpos humanos y los demás edificios vienen a ser como miembros de ellas".[2]

---

[1] Francesco di Giorgio Martini, *Trattato di architettura civile e militare*, Turín, 1841, libro III, pp. 191-192. El *Trattato* fue escrito en periodos distintos después de 1492.

[2] Scamozzi, Vincenzo, *L'idea dell'Architettura universale* (Venecia, 1615), Bolonia, 1982, parte primera, libro II, cap. XVIII, p. 159. La estrecha relación entre visión en perspectiva y proyecto urbano está claramente expuesta por Scamozzi cuando

Es la mirada en perspectiva la que reconstruye la unidad y el orden de la "ciudad-cuerpo". Tal mirada necesita de un límite, de puntos de vista privilegiados, desde los cuales se pueda reconocer, bien la forma urbana global, bien cada una de sus partes. La ciudad era, entonces, definida completamente por sus arquitecturas.[3]

La sensibilidad visual de la ciudad de antiguo régimen está claramente resumida en las palabras de Montesquieu: "Cuando llego a una ciudad, subo al campanario más alto o a la torre más alta, para tener una visión de conjunto, antes de ver cada una de las partes, y al dejarla hago lo mismo para fijar las ideas".[4]

Mientras que la metáfora de la "ciudad-cuerpo" será disipada por las grandes dimensiones alcanzadas por las mayores capitales europeas (París y Londres habían perdido definitivamente la reconocibilidad de su forma urbana en el curso del siglo XVII), la necesidad de poner un límite al crecimiento demográfico y de definir el perímetro de la ciudad con una figura geométrica simple permanecerá profundamente enraizada en la cultura urbanística posterior y llegará hasta nuestros días.

El miedo al desarrollo demográfico y físico de la ciudad se encuentra claramente en el pensamiento fisiocrático, cuando por primera vez se denuncian los desequilibrios territoriales producidos por el gigantismo de las ciudades capitales. El crecimiento de París parece a Mirabeau algo monstruoso, aberrante, que lleva a la muerte: "Una capital es tan necesaria al Estado como la cabeza al cuerpo, pero si la cabeza engorda excesivamente, el cuerpo se vuelve apopléjico y todo muere".[5] En las utopías del siglo XVIII, los males de las grandes ciudades son denunciados sistemáticamente. Las nuevas proyecciones urbanas están basadas en el orden geométrico, en la higiene, en las obras públicas, pero todas demandan un límite al crecimiento: así Lunol tiene sólo 650.000 habitantes, Sevariade 267.000 y Leliopoli 600.000.[6]

En la Antigüedad y en la ciudad del Antiguo Régimen, la dimensión demográfica está fuertemente condicionada por el abastecimiento de alimentos; sólo las capitales y las grandes ciudades mercantiles, incluidas en los circuitos comerciales nacionales e internacionales, consiguen, no sin preocupación, librarse de este vínculo. No es sólo una cuestión cuantitativa ligada a la supervivencia: se pide el límite por razones políticas, éticas y de control social. De nuevo son los utopistas quienes protagonizan la demanda de rigidez. Población urbana y forma de la ciudad se definen estrictamente. Amaurote, la ciudad capital de Utopía (pero lo mismo vale para todas las otras ciudades de la isla feliz de Tomás Moro), no puede modificarse, no puede crecer. Sus ritmos sociales, como sus arquitecturas y sus trazados, son eternos.[7]

La misma rigidez de los modelos espaciales de la utopía se puede encontrar en las actitudes de proyecto de la arquitectura y del urbanismo: desde el Renacimiento hasta hoy, la tendencia a circunscribir, a delimitar, a configurar definitivamente la organización urbana no ha agotado todavía su tensión vital.

El miedo al crecimiento se hace obsesivo con el triunfo de la ciudad capitalista. Justo cuando el desarrollo de la producción y de la circulación de las mercancías parece poder asegurar un crecimiento ilimitado, el rechazo de la gran dimensión aparecerá cada vez más rotundo. A nivel teórico y de los contenidos operativos, la urbanística moderna será, desde los orígenes, profundamente antiurbana.

La gran dimensión de la ciudad industrial es rechazada por todos los utopistas del siglo XIX. El "mal" ciudad es superado por medio de la descentralización, por medio de la difusión en el territorio de unidades de asentamiento contenidas, definidas en el número de los habitantes y en la forma urbana.

El falansterio de Fourier tiene una población de mil seiscientas personas y una configuración precisada en detalle; las comunidades ideales de Owen tienen de media mil doscientos habitantes y una forma cuadrangular.[8]

Más tarde, en la segunda mitad del siglo XIX, el médico utopista Richardson fija para Higeia, la ciudad de la higiene, una población óptima de sólo cien mil personas; mientras que Morris en su *News from Nowhere*, aun no definiendo la población de Londres (proyectada año 2000), la imagina considera-

---

dice: "las calles maestras son aquellas que (...) llevan por la más noble parte de la ciudad como a las plazas, al palacio del príncipe y a las principales iglesias, pero deben ser rectas y amplias (...), porque de esta manera hacen la ciudad siempre respetable y bella y resultan de mayor comodidad. De manera que los forasteros que pasan por ellas de una sola ojeada ven buena parte de la ciudad o por lo menos algunas cosas más gratas y bellas que hay en ella" (libro II, cap. XX, p. 169).

[3] Sobre estos aspectos cf. R. Pavia, *L'idea di città* (1982), Milán, 1994; F. Finotto, *La città chiusa*, Venecia, 1992; M. Romano, *L'estetica della città europea*, Turín, 1993.

[4] Montesquieu, *Voyages* (Bordeaux, 1894-96), París, Stock, 1943, p. 64. Los apuntes del viaje, desarrollado entre 1728 y 1729, fueron transcritos entre 1745 y 1755.

[5] Mirabeau, *L'ami des hommes ou traité de la population*, Avignon, 1756-1758, 2ª parte, cap. VII, pp. 152-153.

[6] Sobre los modelos espaciales de las utopías iluministas cf. B. Baczko, *Lumières de l'utopie*, París, Payot, 1978; F. Choay, *La règle et le modèle. Sur la théorie de l'architecture et de l'urbanisme*, París, Seuil, 1980.

[7] Choay, Françoise, *op. cit.*, pp.174-176.

[8] Sobre los utopistas de la primera mitad del siglo XIX, cf. L. Benevolo, *Le origini dell'urbanistica moderna*, Bari, 1963 (trad. cast.: *Orígenes de la urbanística moderna*, Buenos Aires, Tekne, 1967, o bien *Los orígenes del urbanismo moderno*, Madrid, Blume, 1979).

blemente reducida.[9]

Con la afirmación de la urbanística moderna, la orientación predominante es el rechazo de la gran dimensión: la población de la ciudad-jardín de Howard es de 30.000 habitantes y sólo en algunos casos llega a 58.000, la de la ciudad industrial de Garnier es de 30.000 personas, mientras que la de la ciudad comunista de Strumlin, que gravita alrededor de una fábrica de diez mil obreros, se fija en 28.300 residentes.[10]

Incluso cuando la gran dimensión es aceptada, el límite aparece irrenunciable: Wagner imagina su *Großstadt* articulada en distritos de cien mil habitantes, perfectamente homogéneos y estructurados en su definición arquitectónica;[11] de la misma manera, Hilberseimer y Le Corbusier no podrán evitar circunscribir sus soluciones de asentamiento urbano. El primero, en 1923, con ocasión de un concurso de la revista *Bau Welt*, elabora una ciudad residencial articulada en unidades de 125.000 habitantes,[12] geométricamente definidas por la figura del rectángulo (casi 2.200 metros por 900) y por una malla interna ortogonal con manzanas de alta densidad; el segundo, en 1925, por un lado contiene el crecimiento de su *ville contemporaine* en tres millones de habitantes, y por el otro señala llamativamente el límite entre ciudad y campo.[13] "La geometría trascendente debe reinar, dictar todos los trazados y llegar a sus consecuencias más pequeñas e innumerables". En la *ville contemporaine*, la lógica de la geometría cumple la última utopía renacentista: la ciudad vuelve a ser medida en su interior y cerrada hacia el exterior. Le Corbusier acepta la expansión según el modelo de la ciudad-jardín: su ciudad central, en cambio, no debe crecer, su forma geométrica debe ser inmutable, como la de las ciudades utópicas. Entre el modelo espacial de la utopía y el de la urbanística progresista hay una estrecha relación: ambos son estáticos, fijos, eternos; ambos son producto de la intervención de un fundador, de un arquitecto héroe.

Le Corbusier, como Utopo, funda para todos la nueva ciudad.

---

[9] Al respecto, cf. F. Choay, *L'Urbanisme: utopies et réalités*, París, Seuil, 1965 (trad. cast.: *El urbanismo: utopías y realidades*, Barcelona, Lumen, 1970, pp.171-177 y pp. 206-219).

[10] Una reflexión sobre el argumento en *La città e il limite*, a cargo de G. Paba, Florencia, 1990.

[11] Wagner, Otto, *Die Großstadt*, Viena, 1911, en O. Wagner, *Architettura moderna e altri scritti*, Bolonia, 1980, pp. 105-119.

[12] Sobre las propuestas urbanísticas de Ludwig Hilberseimer entre 1923 y 1927 cf. C. Mengin, "L'architettura della Großstadt", *Rassegna*, septiembre 1986; en *Großstadt Architektur* (Stuttgart, Julius Hoffmann, 1927) Hilberseimer elabora un modelo urbano para aproximadamente un millón de habitantes (trad. cast.: *La arquitectura de la gran ciudad*, Barcelona, Gustavo Gili, 1979).

[13] Le Corbusier, *Urbanisme*, París, Crès, 1925 (trad. cast.: *La ciudad del futuro*, Buenos Aires, Infinito, 1962, p. 107).

De la ciudad ideal del Renacimiento hasta la *ville contemporaine* de Le Corbusier se desarrolla una increíble continuidad. Hoy todavía, persiste en nuestra cultura visual la idea de una ciudad como producto unitario, como sistema claramente definido por una forma. Es el deseo, la nostalgia de la pérdida del centro. Hoy todavía, frente a una ciudad desintegrada, estallada en añicos, perspectivas anacrónicas a vista de pájaro intentan restablecer un posible orden geométrico, buscando dar forma y unidad a un conjunto ahora ya dividido en una pluralidad de partes y de periferias. La ciudad ha perdido hace tiempo su forma. Daniel Defoe, a final del siglo XVII, primero se dio cuenta de que su Londres ya no tenía una forma reconocible: "su aspecto", decía, "se ha agigantado de manera desordenada y confusa, fuera de cualquier forma fija".[14] Frente a ese proceso sentía desconcierto, miedo, pero también orgullo, aceptación; podía afirmar, de hecho, que aquella expansión informe era la razón "de la desventura de Londres, no menos que de su belleza".

Hoy día, ante la extensión de las periferias, la orientación predominante es el rechazo.

## La periferia como "mal"

La urbanística moderna nace como remedio, como "fármaco" contra el "mal" ciudad. Desde el siglo XIX hasta hoy la ciudad ha sido vista siempre como enferma;[15] por eso debe sanearse, recualificarse; por eso hay que intervenir sobre su cuerpo en descomposición con la precisión y el rigor científico del cirujano. Cerdá y Le Corbusier usan con profusión la metáfora del científico, del cirujano que extirpa el mal y salva el organismo urbano. Entre las consignas lecorbusierianas encontramos: "cirugía en el interior, medicina en el exterior".

El miedo al crecimiento ha impedido analizar el carácter de la periferia urbana, aceptándola como presencia, como nueva y emergente condición metropolitana.

Le Corbusier negaba la periferia, recomendando la concentración y el aumento de la densidad residencial. La urbanística racionalista controlaba la expansión a través de pocos barrios de considerable dimensión, perfectamente regulados por la geometría de la implantación y por la tipificación de las soluciones distributivas y constructivas.

107

---

[14] Defoe, Daniel, *A Tour through the Whole Island of Great Britain* (1724-1726), Londres, Dent Dutton, 1962, vol. I, pp. 314-315.

[15] Sobre la noción de "ciudad enferma" y de la urbanística como "fármaco" cf. F. Choay, *La Règle et le modèle*, op. cit., pp. 297-302; D. Calabi, *Il "male" città: diagnosi e terapie*, Roma, 1979.

En el fondo, lo que se quería era separarse de la ciudad antigua y construir en su exterior, con reglas nuevas, la ciudad moderna. El urbanismo italiano, desde la posguerra hasta los años más recientes, aceptando los aspectos exteriores y más trasmisibles de la cultura funcionalista-progresista, ha rechazado constantemente afrontar el problema de la periferia urbana. Mirándolo bien, también los planes de la expansión y del sobredimensionamiento demográfico han estado en contra de las periferias. En estos planes (estamos en los años setenta), por un lado, desaparece cualquier referencia a la arquitectura; por el otro, el dimensionamiento se desarrolla acríticamente, sin análisis, con una aceptación restrictiva del desarrollo. Rechazando la complejidad, no se podían comprender las reglas estructurales e íntimas del crecimiento urbano.

El sobredimensionamiento no era la señal de una apertura, sino que, y hoy es aún más claro, estaba ligado al mal gobierno, a la negociación de los valores inmobiliarios de las áreas. Una negociación difusora: sólo por esto se pedía la expansión del plan.

Planes sobredimensionados, pero también rechazo del asentamiento extensivo. En la gran ciudad, como en el centro pequeño y mediano, la tipología alta venía impuesta como factor de modernización. Los tipos edificatorios bajos, en tejido, eran rotundamente rechazados como factores de despilfarro, de dispersión, de altos costes sociales y de gestión.

El plan sobredimensionado ha creado la discontinuidad de la periferia oficial y al mismo tiempo ha liberado las fuerzas de la ilegalidad abusiva. La periferia abusiva, esa segunda ciudad que cerca la ciudad del plan, es el nuevo mal. Para ella no habrá terapias; la urbanística es incapaz de comprenderla.[16]

La búsqueda de áreas edificables a costes más contenidos, junto a la demanda de soluciones residenciales menos rígidas, han llevado a una pluralidad de pequeños operadores a actuar intensamente fuera del plan. El urbanismo italiano (autoritario en las normas, pero no en la acción represiva) no ha sabido extraer de las prácticas ilegales las enseñanzas necesarias para reconducir a los operadores clandestinos a la legalidad. Para hacer esto la instrumentación urbanística habría debido medirse con los mecanismos de la producción abusiva, determinando los procedimientos y los incentivos más adecuados para ganarle la competitividad en su propio terreno: el coste de las áreas y la flexibilidad.[17]

Frente a las dimensiones de la periferia abusiva, el miedo a un crecimiento incontrolable ha acabado por paralizar cualquier iniciativa de intervención. En el fondo, es precisamente la ilegalidad la que marca la debilidad actual del urbanismo; por eso es rechazada, repudiada; por eso se evita cualquier confrontación, cualquier contaminación.

Los planes urbanísticos recientes (hasta la segunda mitad de los años ochenta) son poco dibujados. El urbanismo ha querido distinguirse de la arquitectura, rompiendo una relación mantenida durante mucho tiempo bien firme.

La calidad urbana ha sido diferida a unos pocos planes de intervención. Algunos de estos han propuesto de nuevo el gran diseño unitario, como medio para poder imponer un orden a la periferia y difundir en el entorno una mayor calidad urbana (piénsese en los primeros *Piani per l'Edilizia Popolare* y, para que sirvan de ejemplo, en los de Quaroni para Roma). Los planes parciales unitarios se han desenvuelto, en cambio, lentamente, de manera fragmentada, discontinua, sin ninguna coordinación entre los operadores. Los resultados han sido por todas partes insatisfactorios. La falta de comprensión de la distancia entre el plan y la actuación edificatoria ha sido una de las mayores dificultades del urbanismo contemporáneo. El haber rechazado después tratar en el plan el tema de la arquitectura tiene una significación aún más inquietante.

El despego de los urbanistas respecto a la arquitectura revela la indiferencia respecto a la calidad del desarrollo. Mientras en la zonificación de muchos planes de ensanche entre el siglo XIX y el siglo XX, y principalmente en algunos Planes Generales de entreguerras, la calidad urbana del área era claramente expresada a través de la indicación (y en algunos casos, el ejemplo) de los tipos edificatorios, ahora el urbanismo asume un lenguaje reductivamente técnico y cuantitativo, usando índices y normas completamente insuficientes para garantizar el control cualitativo de la expansión.

Detrás de esta indiferencia, de esta neutralidad, leemos con claridad la incapacidad de aceptar la compleja identidad del crecimiento urbano. El rechazo a reconocer las nuevas partes de la ciudad como objeto de reflexión estética equivale a desconocerlas, a anularlas.

Pero existe una razón aún más grave. El recelo hacia la arquitectura revela la profunda separación entre el urbanismo y la demanda de representación que llega desde las distintas comunidades urbanas. La ausencia de la arquitectura, la renuncia a buscar una "utilidad simbólica" para las distintas partes de la nueva periferia, llevan a reducir toda la expansión a un desarrollo de la edificación sin calidad, sin valores, sin

---

[16] Sobre el tema cf. *La metropoli spontanea. Il caso di Roma*, a cargo de A. Clementi y F. Perego, Bari, 1983.

[17] Sobre las estrategias y las políticas contra la ilegalidad cf. R. Pavia, *Autopromozione edilizia e gestione del territorio*, Roma, 1990.

identidad reconocible. La arquitectura se queda en las áreas centrales. La "utilidad simbólica" parece no atañer a la periferia. La ideología antiurbana lleva a contraponer la periferia al centro, a pedir que la calidad de las áreas centrales sea extendida y reproducida en las múltiples periferias. Vuelve el modelo del "corazón de la ciudad" del último CIAM. Paradójicamente, para cualificar la periferia se sigue estudiando la ciudad histórica y extrayendo de ella las modalidades de intervención.

La periferia urbana espera todavía ser analizada y comprendida. La ciudad difusa es el nuevo tema de la reflexión urbanística:[18] la expansión de las grandes ciudades ha invadido los territorios de los municipios vecinos; la edificación ilegal se confunde con la legal en desarrollos sin forma ni calidad; los centros pequeños y medianos de las costas y de las llanuras han saturado sus áreas edificables y se sueldan en un continuo sin jerarquías; esta nueva y compleja realidad elude completamente a los instrumentos del urbanismo tradicional.

La inflexión demográfica del último decenio y la contracción edificatoria en las ciudades mayores han permitido volver a proponer, con énfasis, el tema de la inutilidad del crecimiento urbano.[19]

Más allá de la necesidad objetiva de poner en marcha una estrategia articulada para la recuperación de la edificación y la recualificación urbana, es difícil no percibir una cierta sensación de liberación por parte de los urbanistas.

Afirmar el fin de la expansión ha sido como remover el antiguo miedo. Finalmente la ciudad había acabado de crecer: así podían terminar el desorden, el despilfarro y la especulación. En realidad la expansión no ha terminado: el aumento de los núcleos familiares y el descentramiento de la producción crean una nueva demanda de crecimiento. Al lado de los movimientos de expansión están otros que llevan a la nueva centralización y a la reorganización funcional de las áreas representativas tradicionales. El territorio hoy difusamente urbanizado escapa al control del plan: sus tiempos, sus procedimientos, sus métodos de previsión y sus modalidades de intervención, ligadas predominantemente a la edificación, son completamente insuficientes para restituir eficiencia a la máquina urbana.

El territorio como sistema intensamente interrelacionado permanece como un objetivo que demanda con fuerza el plan de

las redes.[20]

## Perspectivas de investigación

El miedo al crecimiento ha caracterizado gran parte de la cultura urbanística progresista, cuyos orígenes higienistas hoy son más conocidos.[21] El filón progresista se ha desarrollado con continuidad en la urbanística funcionalista y es en este ámbito en el que la nostalgia del límite y la necesidad de dimensionar, en cantidades definidas, el desarrollo urbano sobresalen con mayor evidencia. La metáfora que toma el lugar de la "ciudad-cuerpo" es la lecorbusieriana de la "ciudad-máquina", de la "ciudad como instrumento de trabajo".[22] La perfección de la máquina se traduce por medio de un orden geométrico simple y exacto. La estructura de la ciudad se organiza según reglas que no atienden, sin embargo, al complejo y flexible funcionamiento de la fábrica, sino a un sistema rígidamente geometrizado y concluido. "La geometría es el medio que nos hemos dado para percibir alrededor nuestro",[23] decía Le Corbusier.

La cultura funcionalista ha condicionado profundamente la urbanística de la Europa continental. La aceptación del crecimiento de la ciudad, la búsqueda de la individualidad urbana, la exigencia de arraigar el desarrollo a la participación y a la concienciación de las comunidades locales, son elementos muy ajenos a nuestras teorías y a nuestras prácticas urbanísticas. Hoy todavía en Italia, ante la propagación de la metrópoli y de la ciudad difusa, la pérdida de identidad del territorio y el desarraigo de las comunidades urbanas, la actitud dominante sigue siendo la racionalista, madurada entre las dos guerras y luego escasamente enriquecida en el plano conceptual y de la innovación. Ha faltado ciertamente una profundización de los mejores valores del filón culturalista, en particular de la enseñanza de Patrick Geddes. En su *Ciudades en evolución* encontramos un sistema conceptual y un modelo de comportamiento de gran envergadura, todavía hoy extraordinariamente actuales. Geddes acepta el crecimiento de la metrópoli: no lo rechaza como elemento negativo, sino que lo asume como dato sobresaliente de la nueva condición urbana. Su objetivo es el de gobernar el desarrollo a través del análisis de sus factores, la previsión de sus efectos y el recurso a las innovaciones científicas y a la técnica.

109

[18] Cf. en particular: Boeri, Stefano y Lanzani, Arturo, "Gli orizzonti della città diffusa", *Casabella*, 588, marzo 1992; Secchi, Bernardo, "Un'urbanistica di spazi aperti", *Casabella*, 597-598, enero-febrero 1993.

[19] Un análisis de los datos del censo de 1981 y un balance del debate de aquel periodo están en el *Libro bianco della casa*, Roma, *Ministero dei Lavori Pubblici*, 1986. Una orientación más crítica y operativa ha sido desarrollada por Bruno Gabrielli; cf., al respecto, la colección de sus intervenciones: *Il recupero della città esistente*, Milán, 1993.

[20] Cf. las actas del Congreso Ance: *La città del futuro*, Milán, marzo 1993; en particular la relación de F. Karrer, *A cinquant'anni dalla legge del 1942*.

[21] Piccinato, Giorgio, "Igiene e urbanistica in Italia nella seconda metà del XIX secolo", *Storia urbana*, 47, 1989; Zucconi, Guido, *La città contesa*, Milán, 1989.

[22] "La ciudad es un instrumento de trabajo": con esta frase empieza el ensayo de Le Corbusier citado.

[23] Le Corbusier, *Urbanisme*, París, Crès, 1924 (trad. cast.: *La ciudad del futuro*, Buenos Aires, Infinito, 1962, p. 7). [N. de t.]

Es el primero en vincular las transformaciones urbanas a las productivas y tecnológicas introducidas por la producción en gran escala de la energía eléctrica. Nuevos sistemas productivos, nuevas infraestructuras de transporte y de comunicación estructurarán la urbanización difusa de su ciudad-región: "Se evidencia la necesidad de relacionar una población determinada no sólo a sus alrededores inmediatos sino también a la más vasta región circundante".[24] Con Geddes, la ciudad puede perder su límite y expandirse en el territorio. La nueva metáfora llega a ser el "arrecife humano", un organismo viviente que a través de sus reglas genéticas y de sus estructuras internas se adecua continuamente al ambiente.

Ante el Gran Londres, Geddes no siente ni desconcierto ni temor: "Este pulpo de Londres, o mejor dicho este pólipo, es algo sumamente curioso, un vasto desarrollo irregular sin paralelo anterior en este mundo, y quizás a lo que más se parece es a los desarrollos de un gran arrecife de coral."[25]

La suya no es una actitud pasiva. La ciudad será vivificada y estructurada por las nuevas redes tecnológicas: por los "ferrocarriles, que son las arterias palpitantes, los pulsos rugientes de un conjunto intensamente vivo"; y por "los hilos del telégrafo (...) como otros tantos nervios que transportan impulsos de idea y acción".[26] De la estaticidad de la "ciudad-cuerpo" se pasa a la movilidad de un organismo vivo.

La referencia científica de la nueva metáfora ya no será la geometría y la higiene, sino la biología. Con Geddes, la atención se desplaza decididamente hacia los flujos y hacia las redes, se trata de un avance conceptual de gran alcance. Sólo Cerdá, Soria y Mata, y Wright han dado un relieve análogo al papel de las infraestructuras de comunicación.

La eficiencia de las redes permitirá a la ciudad "neotécnica" expandirse en el territorio. No una expansión casual y sin dirección, sino una descentralización residencial y productiva, orgánicamente distribuida en la gran región metropolitana.

Esta capacidad de visualizar los efectos de las transformaciones tecnológicas en el territorio no encuentra hoy correspondencia, en un momento en el cual la revolución informática está en la base de amplios procesos de relocalización y de reorganización de los sistemas productivos. La aceptación del crecimiento se une, en Geddes, a una profunda conciencia del valor de la individualidad urbana. El desarrollo no borra los signos y la memoria de la historia, sino que al contrario extrae su fuerza

y su factibilidad de un atento análisis del pasado y del presente. En la actividad de la planificación es necesario afrontar e interpretar toda "la evolución de la ciudad". Su punto de vista, como biólogo, le permite darse cuenta de que la historia urbana no está nunca concluida, sino que queda casi "incorporada en las actuales actividades de la ciudad y en su carácter".

La búsqueda del "carácter", de la "personalidad social" del territorio y de la ciudad le lleva no sólo a revalorizar las vocaciones culturales y productivas, sino también los monumentos del pasado y la calidad de las estructuras de asentamiento preexistentes.

La urbanística para Geddes es inseparable de la comunidad urbana: en este sentido la disciplina se hace instrumento de conocimiento y de emancipación de las poblaciones locales. En Geddes no encontramos la actitud conservadora y la nostalgia de Ruskin y de Morris por la ciudad medieval, sino el convencimiento ético que la participación activa y consciente de los ciudadanos es indispensable para cualquier hipótesis de transformación positiva de la realidad urbana. Un proceso tal no puede fundarse mas que sobre una plena identificación entre la comunidad y las estructuras físicas y culturales del territorio. De aquí la importancia asignada por Geddes a las permanencias del pasado y a la arquitectura entendida como "belleza de la ciudad" y representación simbólica de las comunidades locales.

Como es sabido, las ideas de Geddes fueron desarrolladas, en el nivel de la práctica urbanística, por Unwin al cual debemos la distinción entre *town planning* y *site planning*: por un lado, un plan urbanístico que se abre a la dimensión territorial; por el otro, una marcada atención a devolver identidad reconocible a las partes y a los lugares de la ciudad.[27]

Con Unwin se puede vislumbrar el orden formal del "arrecife humano": la ciudad se extiende en el territorio a través de un sistema de unidades calibradas (su modelo oscila entre las *garden cities* y los *garden suburbs*); la interconexión está garantizada por una eficiente red de comunicación; mientras la determinación de individualidades en las partes urbanas se consigue, bien por medio de los grandes vacíos de los cinturones verdes y de los parques (son éstos los nuevos elementos de separación entre las distintas áreas edificadas y entre éstas y el campo), bien a través de un proyecto urbanístico detallado (atento a la morfología del sitio, a las preexistencias y a la calidad de los espacios públicos y de relación). Este equilibrio entre gran dimensión y pequeña escala, entre el conjunto y cada parte, entre concentración y dispersión, entre partes reco-

110

24 Geddes, Patrick, *Cities in Evolution*, Nueva York, Oxford University Press, 1915 (trad. cast.: *Ciudades en evolución*, Buenos Aires, Infinito, 1960, p. 178).
25 Op. cit., p. 45.
26 Op. cit., p. 46.

27 Unwin, Raymond, *Town Planning in Practice. An Introduction to the Art of Designing Cities and Suburbs*, Londres, Parker, 1909 (trad. cast.: *La práctica del urbanismo. Una introducción al arte de proyectar ciudades y barrios*, Barcelona, Gustavo Gili, 1984).

nocibles en sus significados y en sus formas, nunca se ha conseguido. Las actuales periferias desmesuradas esperan aún una respuesta.

Las periferias metropolitanas y los territorios urbanizados extensivamente, con su deterioro, sus "ruinas", su pérdida de calidad y de significado, su ausencia de orden y de centralidad (visibles), representan el tema hoy dominante. Por eso la periferia se identifica con toda "la ciudad existente".[28]

No podrá existir innovación en el saber de la urbanística y de la arquitectura sin esta profunda aceptación íntima. Es de aquí de donde hay que partir para definir nuevas capacidades interpretativas; es de aquí de donde podrán surgir nuevas intencionalidades estéticas y morales. En Italia, en este terreno, las aportaciones han sido escasas. Sólo recientemente algunas intervenciones han puesto la periferia en el centro de la reflexión.[29] Entre éstas, las de Franco Purini han abierto un terreno de investigación rico en sugerencias.[30] Frente a lo invasivo de la periferia, a las reglas "invisibles" de su crecimiento, a su realidad indescifrable, Purini intenta construir una nueva estética: el residuo, lo deteriorado, el desecho, son propuestos como nuevos parámetros de valoración, nuevos fundamentos de un código estético, pobre, efímero, en sintonía con la trituración de las comunidades urbanas.

En el discurso de Purini no está sólo el proyecto, después de los intentos literarios de las vanguardias, de leer en términos estéticos la gran dimensión urbana, está también la voluntad de enfrentarse inmediatamente con la pobreza de recursos de la "ciudad existente". Se trata de una aceptación que da un vuelco por completo a las modalidades del proyecto urbano. Mientras en la modernidad el proyecto expresaba la proyección, el programa, la confianza en un crecimiento económico que al final habría permitido conseguir en cada punto la calidad ambiental y social del territorio, ahora ya no hay dialéctica, ya no hay expectativa: lo "existente" es aceptado tal como es, en su escasez, en su materialidad precaria e incierta.

Purini, invitándonos a intervenir ahora y a pesar de todo, ha planteado con fuerza la cuestión de una profunda renovación de la cultura estética; no nos ha dicho nada, sin embargo, sobre las formas que la política y la ética deberán tomar para

dar sentido a las nuevas intervenciones (¿con qué estrategias? ¿con qué relaciones de identificación entre las distintas comunidades urbanas y el territorio?). Se intuye que la recalificación de la ciudad (o sea, de su desmesurada periferia) no pasa, según Purini, por la infraestructuración del territorio, sino más bien por intervenciones puntuales, tendentes a la restitución simbólica de los valores formulados por los numerosos grupos y por las muchas etnias dispersas en la ciudad.

La aceptación de lo "existente" (en su totalidad y ante su ausencia de límite), en una fase indudablemente de crisis y de transformación, hace pensar en otras operaciones que, en el pasado, han intentado dar una nueva orientación estética a la construcción del espacio urbano.

Las ruinas de Piranesi, fuera de escala, fuera de la historia, querían destruir las certezas del mundo clásico y abrir nuevas perspectivas para el proyecto: los vestigios se volvían las nuevas arquitecturas, los nuevos valores, los nuevos centros compositivos. Alrededor de los restos: otras ruinas y un campo que volvía a tomar la delantera a lo construido.[31]

El mundo pintoresco piranesiano está presente en Purini: ahora las ruinas ya no sobresalen del campo, sino de una periferia igualmente entrometida y totalizante. La asimilación hecha por Purini de la ciudad a una "entidad geográfica", a un "trozo extenso de naturaleza", no es casual. Frente a la ingobernabilidad de los procesos de crecimiento de la ciudad, la actitud de Purini es similar a la iluminista del abate Laugier, cuando recomendaba "considerar la ciudad como un bosque".

Laugier, incapaz de encontrar una solución para controlar el crecimiento de París, dejaba, con su nueva estética naturalista, que las nuevas fuerzas actuantes sobre la ciudad (las fuerzas de la burguesía capitalista en proceso de afirmación) tomasen la delantera. La ciudad como naturaleza hubiera asimilado todo: "Sólo hay que empezar," decía Laugier "el tiempo lo acaba todo".[32]

También la operación de Purini esconde el peligro de una aceptación consoladora. Un consuelo, por lo demás, demasiado frágil: la tensión positiva del iluminismo podía depositar su confianza en el tiempo reparador; nosotros, mucho menos.

111

[28] Purini, Franco, "Un nuovo statuto dell'esistente", *Piano Progetto Città*, 14, 1994.

[29] Cf. sobre el tema las numerosas aportaciones de Bernardo Secchi, ahora en parte en *Un progetto per l'Urbanistica*, Turín, 1989; *Eupolis. La riqualificazione della città in Europa*, a cargo de A. Clementi, F. Perego, Bari, 1990; R. Gambino, "Cambiamenti metropolitani e problemi di governo" en *L'urbanistica delle aree metropolitane*, a cargo de R. Rosini, Bolonia, 1992.

[30] Nos referimos, además de al ensayo citado, a "Un paese senza paesaggio", *Casabella*, 575-576, 1992, y a "Altre congetture", *Edilizia Popolare*, enero-febrero 1992.

[31] Sobre la modernidad de Piranesi, cf. M. Tafuri, *La sfera e il labirinto*, Turín, 1980 (trad. cast.: *La Esfera y el laberinto*, Barcelona, Gustavo Gili, 1980, pp. 31-88).

[32] Laugier, Marc-Antoine, *Essai sur l'architecture*, París, 1755 (trad. cast.: *Ensayo sobre l'arquitectura*, Madrid, Akal, 1999, pp. 132 y 134).

**Intervenir en la "ciudad existente"**

La periferia como "ciudad existente" es una nueva metáfora. Detrás de la sugestiva síntesis de tal imagen hay que reconocer, sin embargo, que existen una pluralidad de dimensiones de intervención y una multiplicidad de tiempos de transformación. Hay que saber apreciar las diferencias: las metrópolis y las ciudades intermedias; la ciudad difusa y los pequeños centros; las redes y los circuitos de nivel superior (en los cuales la internacionalización de los cambios impone velocidades crecientes y alta tecnología) y las redes de nivel local de ritmos más lentos y tranquilos; las áreas de rápida transformación e innovación (los grandes puertos, los polos tecnológicos, los centros direccionales...) y las de mayor estatismo; los territorios cambiantes de la movilidad social y los de la estabilidad.

La "ciudad existente" es extraordinariamente compleja: el periodo breve coexiste con la larga duración; la heterotopía y la ausencia de "lugares" no excluyen la necesidad de centralidad; la alienación y el despego del nuevo *flâneur* metropolitano se enlazan con la búsqueda de sentido y de identidad; al deterioro y al abandono de territorios enteros se contrapone la infraestructuración futurista de algunas áreas (piénsese en los grandes terminales de intercambio, en lo que está pasando por ejemplo en las áreas afectadas por el túnel bajo el Canal de la Mancha).

112

En la "ciudad existente" una pluralidad de partes esperan ser reconocidas y reinterpretadas: el casco antiguo, las primeras expansiones, las numerosas periferias recientes, cada parte reclama una diferente metodología de intervención. Y no se trata sólo de tener en cuenta las especificidades de los lugares, la permanencia de las estructuras de asentamiento, la distinta cualidad de los tejidos urbanísticos. El nuevo proyecto urbano no puede dejar de reinterpretar los procedimientos de formación de las distintas partes de ciudad, apreciar sus intencionalidades estéticas, sus reglas de proyecto y sus diferentes modalidades de aprendizaje y de aprovechamiento.[33] Aunque en líneas generales, es necesario empezar a aventurarse en esta compleja cuestión. Si la intervención se desarrolla en el interior de los cascos antiguos tradicionales, un elemento central del proyecto será seguramente el reconocimiento de nuevo del principio estético de la "ciudad-cuerpo", por medio del cual, como se ha recordado, cada parte de la ciudad se veía relacionada con las demás, en un conjunto comedido y unitario. La ciudad como "casa grande", como sistema orgánico de arquitecturas, se percibía a través de la mirada en perspectiva: la unitaria y global de las visiones a vista de pájaro (piénsese en

las representaciones cartográficas de los Atlas) y la sectorial de la perspectiva central para el aprendizaje de los espacios urbanos de las calles y de las plazas. En la ciudad "clásica" la mirada en perspectiva, lo ha subrayado recientemente Leonardo Benevolo, tenía una profundidad limitada: sólo algunos centenares de metros, so pena de la pérdida de identificación de cada arquitectura.[34]

Intervenir en la ciudad clásica comportará una reconsideración y probablemente la "conservación" de tal cultura perceptiva. Una razón más para devolver los cascos antiguos a los ritmos lentos del tráfico peatonal.[35]

La crisis de la ciudad de antiguo régimen coincide con la caída del principio estético de la "ciudad-cuerpo". Con Piranesi, con Laugier, ya tenemos la plena conciencia de la necesidad de un código estético nuevo: ya no un orden geométrico, acotado y acabado, sino una pluralidad de centros y de aperturas en perspectiva. El proyecto, pero también el observador, se abren a la gran dimensión, al infinito.

La estética del jardín inglés, en el que se propone, a través de un recorrido, una percepción dinámica y narrativa del espacio, lleva decididamente hacia la sensibilidad moderna de las masas solitarias y al mismo tiempo partícipes de Baudelaire.

Es en los grandes bulevares de París donde se experimentan las nuevas modalidades de fruición de la metrópoli. A lo largo de los grandes ejes el aprendizaje del espacio en perspectiva y el principio de la "ciudad-cuerpo" ya no valen; la larga distancia no permite percibir cada arquitectura y reconstruir en una imagen unitaria el espacio urbano. Se aprecia la secuencia de los edificios, su serialidad, la repetición del tipo edificatorio; en el extremo de la vía recta se perciben las siluetas de los nuevos terminales (el Arco del Triunfo, el Teatro de la Ópera, la estación ferroviaria). Por primera vez se descubre la belleza efímera de las luces, del movimiento, de la sobreposición de los sonidos, de la exhibición en los cafés. La percepción del espacio urbano, aunque interrumpida por el gran espectáculo de la ciudad, encuentra sus puntos de referencia en la continuidad de las hileras arboladas, en la previsibilidad de las secuencias, en los grandes fondos de los bulevares, donde convergen el flujo y la atención de los viandantes.

El espacio urbano es asimilado a través de un recorrido; su aprendizaje es el resultado de una reconstrucción mental, de un ejercicio intelectual que reordena imágenes, emociones, epi-

---

[33] Un intento en esta dirección: cf. R. Sennett, *The conscience of the eye. The design and social life of cities*, Nueva York, Knopf, 1990 (trad. cast.: *La conciencia del ojo*, Barcelona, Versal, 1991).

[34] Benevolo, Leonardo, *La cattura dell'infinito*, Bari, 1993 (trad. cast.: *La captura del infinito*, Madrid, Celeste, 1984).

[35] Posiciones análogas son expresadas por Massimo Bilò ("Le tre città", *Edilizia Popolare*, 222-223, 1992), a quien debo muchas sugerencias y motivos de reflexión.

sodios. La metrópoli entre el siglo XIX y el siglo XX permanece profundamente ligada a la ciudad histórica, por esto podemos definirla como "posclásica".[36] No lo es sólo por la permanencia de los elementos del lenguaje clásico, sino mucho más por el mantenimiento de un estrecho vínculo entre ciudad y arquitectura, entre calle y edificio, entre tipo edificatorio y suelo. Berlage y Wagner piensan todavía la ciudad como un sistema compacto, dotado de continuidad. Berlage, en el plan de Amsterdam sur, desarrolla la morfología del centro de la ciudad; Wagner, en su proyecto para el distrito XXII de la Viena del futuro, confía en las secuencias arquitectónicas de los grandes ejes de los viales y en la uniformidad tipológica de las manzanas residenciales. En ambos la unidad urbana puede ser reconstruida a través de un recorrido, a través de la asimilación de imágenes que evocan la forma urbana global. En los casos mejores, toda la ciudad se compendia en una imagen: París está toda en el gran eje que desde el Louvre se dirigía hasta el Arco del Triunfo y hoy hasta la *Défense*.

La ciudad de las vanguardias del siglo XX, desde el futurismo hasta el movimiento moderno, quería ser absolutamente "anticlásica": rechazo del pasado, de la calle, del suelo, de la unidad espacio-tiempo, de la tríada albertiana (estructura portante, distribución y configuración podían ser tratadas con absoluta autonomía).[37] Los manifiestos de Sant'Elia, de Léger, de Le Corbusier se proponían alcanzar una nueva estética para la ciudad contemporánea. La ciudad se asimilaba a una "obra en curso gigantesca llena de ruidos y de movimiento"; era "un instrumento de trabajo", por eso debía tener la perfección y la eficiencia de la máquina.

Para orientarse en la ciudad-fábrica, hubiera sido suficiente aprender sus leyes de funcionamiento, conocer sus reglas de montaje y de distribución.

La *ville contemporaine* de Le Corbusier nunca se ha realizado, sus principios estéticos nunca se han traducido en procedimientos de aprendizaje y de uso de los espacios urbanos. A pesar de su anticlasicismo declarado, la *ville contemporaine*, como ya se ha recordado, reproponía muchos aspectos de la cultura figurativa tradicional (desde el miedo al crecimiento, el orden geométrico o la exigencia de jerarquía y de centralidad). El verdadero anticlasicismo, en cambio, se ha llevado a efecto materialmente en la periferia reciente: es aquí donde se ha realizado concretamente la pérdida de la forma y del centro; es aquí donde los lugares ya no tienen reconocibilidad y significado; es aquí donde se ha consumado la separación entre arquitectura y ciudad, entre edificio y suelo.

A la alienación, a la desorientación de las comunidades, parece corresponder una ciudad sin calidad, sin estructuras figurativas y sin valores simbólicos. Bien mirado, después de la reflexión de los sociólogos de Chicago, las contribuciones para construir un sistema interpretativo más adecuado de los comportamientos sociales en las grandes ciudades han sido muy escasas.

Las modalidades de identificación y de aprendizaje de los espacios urbanos contemporáneos son para nosotros casi desconocidas. En esta dirección, las investigaciones de Kevin Lynch quedan como un episodio aislado, pero de gran interés: de alguna manera Lynch ha querido recalcar la exigencia de ligar el proyecto a los procedimientos perceptivos del espacio, señalando entre las tareas del urbanismo la de responder a la demanda de "calidad simbólica" y de representación formulada por las comunidades urbanas.[38]

Búsqueda de "figuratividad", de sentido, de identidad, son todos términos que aluden a un urbanismo como experiencia (individual y colectiva) de conocimiento.

Aventurarse en los procedimientos de aprendizaje de los espacios de las periferias contemporáneas no es fácil. En la ciudad existente, a diferencia de en el pasado, parecen coexistir una pluralidad de procedimientos de orientación espacial: cada uno de nosotros se mueve de manera diferente según se encuentre en el circuito local del pequeño centro o del barrio, en los espacios dilatados de la gran metrópoli o en los "no lugares" de las estaciones, de los aeropuertos, de los supermercados, de los moteles o de las cadenas de hoteles internacionales.[39] Las experiencias perceptivas se superponen incesantemente. Nos orientamos a lo largo de las autovías urbanas, midiéndonos con una percepción rápida y una señalización imperativa; nos sumergimos en el subsuelo, moviéndonos con seguridad y desinterés a lo largo de las líneas del metro, para volver luego a la superficie en lugares lejanos, a menudo totalmente distintos entre sí.

¿Cuál es la imagen de ciudad que obtenemos de esto? ¿Cómo recomponer la trituración de las múltiples experiencias visuales? ¿Cómo romper la soledad de cada uno y de las masas que atraviesan los "no lugares" del territorio? (Marc Augé ha habla-

113

---

[36] Sobre las características de la ciudad "posclásica", cf. también M. Bilò, op. cit., pp. 71-72.

[37] Op. cit., pp. 73-74.

[38] De Kevin Lynch recordamos en particular: *The image of the city*, Cambridge, Mass., The M.I.T. Press, 1960 (trad. cast.: *La imagen de la ciudad*, Buenos Aires, Infinito, 1966) y *A Theory of Good City Form*, Cambridge, Mass., The M.I.T. Press, 1981 (trad. cast.: *La buena forma de la ciudad*, Barcelona, Gustavo Gili, 1985).

[39] Sobre los no lugares, de particular interés, M. Augé, *Non-lieux: introduction à une anthropologie de la surmodernité*, Seuil, París, 1992 (trad. cast. *Los "no lugares" espacios del anonimato: una antropología de la sobremodernidad*, Barcelona, Gedisa, 1994); cf. también *La città senza luoghi*, a cargo de M. Ilardi, Génova, 1990.

do, en su obra *Los "no lugares", espacios del anonimato. Una antropología de la sobremodernidad,* de una especie de etnología de la soledad).

La cultura de la percepción unitaria se ha acabado para siempre.

Parece que hoy puedan proponerse dos recorridos: por un lado, una especie de aceptación "homeopática" del deterioro urbano,[40] de la indiferencia de los lugares, de lo efímero, de lo superficial; por el otro, la redacción, como ha sugerido Frederic Jameson, de una serie de "mapas cognitivos" para moverse con conciencia e identificación en las múltiples situaciones de la ciudad.[41] Los "mapas cognitivos" tendrían que partir de los actuales procedimientos de orientación para estructurarse de forma más significativa, más profunda, más creativa.

Esta última vía nos parece de particular interés y muy en línea con el discurso desarrollado hasta ahora. No sólo tenemos que sacudirnos de encima el miedo al crecimiento, sino que, en el nuevo proyecto urbano, hará falta devolver sentido e identidad reconocible a las diversas partes de la ciudad. No en abstracto, sino a través del conocimiento de sus procesos formativos y de asimilación; no con desinterés, sino desarrollando una nueva atención hacia las múltiples poblaciones urbanas.

114

El urbanismo debe recuperar su componente utópica, su tensión positiva, su obligación de ser constantemente proyecto de mejora.

En el nuevo escenario, la gran ciudad sin límites deberá transformarse en un sistema con sus centros, sus estructuras fuertes, sus jerarquías y su "figuratividad". Un sistema en el cual sea posible todavía arraigar en los lugares, reconocerlos en sus evoluciones, apreciar sus permanencias, sus memorias, sus dinámicas en curso; un sistema que devuelva sentido a la ciudad preexistente e identidad a la masa de los "no lugares".

La reordenación de las periferias y de la ciudad difusa estará cada vez más confiada a las redes infraestructurales y a las grandes obras públicas.

En esta perspectiva, tendremos todavía que sacar provecho de

las grandes intuiciones de la modernidad: de las mallas de los trazados urbanos norteamericanos, que al abrirse paso en los bosques imponían un nuevo orden tanto a la ciudad como a la naturaleza;[42] de los modelos de Cerdá, de Soria y Mata, de Wright sobre todo, que lúcidamente asignaba a la arquitectura de las grandes infraestructuras viarias la tarea de ordenar el paisaje difusamente urbanizado de Broadacre City.

Será preciso introducirse en la periferia como en un bosque. Por medio de redes tecnológicas, resueltas en el plano de la arquitectura, podremos devolver eficiencia y calidad al territorio. Con la introducción de espacios libres y parques urbanos será posible dividir la compacidad de la periferia en partes más acotadas, en las que profundizar las metodologías del *site planning.*

La estrategia, para ser creíble, tendrá que avanzar con cautela. En una fase de escasez de recursos hará falta seleccionar y valorar las intervenciones en la base a su eficacia y prioridad. No todo podrá ser recalificado: tendremos que actuar en algunas áreas, en algunos puntos estratégicos. El territorio posindustrial corre el riesgo, realmente, de estar cada vez más abandonado, cada vez más deteriorado.[43] La increíble oferta de áreas y de edificios abandonados plantea ya una cuestión central para el futuro. Sólo una mínima parte de éstos podrá ser recuperada para nuevas funciones productivas, sólo pocas iniciativas podrán tener "mercado" (piénsese, en cambio, en la exuberancia de los proyectos urbanos y en su escasa posibilidad de realización).

Ya que es difícil prever para las áreas abandonadas una reutilización en breve, hará falta empezar a razonar a largo plazo, previendo una especie de política de tutela y de salvaguardia de los territorios abandonados. Estos últimos hoy tienen que ser saneados, renaturalizados, reinsertados de algún modo en la vida de la ciudad; conservados como áreas de reserva para un futuro hoy difícilmente previsible. La especificación de tecnologías de intervención de bajo coste será determinante para una política urbana en esta dirección.

El papel de las infraestructuras en la reorganización funcional y cualitativa de la periferia hace pensar en la modernidad también por otras razones. Los grandes bulevares parisinos, al cortar la compacidad del núcleo histórico, atravesaban, al mismo tiempo, la miseria de los barrios pobres de París; la innovación

---

[40] Sobre las características de la ciudad posmoderna cf. D. Harvey, *The condition of postmodernity,* Oxford, Blackwell, 1989 (trad. cast.: *La condición de la posmodernidad,* Buenos Aires, Amorrortu, 1998, pp. 85-118); sobre la indiferencia y la defensa "homeopática": M. Maffesoli, *La creux des apparences, pour une éthique de l'esthétique,* París, Plon, 1990.

[41] Jameson, Fredric, *Postmodernism or Cultural Logic of Late Capitalism,* Oxford, New Left Review Ltd., 1984 (trad. cast.: *El posmodernismo o la lógica cultural del capitalismo avanzado,* Barcelona, Paidós, 1991). No por casualidad el autor hace referencia explícita a las teorías de Kevin Lynch.

[42] "La ciudad occidental ha literalmente logrado su espacio en el corazón de los bosques. El margen sombrío de un bosque ha definido el límite de sus cultivos, el perímetro de su ciudad, los confines de sus dominios institucionales; pero también la vivacidad de su imaginario" (R. Pogue Harrison, *Foreste,* Milán, 1992, p. 9).

[43] Sobre las condiciones de deterioro de la ciudad contemporánea, de gran utilidad las últimas investigaciones de Kevin Lynch, ahora reunidas en *Wasting Away,* a cargo de M. Southworth, Sierra Club Books, 1990.

de los bulevares, su belleza, su potencial informativo y de relación consiguieron el efecto de atraer a las poblaciones segregadas detrás de las relucientes fachadas de los ejes viarios de Haussmann. Marshall Berman, releyendo a Balzac y sobre todo a Baudelaire, ha puesto bien en evidencia la envergadura cultural de este encuentro-conflicto: "Los bulevares, (...) permitieron a los pobres (...) descubrir por primera vez la apariencia del resto de su ciudad y del resto de la vida. Y, al mismo tiempo que ven, son vistos".[44]

Hoy todavía, de forma distinta y según perspectivas difícilmente previsibles, la inserción en el espesor de la periferia de nuevos espacios públicos activaría un inevitable proceso de emancipación y de confrontación entre las distintas comunidades y etnias urbanas.

---

[44] Berman, Marshall, *All that is solid melts into air. The experience of modernity*, Nueva York, Simon and Schuster, 1982. (trad. cast.: *Todo lo sólido se desvanece en el aire. La experiencia de la modernidad*, Madrid, Siglo XXI de España, 1991, p.153).

Sir Peter Hall es investigador en el *Institute of Community Studies* de Londres, y ha sido profesor de Planeamiento en la *Bartlett School of Architecture and Planning* del *University College* de Londres, así como profesor de Planeamiento urbano y regional de la Universidad de California en Berkeley –de la que es profesor emérito-, además de en otras universidades y centros de alto prestigio. Investigador constante, es autor de una treintena de libros sobre planeamiento urbano y regional, entre los que se encuentran obras tan destacadas como *London 2000* (1963), *The World Cities* (1966), *Urban and Regional Planning* (1975), *Cities of Tomorrow* (1988) [trad. cast.: *Ciudades del mañana* (1996)], o *Cities in Civilization* (1998). Ha sido también asesor sobre políticas urbanas y planeamiento estratégico del gobierno británico, así como consultor sobre estas materias en otros países (EE.UU., Australia, ...) siendo designado para integrar muchos y variados comités británicos oficiales.

Miembro fundador de la *Regional Studies Association* y componente de otras asociaciones no menos destacadas, ha recibido prestigiosas distinciones dentro y fuera de su país, entre las que se cuentan siete doctorados honoríficos en universidades del Reino Unido, Suecia y Canadá. Investido Sir en 1998, es el único planificador urbano en cincuenta años que ostenta tal título.

Fue invitado a inaugurar el ciclo de conferencias anuales de la Fundación *Megacities* y lo hizo en La Haya en febrero de 1997 con un discurso que actualizaba su tratamiento de las ciudades mundiales, que es el que se presenta aquí en versión castellana.

© *Institute of Community Studies*, Londres

117

# MEGACIUDADES, CIUDADES MUNDIALES Y CIUDADES GLOBALES*

Peter Hall

## Comenzando con algo de historia

En la vida académica siempre encontré una pregunta útil que plantearse: ¿Qué es realmente nuevo y diferente? Ahora habitualmente no nos remitimos a la historia tanto como lo hacíamos antes, al menos en mi Reino Unido nativo: si recurrimos a ella, a menudo nos proporciona una perspectiva completamente diferente. El término megaciudades es nuevo, y supongo que lo debemos en particular a Janice Perlman. Pero el fenómeno, desde luego, no es nuevo en absoluto: los griegos consideraban su Megalópolis como un lugar grandísimo, al menos potencialmente, aunque quizá éste fuera el caso conocido más antiguo de explosión urbana. La ciudad fue fundada alrededor del 370 a.C. por Epaminondas de Tebas y su muralla alcanzaba casi 9 kilómetros a la redonda; Epaminondas ayudó a su progreso provocando el desplazamiento hacia ella de los habitantes de cuarenta localidades del entorno, aunque no fue de

gran ayuda, ya que parece que en el momento de su apogeo la ciudad no alcanzó a superar los 40.000 residentes (Chandler y Fox 1974, 80).

Incluso Atenas, que sabemos que parecía peligrosamente grande en el mundo antiguo, era absurdamente pequeña en relación a nuestros estándares. En el 432 a.C., al inicio de la guerra del Peloponeso, cuando su población probablemente alcanzó el máximo, la polis ateniense entera -ciudad y campo circundante- tenía entre 215.000 y 300.000 habitantes, de los cuales de 35.000 a 45.000 correspondían a ciudadanos, de 110.000 a 180.000 a ciudadanos con sus familias, de 10.000 a 15.000 a residentes forasteros (metecos), de 25.000 a 40.000 a metecos con sus familias, de 80.000 a 110.000 a esclavos. En el 400 a.C. el total había disminuido a 115.000-175.000 habitantes. Se trataba del estado griego más poblado, pero aun así la población de la ciudad representaba una trigésima parte del Gran Londres, o una trigesimoctava parte de la ciudad de Nueva York en la década de 1980 (Kitto 1951, 95, Chamoux 1965, 304; Grant 1964, 195; Hammond 1967, 329-30; Joint

* Conferencia pronunciada en La Haya en febrero de 1997 en el marco de la *Megacities Foundation* de Holanda.

Association of Classical Teachers 1984, 73, 157; Ehrenberg 1969, 31-2).

Roma era naturalmente mucho más seria: una especie de ensayo acerca de lo que las ciudades llegarían a ser posteriormente. Roma fue, simplemente, la primera ciudad gigantesca en la historia del mundo. Saber con precisión cómo era de grande se presta a conjeturas: las estimaciones varían ampliamente, de 250.000 a 1.487.560 habitantes (más esclavos); pero la gran mayoría, para varias fechas desde el periodo republicano tardío hasta el siglo IV d.C., varían de los tres cuartos de millón hasta un millón doscientos cincuenta mil habitantes, con la mayoría de ellas en torno al millón. Puede usted hacer su elección: el hecho es que Roma era muy grande, mucho mayor que cualquier ciudad que la hubiera precedido, superando dos o tres veces el récord establecido por Patna trescientos años antes, o por Babilonia ciento cincuenta años antes de eso, y probablemente más grande que cualquier otra ciudad que le siguiera durante los 700 años posteriores (Carcopino 1941, 18, 20; Korn 1953, 32; Packer 1967, 82-3, 86-7; Chandler y Fox 1974, 300-323; Stambaugh 1988, 89; Drinkwater 1990, 371; Robinson 1992, 8). Su gran dimensión impulsó a sus administradores a idear complejos sistemas de suministro internacional de alimentos, a implicarse con éxito en la distribución de agua a larga distancia, y en complejos sistemas de tratamiento de residuos, e incluso a formular reglas sobre el gobierno del tráfico urbano.

Después de esto, las cosas se tranquilizaron un poco. Fueron necesarios diecisiete siglos para que otra ciudad occidental llegara a rivalizar y posteriormente a alcanzar las dimensiones de la Roma clásica. Constantinopla pudo haber igualado a la Roma antigua en la Edad Media, Pekín al principio del periodo moderno; sin embargo, poco después de 1800 Londres llegó a ser indiscutiblemente la ciudad más grande que hubiera existido jamás en el mundo. Y comenzó a expandirse a una velocidad vertiginosa, estableciendo un precedente que se seguiría con demasiada frecuencia, primero por las ciudades norteamericanas y sudasiáticas en el siglo XIX, y posteriormente por las ciudades del mundo en vías de desarrollo en el siglo XX. La población del área que más tarde sería el *Metropolitan Board of Works* y después el *London County Council* alcanzó los 959.000 habitantes en 1801, sobrepasó el millón de habitantes diez años después, para alcanzar los 2.365.000 en 1851, más del doble; y nuevamente se duplicó para 1901, hasta alcanzar los 4.536.000 habitantes. Pero al comienzo del siglo XX, el área del *London County Council* no correspondía al Londres real: el Londres real era el *Greater London*, un concepto estadístico que coincidía aproximadamente con el *Metropolitan Police District*, que entre 1801 y 1851 había crecido más del doble, de 1.117.000 a 2.685.000 respectivamente, pero que se

había incrementado después no menos de dos veces y media hasta alcanzar 6.586.000 habitantes en 1901: una tasa de crecimiento verdaderamente prodigiosa. Ya en 1801, el Gran Londres tenía más del 12% de la población de Inglaterra y Gales juntos; para el final del siglo tenía por encima del 20%. En 1885, como fue señalado en un encuentro de la *Statistical Society*, Londres era por mucho la ciudad más grande del mundo: su población era mayor que la de París, y tres veces mayor que la de Nueva York o Berlín dentro de sus límites de entonces (Chandler y Fox 1974, 368; Mitchell y Deane 1962, 19-23; Young y Garside 1982, 14).

Pero Londres no gozó de esta preeminencia por mucho tiempo: Nueva York pronto alcanzó y superó estas proporciones. Todo llegó con un tremendo ímpetu, tal como fue señalado en su momento. Entre 1870 y 1900 la población de la vieja ciudad de Nueva York (la isla de Manhattan y el Bronx) se duplicó, mientras que la población de los tres condados externos aumentó más de dos veces y media. La extensión de los límites de la ciudad de Nueva York en 1898, para incluir estos condados externos -que llegarían a ser los distritos de Queens, Brooklyn y Richmond-, incrementó de golpe diez veces el área de la ciudad y más del doble la población, de 1,5 millones de habitantes a 3,4. Desde entonces hasta 1940, en el breve periodo de cuarenta años, la población de la ciudad se duplicó de nuevo, hasta alcanzar 7,45 millones de habitantes. Nueva York era la tercera ciudad más grande del mundo en términos demográficos en 1875; la segunda en 1900, y la primera en 1925 (Rischin 1962, 10; Condit 1980, 105; Jackson 1984, 321; Hammack 1982, 186, 200, 227-8).

Naturalmente, Londres y Nueva York mantuvieron cierta clase de supremacía global después, en los años cincuenta, aunque el crecimiento, primero, de las ciudades occidentales como Los Angeles y, posteriormente, de las grandes ciudades del mundo en vías de desarrollo, les sobrepasaron ampliamente. Desde 1950, impulsadas por altos índices de incremento natural y migración interna, muchas ciudades de este grupo han crecido hasta colocarse entre las más grandes del mundo. Mientras que en 1960 nueve de las diecinueve megaciudades del mundo correspondían a países en vías de desarrollo, la proyección para el 2000 es que serán 50 de 66 (Setchell 1995, 2).

## Ciudades mundiales y ciudades globales

Pero las ciudades más antiguas han conservado una posición especial en la jerarquía global, no por su tamaño, sino por su función. Y aquí necesitamos explorar aquellos otros términos elusivos que tienden a crear confusión con el de megaciudad: se trata de ciudad mundial y ciudad global. Resulta además que las ciudades mundiales no son exactamente un fenómeno nuevo. Patrick Geddes ya las identificó y definió en 1915, en un libro que ha llegado a ser un clásico de la literatura sobre planeamiento: *Cities in Evolution* (Geddes 1915). Y hace más de treinta años publiqué un libro titulado *The World Cities* (Hall 1966), en el que las definía por su multiplicidad de funciones: eran centros de poder político a nivel nacional e internacional y de organizaciones relacionadas con el gobierno; centros de comercio nacional e internacional, actuando como centros de almacenamiento para sus países y en ocasiones también para los países vecinos; además, centros de la banca, de los seguros y de servicios financieros relacionados; centros de actividad profesional avanzada de todo tipo, en el campo de la medicina, del derecho, del aprendizaje de más alto nivel y en la aplicación del conocimiento científico a la tecnología; centros de acumulación y difusión de información a través de la publicación y de los *mass media*; centros de consumo singular, tanto de bienes de lujo para las minorías como de bienes de la cultura de masas para las multitudes; centros de arte, cultura y ocio, y de actividades auxiliares inducidas. Y argumenté allí que este tipo de actividades tendían a crecer en importancia; así durante el siglo XX las ciudades mundiales se han reforzado aún más: aunque se desprendieron de algunas clases de actividad, desde la manufactura clásica hasta la industria editorial ordinaria, estas ciudades adquirieron nuevas funciones y las añadieron a las existentes (Hall 1966, 1984).

Diría que esta definición es aplicable aún treinta años después, pero necesita ampliarse y modificarse a causa del fenómeno de la globalización y su impacto en el sistema urbano, asociado a lo que se ha llamado la informacionalización de la economía, el cambio progresivo de las economías avanzadas desde la producción de bienes materiales a la gestión de la información, motivo por el cual la gran mayoría de la fuerza de trabajo ya no volverá a trabajar con bienes materiales (Hall 1995b, 1995c). Hace aproximadamente quince años John Friedmann fue el primero en sugerir que esta situación estaba traduciéndose en una jerarquía global, en la cual Londres, Nueva York y Tokio eran "articulaciones financieras globales"; Miami, Los Angeles, Frankfurt, Amsterdam y Singapur eran "articulaciones multinacionales"; París, Zurich, Madrid, Ciudad de Méjico, Sao Paulo, Seúl y Sydney eran "importantes articulaciones nacionales"; y todas juntas formaban una "red" (Friedmann 1986; Friedmann y Wolff 1982; q. Smith y Timberlake 1995, 294). Manuel Castells ha definido este fenómeno como la transformación económica fundamental de la era actual, tan trascendental como el cambio de la economía agraria a la industrial en los siglos XVIII y XIX (Castells 1989; Castells 1996).

Pero ahora lo relevante es que nada de esto es nuevo. El proceso de terciarización de la economía ya fue reconocido hace medio siglo (Clark 1940); en la década de 1980, el 30-40% de la fuerza de trabajo de los países avanzados estaba ocupada en industrias de la información. Algunos estudiosos sostienen que estas actividades aún dependen de la producción (Gershuny y Miles 1983; Cohen y Zysman 1987); pero evidentemente, con el efecto combinado de la globalización y de la informacionalización, el hecho importante es que la producción de los negocios avanzados o de los servicios directivos se está desarticulando cada vez más respecto de la producción de bienes. Como Saskia Sassen (1991) ha señalado:

"La dispersión espacial de la producción, incluyendo su internacionalización, ha contribuido al crecimiento de los nodos de servicios centralizados para la gestión y regulación de la nueva economía del espacio... En una medida considerable, el peso de la actividad económica en los últimos quince años ha cambiado de los lugares de producción como Detroit y Manchester, a los centros financieros y de servicios altamente especializados." (Sassen 1991)

De este modo, así como la producción se dispersa por todo el mundo, los servicios se concentran cada vez más en relativamente pocas ciudades mercantiles, tanto en las bien conocidas "ciudades globales" como en un segundo escalón de aproximadamente veinte ciudades inmediatamente bajo éstas, que podemos denominar "subglobales". Estas ciudades son centros de servicios financieros (bancos, aseguradoras) y sedes de las mayores compañías de producción; la mayor parte alojan también a los principales gobiernos del poder mundial (King 1990, Sassen 1991). Atraen servicios especializados de negocios, como los inherentes a la legislación comercial y de balances, publicidad y servicios de relaciones públicas, y servicios jurídicos, estos mismos crecientemente globalizados, y los relacionados con la ubicación de las sedes centrales. A su vez, estas agrupaciones atraen turismo de negocios y funciones inmobiliarias; el turismo de negocios crea alianzas con el turismo del ocio, porque ambos son atraídos en parte por la reputación cultural de estas ciudades, generando efectos sobre el transporte, las comunicaciones, los servicios personales y los sectores del ocio y cultura. Hay una intensa competencia entre ciudades, tanto a un nivel dado de la jerarquía como entre niveles de la jerarquía; pero también un gran peso de inercia histórica. Tomemos Londres como ejemplo, para la que la excelente historia de David Kynaston proporciona una visión integral de esta ciudad comercial global durante el siglo XIX. Treinta bancos extranjeros se habían establecido en Londres antes de 1914, 19 en el periodo de entreguerras, otros 87 hasta 1969. Después el ritmo se aceleró: 183 en la década de los setenta, 115 en la primera mitad de los ochenta; en total entre 1914 y el final de 1985 el número de bancos extranjeros en la *City* creció más de 14 veces, de 30 a 434. Tanto Londres como Nueva York cuentan ahora con más bancos extranjeros que nacionales (Thrift 1987, 210; King 1990, 89-90, 113; Moran 1991, 4; Coakley 1992, 57-61; Kynaston 1994, 1995, pássim).

La globalización ligada a la informacionalización ocasionó que la industria de la información se ubicara con la mirada puesta en ganar acceso a su materia prima principal, la información. Para entender el significado de esto necesitamos saber cómo se ha producido la informacionalización de la economía. Podemos decir que con cada desarrollo tecnológico principal sucesivo del último siglo y medio, el contenido de información de la onda de innovación se ha hecho cada vez más pronunciado. Y aquí voy a proponer una estructura de onda larga derivada de Nikolai Kondratieff y de Joseph Schumpeter (Kondratieff 1935, Schumpeter 1939). En la primera denominada onda larga de Kondratieff, durante la primera mitad del siglo XIX, ese contenido tenía poco valor: la única contribución fue indirecta, a través de la tecnología del transporte, en forma de las carreteras de peaje y el coche correo rápido, que aceleraron significativamente el intercambio de cartas. En la segunda, que data de la segunda mitad del siglo XIX, junto a la tecnología del transporte, en forma del ferrocarril y el buque de vapor, llegó la significativa innovación del telégrafo eléctrico, que por primera vez (dejando aparte los experimentos sobre el semáforo y la telegrafía similar) separó eficazmente el mensaje del portador humano. La tercera onda de Kondratieff, en la primera mitad del siglo XX, vio una de las mayores explosiones de innovación en la tecnología de la información; aunque singularmente, dado que la generación y la transmisión de la electricidad fuera también un producto de esta onda de innovación, la mayoría no eran eléctricas, sino de condición mecánica. La verdadera unión de la electricidad y la información a través de la electrónica tuvo que esperar hasta la cuarta onda de Kondratieff, justo después de la segunda guerra mundial, aunque por supuesto las innovaciones se hicieron propiamente antes y durante el conflicto. Y en esta onda, aun cuando hubo también desarrollos significativos en la tecnología del transporte (por ejemplo, el motor a reacción), las innovaciones fundamentales fueron informacionales. La información dirigió por primera vez la economía, tanto a través de las innovaciones en la tecnología de la producción (el ordenador, la fotocopiadora) como también a través de los desarrollos en la tecnología del consumidor (el radio transistor, la televisión, la grabadora de audio y de video). Y la quinta onda -que los entusiastas de Kondratieff aguardan desde hace mucho- verá indudablemente la convergencia de estas dos tecnologías en una, que tendrá la interesante característica de ser simultáneamente tecnología de productor y de consumidor de un modo que ninguna tecnología previa lo ha sido.

## Información en movimiento

Es importante entender los antecedentes históricos porque -incluso en un mundo en el que gran cantidad de información es ahora conducida a través de alta tecnología hasta el punto de que la tecnología de la información y la alta tecnología tienden casi a estar fusionadas- la información aún es transmitida a través de dos medios enteramente distintos: por transmisión electrónica pero también por la comunicación directa cara a cara. Ésta última, como reconoció hace tiempo el economista americano Robert Murray Haig (Haig, 1926), estimula la aglomeración en las ciudades globales a causa de sus históricamente altas concentraciones de actividades de captación e intercambio de información y de su posición como nodos para el movimiento nacional e internacional, especialmente por vía aérea y ahora también por medio del tren de alta velocidad (Hall 1991, 1992a, 1992b, 1993). Y esto se ha reforzado por el notable crecimiento reciente del sector de las artes, la cultura y la diversión, en el cual, por ejemplo en Londres, el empleo creció un 20% durante la década de los ochenta (*London Planning Advisory Committee* 1991), con efectos adicionales en los servicios personales asociados, que incluyen hoteles, restaurantes, bares y equipamientos relacionados. Este conjunto, además, forma agrupaciones dentro de los núcleos urbanos y está sujeto a una considerable inercia de localización, aunque ésta puede ser modificada con proyectos de revitalización como el *South Bank* y el *Barbican* de Londres, o los *Grands Projets* de París.

Sin embargo, la gestión de la economía de la información nunca ha sido viable solo sobre la base de la aglomeración densa; incluso al final de la Edad Media los banqueros florentinos estaban articulados en densas redes de actividad entre las principales ciudades de Europa y el Lejano Oriente, conducidas por correos lanzados sobre el orbe de entonces. Y así como la actividad global se incrementó bajo el capitalismo, así también las redes de transporte que conectaban estas densas aglomeraciones se multiplicaron, en forma de sistemas ferroviarios y de líneas de navegación a vapor, reforzadas primero por el servicio postal, posteriormente por el telégrafo a partir de la década de 1830, y por el teléfono a partir de la década de 1870. Durante el siglo XIX, el crecimiento de las ciudades globales, como Londres, Nueva York y Tokio, estuvo apoyado por su posición como centros de las redes ferroviarias nacionales y de las líneas internacionales de navegación a vapor (aunque estas últimas debían operar a través de puertos subsidiarios conectados por ferrocarriles, como Liverpool y después Southampton para Londres, Le Havre para París, Hamburgo para Berlín, o Yokohama para Tokio). Luego, hasta cierto punto en el periodo de entreguerras, pero predominantemente después, el transporte aéreo suplantó a tren y buques para todos los viajes intercontinentales de negocios y una proporción sustancial de los viajes interurbanos por encima de un cierto umbral (generalmente, alrededor de 300 kilómetros). A partir de esta revolución, completada más o menos a finales de los cincuenta, la tecnología del transporte aéreo ha permanecido notablemente estable, aunque los crecimientos en dimensión y rango de las aeronaves han tenido un impacto significativo en la eliminación de la necesidad de paradas intermedias en vuelos de largo recorrido, con algunos impactos urbanos notables, particularmente sobre el Pacífico, el océano más grande del mundo (O'Connor 1995). Una consecuencia, asociada también con el dominio de unas pocas compañías aéreas de gran tamaño y con la tendencia creciente a las fusiones y alianzas estratégicas entre ellas, es que el tráfico está cada vez más concentrado en relativamente pocos aeropuertos centrales principales ubicados en las mayores ciudades, que ofrecen el máximo repertorio de vuelos sin escalas y también los más ventajosos y rápidos apoyos entre líneas distintas. Estudios recientes sobre la interconectividad aérea de las ciudades plantean que Londres está a la cabeza, seguida por París, Nueva York y Tokio (Smith y Timberlake 1995, 298; Cattan 1995, 304-308).

El elemento realmente innovador, que constituye una revolución adicional en el transporte de profundo significado, ha sido la llegada del tren de alta velocidad, primero en Japón en 1964 (y por lo tanto, una cuarta tecnología de Kondratieff), después en Europa en las décadas de 1970 y 1980. La experiencia muestra que este tren compite eficazmente con el transporte aéreo en los desplazamientos de hasta aproximadamente 500 kilómetros, y puede efectivamente suplantarlo en los trayectos de distancias menores entre centros urbanos principales, particularmente si estos centros están dispuestos en esquemas axiales o en corredor (como es el caso, por ejemplo, del corredor Tokaido en Japón entre Tokio y Osaka; o en Europa entre París, Lyon y Marsella, o entre Hamburgo, Hannover, Frankfurt, Stuttgart y Munich, o más recientemente entre Londres, París y Bruselas). La importancia del transporte ferroviario no reside únicamente en su competitividad, sino en que puede alterar el delicado equilibrio geográfico dentro de las áreas metropolitanas: con la excepción de algunos servicios deliberadamente proyectados para interconectarse con rutas aéreas de larga distancia (como por ejemplo a través de París-Charles de Gaulle), los trenes conectan esencialmente distritos centrales de negocios tradicionales, y de este modo contribuyen poderosamente a corregir cualquier tendencia por parte de los negocios a emigrar desde estos centros a ubicaciones suburbanas próximas a los aeropuertos, una tendencia observada desde hace tiempo en Estados Unidos, pero que ahora se está haciendo evidente también en Europa, en desarrollos en torno a Londres-Heathrow, París-Charles de Gaulle, Amsterdam-Schiphol o Estocolmo-Arlanda.

A menudo se argumenta que la comunicación electrónica trabaja en la dirección opuesta, como un agente de dispersión: como los costos de las telecomunicaciones han caído dramáticamente (el costo de una llamada telefónica diurna de tres minutos de Londres a Nueva York, en precios constantes de 1996, ha caído impresionantemente de 487 libras en 1927 a 63 libras en 1945, a apenas 12 libras en 1970, a exactamente 52 céntimos hoy), las actividades informacionales deberían ser cada vez más libres de ubicarse lejos de las viejas posiciones centrales, realmente en cualquier sitio que desearan. No solamente pueden emigrar a oficinas de apoyo a menor costo en los suburbios externos, según una tendencia observable en todo el mundo, en concentraciones como Greenwich (Connecticut) y el *Zip Strip* de New Jersey, o *Reading West* en Londres, las *new towns* de París, u Omiya y Kawasaki fuera de Tokio; también podrían emigrar a ciudades provinciales razonablemente distantes que ofrezcan aún mayores ahorros en alquileres y salarios, tal como los nuevos centros financieros de Bristol o Leeds en Inglaterra, o ubicaciones como Salt Lake City y Omaha (Nebraska) en Estados Unidos; y finalmente, siempre existe la probabilidad de que algunas de estas actividades puedan ser transferidas a ubicaciones incluso menos costosas en el extranjero, como ha sucedido con tanta industria manufacturera. Pero hay límites: las telecomunicaciones no son gratis y (salvo las transmisiones postales tradicionales) los costos no son uniformes sin atender a la distancia; las ciudades mundiales crean su propia demanda para los servicios de telecomunicaciones vanguardistas (tales como los sistemas enteramente digitales); los límites culturales y lingüísticos, especialmente en Europa, crean poderosas barreras para la transferencia de cualquier actividad basada en la comunicación de voz directa, ya sea la venta telefónica directa de seguros o una transmisión televisiva internacional. Incluso en Europa, los estudios muestran que la difusión de la tecnología avanzada de la información es mucho más rápida en las grandes regiones metropolitanas que en cualquier otro sitio (Goddard y Gillespie 1987, 1988; Batty 1988). Y de esta manera, a medida que la economía de la información crece, las grandes ciudades globales conservan su papel protagonista.

Junto a esto, hay otro factor. Tendemos a pensar en las telecomunicaciones como sustitutorias de los viajes personales y los encuentros cara a cara, pero la realidad es que son también complementarios. Datos de Francia muestran que durante un largo periodo, las curvas del tráfico de las telecomunicaciones y de los viajes personales han crecido casi exactamente en paralelo (Graham y Marvin 1995, 262); no tengo duda de que la evidencia sería idéntica en cualquier otro país. Si necesita más pruebas, basta con que mire al crecimiento de los viajes aéreos internacionales de negocios, al crecimiento de las principales cadenas hoteleras internacionales o, realmente, a las

121

convenciones de negocios. De nuevo -dejando a un lado los desarrollos en algunos centros turísticos principales tales como Florida o Gold Coast en Queensland- estos centros de convenciones tienden a ubicarse en los corazones de las principales ciudades, próximos a concentraciones existentes de hoteles de negocios, restaurantes y vida nocturna relacionada con éstos. Forman una parte muy significativa del fenómeno del turismo de negocios, uno de los sectores de más rápido crecimiento en las ciudades globales actuales, y que es altamente sinérgico con los otros sectores en crecimiento.

Podemos sintetizar mejor la estructura económica de estas ciudades de la siguiente manera. Están despojando áreas muy grandes de actividad económica -manufactura, tratamiento de bienes, servicios ordinarios- en favor de otras ciudades, regiones y países. Muestran un rápido crecimiento en relativamente pocos sectores relacionados: servicios económicos y de negocios, tanto financieros como no financieros (incluyendo los servicios de diseño en rápido crecimiento como arquitectura, ingeniería y moda); funciones de mando y control tales como sedes de empresas, agencias gubernamentales nacionales e internacionales, y la red completa de actividades que crece a su alrededor; industrias culturales y creativas incluyendo las artes vivas, los medios de impresión y electrónicos; y el turismo, tanto de ocio como de negocios (*G.B. Government Office for London* 1996; Landry y Bianchini 1995). Se trata de sectores altamente sinérgicos, que abastecen simultáneamente los mercados locales, nacionales e internacionales; el negocio internacional, aunque generalmente una parte minoritaria, es significativo porque aporta una base de exportación. Algunos de estos sectores ahora están exhibiendo beneficios de productividad asociados con la inyección de tecnología de la información, que está produciendo un crecimiento del desempleo. Ofrecen una amplia variedad de oportunidades de empleo, pero hay alguna tendencia a la polarización: por un lado están lo que Robert Reich (1991) ha llamado los analistas simbólicos, desempeñando trabajos que requieren educación de alto nivel, formación profesional y habilidades interpersonales; y por el otro lado, una amplia variedad de empleos semiocasionales y con salarios bajos en servicios personales, que no ofrecen expectativas profesionales y son a menudo poco atractivos como una alternativa a los pagos de la asistencia social (Wilson 1987, 1996).

### ¿Una jerarquía urbana global?

Las consecuencias urbanas de estos procesos pueden ser tratadas en dos niveles separados aunque relacionados: primero, el sistema urbano nacional e internacional, y la competencia entre ciudades a diferentes niveles de este sistema; segundo,

los impactos internos en los patrones de actividad y uso del suelo dentro de cada área metropolitana.

Es un hecho conocido que las ciudades tienden a competir cada vez más y a promocionarse como ubicaciones atractivas para la inversión en ellas. Sin embargo, en esto están obviamente limitadas por un sentido de realismo en función de las posibilidades. Es útil para este propósito distinguir conceptualmente tres niveles de ciudad: internacional o global; una categoría que podemos denominar subglobal, especialmente generalizada en Europa; y regional.

Ya he definido las ciudades globales: son aquellas cuya economía se basa principalmente en la producción de servicios de información especializados, tales como servicios financieros, medios de comunicación, educación, sanidad y turismo (incluyendo el turismo de negocios); pero, siguiendo el modelo de los lugares centrales formulado por Walter Christaller en la década de 1930, estas ciudades también desarrollan funciones de orden inferior para áreas más restringidas, notablemente a nivel nacional y, claro, para sus propios habitantes. Como he mencionado, han perdido ciertas funciones durante las décadas de 1970 y 1980, bien hacia sus propias periferias o hacia ubicaciones extranjeras; consecuentemente, han mostrado la paradoja de pérdidas sustanciales de empleo en sectores tradicionales tales como las manufacturas, tratamiento de bienes y los servicios ordinarios, y han obtenido grandes beneficios en otros sectores tales como los servicios financieros y los servicios especializados de empresas. Una cuestión prioritaria en la década de los noventa es saber si estas ciudades están obteniendo igualmente grandes pérdidas también en estas últimas funciones; ciertamente, ha habido pérdidas de empleo tanto en Londres como en Nueva York, en ambos casos acompañadas por movimientos hacia ubicaciones exteriores: en el caso de Londres hacia ciudades provinciales como Leeds, que ha llegado a ser un centro primario en la nueva "banca directa" electrónica (se dice que es porque la gente piensa que su dinero está más seguro cuando escucha un acento de Yorkshire al teléfono); y en el caso de Nueva York, hacia oficinas suburbanas en los estados vecinos de New Jersey y Connecticut. Lo más importante es que ambas ciudades están produciendo grandes volúmenes de productos con una fuerza laboral estática o en declive: el crecimiento del desempleo, observable en el sector manufacturero en las décadas de 1970 y 1980, ahora ha llegado a las industrias de servicios (*G.B. Government Office for London* 1996a, 1996b; Yaro y Hiss 1996).

La cuestión más interesante afecta a la relación entre las ciudades globales y el siguiente nivel en la jerarquía, sobre todo aquí en Europa. Aquí indiscutiblemente la única ciudad global es Londres y, quizás, París; observarán que estas son las aglomeraciones urbanas más grandes en el continente europeo sin considerar Rusia, o -siendo algo pedante-, las mayores aglomeraciones monocéntricas. Por debajo de esta categoría encontramos un rico despliegue de ciudades capitales nacionales -Amsterdam, Bruselas, Copenhague, Estocolmo, Oslo, Bonn/Berlín, Viena, Praga, Budapest, Varsovia, Roma, Madrid, Lisboa, Dublín-, así como un número de ciudades comerciales bastante especiales que funcionan efectivamente como capitales comerciales o culturales, tales como Barcelona, Milán, Zurich, Ginebra y Frankfurt. Todas ellas caracterizadamente un poco más pequeñas que las precedentes, sus áreas metropolitanas tienen poblaciones entre uno y cuatro millones de habitantes. Voy a llamarlas subglobales. Estas ciudades tratan de competir eficazmente con las ciudades globales, con algún efecto real en sectores especializados, tales como para Bruselas, Roma y Ginebra en cuanto al gobierno; Frankfurt, Zurich o Amsterdam en la banca; o Milán en el diseño. Si miramos fuera de Europa, resulta interesante encontrar que muy pocas ciudades americanas desarrollan funciones similares en relación a Nueva York: Washington en cuanto al gobierno, Chicago y San Francisco en los servicios financieros, Los Angeles en la cultura y el ocio. Y en Japón, Osaka desarrolla un papel similar en relación a Tokio, especialmente como un centro de comercio. En estos casos, sin embargo, debido a la larga tradición unitaria política y económica y a la homogeneización del país implicado, las ciudades regionales desarrollan un rol menor que sus equivalentes europeas.

Volviendo a Europa, una cuestión principal radica en la posibilidad de que el mercado único y los impactos del Tratado de Maastricht ayudarán progresivamente a las ciudades de más alto nivel a expensas de las de rango nacional. En relación con esto se suscita la cuestión de si ciudades dotadas de una función diferenciada dentro de la Unión Europea -Bruselas, Luxemburgo y Frankfurt- reafirmarán progresivamente su propio papel a expensas de Londres y, hasta cierto punto, de París. Se trata de una pregunta abierta, pero debiera observarse el hecho de que las eurociudades forman un estricto círculo interno rodeado por un grupo más amplio de capitales nacionales -Londres, París y Amsterdam- formando lo que el Informe de la Comunidad Europea *Europa 2000+* llama la "Región de las Capitales Nacionales", todas dentro de un radio adecuado para el contacto cara a cara por vía aérea, y cada vez más, por medio del tren de alta velocidad (el cual, según los planes actuales conectará todas ellas aproximadamente para el año 2010). De este modo, parece cierto que estas ciudades constituirán un núcleo central efectivo del sistema urbano europeo. A su vez, estarán conectadas por servicios aéreos regulares y frecuentes a un número de ciudades regionales clave, que forman efectivamente un anillo exterior distante de 500 a 700 kilómetros: Copenhague, Berlín, Viena, Zurich, Milán, Madrid, Dublín, Edimburgo. Estos lugares también estarán conectados por el tren de alta velocidad a otras ciudades dentro de su propio radio de 500 kilómetros: Milán con Turín, Venecia y Bolonia; Berlín con Hannover, Hamburgo y Leipzig; Madrid con Sevilla y Barcelona; y formarán así los puntos de articulación entre los esquemas de intercambio europeos y regionales.

De manera algo confusa, estas capitales nacionales y capitales comerciales con una población comprendida entre uno y cuatro millones de habitantes, solapan en dimensión con las principales capitales provinciales de los mayores estados-nación europeos: así, Manchester y Birmingham, Lyon y Marsella, Hannover y Stuttgart, Florencia y Nápoles, Sevilla y Valencia. Estos lugares funcionan comúnmente como centros administrativos y de servicios de alto nivel para las regiones mixtas urbano-rurales, en su mayor parte -aunque no siempre- prósperas, y han mostrado un dinamismo considerable a pesar de que también han perdido funciones tradicionales como las manufacturas y el tratamiento de bienes. Nuevamente, es posible introducir un paralelismo: funciones similares, por supuesto, son desarrolladas por las principales capitales regionales americanas tales como Boston, Atlanta, Dallas-Fort Worth, Minneapolis, Denver y Seattle, así como sus equivalentes japoneses tales como Nagoya, Sendai y Kumamoto. Estas ciudades, como regla, no compiten con las ciudades de orden superior en nada sustancial a nivel nacional y menos aún a nivel internacional, aunque ocasionalmente pueden ocupar nichos especiales del mercado, tal como es el caso de Boston para servicios financieros, o Atlanta para servicios relacionados con los media. La importante aunque sutil diferencia radica en el hecho de que una ciudad ofrezca una presencia o reto significativo a nivel global; desde este punto de vista se puede decir que Bruselas, Frankfurt y Milán; Chicago y Los Angeles; y Osaka, actúan como rivales globales en esferas especialmente definidas, aunque por supuesto no a nivel general, y por lo tanto pueden mejor definirse como subglobales; Manchester, Munich y Copenhague; Minneapolis y Denver; Sendai y Kumamoto, por tomar ejemplos más o menos al azar, no pueden ser definidas del mismo modo.

## Moverse hacia el exterior: La tendencia a la desconcentración

Para comprender las dinámicas del sistema urbano europeo, necesitamos también entender lo que está sucediendo en el interior de estas mega-regiones urbanas. Todos conocemos la respuesta, supongo: en los últimos cuarenta años, la desconcentración -primero de las residencias y más recientemente también del empleo- ha llegado a ser ya un fenómeno universal, no tan solo en Europa, sino en prácticamente todas las áreas metropolitanas del mundo. Por un tiempo un fenómeno peculiar para el grupo de ciudades anglo-americanas-australianas se ha hecho ahora también característico de Europa Occidental completa y de Japón. Y en las mayores de estas áreas, las ciudades globales y subglobales, este proceso de desconcentración ha llegado a ser extremadamente complejo, extendiéndose sobre áreas muy extensas de territorio en un proceso dinámico que ha dado como resultado un sistema metropolitano marcadamente policéntrico.

De manera general puede decirse que hasta aproximadamente 1950 incluso las principales ciudades del mundo tenían un modelo mucho más simple para vivir y trabajar: había una masa de empleo de cuello blanco en el centro, y un anillo extenso (y creciente) de suburbios en el exterior, entremezclado con áreas industriales, portuarias y de almacenes, con sus propias áreas residenciales localizadas inmediatamente próximas a ellos; el complejo entero dependía principalmente del transporte público, además de los trayectos más locales realizados a pie y en bicicleta. Después, ya en las ciudades americanas antes de la Segunda Guerra Mundial, y en las ciudades europeas solo en una escala perceptible a partir de la década de 1960, se produjo una suburbanización residencial más distante fuera de las áreas servidas eficazmente por el transporte público, y en consecuencia dependiente del automóvil privado. Al mismo tiempo el empleo comenzó a descentralizarse, primero, las manufacturas de montaje ordinarias buscaron lugares espaciosos próximos a las autopistas; luego, la I+D y la producción de alta tecnología asociada, que se movieron hacia ubicaciones altamente confortables, a menudo próximas a los aeropuertos para favorecer la accesibilidad internacional; y en tercer lugar, las oficinas de soporte ocupadas de los procesos ordinarios para las sedes de firmas nacionales, que se movieron hacia centros suburbanos locales dotados de amplia oferta local de oficinistas. Todos estos movimientos estuvieron naturalmente acompañados del empleo local en tiendas, escuelas y otros servicios públicos y privados, dispersados por toda la región. Y finalmente, en las décadas de 1980 y 1990, se hizo evidente en algunas ciudades americanas -no solamente en Nueva York, que ya he mencionado, sino también en San Francisco y por supuesto en Los Angeles- un éxodo más general incluso de las oficinas de las sedes centrales de empresas hacia ubicaciones suburbanas, aparentemente impulsadas en algunos casos por los elevados impuestos locales.

El resultado en casos extremos, representados por Londres, Nueva York y Los Angeles, es un patrón de desconcentración extremadamente dilatada que se extiende hasta 150 kilómetros del centro, con concentraciones locales de empleo rodeadas de áreas solapadas de *commuters*[1] y servidas principalmente por el automóvil privado. Los detalles espaciales concretos va-

[1] *Commuter*: Persona que viaja cada día una distancia apreciable a su lugar de trabajo, generalmente del suburbio al centro de la ciudad. [N. de t.]

rían de un país a otro, de acuerdo con la cultura y el régimen de planeamiento: en Estados Unidos, densidad más baja y menor regulación en las *Edge Cities* o en los *New Downtowns* ubicados en sitios rurales, accesibles exclusivamente en automóvil privado; en Europa, densidad media, regulación mediante cinturones verdes y otras restricciones, y centrados en poblaciones comerciales de campo de tamaño medio o en *new towns* planificadas (Garreau 1991). Y el proceso ha ido mucho más lejos en algunas de las grandes áreas metropolitanas (Londres, por ejemplo) que en otras (París, por ejemplo, donde la suburbanización ha sido absorbida casi por completo en las nuevas ciudades de gran dimensión, resultado del plan de ordenación regional de 1965). Sin embargo, la tendencia centrífuga, tanto para la población como para el empleo, es universal. Una consecuencia interesante ha sido el crecimiento acelerado en el interior y alrededor de las pequeñas poblaciones rurales, en la órbita metropolitana más extensa, especialmente en aquellas poblaciones adyacentes a las principales autopistas nacionales y/o las líneas ferroviarias (esto es, en los sectores de "transporte rico, ciudad rica" del modelo de Lösch del lugar central). También en algunos casos hay una tendencia diferente al crecimiento en corredores lineales, como es el caso del llamado corredor M4 al oeste de Londres, o el corredor E4 del aeropuerto de Arlanda, al norte de Estocolmo, ambos basados en la combinación de industrias de alta tecnología y funciones terciarias de soporte. Algunos planes regionales, incluidos el Plan de Estocolmo de 1966 y el Plan de París de un año antes, intentaron deliberadamente guiar el desarrollo hacia dichos corredores; pero el mismo fenómeno ha tomado cuerpo espontáneamente en otros casos, tal como el I-405 *Aerospace Alley* en las provincias de Los Angeles y de Orange, o el *Dulles Airport Corridor* en los suburbios de Virginia en Washington D.C. Y algunos observadores pretenden apreciar el desarrollo de ciertos corredores en crecimiento aún más extensos, conectando ciudades a lo largo de autopistas y de líneas del tren de alta velocidad, tales como el *Dorsale* o el *Blue Banana* en Europa occidental, uniendo Londres, Bruselas, Frankfurt, Zurich y Milán (Hall et al. 1973; Brunet 1989). Al este de Londres, la propuesta *Thames Gateway* del gobierno del Reino Unido consiste en una serie discontinua de desarrollos urbanos según la nueva línea planificada del tren de alta velocidad que va de Londres al Túnel del Canal de la Mancha: el primer intento de crear un corredor tal de manera consciente (*G.B. Thames Gateway Task Force* 1994).

Un debate enérgico se ha suscitado en publicaciones académicas acerca de las consecuencias de este proceso de desconcentración sobre los desplazamientos pendulares y en consecuencia para la urbanización sostenible. Una escuela, representada por Peter Newman y Jeffrey Kenworthy en Australia, ha sostenido que la desconcentración suburbana de baja densidad conduce a un consumo de energía sustancialmente más alto; esto ha sido confirmado en el trabajo internacional realizado por Robert Cervero (Newman y Kenworthy 1989a, 1989b, 1992; Cervero 1985, 1989, 1995a, b, c). Un punto de vista opuesto proviene de Peter Gordon y Harry Richardson, quienes argumentan que el proceso completo se autoequilibra: como el empleo se mueve hacia el exterior siguiendo a la vivienda, los nodos locales de empleo -e incluso un empleo completamente descentralizado- se desarrollan, conduciendo a distancias pendulares no mayores de las precedentes (Gordon, Kumar y Richardson 1988, 1989a, 1989b, 1989c; Gordon y Richardson 1989; Gordon, Richardson y Jun 1991; Gordon y Richardson 1995, 1996). Brotchie y sus colegas en Australia ofrecen resultados similares para las ciudades australianas (Brotchie, Anderson y McNamara 1995). Y existe alguna evidencia de que esto ha ocurrido en la región de Londres, donde los *commuters* se han desplazado a residencias más distantes, pero han encontrado trabajos locales (Buck et al. 1986). En parte, la diferencia parece surgir porque los dos grupos de autores están analizando aspectos diferentes: parece probable que la densidad esté relacionada con el consumo de energía, pero no de una manera simple o directa; que la descentralización de empleos reduzca los desplazamientos acumulados en comparación con un modelo de empleos centrales y viviendas dispersas; pero que muchos de estos desplazamientos deben entonces hacerse en automóvil privado en lugar de en transporte público, lo cual resulta menos eficiente energéticamente (Daniels y Warnes 1980). Y esto es intuitivamente plausible, naturalmente. Es interesante el hecho de que Breheny (1995a) concluya en un análisis cuidadoso que el Reino Unido se ha alejado marginalmente de un modelo de desarrollo urbano sostenible entre 1961 y 1991, en términos de energía consumida por el transporte, pero que el efecto no ha sido muy relevante: sólo alrededor de un 3%.

Irrelevante o no, muchos planificadores y sobre todo muchos políticos se han mostrado recientemente inquietos por esta cuestión. El Libro Verde de 1990 de la Comisión Europea hace un llamamiento en favor de la compactación urbana. De hecho la compactación, o consolidación, parece que ha llegado a ser una clase de cruzada mundial en los noventa. Y el debate es muy urgente debido al crecimiento del número de unidades familiares. En el Reino Unido las proyecciones oficiales sugieren que de aquí al 2016, apenas veinte años, habrá que encontrar viviendas para albergar a 4,4 millones de unidades familiares adicionales únicamente en Inglaterra -no a causa del crecimiento demográfico, que permanecerá razonablemente modesto, sino a causa del cambio en la composición de la población y también de la transformación social-, mucha más gente joven que abandona su hogar para cursar educación superior o para desempeñar su primer empleo, mucha más

gente divorciada y separada, más ancianos con una larga vida pero que eventualmente enviudan. A causa de estas tendencias, el hecho significativo es que cerca del 80% de las unidades familiares adicionales estarán compuestas por una sola persona. Para hacer esto más descorazonador, dos de cada cinco familias adicionales (1,64 millones de los 4,4) se espera que residirán en la región sureste de Inglaterra, precisamente donde ya hay la mayor presión y la mayor controversia acerca del nuevo desarrollo.

La respuesta del gobierno británico, en un documento de deliberación del último periodo del año anterior (*G.B. Secretary of State* 1996), consiste en colocar el 60% de las nuevas viviendas en las áreas edificadas existentes. En un informe publicado el verano pasado, Michael Breheny y yo dudábamos sobre el hecho de que esto fuera prácticamente posible o verdaderamente sostenible (Breheny y Hall 1996). Sin embargo, creo que existe una vía para hacer cuadrar el círculo.

Podemos comenzar, una vez más, aprendiendo de la historia. Si lo hacemos, descubriremos que algunos urbanistas muy distinguidos han estado aquí antes que nosotros. Las originales ciudades jardín de Ebenezer Howard, que propuso hace noventa y nueve años exactamente, eran pequeñas unidades de unas 30.000 personas, desarrolladas con una densidad alta, pero todas en casas con jardín y una mezcla de usos del suelo que garantizaba que cualquier persona podría llegar caminando a cualquier sitio en diez minutos, más o menos. Pero, en un giro interesante, Howard sugirió combinar estas unidades en grupos que en total reunieran un cuarto de millón de personas, conectadas todas por medio de un sistema de tren ligero: las llamó el grupo de ciudades sin tugurios y sin humos, o la Ciudad Social. Hoy, el grupo de ciudades jardín y *new towns* al norte de Londres -Hatfield, Welwyn, Stevenage, Letchworth-constituyen tal ciudad social. Una cuestión importante es que tanto Howard como los planificadores de las *new towns* de posguerra propusieron construir sus nuevos asentamientos deliberadamente fuera del área de los desplazamientos pendulares que gravitaban en torno a Londres. Fallaron en esta cuestión porque el cinturón pendular se amplió, y Welwyn se desarrolló como un pueblo de *commuters* ya en los años veinte. Pero cuando Ray Thomas realizó su celebrado análisis sobre las *new towns* de Londres basándose en el censo de 1966, fue capaz de demostrar que éstas permanecieron mucho más autocontenidas que otros viejos pueblos equivalentes ubicados a distancias similares de Londres (Thomas 1969). Cuando Michael Breheny reelaboró las cifras 20 años después, encontró que las *new towns* estaban perdiendo esta característica: el cinturón pendular de Londres se había expandido en el territorio que éstas ocupaban, y junto a ello había un extenso crecimiento de los movimientos pendulares a medida que el auto-

125

móvil en propiedad crecía (Breheny 1990). Fue en parte porque los planificadores anticiparon este hecho en los años sesenta, una década de enorme crecimiento demográfico en la que hubo un intenso debate sobre la planificación estratégica en el sureste, por lo que decidieron colocar las *new towns* de la segunda generación a mayor distancia de Londres: Milton Keynes a 90 kilómetros, Northampton a 120 kilómetros, y Peterborough a 130 kilómetros. La idea, entonces, era colocarlas correctamente fuera del cinturón pendular y también proyectarlas incluso más grandes, de 200.000 o incluso 250.000 habitantes, de manera que pudieran ofrecer los empleos y servicios asociados a una gran ciudad provincial, pero sacrificando el principio de acceder a pie al trabajo, que quedó bastante perdido en aquellos años en que hasta los planificadores rendían culto al dios automotor.

En paralelo, los planificadores escandinavos habían adoptado versiones de lo que en Copenhague se ha llamado *el plan de los cinco dedos*: colocaron nuevos asentamientos como cuentas en un collar a lo largo de las rutas de transporte público, en el caso de Copenhague un sistema de tren ligero, en Estocolmo un nuevo tren subterráneo. El caso más celebrado fue Estocolmo, donde el famoso Plan General de 1952 de Sven Markelius y Göran Sidenbladh desarrollaba sistemáticas pirámides de densidad en torno a las estaciones, y también proporcionaba servicios y otros empleos en los centros de distrito alrededor de estas mismas estaciones, con la idea de que al menos una tercera parte de la población encontrara un empleo en el lugar en que residían (Hall 1992a; Hall 1997).

Las moralejas que podemos obtener de la historia son bastante claras. Primero, el agrupamiento de personas y empleos juntos en unidades razonablemente autocontenidas, como proponía Howard y los británicos trataron de implementar en sus *new towns* después de la Segunda Guerra Mundial, es un objetivo razonable, particularmente cuando en una microescala la vivienda y el empleo se entremezclan. La medida pensada intuitivamente por Howard para su ciudad jardín -32.000 habitantes- no era mala en términos de sostenibilidad del transporte, a pesar del hecho de que ésta se produjo en un momento en que el automóvil era una novedad, pero se demostró difícil de combinar con una gama adecuada de trabajos y servicios. Esto ocurrió, por supuesto, porque todos habían olvidado el diagrama original de la Ciudad Social. Segundo, también era correcto tratar de mantener las *new towns* británicas fuera de la órbita pendular de Londres, incluso aunque algunos obligados a los movimientos pendulares y luego más pudieran hacer lo mismo; se podrían mantener las *new towns* bastante autocontenidas en base a la evolución día a día (y la prueba es que al menos algunos de los *commuters* encontraron empleos locales al poco tiempo), mientras se proporcionara buen acceso a Londres para los contactos de negocios menos frecuentes, que

habían llegado a ser más significativos con el crecimiento de los empleos de la industria de servicios y la descentralización de las oficinas de apoyo hacia las *new towns*. Finalmente, colocar viviendas y empleos según patrones lineales de alta densidad a lo largo de las potentes espinas de transporte público, como hicieron los suecos en las ciudades satélite de Estocolmo en las décadas de 1950 y 1960, es también correcto, especialmente si -de nuevo- hay oferta de empleos cerca de las viviendas, y si se crean cuñas verdes amplias -de hecho, crecientemente amplias- entre estos corredores de urbanización. Todas representan respuestas parciales, de ninguna manera excluyentes entre sí: pero difícilmente algún lugar parece haber combinado estos principios en un paquete coherente.

Deberíamos recordar también que tanto las *new towns* de Londres de la primera generación como las ciudades satélite escandinavas fueron planificadas para una sociedad mucho más pobre, en la que la mayoría de los habitantes serían inquilinos de viviendas sociales proporcionadas por grandes agencias monolíticas; no tenían otra elección. Tampoco tenían muchas opciones en lo referente al transporte, porque el número de automóviles en propiedad era extremadamente bajo y se esperaba que permaneciera así. Hay clara demostración de que todos los cálculos de los planificadores de Estocolmo se vinieron abajo por el rápido incremento de los vehículos en propiedad en la década de 1960. Pero esta situación se complementa con el hecho de que Estocolmo es una ciudad relativamente pequeña y compacta de tan solo un millón y medio de habitantes. Incluso si se pudiera persuadir a la gente para que continuara usando el *Tunnelbana* para los trayectos radiales al centro de la ciudad, esto tendría poco sentido para los trayectos orbitales, ya que la población podía tomar sus Volvos confortables y usar el anillo vial que los planificadores habían previsto como colector en torno a la ciudad. Esto sugiere que la estructura ha de ser más incentivadora del uso del transporte público, quizás eliminando tanto como se pueda la necesidad o el deseo de los trayectos no radiales. Aun así, al igual que las *new towns* británicas, las ciudades satélite de Estocolmo todavía funcionan mejor que los asentamientos de formas equivalentes en ubicaciones similares (Cervero 1995b, 1995c).

También podemos prestar atención a la investigación académica actual. Geógrafos británicos, lo que es interesante, han logrado protagonismo a escala internacional en este tema: investigadores como Susan Owens en Cambridge, David Banister en UCL (*University College London*), y Michael Breheny en Reading, forman juntos un grupo formidable (Banister 1992, 1993; Banister y Banister 1992, 1995; Banister y Button 1993; Breheny 1991, 1992, 1993, 1995a, b, c; Breheny, Gent y Lock 1993; Breheny y Rookwood 1993; Owens 1984, 1986, 1990, 1992 a, b; Owens y Cope 1992; Rickaby 1987, 1991; Rickaby et al 1992). Y todo su trabajo parece contar una historia muy sólida. Owens propone que una forma urbana sostenible debería tener las características siguientes: Primero, a escala regional, debería contener muchos asentamientos relativamente pequeños, algunos de los cuales se agruparían para formar asentamientos más grandes con una población de 200.000 o más habitantes. Segundo, a escala subregional, formaría asentamientos compactos, probablemente con un esquema lineal o rectangular, con oportunidades de empleo y comercio dispersas para generar un modelo de uso del suelo "heterogéneo", mixto. Tercero, a escala local, estaría compuesta por subunidades desarrolladas a escala del peatón y de la bicicleta; con una densidad residencial media-alta, posiblemente con alta densidad lineal, y con oportunidades locales de empleo, comercio y servicios agrupados para favorecer los desplazamientos de motivos múltiples. El trabajo de Owens sugiere intensamente que un racimo de pequeños asentamientos puede ser más eficiente energéticamente que uno grande; el límite máximo óptimo debe ser de 150.000 a 250.000 habitantes; que las formas lineales o al menos rectangulares son las más eficientes; y que aunque las densidades deben ser moderadamente altas, digamos de 25 viviendas o 40 habitantes por hectárea, no necesitan ser muy altas para ser eficientes energéticamente.

Michael Breheny y Ralph Rookwood han llegado a conclusiones muy similares. Muestran ilustraciones teóricas de cómo conseguir un desarrollo urbano sostenible a diferentes escalas y en contextos geográficos distintos. Todos ellos proponen asentamientos de diferentes tamaños, enfilados linealmente como cuentas en un rosario a lo largo de los corredores de transporte público, que agrupan desde rutas de autobuses hasta los sistemas ferroviarios pesados. Nuevamente, hay una fuerte similitud con lo que los planificadores suecos y daneses intentaron en las décadas de 1950 y 1960.

En tercer lugar, podemos atender a la práctica contemporánea. En California, Peter Calthorpe, un arquitecto-urbanista emigrado de Inglaterra, ha propuesto lo que él llama *Transit Oriented Developments* o *TOD*: desarrollos suburbanos de escala peatonal alrededor de las paradas de transporte público, agrupando oportunidades de empleo y servicio en los nodos, y con viviendas unifamiliares de alta densidad construidas en hileras tradicionales con aparcamientos en la calle (Kelbaugh 1989; Calthorpe 1993). Parece ser que los californianos aprecian sus propuestas; Calthorpe ha desarrollado barrios enteros en San José, la capital de Silicon Valley, y sus ideas ahora forman parte de la normativa del Plan General de Sacramento, la capital regional.

Recientemente, ustedes en los Países Bajos han desarrollado uno de los estudios más avanzados a nivel mundial al tra-

tar de integrar el uso del suelo y la planificación del transporte, a través de una estrategia medioambiental a nivel nacional. El Cuarto Informe Nacional (EXTRA), que conocen de antemano, identifica una política que pretende hacer frente a las presiones del crecimiento y a la mejora de la calidad de vida urbana, e intenta reducir el tráfico de vehículos en ciudades y regiones urbanas a través de un tratamiento integrado, reuniendo las políticas del tráfico y del transporte, del medio ambiente y del planeamiento físico. La clave es concentrar las residencias, las áreas de trabajo y de ocio, de tal manera que se provoquen los desplazamientos más cortos posibles, facilitando la mayoría en bicicleta y en transporte público. Así, la búsqueda de solares residenciales se inicia en el interior de la ciudad, posteriormente en la periferia urbana y solamente en un tercer lugar en ubicaciones más distantes; dondequiera que los solares se encuentren, la disponibilidad de transporte público será un factor clave. Los negocios y el ocio se planifican relacionando los requerimientos de los usuarios con las características de ubicación. Estas actividades que implican un gran número de trabajadores o visitantes por hectárea, tales como las oficinas orientadas al público en general, teatros y museos, están clasificados dentro del perfil A, lo que significa que deberían ubicarse en proximidad a las estaciones del centro de la ciudad. Las ubicaciones B son aquellas que cuentan simultáneamente con buena accesibilidad desde la estación y desde las autopistas, haciéndolas apropiadas para el acceso tanto en automóvil como en transporte público; las actividades adecuadas para ubicarse dentro de este perfil incluyen hospitales, investigación y desarrollo, y la industria de trabajadores de cuello blanco. Las ubicaciones C, cercanas a las autopistas, son idóneas sólo para actividades con relativamente pocos trabajadores y visitantes por hectárea, y que requieran de alta accesibilidad en automóvil o camión. Asociado a lo anterior, el Informe hace un llamamiento al planeamiento integrado del uso del suelo y del transporte con el fin de mejorar el papel del transporte público, incluyendo restricciones a largo plazo en los aparcamientos, asociadas a la provisión de un buen transporte público (Holanda 1991).

Me complace informarles que su experiencia está provocando un gran interés e incluso se está imitando en otras partes de Europa (p.e. *London Planning Advisory Committee* 1994). Pero quizás debería tener igual o más sentido aliviar la presión en la Randstad, a través de la promoción de ciudades de densidad y dimensión moderadas en alguna otra parte de los Países Bajos, fuera del ámbito de los movimientos pendulares, una política de los años sesenta que posteriormente se abandonó. Digo esto porque ustedes nos han enviado un estudiante de doctorado holandés que está analizando las distancias pendulares en los Países Bajos y en el Reino Unido, y está descubriendo, para su sorpresa, que la experiencia británica está

127

resultando más eficiente. Es al menos posible, me temo, que en una era de alta movilidad la estructura policéntrica de la Randstad, que ha sido uno de sus puntos fuertes, pueda llegar a ser una fuente de debilidad: las ciudades están un poco demasiado juntas para resultar cómodo. Pero también debo decir con honradez que ustedes incentivan en la máxima medida posible el uso del transporte público para los movimientos pendulares: destacadamente, la Randstad es como la Ciudad Social de Howard, pero con todas las unidades alrededor de treinta veces su tamaño.

Hay una iniciativa igualmente notable en el Reino Unido, que ya he mencionado anteriormente. El esquema de desarrollo para el *Thames Gateway* al este de Londres, representa una nueva escala de reflexión: un corredor de desarrollo discontinuo de más de 60 kilómetros de largo, apoyado en el nuevo tren de alta velocidad que une Londres con el Túnel del Canal de la Mancha; tendrá concentraciones de empleo en torno a dos estaciones planificadas, y con denso tráfico ferroviario local en el espacio intermedio. Adicionalmente, por así decirlo, la propuesta se aisla del deseo de viajes no radiales: por el norte, el Támesis ofrece una barrera efectiva sin ningún cruce establecido de la corriente salvo el túnel-puente de la M-25 en Dartford; al sur, el Jardín de Inglaterra permanecerá como un área agrícola de baja densidad con pocas oportunidades de cualquier tipo. Es esencialmente la idea de Owens, Breheny y otros, convertida realmente en un plan a ser desarrollado. Dentro de 15 o 20 años podremos ver cómo se comporta en términos de sostenibilidad.

Esto se relaciona con el nuevo concepto de mediados de la década de los noventa procedente del sistema de transporte de Londres: el metro regional, que podría definirse como un tren regional de alta velocidad. Así como en el pasado el transporte ha demostrado ser un constructor y destructor de ciudades, según dicho de Colin Clark, sucede lo mismo en este caso. El impacto espacial será muy diferente del de los sistemas urbanos ferroviarios tradicionales, como el *Underground* de Londres, el *Metro* de París, o el *Tunnelbana* de Estocolmo: habrá de encoger el tiempo de recorrido a localidades situadas a una distancia crítica comprendida entre 100 y 130 kilómetros de Londres. Como en la Randstad, esto podría estimular una pendularidad a larga distancia, que es difícilmente sostenible. Pero teniendo en cuenta que ya habrá algunos movimientos pendulares a larga distancia, es preferible que se hagan en ferrocarril y no sobre la carretera. Y toda la experiencia previa permite suponer que el desarrollo urbano a distancias como éstas será relativamente autocontenido; además, muchos de los *commuters* encontrarán empleos locales en espacio de pocos años. En consecuencia, debemos basar una nueva estrategia de asentamiento en este sistema. La clave será

conectar el tren regional de alta velocidad a estaciones básicas de unión con sistemas distribuidores de tránsito local, como puede ser el tren ligero o, igualmente, las rutas de autobuses dirigidos, como tienen en Adelaida y Essen, y ahora en Leeds; o por medio de rutas convencionales de autobuses, como en el caso de Ottawa. Estos sistemas tendrían una forma marcadamente lineal, que podría ser paralela al tren regional de alta velocidad, o discurrir formando ángulo desde éste; una forma útil conectaría dos estaciones del tren de alta velocidad a través de una ruta indirecta. Pero estos sistemas tienen una ventaja sobre el tren ligero en el hecho que pueden desplegarse en forma dendrítica para servir a áreas residenciales de densidad media ampliamente dispersas desde las paradas, como en Adelaida. En este caso, sin embargo, el punto importante sería mantener el énfasis lineal, que alienta el uso del transporte público y evitar a toda costa los usos del suelo que fomenten los viajes cruzados. A lo largo de estos sistemas, tenderíamos agrupaciones de asentamientos de usos mixtos, con unos 10.000 a 15.000 residentes, servidos por concentraciones de servicios centrales en torno a las estaciones de transporte público, y además, reunidos en conjuntos lineales o rectangulares con poblaciones máximas de 200.000 a 250.000 habitantes.

Durante las dos próximas décadas, varias de estas iniciativas principales, combinando políticas de uso del suelo y de transporte, se harán realidad. Podremos ver cómo funcionan las nociones de urbanismo sostenible de Calthorpe, las políticas ABC holandesas y los enfoques británicos del corredor y el metro regional, y tendremos la oportunidad de estudiar los resultados del desarrollo del metro regional de Londres con el sistema muy similar ahora en construcción en torno a Estocolmo. Podremos también observar el impacto de otras innovaciones en materia del transporte, tal como el sistema *Orbitale* en *Ille-de-France*, próximo a concluirse, y el sistema *Lutece* que se ha planificado como su continuación, o los experimentos de *pricing* de la red viaria urbana, ahora en curso en las ciudades más grandes de Noruega, y que pronto será introducido en Estocolmo. Además de todo esto, estoy convencido de que vamos a desarrollar acercamientos al desarrollo urbano sostenible, en los cuales, una vez más, los urbanistas y planificadores europeos asumiremos la iniciativa. Será una época emocionante.

**Referencias:**

- Banister, D., "Energy Use, Transportation and Settlement Patterns", en Breheny, M.J. (ed.), *Sustainable Development and Urban Form (European Research in Regional Science*, 2), Londres, Pion, 1992. pp- 160-181.

- Banister, D., "Policy Responses in the U.K.", en Banister, D., Button, K. (eds.), *Transport, the Environment and Sustainable Development*, Londres, E. & F. Spon, 1993, pp. 53-78.

- Banister, D., Banister, C., "Energy Consumption in Transport in Great Britain: Macro Level Estimates", *Transportation Research*, A: Policy and Practice, 1995, 29, pp. 21-32; Banister, D., Button, K., "Environmental Policy and Transport: An Overview", en Banister, D., Button, K. (eds.), *Transport, the Environment and Sustainable Development*, Londres, E. & F. Spon, 1993, pp. 1-15.

- Batty, M., "Home Computers and Regional Development: An Exploratory Analysis of the Spatial Market for Home Computers in Britain", en Giaoutzi, M., Nijkamp, P. (eds.), *Informatics and Regional Development*, Aldershot: Avebury, 1988, pp. 147-165.

- Batty, M., Barr, R., "The Electronic Frontier: Exploring and Mapping Cyberspace", *Futures*, 1994, 26, pp. 699-712.

- Breheny, M., "Strategic Planning and Urban Sustainability", en *Proceedings of TCPA Annual Conference, Planning for Sustainable Development*, Londres, Town and Country Planning Association, 1990, 9.1-9.28.

- Breheny, M., "Contradictions of the Compact City", *Town and Country Planning*, 1991, 60, 21.

- Breheny, M., "The Contradictions of the Compact City: A Review", en Breheny, M. J. (ed.), *Sustainable Development and Urban Form (European Research in Regional Science*, 2), Londres, Pion, 1992, pp. 138-159.

- Breheny, M., "Counter-Urbanisation and Sustainable Urban Forms", en Brotchie, J.F., Batty, M., Blakely, E., Hall, P., Newton, P. (eds.), *Cities in Competition*, Melbourne, Longman Australia, 1995a, pp. 402-429.

- Breheny, M., "The Compact City and Transport Energy Consumption", *Transactions of the Institute of British Geographers*, 1995b, 20, pp. 81-101.

- Breheny, M., "Transport Planning, Energy and Development: Improving our Understanding of the Basic Relationships", en Banister, D. (ed.), *Transport and Urban Development*, Londres, Spon, 1995c, pp. 89-95.

- Breheny, M.., Gent, T., Lock, D., *Alternative Development Patterns: New Settlements*, Londres, HMSO, 1993.

- Breheny, M., Hall, P. (eds.), "The People - Where Will They Go?", *National Report of the TCPA Regional Inquiry into Housing Need and Provision in England*, Londres, Town and Country Planning Association, 1996.

- Breheny, M., Rookwood, R., "Planning the Sustainable City Region", en Blowers, A. (ed.), *Planning for a Sustainable Environment*, Londres, Earthscan, 1993, pp. 150-189.

- Brotchie, J. F., Anderson, M., McNamara, C., "Changing Metropolitan Commuting Patterns", en Brotchie, J. F., Batty, M., Blakely, E., Hall, P., Newton, P. (eds.), *Cities in Competition*, Melbourne, Longman Australia, 1995, pp. 382- 401.

- Brunet, Roger et al, *Les Villes "Européenes": Rapport pour la DATAR*, París, La Documentation Française, 1989.

- Buck, N., Gordon, I., Young, K., Ermisch, J., Mills, L., *The London Employment Problem*, Londres, Oxford University Press, 1986.

- Calthorpe, P., *The Next American Metropolis: Ecology, Community, and the American Dream*, Princeton, Princeton Architectural Press, 1993.

- Carcopino, J. E.J., *Daily Life in Ancient Rome: The People and the City at the Height of the Empire*, Londres, Routledge, 1941.

- Castells, M., *The Informational City: Information Technology, Economic Restructuring and the Urban-Regional Process*, Oxford, Basil Blackwell, 1989 (trad. cast.: *La ciudad informacional: tecnologías de la información, reestructuración económica y el proceso urbano–regional*, Madrid, Alianza, 1995).

- Castells, M., *The Information Age: Economy, Society, and Culture*, Vol. I, "The Rise of the Network Society", Oxford, Blackwell, 1996 (trad. cast.: *La Era de la información: economía, sociedad y cultura*, Madrid, Alianza, 1997- 1998).

- Cattan, N., "Attractivity and Internationalisation of Major European Cities: The Example of Air Traffic", *Urban Studies*, 1995, 32, pp. 303-312.

- Cervero, R., *Suburban Gridlock*, New Brunswick, Rutgers University: Center for Urban Policy Studies, 1985.

- Cervero, R., *America's Suburban Centers: The Land Use-Transportation Link*, Boston, Unwin Hyman, 1989.

- Cervero, R., "Changing Live-Work Relationships: Implications for Metropolitan Structure and Mobility", en Brotchie, J., Batty, M., Blakely, E., Hall, P., Newton, P. (eds.), *Cities in Competition: Productive and Sustainable Cities for the 21st Century*, Melbourne, Longman Australia, 1995a, pp. 330-347.

- Cervero, R., "Planned Communities, Self-Containment and Commuting: A Cross-National Perspective", *Urban Studies*, 1995b, 32, pp. 1135-1161.

- Cervero, R., "Sustainable New Towns: Stockholm's Rail-Served Satellites", *Cities*, 1995c, 12, pp. 41- 51.

- Chamoux, F., *The Civilization of Greece (La Civilisation Grecque)*, Londres, Allen & Unwin, 1965 (trad. cast.: *La Civilización griega en las épocas arcaica y clásica*, Barcelona, Juventud, 1965).

- Chandler, T., Fox, G., *3000 Years of Urban Growth*, Londres, Academic Press, 1974.

129

- Clark, C., *The Conditions of Economic Progress*, Londres, Macmillan, 1940 (trad. cast.: *Las Condiciones del progreso económico*, Madrid, Alianza, 1967).

- Coakley, J., "London as an International Financial Centre", en Budd, L., Whimster, S. Global, *Finance and Urban Living: A Study of Metropolitan Change*, Londres, Routledge, 1992, pp. 52-72.

- Cohen, S., Zysman, J., *Manufacturing Matters: The Myth of the Post-Industrial Economy*, Nueva York, Basic Books, 1987.

- Condit, C.W., *The Port of New York: A History of the Rail and Terminal System from the Beginnings to Pennsylvania Station*, Chicago, University of Chicago Press, 1980.

- Daniels, P. W., Warnes, A. M., *Movement in Cities: Spatial Perspectives in Urban Transport and Travel*, Londres, Methuen, 1980.

- Drinkwater, J. F., "Urbanization in Italy and the Western Empire", en Wacher, J. (ed.), *The Roman World*, Londres, Routledge, 1990, I, pp. 345-387.

- Ehrenberg, V. L., *The Greek State*, Londres, Methuen, 1969, 2ª ed.

- Friedmann, J., "The World City Hypothesis", *Development and Change*, 1986, 4, pp. 12-50.

- Friedmann, J., Wolff, G., "World City Formation: An Agenda for Research and Action", *International Journal of Urban and Regional Research*, 1982, 6, pp. 309-344.

- Garreau, J., *Edge City: Life on the New Frontier*, Nueva York, Doubleday, 1991.

- G.B. Government Office for London, *London in the UK Economy: A Planning Perspective*, Londres, G.O.L./ D.O.E., 1996a.

- G.B. Government Office for London, *Four World Cities: A Comparative Analysis of London, Paris, New York and Tokyo*, Londres, Llewelyn Davies Planning, 1996b.

- G.B. Secretary of State for the Environment, *Household Growth: Where Shall We Live?*, *(*Cm 3471), Londres, H.M.S.O., 1996.

- G.B. Thames Gateway Task Force, *The Thames Gateway Planning Framework*, [RPG 9a], Londres, Departamento de Medio Ambiente, 1995.

- Geddes, P., *Cities in Evolution*, Londres, Williams and Norgate, 1915 (trad. cast.: *Ciudades en evolución*, Buenos Aires Infinito, 1960).

- Gershuny, J., Miles, I., *The New Service Economy: The Transformation of Employment in Industrial Societies,* Londres, Frances Pinter, 1983.

- Goddard, J.B., Gillespie, A., "Advanced Telecommunications and Regional Economic Development", en Giaoutzi, M., Nijkamp, P. (eds.), *Informatics and Regional Development*, Aldershot, Avebury, 1988, pp.121-146; Goddard, J.B., Gillespie, A. E., "Advanced Telecommunications and Regional Economic Development", en Robson, B. (ed.), *Managing the City: The Aims and Impacts of Urban Policy*, Londres, Croom Helm, 1987, pp. 84-109.

- Gordon, P., Kumar, A., Richardson, H. W., "Beyond the Journey to Work", *Transportation Research*, 1988, 22A, pp. 419-426.

- Gordon, P., Kumar, A., Richardson, H. W., "Congestion, Changing Metropolitan Structure, and City Size in the United States", *International Regional Science Review*, 1989, 12, pp. 45-56.

- Gordon, P., Kumar, A., Richardson, H. W., "The Influence of Metropolitan Spatial Structure on Commuting Time", *Journal of Urban Economics*, 1989a, 26, pp. 138-151; Gordon, P., Kumar, A., Richardson, H. W., "The Spatial Mismatch Hypothesis - Some new Evidence", *Urban Studies*, 1989b, 26, pp. 315-326; Gordon, P., Richardson, H. W., "Gasoline Consumption and Cities - A Reply", *Journal of the American Planning Association*, 1989c, 55, pp. 342-346.

- Gordon, P., Richardson, H. W., Jun, M., "The Commuting Paradox - Evidence from the Top Twenty", *Journal of the American Planning Association*, 1991, 57, pp. 416-420.

- Gordon, P., Richardson, H. W., "Employment Decentralization in US Metropolitan Areas: Is Los Angeles the Outlier or the Norm?", *Environment and Planning A*, 1996, 28, pp. 1727-1743.

- Graham, S., Marvin, S., "Telecommunications and the City: Electronic Spaces", *Urban Places*, Londres, Routledge, 1996.

- Grant, M. (ed.), *The Birth of Western Civilization: Greece and Rome*, Londres, Thames and Hudson, 1964.

- Haig, R. M., "Toward an Understanding of the Metropolis", *Quarterly Journal of Economics*, 1926, 40, 179-208, 402-34.

- Hall, P., *The World Cities*, Londres, Weidenfeld and Nicolson, 1966.

- Hall, P., *The World Cities*, Nueva York, St. Martin's Press, 3ª ed., 1984.

- Hall, P., "Moving Information: A Tale of Four Technologies", en Brotchie, J., Batty, M., Hall, P., Newton, P. (eds.), *Cities of the 21st Century: New Technologies and Spatial Systems*, Melbourne, Longman Cheshire, 1991, pp. 1- 21.

- Hall, P., *Urban and Regional Planning*, 3a. ed., Londres, Routledge, 3ª ed., 1992a.

- Hall, P., "Britain's Cities in Europe", *Town and Country Planning*, 1992b, 61, pp. 7-13.

- Hall, P., "Cities in the Informational Economy", *Urban Futures*: Issues for Australia's Cities, 1992c, 5, pp. 1-12.

- Hall, P., "Cities and Regions in a Global Economy", en Hall, P., Guzman, R. de, Madduma Bandara, C. M., Kato, A. (eds.), *Multilateral Cooperation for Development in the Twenty-First Century: Training and Research for Regional Development*, Nagoya, Naciones Unidas, Centro para el Desarrollo Regional, 1993, pp. 6-26.

- Hall, P., "The Future of Cities in Western Europe", *European Review*, 1995a, 3, pp. 161-169.

- Hall, P., "Towards a General Urban Theory", en Brotchie, J., Batty, M., Blakely, E., Hall, P., Newton, P. (eds.), *Cities in Competition: Productive and Sustainable Cities for the 21st Century*, Melbourne, Longman Australia, 1995b, 3-31.

- Hall, P., *Cities in Civilization*, Londres, HarperCollins, 1997.

- Hall, P., Thomas, R., Gracey, H., Drewett, R., *The Containment of Urban England*, 2 vol., Londres, George Allen and Unwin, 1973.

- Hammack, D.C., *Power and Society: Greater New York at the Turn of the Century*, Nueva York, Columbia U.P., 1982.

- Hammond, N. G. L., *A History of Greece to 322 B.C.*, 2ª ed., Oxford, Oxford U.P., 1967.

- Jackson, K. T., "The Capital of Capitalism: The New York Metropolitan Region, 1890- 1940", en Sutcliffe, A. (ed.), *Metropolis 1890-1940*, Londres, Mansell, 1984, pp. 319-353.

- Joint Association of Classical Teachers, *The World of Athens: An Introduction to Classical Athenian Culture*, Cambridge, Cambridge U.P., 1984.

- Kelbaugh, D. et al, (ed.), *The Pedestrian Pocket Book: A New Suburban Design Strategy*, Nueva York, Princeton Architectural Press en asociación con la Universidad de Washington, 1989.

- King, A.D., *Global Cities: Post-Imperialism and the Internationalization of London*, Londres, Routledge, 1990.

- Kitto, H. D. F., *The Greeks*, Harmondsworth, Penguin, 1951.

- Kondratieff, N. D., "The Long Waves in economic Life", *The Review of Economic Statistics*, 1935, 17, pp. 105-115 (trad. cast.: *Las Ondas largas de la economía*, Madrid, Revista de Occidente, 1946).

- Korn, A., *History Builds the Town*, Londres, Lund Humphries, 1953 (trad. cast.: *La Historia construye la ciudad*, Buenos Aires, Editorial Universitaria, 1963).

- Kynaston, D., *The City of London*, Vol. I, "A World of its Own 1815-1890", Londres, Chatto & Windus, 1994.

- Kynaston, D., *The City of London*, Vol. I, "Golden Years 1890-1914", Londres, Chatto & Windus, 1995.

- Landry, C., Bianchini, F., *The Creative City*, Londres, Demos, 1995.

- London Planning Advisory Committee et al, *London: World City Moving into the 21st Century. A Research Project,* escrito por Richard Kennedy, Londres, H.M.S.O., 1991.

- London Planning Advisory Committee, *1994 Advice on Strategic Planning Guidance for London*, Romford, LPAC, 1994.

- Mitchell, B. R., Deane, P., *Abstract of British Historical Statistics,* Universidad de Cambridge, Departmento de Economía Aplicada, Monografías, 17, Cambridge, Cambridge U.P., 1962.

- Moran, M., *The Politics of the Financial Services Revolution: The USA, UK and Japan*, Basingstoke, Macmillan, 1991.

- Holanda, Ministerio de Vivienda, Planificación Física y Medioambiente, *Fourth Report (EXTRA) on Physical Planning in the Netherlands: Comprehensive Summary: On the Road to 2015*, La Haya, Ministry of Housing, Physical Planning and the Environment, Department for Information and International Relations, 1991.

- Newman, P. W. G., Kenworthy, J. R., *Cities and Automobile Dependence: A Sourcebook*, Aldershot and Brookfield, Vt., Gower, 1989a.

- Newman, P. W. G., Kenworthy, J. R., "Gasoline Consumption and Cities: A Comparison of U.S. Cities with a Global Survey", *Journal of the American Planning Association*, 1989b, 55, pp. 24-37.

- Newman, P. W. G., Kenworthy, J. R., "Is There a Role for Physical Planners?", *Journal of the American Planning Association*, 1992, 58, pp. 353-362.

- O'Connor, K., "Change in the Pattern of Airline Services and City Development", en Brotchie, J. F., Batty, M., Blakely, E., Hall, P., Newton, P. (eds.), *Cities in Competition*, Melbourne, Longman Australia, 1995, pp. 88-104.

- Owens, S. E., "Spatial Structure and Energy Demand", en Cope, D. R., Hills, P. R. y James, P. (eds.), *Energy Policy and Land Use Planning*, Oxford, Pergamon, 1984, pp. 215-240.

- Owens, S. E., *Energy, Planning and Urban Form*, Londres, Pion, 1986; Owens, S. E., "Land-Use Planning for Energy Efficiency", en Cullingworth, J. B. (ed.), *Energy, Land and Public Policy*, Newark, Del., Transactions Publishers, Center for Energy and Urban Policy Research, 1990, pp. 53-98.

- Owens, S. E., "Energy, Environmental Sustainability and Land-Use Planning", en Breheny, M. J. (ed.), *Sustainable Development and Urban Form (European Research in*

131

*Regional Science*, 2), Londres, Pion, 1992a.

- Owens, S. E., "Land-Use Planning for Energy Efficiency", *Applied Energy*, 1992b, 43, pp. 81-114.

- Owens, S. E., Cope, D., *Land Use Planning Policy and Climate Change*, Londres, H.M.S.O., 1992.

- Packer, J. E., "Housing and Population in Imperial Ostia and Rome", *Journal of Roman Studies*, 1967, 57, pp. 80-95.

- Reich, R. B., *The Work of Nations: Preparing Ourselves for 21st-Century Capitalism*, Nueva York, Random House, 1991 (Trad. cast.: *El Trabajo de las naciones*, Buenos Aires, Javier Vergara, 1993).

- Rickaby, P. A., "Six Settlement Patterns Compared", *Environment and Planning*, 1987, B, 14, pp. 193- 223.

- Rickaby, P.A., "Energy and Urban Development in an Archetypal English Town", *Environment and Planning*, 1991, B, 18, pp. 153-176.

- Rickaby, P. A., Steadman, J. B., Barrett, M., "Patterns of Land Use in English Towns: Implications for Energy Use and Carbon Monoxide Emissions", en Breheny, M. J. (ed.), *Sustainable Development and Urban Form* (*European Research in Regional Science*, 2), Londres, Pion, 1992, pp. 182-196.

- Rischin, M., *The Promised City: New York's Jews, 1870-1914*, Cambridge, Mass., Harvard U.P., 1962.

- Robinson, O. F., *Ancient Rome: City Planning and Administration*, Londres, Routledge, 1992.

- Sassen, S., *The Global City: New York, London, Tokyo*, Princeton, Princeton U.P., 1991 (trad. cast.: *La Ciudad global: Nueva York, Londres, Tokio*, Eudeba, Universidad de Buenos Aires, 1999).

- Schumpeter, J. A., *Business Cycles: A Theoretical, Historical and Statistical Account of the Capitalist Process*, 2 vol., Nueva York y Londres, McGraw Hill, 1939 (reimpresión, 1982, Filadelfia, Porcupine Press).

- Setchell, C. A., "The Growing Environmental Crisis in the World's Mega Cities: The Case of Bangkok", *Third World Planning Review*, 1995, 17, pp. 1-18; Saint, A., *Richard Norman Shaw*, New Haven, Yale U.P., 1976.

- Smith, D. A., Timberlake, M., "Conceptualising and Mapping the Structure of the World's City System", *Urban Studies*, 1995, 32, pp. 287-302.

- Stambaugh, J. E., *The Ancient Roman City*, Baltimore, Johns Hopkins U.P., 1988.

- Thomas, R., *London's New Towns: A Study of self-contained and balanced Communities*, Londres, PEP, 1969.

- Thrift, N., "The Fixers: The Urban Geography of International Commercial Capital", en Henderson, J., Castells, M. (eds.), *Global Restructuring and Territorial Development*, Londres, Sage, 1987, pp. 203-233.

- Wilson, W. J., *The Truly Disadvantaged: The Inner City, the Underclass, and Public Policy*, Chicago, University of Chicago Press, 1987.

- Wilson, W. J., *When Work Disappears: The World of the New Urban Poor*, Nueva York, Knopf, 1996.

- Yaro, R. D., Hiss, A., *A Region at Risk: The Third Regional Plan for the New York-New Jersey-Connecticut Metropolitan Area*, Washington DC, Island Press, for Regional Plan Association, 1996.

- Young, K., Garside, P. L. (1982), "Metropolitan London, Politics and Urban Change, 1837-1981", *Studies in Urban History*, Londres, Arnold, 1982, 6.

Saskia Sassen es profesora de Sociología en la Universidad de Chicago desde 1997, tras haberlo sido en la Universidad de Columbia, en Nueva York. Es, asimismo, profesora visitante en la *London School of Economics*. Investigadora especialista en economía urbana y mercados de trabajo, es autora de obras destacadas traducidas a diversas lenguas que se han convertido en referentes internacionales. Especialmente desde la publicación en 1991 de *The Global City: New York, London, Tokio* [trad. cast.: *La Ciudad Global: Nueva York, Londres, Tokio* (1999)], su abundante producción está recibiendo una extendida atención, al tratar algunas de las más candentes novedades que se manifiestan a lo largo y ancho del panorama renovado que presenta el mundo de las ciudades, lo que le obliga a atender numerosas invitaciones para participar en conferencias internacionales y consultas de gobiernos y organismos de todo el mundo. Mantiene activas numerosas investigaciones financiadas por instituciones de diversos países, como Japón, EE.UU., Gran Bretaña, o Portugal. Ha sido profesora invitada en prestigiosos centros de EE.UU. y de Europa, y ha recibido también importantes premios de reconocimiento a su labor.

Junto a otras de sus obras que muestran una relación más directa con el mundo de las ciudades, como *Cities in a World Economy* (1994), ha publicado numerosos artículos concerniendo a esta temática, entre los que puede destacarse el que refleja el contenido de su intervención en la Fundación *Megacities*, de Holanda, en 1998.

© Inma Sáinz de Baranda

133

# LAS ECONOMÍAS URBANAS Y EL DEBILITAMIENTO DE LAS DISTANCIAS*

Saskia Sassen

Se me ha pedido que analice por qué las economías urbanas siguen siendo importantes en un contexto de globalización y telecomunicaciones. ¿Hay diferencias entre la función que cumple la aglomeración urbana hoy y hace veinte o treinta años? Esta es, inevitablemente, una temática que concierne solo a ciertas ciudades hoy en día, puesto que la mayoría de las ciudades probablemente han tenido interacciones mínimas con la economía global, cuyo crecimiento es de poco peso directo para un gran número de esas ciudades. Es también una temática parcial, porque las ciudades abarcan mucho más que sus economías. Pero es una cuestión en la que es importante profundizar, ya que muchos expertos y políticos afirman que la globalización y las nuevas tecnologías de la información marcan el fin de la importancia económica de las ciudades.

Las capacidades de dispersión que han surgido con la globalización y la telemática –el establecimiento de fábricas en países extranjeros, la expansión de redes globales de filiales y empresas subsidiarias, el desplazamiento de oficinas centrales a suburbios y fuera de los centros de las ciudades– llevaron a muchos observadores a concluir que las economías urbanas se vuelven obsoletas en un contexto económico de globalización y uso de la telemática. Efectivamente, muchos de los otrora grandes centros industriales de países altamente desarrollados sufrieron un fuerte declive. Pero, en contra de todas las previsiones, un creciente número de grandes ciudades vio también aumentar su concentración de poder económico. Es esta segunda tendencia que va en contra de aquellas previsiones y que emerge como una problemática aparentemente contradictoria la que quiero resolver aquí.

La versión breve de esta resolución es que el emplazamiento en espacios concretos y altamente específicos es esencial para los múltiples circuitos mediante los cuales se constituye y se expande la globalización económica. Un tipo de emplazamiento estratégico es la ciudad; otros tipos de emplazamiento importantes son las zonas especiales para la exportación, o los

* Traducción del inglés de la conferencia pronunciada en La Haya en noviembre de 1998 en el marco de la *Megacities Foundation*, adaptada por la autora para esta edición.

distritos de alta tecnología como Silicon Valley.

La tesis que organiza el análisis es que la combinación de dos grandes tendencias en juego, la dispersión geográfica mundializada de las actividades económicas con la simultánea posibilidad de mantener la integración de sistemas a través de las telecomunicaciones, es crítica y define la actual fase económica. Esta combinación ha contribuido a la expansión de funciones de alta gestión y a un marcado aumento en su complejidad, lo que a su vez ha generado un gran aumento en la demanda de servicios altamente especializados por parte de las empresas. En lugar de hacerse obsoletas debido a la dispersión posibilitada por las tecnologías de la información, un creciente número de ciudades:

a) concentran en su seno nuevos tipos de funciones de alta gestión;

b) son emplazamientos de producción posindustrial para las industrias punta de esta fase económica, las finanzas y los servicios altamente especializados para las empresas;

c) son mercados nacionales o transnacionales para las empresas y los gobiernos (nacionales o extranjeros) que buscan comprar instrumentos financieros y servicios especializados.

134

Cuántas ciudades de ese tipo existen, cuál es su posición en lo que es una jerarquía regional o global cambiante, son temas para los cuales es difícil encontrar medidas precisas y por ende se pueden debatir. Pero hay un consenso creciente respecto a la existencia de una red de ciudades importantes, tanto del norte como del sur, que funcionan como centros para coordinar, controlar y prestar servicios al capital global.

Incluir el espacio de la ciudad en un análisis de la globalización económica nos permite reconceptualizar los procesos de globalización económica en términos de complejos económicos concretos situados en emplazamientos específicos. Centrarse en las ciudades supone desagregar el estado-nación en una variedad de componentes subnacionales, algunas de las cuales están profundamente articuladas con la economía global y otras no. El enfoque a través de las ciudades nos permite también entender la menor importancia de la economía nacional como ente unitario dentro de la economía global.

**El nuevo papel de los servicios en la economía: impacto en las ciudades**

Este papel nuevo o fuertemente expandido de un tipo particular de ciudad en la economía mundial desde principios de los ochenta es básicamente resultado de la intersección de dos procesos importantes. Uno es el fuerte crecimiento de la globalización de la actividad económica. Eso ha hecho aumentar la escala y complejidad de las transacciones económicas, nutriendo así el crecimiento de la alta gestión y el desarrollo de los servicios especializados para empresas. El segundo proceso es la utilización cada vez más intensa de los servicios en la organización de la economía, un proceso evidente en empresas de todos los sectores industriales, desde la minería a las finanzas. Eso ha acelerado el crecimiento de servicios para empresas en todos los sectores, tanto para empresas orientadas al mercado nacional como al internacional.

Desde la perspectiva de la economía urbana, el proceso clave es la demanda creciente de servicios por parte de empresas de todos los sectores industriales y que las ciudades sean lugares preferentes de producción de tales servicios, sea a nivel global, nacional o regional. La creciente presencia de los servicios dentro de la organización económica en general y las condiciones específicas de producción de los servicios corporativos avanzados, incluidas las condiciones de acceso a las tecnologías de la información, se combinan para volver a convertir a un creciente número de ciudades en lugares clave de «producción», papel que habían perdido cuando la fabricación en masa se convirtió en el sector económico dominante. Se trata de las ciudades mundiales o globales que constituyen el objeto de este artículo.

Mientras que el declive de los centros industriales como consecuencia de la internacionalización de la producción que comenzó en los años sesenta ha sido totalmente documentado y explicado, hasta hace bien poco no podía decirse lo mismo del crecimiento de ciudades importantes de servicios durante la década de los ochenta. Hoy tenemos toda una nueva generación de investigaciones repleta de debates y desacuerdos acerca de las ciudades dentro de una economía global.

Existen buenas razones para explicar por qué ha sido más difícil comprender el papel de las ciudades como lugares de producción para las industrias avanzadas de la información. Se acostumbra a conceptuar estas industrias en función de la hipermovilidad de sus productos y de los altos niveles de capacitación de sus profesionales, más que en función del proceso de trabajo que implican y la necesaria infraestructura de instalaciones y empleos no especializados que conllevan. Junto a esa hipermovilidad de sus productos, existe una amplia estructura de trabajo que es bastante menos móvil y, desde luego, requiere de las enormes concentraciones de recursos humanos y telecomunicativos que encontramos en las ciudades importantes.

Las formas específicas asumidas por la globalización durante la última década han provocado requisitos organizativos espe-

*Las economías urbanas y el debilitamiento de las distancias*

ciales. La emergencia de mercados globales de finanzas y servicios especializados y el crecimiento de la inversión como forma principal de transacción internacional han contribuido a la expansión de las funciones de alta gestión y de la demanda de servicios especializados para empresas.

Sin embargo, una premisa esencial es que no podemos tomar la existencia de un sistema económico global como algo dado, sino que más bien debemos examinar los modos concretos en que se producen las condiciones de la globalización económica. Esto exige examinar no sólo las capacidades de comunicación y el poder de las multinacionales, sino también la infraestructura de instalaciones y procesos de trabajo necesarios para el establecimiento de sistemas económicos globales, incluida la producción de aquellos factores que permitan el control global y la infraestructura de empleo requerida en esa producción. El acento pasa a ponerse en la práctica del control global: el trabajo de producir y reproducir la organización y gestión de un sistema productivo global y un mercado global para las finanzas, ambos bajo condiciones de concentración económica. Recuperar el lugar y la producción supone también que los procesos globales puedan ser estudiados con gran detalle empírico.

Llegados a este punto, pueden hacerse dos observaciones. Una es que en gran medida la economía global se materializa en procesos concretos que se llevan a cabo en lugares específicos, y que eso vale también para las industrias de la información más avanzadas. Tenemos que distinguir entre la capacidad para la transmisión/comunicación global y las condiciones materiales que la hacen posible; entre la globalización de la industria financiera y el conjunto de recursos, desde edificios hasta mano de obra, que permiten se haga realidad; y así sucesivamente para los demás sectores.

La segunda observación es que la dispersión espacial de la actividad económica, posible gracias a la telemática, contribuye a una expansión de las funciones centrales en la medida en que esa dispersión tiene lugar bajo la continuadora concentración del control, la propiedad y la apropiación de beneficios que caracteriza al actual sistema económico. Podemos preguntarnos, más específicamente, si un sistema económico con fuertes tendencias hacia tal concentración puede tener una economía espacial en la que falten puntos de aglomeración física.

## Una nueva geografía de la centralidad y la marginalidad

Podemos decir, por tanto, que la economía global se materializa en una red a escala mundial de lugares estratégicos, entre los que dominan aquellos centros comerciales y financieros más importantes. Cabe pensar en esa red global como algo que constituye una nueva geografía económica de la centralidad que atraviesa fronteras nacionales y la vieja división norte-sur. Señala, en potencia, la emergencia de una geografía política paralela. Una forma incipiente de ello es la intensidad creciente de redes transfronterizas entre ciudades y sus alcaldes.

La más potente de esas nuevas geografías económicas de la centralidad a nivel interurbano une los centros financieros y comerciales más importantes a nivel internacional: Nueva York, Londres, Tokio, París, Francfort, Zurich, Amsterdam, Los Angeles, Sydney y Hong Kong, entre otros. Pero esa geografía incluye ahora también a ciudades como Sao Paulo, Buenos Aires, Bangkok, Taipei y Ciudad de Méjico. La intensidad de las transacciones entre dichas ciudades, sobre todo por medio de los mercados financieros, las transacciones de servicios y la inversión, ha aumentado fuertemente, así como lo han hecho los órdenes de magnitud alcanzados. Al mismo tiempo, se ha asistido a una desigualdad cada vez más acentuada en la concentración de recursos y actividades estratégicos entre cada una de esas ciudades y otras de su mismo país.

Se podía haber esperado que la cantidad cada vez mayor de centros financieros integrados ahora en los mercados globales hubiera reducido el alcance de la concentración de actividad financiera en los centros más importantes. Incluso podría haberse esperado eso teniendo en cuenta los enormes incrementos experimentados en el volumen global de transacciones. No obstante, los niveles de concentración siguen sin cambiar ante las enormes transformaciones producidas en las finanzas y en la infraestructura tecnológica de la que depende dicho sector.

El crecimiento de mercados globales para las finanzas y los servicios especializados, la necesidad de redes de servicio transnacionales debido a los fuertes aumentos producidos en las inversiones internacionales, al limitado papel del gobierno en la regulación de la actividad económica internacional y al consiguiente ascenso de otras esferas institucionales, sobre todo los mercados globales y las sedes centrales corporativas..., todo ello apunta a la existencia de procesos económicos transnacionales con múltiples sedes en más de un país. Podemos ver en ello la formación, siquiera incipiente, de un sistema urbano internacional.

La evidente orientación hacia los mercados mundiales de tales ciudades plantea cuestiones acerca de la articulación con sus estados-nación, con sus regiones y con las estructuras económicas y sociales más extensas de esas ciudades. Las ciudades acostumbran a estar profundamente incrustadas en las economías de su región, reflejando a menudo las características de ésta; y en su mayoría siguen estándolo. Pero las ciudades que son lugares estratégicos de la economía global tienden, en parte, a desconectar de su región. Esto choca con una premisa clave en el saber tradicional sobre sistemas urbanos, en concreto que esos sistemas promueven la integración territorial de las economías regionales y nacionales.

Junto con esas nuevas jerarquías de ciudades globales y regionales, hay un vasto territorio que ha ido haciéndose más y más periférico, y ha quedado cada vez más excluido de los procesos económicos más importantes que nutren el desarrollo económico en la nueva economía global. Muchos centros manufactureros y ciudades portuarias antes importantes han ido perdiendo funciones y están en declive, no sólo en los países menos desarrollados, sino también en las economías más avanzadas. He ahí un efecto más de la globalización económica.

Pero también dentro de las ciudades globales vemos una nueva geografía de la centralidad y la marginalidad. Los centros de las ciudades y los centros metropolitanos de negocios reciben enormes inversiones en el sector inmobiliario y en telecomunicaciones, mientras las zonas urbanas de rentas bajas carecen de recursos. Los trabajadores con educación superior ven que sus rentas crecen hasta niveles inusualmente altos, mientras los trabajadores poco o medianamente cualificados ven cómo se hunden los suyos. Los servicios financieros producen superbeneficios mientras los servicios industriales apenas sobreviven. Esas tendencias son evidentes, con niveles de intensidad diversos, en una cantidad creciente de ciudades importantes del mundo desarrollado, y cada vez más en algunos de los países en vías de desarrollo que han sido integrados en los mercados financieros globales (Sassen, 1996: capítulo 2).

## La economía urbana actual

Eso no quiere decir que haya cambiado todo en la economía de estas ciudades. Al contrario, hay mucha continuidad y mucha similitud con ciudades que no son nodos globales. Lo que ocurre, más bien, es que la implantación de procesos y mercados globales ha implicado que el sector internacionalizado de la economía se haya expandido claramente y haya impuesto una nueva dinámica de valoración, a menudo con efectos devastadores sobre amplios sectores de la economía urbana. Los elevados precios y niveles de beneficio del sector internacionalizado, es decir, las finanzas, y sus actividades auxiliares, a saber, restaurantes y hoteles, hicieron durante los años ochenta cada vez más difícil para otros sectores competir por el espacio y las inversiones. Muchas de éstas han experimentado una considerable degradación y/o desplazamiento, o

han perdido vigor económico hasta el punto de no poder retomar su espacio económico cuando la recesión debilitó a los sectores dominantes. Buena ilustración de ello son las tiendas de barrio que abastecen las necesidades locales, reemplazadas por tiendas para ricos y restaurantes que sirven a las nuevas élites urbanas de rentas elevadas. La intensidad de las subidas en los niveles de beneficio de las finanzas y sectores de servicios internacionales contribuyó también a la contundencia de la crisis subsiguiente. Esas tendencias son evidentes en muchas ciudades del mundo desarrollado, aunque pocas veces con la severidad observada en ciudades importantes de los Estados Unidos (ver, por ejemplo, Le Debat, 1994 para París; Todd, 1995 para Toronto, etc.).

Aunque en otro orden de magnitud, esas tendencias se evidenciaron también a finales de los ochenta en bastantes de las ciudades importantes de países en vías de desarrollo que se han integrado en diversos mercados mundiales: Sao Paulo, Buenos Aires, Bangkok, Taipei y Ciudad de Méjico son sólo algunos ejemplos (ver para más detalles las series editadas por Milton Santos sobre Sao Paulo; Sassen, 1994; Knox y Taylor, 1995). También fue capital para que ese nuevo núcleo se desarrollase en esas ciudades la desregulación de los mercados financieros, la importancia creciente de los servicios financieros, los especializados, y la integración en los mercados mundiales, la especulación inmobiliaria y la aristocratización comercial y residencial. La apertura de las bolsas a inversores extranjeros y la privatización de lo que en otro tiempo fueran empresas del sector público han sido campos institucionales cruciales para que se produjera ese fenómeno. Dado el enorme tamaño de algunas de esas ciudades, el impacto de este nuevo complejo económico no es siempre tan evidente como en el centro de Londres o Francfort, pero la transformación se ha producido.

Acompañando a esos fuertes niveles de crecimiento en los servicios a la producción, se dio a lo largo de la década de los ochenta un aumento en el nivel de especialización del empleo en servicios financieros y de negocios de las ciudades más importantes. Hay hoy en día una tendencia generalizada hacia la elevada concentración de las finanzas y ciertos servicios a la producción en las zonas centrales de grandes centros financieros internacionales del mundo: desde Toronto y Sydney hasta Francfort y Zurich, pasando por Sao Paulo y Ciudad de Méjico, estamos asistiendo a una especialización creciente en el campo de las finanzas y servicios relacionados en las zonas centrales de las ciudades. Estas ciudades han surgido como productoras importantes de servicios para la exportación, con tendencia a la especialización. Nueva York y Londres son productoras y exportadoras líder de servicios financieros, contabilidad, publicidad, gestión, asesoramiento, servicios jurídicos internacionales y otros servicios de negocios (por ejemplo, de un empleo total en el sector privado de 2,8 millones de puestos de trabajo en la ciudad de Nueva York en diciembre de 1995, casi 1,3 millones estaban orientados a la exportación). Ciudades como Nueva York están entre los mercados internacionales más importantes para esos servicios, con Nueva York como la mayor fuente mundial de exportación de servicios.

Se dan también tendencias hacia la especialización entre diferentes ciudades dentro del mismo país. En Estados Unidos, Nueva York destaca en el sector bancario, valores, administración de empresas, contabilidad y publicidad. Washington destaca en servicios jurídicos, informática y procesamiento de datos, gestión y relaciones públicas, investigación y desarrollo, y asociaciones. Nueva York está más especializada como centro financiero y de negocios y como centro cultural. Parte de la actividad jurídica desarrollada en Washington sirve de hecho a las empresas de la ciudad de Nueva York que tienen que aplicar procedimientos legales y reglamentarios, contacto con grupos de presión, etc. Esos procesos van a tener lugar en la capital de la nación.

De cualquier modo, es importante reconocer que el sector manufacturero sigue siendo un sector económico crucial en todas esas economías, aunque haya dejado de serlo en algunas de esas ciudades. Es una cuestión sobre la que volveré más tarde.

## La formación de un nuevo complejo de producción

El rápido crecimiento y la desproporcionada concentración de los servicios a la producción en las ciudades centrales no deberían haberse producido siguiendo la concepción estándar de las industrias de la información. Como están totalmente ligados a las más avanzadas tecnologías de la información, cabía esperar tuvieran opciones de localización que evitaran los elevados costes y la congestión típicos de las grandes ciudades. Pero las ciudades ofrecen economías de aglomeración y entornos altamente innovadores. Algunos de esos servicios se producen dentro de la empresa por parte de las propias compa-ñías, pero una gran parte se compran a empresas de servicios especializadas. La creciente complejidad, diversidad y especialización de los servicios requeridos hace que sea más eficaz comprarlos a empresas especializadas que contratar profesionales para la empresa. Ha sido la demanda creciente de ese tipo de servicios la que ha posibilitado la viabilidad económica de un sector de servicios especializado y autónomo.

En estos servicios se da un proceso productivo que se beneficia de la proximidad a otros servicios especializados. Esto ocurre de manera especial en los sectores más adelantados e innovadores de esas actividades. Complejidad e innovación precisan a menudo de factores de producción altamente especializados procedentes de otros campos: un ejemplo de ello es el de los instrumentos financieros. La producción de un instrumento financiero precisa apoyos procedentes de la contabilidad, la publicidad, la consultoría de expertos en leyes, la asesoría económica, las relaciones públicas, diseñadores e imprentas. El tiempo viene a sustituir al peso específico de las actividades como fuerza de aglomeración. Es decir, si no hubiera prisa alguna cabe imaginar un conjunto muy disperso de empresas especializadas en condiciones de cooperar entre sí. Y a menudo así suele suceder en las operaciones más rutinarias. Pero cuando el tiempo es algo esencial, como ocurre hoy día en muchos de los sectores punta de esas industrias, los beneficios de la aglomeración siguen siendo sumamente elevados hasta el punto de que no supone simplemente una ventaja de costes, sino propiamente un modo indispensable de organizarse.

Es esa combinación de ataduras la que ha promovido la formación de un complejo de servicios a la producción en todas las ciudades importantes. Estos servicios a la producción están íntimamente unidos al mundo de las sedes centrales corporativas; a menudo se piensa en ellos como componentes de un complejo formado conjuntamente por sedes centrales y servicios corporativos. Pero a mí me parece que tenemos que establecer diferencias entre los dos. Aunque es cierto que las sedes centrales siguen tendiendo a concentrarse de manera desproporcionada en las ciudades, muchas se han desplazado a la periferia durante las dos últimas décadas. Porque, efectivamente, las oficinas centrales pueden establecerse fuera de las ciudades, pero necesitan un complejo de servicios a la producción en alguna parte, a fin de comprar o contratar la financiación y los servicios especializados necesarios. Incluso las sedes centrales de empresas con gran actividad en el extranjero o en ramas de negocio altamente innovadoras y complejas tienden a establecerse en grandes ciudades. Resumiendo, las empresas correspondientes a ramas de actividad más rutinarias, con mercados predominantemente regionales o nacionales, parecen tener cada vez más libertad a la hora de desplazar o instalar sus sedes centrales fuera de las ciudades. Pero las empresas correspondientes a ramas de actividad altamente competitivas e innovadoras y/o con una fuerte orientación hacia el mercado mundial parecen beneficiarse de estar localizadas en el centro de distritos de negocios con importancia internacional, independientemente de los costes que les acarree.

Mas lo que está claro, en mi opinión, es que ambos tipos de oficinas centrales necesitan un complejo del sector de servicios corporativos localizado en alguna parte. Dónde se encuentre éste es probablemente cada vez menos importante desde la

137

perspectiva de muchas, aunque no todas, las sedes centrales. Desde la perspectiva de las empresas de servicios a la producción, tal complejo especializado es mejor que se asiente en una ciudad que, por ejemplo, en un parque de oficinas suburbano. Este último será el lugar adecuado para las empresas de servicios a la producción, pero no para un complejo especializado de servicios. Y sólo un complejo de tales características puede responder a las demandas corporativas más avanzadas y complicadas.

## Sedes centrales corporativas y ciudades

Es corriente utilizar en la literatura especializada en general y en algunos informes académicos el grado de concentración de sedes centrales como indicador de si una ciudad es un centro internacional de negocios. La pérdida de estas sedes se interpreta, en consecuencia, como un declive en la posición de una ciudad. La utilización de la concentración de sedes centrales como índice es de hecho una medida problemática, teniendo en cuenta el modo en que se clasifican las corporaciones.

El tipo de sedes centrales que se concentran en centros financieros y comerciales internacionales depende de una serie de variables. La primera, el modo en que medimos o simplemente contamos las oficinas centrales establece ya una diferencia. Frecuentemente, la medida clave es el tamaño de la empresa en términos de empleo e ingresos generales. En este caso, algunas de las empresas más grandes del mundo siguen siendo empresas manufactureras, y muchas de ellas tienen sus oficinas centrales cerca de su mayor complejo fabril, que es difícil se encuentre en una ciudad grande, debido a limitaciones espaciales. Con todo, es probable que tales empresas tengan oficinas secundarias para desempeñar funciones altamente especializadas en ciudades importantes. Además, muchas empresas manufactureras están orientadas al mercado nacional y no necesitan estar situadas en el centro de negocios nacional de una ciudad. Así, la salida de oficinas centrales importantes que se dio en la ciudad de Nueva York durante los años sesenta y setenta y tuvo amplia cobertura correspondió a estos tipos de empresa. Si miramos en la lista de *Fortune* de las 500 empresas mayores de los Estados Unidos (cf. «Lista de 500 de la revista *Fortune*»), muchas de ellas se han ido de la ciudad de Nueva York y de otras ciudades grandes. Si en vez del tamaño utilizamos la participación en los ingresos totales de la empresa de aquellos procedentes de las ventas internacionales, un gran número de empresas que no aparecen en la lista de los 500 de *Fortune* entran en juego. Por ejemplo, en el caso de la ciudad de Nueva York los resultados cambian espectacularmente: un 40% de las empresas estadounidenses en las que la mitad de sus ingresos proceden de ventas internacionales

tienen sus sedes centrales en la ciudad de Nueva York.

En segundo lugar, la naturaleza del sistema urbano de un país es un factor importante. La acusada primacía urbana tenderá a acarrear una concentración desproporcionada de sedes centrales, independientemente de la medida que utilicemos. En tercer lugar, diferentes historias económicas y tradiciones comerciales pueden combinarse para producir distintos resultados. Además, la concentración de oficinas centrales puede corresponder a una fase económica específica. Por ejemplo, a diferencia de la pérdida neoyorkina de oficinas centrales de las primeras empresas de la lista de 500 de *Fortune*, Tokio ha estado ganando sedes centrales. Osaka y Nagoya, los otros dos centros económicos importantes de Japón, están perdiendo sedes centrales en beneficio de Tokio. Esto está en buena parte unido a la creciente internacionalización de la economía japonesa y al correspondiente aumento de las funciones centrales de alta gestión y servicio en centros de negocios internacionales importantes. En el caso de Japón, la considerable regulación gubernamental de la economía es un factor añadido que contribuye a ubicar las sedes centrales en Tokio mientras todas las actividades internacionales tengan que pasar por varias aprobaciones gubernamentales.

## El programa de investigación y política

Hay numerosos temas nuevos para la investigación y la política. Voy a extenderme sobre algunos de ellos y simplemente nombraré otros.

### 1. El impacto de la telemática en las ciudades

La telemática y la globalización han surgido como fuerzas fundamentales en la reorganización del espacio económico. Esa reorganización abarca desde la virtualización espacial de una cantidad cada vez mayor de actividades económicas hasta la reconfiguración de la geografía del entorno construido para alojar actividades económicas. Ya sea en el espacio electrónico o en la geografía del entorno construido, esa reorganización supone cambios institucionales y estructurales.

*Ciudades globales y cadenas de valor globales*
La nueva y amplia topografía económica que se está estableciendo mediante el espacio electrónico es un momento, un fragmento, de una cadena económica aún más amplia que está en buena parte establecida en espacios no electrónicos. No existe empresa que esté totalmente virtualizada, ni industria totalmente digitalizada. Incluso las industrias de la información más avanzadas, como las finanzas, están instaladas sólo parcialmente en el espacio electrónico. Lo mismo ocurre con las

industrias que fabrican productos digitales, como las de diseño de *software*. La creciente digitalización de las actividades económicas no ha eliminado la necesidad de centros internacionales financieros y de negocios importantes y todos los recursos materiales que encierran en su seno, desde infraestructuras telemáticas punta hasta el talento intelectual.

No obstante, la telemática maximiza el potencial de dispersión geográfica, y la globalización entraña una lógica económica que maximiza los atractivos/ la rentabilidad de tal dispersión.

La transformación producida en las características espaciales de la centralidad mediante las nuevas tecnologías y la globalización genera toda una nueva problemática en torno a la definición de lo que constituye la centralidad hoy en día en un sistema económico en el que:

I) una parte de las transacciones se producen mediante tecnologías que neutralizan distancia y lugar, y lo hacen a escala global;

II) la centralidad ha estado tradicionalmente encarnada en ciertos tipos de ambiente construido y forma urbana, por ejemplo, en el distrito central de negocios.

Además, una nueva geografía de la centralidad, aun siendo transnacional, presenta posibilidades de aplicar reglamentaciones que no se ofrecen en una geografía económica que carece de puntos estratégicos de aglomeración. Hay al menos dos grupos de cuestiones sobre las que se necesita investigar más:

1) Los sectores económicos líderes que están altamente digitalizados precisan sedes estratégicas con grandes concentraciones de infraestructura, los recursos laborales necesarios, talento y edificios. Esto vale para las finanzas, pero también para las industrias multimedia que utilizan procesos de producción digital y fabrican productos digitalizados. ¿Cuál es el abanico de articulaciones entre componentes virtuales y reales de una empresa –o, de manera más general, de una organización– y su expresión espacial? ¿Cuáles son las consecuencias para el espacio urbano, la economía urbana y el gobierno urbano?

2) Las acentuadas desigualdades en la distribución de la infraestructura para el espacio electrónico (sea éste redes privadas de ordenadores o internet), en las condiciones de acceso al espacio electrónico y, una vez dentro de dicho espacio electrónico, en las condiciones para acceder a segmentos y centros de interés de gran potencia, están contribuyendo a la creación de nuevas geografías de la centralidad tanto en el espacio físico como en el electrónico. ¿Qué supone esto para las ciudades?

## 2. El lugar de la producción industrial en la nueva economía urbana de los servicios

Otro tema de investigación y debate es la relación entre las industrias manufactureras y los servicios a la producción en la economía urbana avanzada (Drennan, 1992; Markusen y Gwiasda, 1995). La nueva economía de los servicios se beneficia de la producción industrial porque ésta alimenta el desarrollo del sector de servicios a la producción, pero lo hace igual si está localizada en la misma zona concreta, en la región o en el extranjero. Mientras las manufacturas, la minería y la agricultura nutren el crecimiento de la demanda de servicios a la producción, su ubicación real es de importancia secundaria en el caso de empresas de servicios a nivel global; de este modo, que una gran empresa manufacturera tenga sus plantas en el extranjero o dentro del país puede ser algo bastante irrelevante siempre que compre sus servicios a esas empresas de alto nivel. En segundo lugar, la dispersión territorial de las plantas, sobre todo si se da a nivel internacional, hace aumentar de hecho la demanda de servicios a la producción debido a la mayor complejidad de las transacciones. Ésta es otra consecuencia de la globalización: que el desarrollo de empresas de servicios a la producción con sede central en Nueva York, Londres o París puede estimularse mediante una producción industrial localizada en cualquier parte del mundo, siempre que forme parte de una red corporativa multinacional. Es digno de recordar aquí que mientras la General Motors estaba llevando al extranjero empleos de producción y devastando la base del empleo de Detroit, sus oficinas centrales financieras y de relaciones públicas de Nueva York estaban tan dinámicas como siempre, incluso con más trabajo que nunca.

En tercer lugar, una buena parte del sector de servicios a la producción se alimenta de transacciones comerciales y financieras que, o bien no tienen nada que ver con la manufactura industrial, como es el caso de muchos de los mercados financieros globales, o bien son transacciones para las que la manufactura es algo secundario, como ocurre en gran parte de la actividad de fusiones y adquisiciones que se centraba realmente en comprar y vender, más que en comprar empresas manufactureras. Tenemos que investigar mucho más sobre los múltiples aspectos concretos de esa relación entre la producción industrial y los servicios a la producción, sobre todo en el contexto de dispersión espacial y organización transfronteriza de la producción industrial.

También guarda cierta relación con la cuestión de las manufacturas la importancia de la infraestructura convencional en la actividad de sectores económicos que son grandes usuarios de telemática. Es éste un tema que ha merecido poca atención. La idea dominante parece ser que la telemática hace innecesaria la infraestructura convencional. Pero es precisamente la naturaleza del proceso productivo en las industrias avanzadas que puedan operar a nivel global o nacional lo que contribuye a explicar el inmenso auge producido en los viajes de negocios de todas las economías avanzadas a lo largo de la pasada década. La oficina virtual es una opción mucho más limitada de lo que un análisis puramente tecnológico pudiera sugerir. Ciertos tipos de actividad económica pueden llevarse a cabo desde una oficina virtual situada en cualquier parte. Pero en el caso de procesos de trabajo que requieren muchos factores productivos especializados, una innovación considerable y la toma de riesgos, la necesidad de interacción directa con otras empresas y especialistas sigue siendo un factor de localización clave.

Por eso, la metropolización y regionalización de un sector económico tiene unos límites establecidos por el tiempo razonable para el desplazamiento pendular a la ciudad o ciudades importantes de la región. La ironía de la actual era electrónica es que la antigua idea de la región y antiguas formas de infraestructura vuelven a surgir como factores críticos para los sectores económicos clave. Ese tipo de región es diferente en muchos aspectos de las formas anteriores de región. Se corresponde más bien con un tipo de centralidad: una red metropolitana de nodos conectados por medio de la telemática. Pero para que esa red digital funcione, también se necesita la infraestructura convencional, cuanto más avanzada, mejor.

### 3. Nuevas formas de marginalidad y polarización

Tres factores relacionados entre sí, los nuevos sectores de crecimiento, las nuevas capacidades organizativas de las empresas y las nuevas tecnologías, están contribuyendo a producir no sólo una nueva geografía de la centralidad sino también una nueva geografía de la marginalidad. Lo que está sucediendo en Estados Unidos, en Europa occidental y en Japón indica que hará falta una política y una acción gubernamental para reducir las nuevas formas de desigualdad espacial y social.

Por lo general, parecen prevalecer ciertos malentendidos acerca de qué es lo importante en un sistema económico avanzado, la economía de la información y la globalización económica. Muchos tipos de empresas, trabajadores y emplazamientos, tales como los servicios industriales, que parecen inadecuados para un sistema económico avanzado, basado en la información y orientado globalmente, forman de hecho parte integrante de tal sistema. Necesitan reconocimiento y apoyo a sus políticas: no pueden competir en los nuevos medios en los que los sectores punteros han hecho subir precios y estándares, a pesar de que sus productos y mano de obra tienen una gran demanda. Por ejemplo, la industria financiera de Manhattan, una de las más sofisticadas y complejas, necesita

conductores de camión para transportar no solamente *software*, sino igualmente mesas y bombillas; también necesita trabajadores sin cualificar para mantenimiento y limpieza. Esas actividades y trabajadores tienen que poder ganarse la vida si queremos que se queden en la región (ver, p. ej., «Social Justice», 1994; «Competition and Change», 1995; King, 1996).

Otra dimensión insuficientemente reconocida es la nueva dinámica de valoración: la combinación de la globalización y las nuevas tecnologías han alterado los criterios y mecanismos mediante los que se da un valor/precio a factores productivos, bienes y servicios. Esto ha tenido efectos devastadores en algunas localidades, industrias, empresas y trabajadores. Así, los salarios de los expertos financieros y los beneficios de los servicios financieros se dispararon en la década de los ochenta, mientras los salarios de los trabajadores sin cualificar y los beneficios de muchas empresas manufactureras tradicionales se hundían.

### 4. La ciudad global y el estado nacional

La globalización ha transformado el significado y los lugares de gobierno de la economía (ver, por ejemplo, Mittelmann, 1996; «Competition and Change», 1995; Sassen, 1996). Una de las características clave de la fase actual de la economía mundial es la importancia de las tecnologías de la información, el aumento a ellas asociado de la movilidad y liquidez del capital, y el declive consecuente de las capacidades reguladoras de los estados nacionales sobre sectores clave de su economía. A fin de comprender qué desafíos y qué oportunidades ofrece esto al gobierno urbano, tenemos que tomar en consideración, al menos, los puntos siguientes:

1. La relación entre la economía global y las unidades subnacionales, de manera especial las ciudades importantes que son centros financieros y comerciales internacionales. Esto significa comprender cómo los procesos globales están parcialmente anclados a concentraciones estratégicas de recursos e infraestructura, como los distritos financieros, y comprender también la importancia de lo que a menudo se denominan como centros culturales de nivel mundial, que suelen encontrarse en las grandes ciudades internacionales. Estos se encuentran entre los aspectos cruciales que hacen a las ciudades más importantes como nexo con la economía global.

2. Una segunda cuestión es en qué medida pueden contribuir la desregulación, la privatización y, en general, el papel cada vez menor del estado nacional en la economía, todos ellos elementos clave en la fase actual de globalización, para reemplazar la pareja estado nacional/economía global por una triangulación que incorpore las unidades subnacionales, especialmente las ciudades globales. Está claro que esto tendría conse-

cuencias políticas importantes. Un aspecto clave del cambio actual y futuro en esta relación es que el contenido de la política exterior se ha orientado más hacia cuestiones económicas, de modo que una parte importante de lo que llamamos política exterior es hoy en día política económica internacional.

La transformación de la composición de la economía mundial, sobre todo el auge de las finanzas y los servicios avanzados como industrias líder, está contribuyendo a un nuevo orden económico internacional dominado por los centros financieros, los mercados globales y las empresas transnacionales. En correspondencia, asistimos a una importancia creciente de otras categorías políticas, tanto subnacionales como supranacionales. Las ciudades que funcionan como centros internacionales de negocios y financieros son lugares para transacciones directas con mercados mundiales que tienen lugar sin control gubernamental, como por ejemplo los euromercados o la zona financiera internacional de la ciudad de Nueva York (instalaciones bancarias internacionales). Esas ciudades, y los mercados y empresas orientados en sentido global que alojan, median en la relación de la economía mundial con los estados-nación y en las relaciones entre estados-nación.

*5. Formulando exigencias sobre la ciudad*

Hay nuevos e importantes actores formulando exigencias sobre esas ciudades, sobre todo empresas extranjeras que han sido progresivamente facultadas para hacer negocios a causa de la desregulación progresiva de las economías nacionales y el gran aumento experimentado en el personal de negocios internacional en la pasada década. Estos, que se encuentran entre los nuevos «usuarios de las ciudades», han marcado profundamente el paisaje urbano de muchas ciudades importantes. Su exigencia a la ciudad no se rebate, aunque los costes y beneficios para las ciudades apenas si han sido analizados.

Estos nuevos usuarios a menudo han reconstituido espacios estratégicos de la imagen urbana: emblemático a este respecto es el denominado hiperespacio de negocios internacional, con sus aeropuertos construidos por arquitectos famosos, edificios de oficinas y hoteles de nivel mundial, infraestructura telemática punta y fuerzas de seguridad privadas. Contribuyen a cambiar la morfología social de la ciudad y a constituir lo que Martinotti (1993) llama la metrópolis de segunda generación, la ciudad de la modernidad tardía. Esta nueva ciudad de los usuarios es frágil, y su supervivencia y sus éxitos se basan en una economía de alta productividad, tecnologías avanzadas e intercambios intensos.

Por una parte, esto plantea la cuestión de qué es la ciudad para el personal de negocios internacional, y cuál podría ser su sentido de la responsabilidad cívica. Por otra, está la difícil tarea de establecer si una ciudad que funciona como centro de negocios internacional recupera de hecho el precio pagado por serlo: los costes generados por el mantenimiento de un distrito de negocios puntero y todo cuanto eso requiere, desde instalaciones de comunicación avanzadas hasta seguridad de alto nivel (y una «cultura de nivel mundial»).

Tal vez en el otro extremo de las representaciones convencionales están quienes utilizan la violencia política urbana para formular sus propias reivindicaciones sobre la ciudad, a las que falta la legitimidad de hecho de la que gozan los nuevos «usuarios de la ciudad». Se trata de demandas formuladas por actores que luchan por su reconocimiento, por su habilitación, reclamando sus derechos a la ciudad.

## Conclusión

Las tendencias generalizadas a la dispersión espacial de las actividades económicas a nivel metropolitano, nacional y global, que asociamos con la globalización, han reforzado la demanda de nuevas formas de centralización territorial de las operaciones de gestión y control de alto nivel. Los mercados nacionales y globales, así como las organizaciones globalmente integradas, precisan de sedes centrales donde se realice el trabajo de la globalización. Además, las industrias de la información necesitan una amplia infraestructura física que contenga nodos estratégicos con una hiperconcentración de equipamiento; hay que distinguir entre la capacidad de transmisión/comunicación global y las condiciones materiales que la hacen posible. Finalmente, incluso las industrias de la información más avanzadas tienen un proceso de trabajo que, al menos en parte, está ligado al lugar físico, debido a la combinación de recursos que necesita, incluso cuando los resultados son hipermóviles.

Este tipo de énfasis nos permite ver a las ciudades como lugares de producción para las principales industrias de la información de nuestro tiempo y admite que recuperemos la infraestructura de actividades, empresas y empleo necesaria para hacer funcionar esta avanzada economía corporativa.

## Referencias:

- Abu-Lughod, Janet Lippman, "Comparing Chicago, New York and Los Angeles: Testing some World Cities Hypotheses", en Paul L. Knox y Peter J. Taylor (eds.), *World Cities in a World-System*, Cambridge, UK, Cambridge University Press, 1995, pp.171-191.

- Berner, Erhard y Rudiger, Korff, "Globalization and Local Resistance: The Creation of Localities in Manila and Bangkok", *International Journal of Urban and Regional Research*, 1995, Vol. 19, nr. 2: 208-222.

- Body-Gendrot, S., *Ville et Violence: l'Irruption de Nouveaux Acteurs,* París, Presses Universitaires de France, 1993.

- Borja, Jordi, "Cities: New Roles and Forms of Governing", pp. 242-263, en M. Cohen et al (eds.), 1996, op. cit. (trad. cast.: "Las ciudades como actores políticos", en Borja, Jordi y Castells, Manuel, *Local y global, la gestión de las ciudades en la era de la información*, Madrid, Taurus, 1997, pp. 139-165).

- Burgel, Galia y Guy Burgel, "Global Trends and City Politics: Friends or Foes of Urban Development?", pp. 301-335, en Cohen et al. (eds.), 1996, op. cit.; Brake, Klaus, *Dienstleistungen und Raumliche Entwicklung Frankfurt*, Oldenburg, Universitat Oldenburg, Stadt- und Regionalplanung, 1991.

- Browning, Harley I. y Bryan, Roberts, "Urbanisation, Sectoral Transformation and the Utilisation of Labour in Latin America", *Comparative Urban Research*, 1980, 8 (1): 86-104.

- Carrez, Jean-Francois, "Le Développement des Fonctions Tertiaires Internationales à Paris et dans les Métropoles Régionales", *Rapport au Premier Ministre*, París, La Documentation Française, 1991.

- Castells, M., *The Informational City*, Londres, Blackwell, 1989 (trad. cast.: *La ciudad informacional: tecnologías de la información, reestructuración económica y el proceso urbano-regional*, Madrid, Alianza Editorial, 1995) ; Castells, Manuel y Aoyama, Yuko, "Paths Towards the Informational Society: Employment Structure in G-7 Countries, 1920-90", *International Labour Review*, 1994, Vol. 133, No. 1: 5-33.

- Chen, Xiangming, "The Evolution of Free Economic Zones and the Recent Development of Cross-National Growth Zones", *International Journal of Urban and Regional Research*, 1995, 19 (4): 593-621.

- Cohen, Michael A., Blair A. Ruble, Joseph S. Tulchin, Allison M. Garland (eds.), *Preparing for the Urban Future. Global Pressures and Local Forces*, Washington D.C., Woodrow Wilson Center Press, 1996 (distribuido por The Johns Hopkins University Press).

- Cohen, Michael A., "The Hypothesis of Urban Convergence: Are Cities in the North and South Becoming More Alike in an Age of Globalization?", pp. 25-38, en Cohen et al. (eds.) op. cit., 1996.

- "Competition and Change", *The Journal of Global Business and Political Economy*, Vol. 1, No. 1., Harwood Academic Publishers; Daniels, Peter W. "Producer Services and the Development of the Space Economy", en Daniels, Peter W. y Frank Moulaert (eds.), *The Changing Geography of Advanced Producer Services*, Londres y Nueva York, Belhaven Press, 1991.

- *Le Debat. Le Nouveau Paris*. Número especial. París, Gallimard, verano de 1994.

- Drennan, Mathew P., "Gateway Cities: The Metropolitan Sources of US Producer Service Exports", *Urban Studies*, 1992, Vol. 29, 2, pp. 217-235.

- Dunn, Seamus (ed.), *Managing Divided Cities,* Staffs, Reino Unido, Keele University Press, 1994.

- Ernst, Rainer W., Renate Borst, Stefan Kraetke, Guenter Nest (eds.), *Arbeiten und Wohnen in Staedtischen Quartieren*, Berlín, Birkhauser Verlag, 1993.

- *Eurociudades = Eurociutats = Eurocités = Eurocities. Documentos y materiales base de la conferencia Eurociudades, Barcelona, 21 y 22 de abril de 1989*, Barcelona, Comité organizador de la conferencia Eurociudades, 1989.

- John Friedmann, "Where We Stand: A Decade of World City Research", en Knox y Taylor (eds.), op. cit., 1995, pp. 21-47.

- Frost, Martin y Nigel Spence, "Global City Characteristics and Central London's Employment", *Urban Studies*, Vol. 30, No. 3, 1992, pp. 547-558.

- *Futur Anterieur*, Número especial: "La Ville-Monde Aujourd'hui: Entre Virtualite et Ancrage". Thierry Pillon y Anne Querrien (eds.), Vol. 30-32, París, L'Harmattan, 1995.

- Hall, Peter, *Cities of Tomorrow*, Oxford, Blackwell, 1988 (trad. cast.: *Ciudades del mañana: historia del urbanismo en el siglo XX*, Barcelona, Ediciones del Serbal, 1996).

- Hardoy, J. E. y D. Satterthwaite, *Squatter Citizen: Life in the Urban Third World*, Londres, Earthscan Publications, 1989.

- Holston, James (ed.), *Cities and Citizenship. A Special Issue of Public Culture*, 1996, Vol. 8, No. 2.

- *The Journal of Urban Technology*, Número especial: "Information Technologies and Inner-City Communities", Vol. 3, No. 19, otoño de 1995.

- Kasarda, John D. y Edward M. Crenshaw, "Third World Urbanization: Dimensions, Theories and Determinants", *Annual Review of Sociology*, 1991, 17, pp. 467-501.

- King, A. D. (ed), *Representing the City. Ethnicity, Capital and Culture in the 21st Century*, Londres, Macmillan, 1996.

- Kloosterman, Robert C., "Double Dutch: Polarization Trends in Amsterdam and Rotterdam after 1980", *Regional Studies*, 1996, 30, 5.

- Knox, Paul L. y Taylor, Peter J. (eds.), *World Cities in a World-System*, Cambridge, Cambridge University Press, 1995.

- Kowarick, L. y Campanario, M., "Sao Paulo: the Price of World City Status", *Development and Change*, 1986, 17(1): 159-74.

- Kowarick, L., A. M. Campos, y M. C. de Mello, "Os Percursos de Desigualdade", en Rolnik, R., Kowarick, L. y Somekh, N., *Sao Paulo, Crise e Mudanca*, Sao Paulo, Brasiliense, 1991.

- Kunzmann, K. R., "Berlin im Zentrum Europaeischer Staedtnetze", en Werner Suss (ed.), *Hauptstadt Berlin, Band 1: Nationale Hauptstadt Europaeische Metropole*, Berlín, Berlin Verlag, 1994, pp. 233-246.

- Kunzmann, K. R. y M. Wegener, "The Pattern of Urbanisation in Western Europe 1960-1990", Informe para la Dirección General XVI de la Comisión de las Comunidades Europeas como parte del estudio *'Urbanisation and the Function of Cities in the European Community'*, Dortmund, Alemania, Institut fur Raumplanung, 15 de Marzo de 1991.

- Logan, John R. y Todd Swanstrom (eds.), *Beyond the City Limits: Urban Policy and Economic Restructuring in Comparative Perspective*, Filadelfia, Temple University Press, 1990.

- Richard T. Le Gates y Frederic Stout (eds.), *The City Reader*, Londres y Nueva York, Routledge, 1996.

- Meyer, David R., "Change in the World System of Metropolises: The Role of Business Intermediaries", *Urban Geography*, 1991, Vol. 12, 5, pp. 393-416.

- Meyer, David R., *The World System of Cities: Relations Between International Financial Metropolises and South American Cities*, inédito, Depto. de Sociología, Brown University.

- Mittelman, James (ed.), "Globalization: Critical Reflections", *International Political Economy Yearbook*, 1996, Vol. 9, Boulder, Co., Lynne Rienner Publishers.

- Noyelle, T. y Dutka, A. B., *International Trade in Business Services: Accounting, Advertising, Law and Management Consulting*, Cambridge, Mass., Ballinger Publishing, 1988.

- Olazabal Alegría, Tito, *Desarrollo Urbano en la Frontera México-Estados Unidos*, México, Consejo Nacional para la Cultura y las Artes, 1992; Amin, Ash y Thrift, N., "Neo-Marshallian Nodes in Global Networks", *International Journal of Urban and Regional Research*, 1992, 16 (4): 571-87.

- Von Petz, Ursula, y Klaus M. Schmals (eds.), *Metropole, Weltstadt, Global City: Neue Formen der Urbanisierung*, Dortmund, Dortmunder Beitrage zur Raumplanung, 1992, Vol. 60, Universitat Dortmund.

- Portes, A. y Lungo, M. (coordinadores), *Urbanización en el Caribe*, San José, Costa Rica, Facultad Latinoamericana de Ciencias Sociales – Flacso, Junio de 1992.

- Portes, A. y M. Lungo (eds.), *Urbanización en Centroamérica*, San José, Costa Rica, Facultad Latinoamericana de Ciencias Sociales – Flacso, 1992.

- Portes, A., Castells, M. y Benton, L. (eds.), *The Informal Economy: Studies in Advanced and Less Developed Countries*, Baltimore, Johns Hopkins University Press, 1989 (trad. cast.: *La economía informal: estudios en países avanzados y menos desarrollados,* Buenos Aires, Planeta, 1990).

- Pozos Ponce, Fernando, *Metrópolis en Reestructuración: Guadalajara y Monterrey 1980-1989,* Guadalajara, Méx., Universidad de Guadalajara, con apoyo del Fondo para la Modernización de la Educación Superior, 1996.

- Roberts, Bryan R., *The Making of Citizens. Cities of Peasants Revisited*, Nueva York, Arnold, 1995.

- Rodríguez, Nestor P. y J. R. Feagin, "Urban Specialization in the World System", *Urban Affairs Quarterly,* 1986, 22 (2), pp. 187-220.

- Rolnik, R. L. Kowarik, y N. Somekh (eds.), *Sao Paulo, Crise e Mudanca*, Prefeitura de Sao Paulo (sin fecha citada en la publicación).

- Rosen, Fred y Deidre McFadyen (eds.), *Free Trade and Economic Restructuring in Latin America,* (A NACLA Reader), Nueva York, Monthly Review Press, 1995.

- Rötzer, Florian, *Die Telepolis: Urbanitat im digitalen Zeitalter*, Mannheim, Bollmann, 1995.

- Sachar, A., "The Global Economy and World Cities", en A. Sachar y S. Oberg (eds.), *The World Economy and the Spatial Organization of Power*, Aldershot, Avebury, 1990, pp. 149-60.

- Sánchez, Roberto y Tito Alegría, *Las Ciudades de la Frontera Norte*, Tijuana, Méx., Depto. de Estudios Urbanos y Medio Ambiente, El Colegio de la Frontera Norte, 1992.

Sandercock, L. y A. Forsyth, "A Gender Agenda: New Directions for Planning Theory", *APA Journal*, 1992, 58: 49-59.

- Sassen, Saskia, *Losing Control? Sovereignty in an Age of Globalization*, The 1995 Columbia University Leonard Hastings Schoff Memorial Lectures, Nueva York, Columbia University Press, 1996 (trad. cast.: *¿Perdiendo el control?: La soberanía en la era de la globalización*, Barcelona, Bellaterra, 2001).

- Sassen, Saskia, *Cities in a World Economy*, Thousand Oaks, California, Pine Forge/ Sage Press, 1994.

- Sassen, Saskia, *The Global City: New York, London, Tokyo*, Princeton University Press, 1991, 2a. ed. 2001 (trad. cast.: *La Ciudad Global: Nueva York, Londres, Tokio*, Buenos Aires, Eudeba, 1999).

- Savitch, H. V., "Cities in a Global Era: A New Paradigm for the Next Millenium", en Cohen et al. (eds.) op. cit., 1996, pp. 39-65.

- Simon, David, "The World City Hypothesis: Reflections from the Periphery", en Knox y Taylor (eds.), op. cit., 1995, pp. 132-155.

- Smith, David (ed.), *The Apartheid City and Beyond. Urbanization and Social Change in South Africa*, Londres, Routledge en colaboración con Witwatersrand University Press, 1992.

- "Social Justice. Global Crisis, Local Struggles", Número especial de *Social Justice*. Vol. 20, No. 3-4, Otoño-Invierno 1993.

- Stren, Richard, "The Studies of Cities: Popular Perceptions, Academic Disciplines, and Emerging Agendas", en Cohen et al. (eds.), op. cit., 1996, pp. 392-420.

- Stren, R. E. y White, R. R., *African Cities in Crisis: Managing Rapid Urban Growth*, Boulder, Co., Westview Press, 1989.

- Taylor, Peter J., "World Cities and Territorial States: the Rise and Fall of their Mutuality", en Knox y Taylor (eds.), op. cit., 1995, pp. 48-62.

- Todd, Graham, "'Going Global' in the Semi-Periphery: World Cities as Political Projects. The Case of Toronto", en Knox y Talor (eds.), op. cit., 1995, pp. 192-214.

- Toulouse, Chris, "Politics, Planning, and Class. The Sociology of Inner City Development in London and New York 1977-1992", (Tesis doctoral, Columbia University, 1993).

- United Nations Conference on Trade and Development, Programme on Transnational Corporations. World Investment Report 1993: *Transnational Corporations and Integrated International Production*. Nueva York, Naciones Unidas, 1993.

- Ward, Kathryn B. (ed.), *Women Workers and Global Restructuring*, Ithaca, N. Y., ILR Press, 1990.

- Banco Mundial, *Urban Policy and Economic Development: An Agenda for the 1990s*, Washington, D. C., 1991.

144

Bernardo Secchi es profesor de Urbanística en el *Istituto Universitario di Architettura* de Venecia con una amplia y fructífera carrera como urbanista y como docente. Como profesor ha enseñado desde 1960, sucesivamente, en la facultad de Ingeniería del Politécnico de Milán, la facultad de Economía de Ancona, el IUAV, la facultad de Arquitectura de Milán, la Escuela de Arquitectura de Ginebra, la Universidad de Lovaina, el *Berlage Institute* de Amsterdam, el Politécnico de Zurich, el *Institut d'Urbanisme* de París y la Escuela de Arquitectura de Bretagne (Rennes), además de atender desde 1984 su puesto de profesor en el IUAV de Venecia. Como urbanista ha redactado innumerables planes de ordenación de distintas escalas, territorial, municipal y de detalle, entre los que cabe destacar los de Siena, La Spezia, Bérgamo, Prato, Brescia, Pesaro, Narni, o Kortrijk, y ha participado en otros muchos, como el de Madrid de los años ochenta. Consultor para diversas instituciones italianas y de otros países, en su obra ocupa un lugar destacado su influencia como analista y teórico presente en las más destacadas tribunas, desde su función de miembro de la redacción del *Archivio de studi urbani e regionali*, a su colaboración en *Casabella* entre 1982 y 1996, su dirección de *Urbanistica* (1984-1990), o la publicación de obras como *Análisis de las Estructuras Territoriales* (1965), *Il racconto urbanistico* (1984), *Un progetto per l'urbanistica* (1988), *Tre piani* (1994), *Prima lezioni di urbanistica* (2000), y su participación en tantas otras obras compartidas.

Entre las reflexiones teóricas que le han ocupado en los últimos años destaca particularmente la que compendió en su intervención en Cortona, en diciembre de 1998, en el congreso "*I futuri della città*", que se presenta aquí en su versión castellana.

© Pilar Soberón, ARTELEKU

145

# CIUDAD MODERNA, CIUDAD CONTEMPORÁNEA Y SUS FUTUROS*

## Bernardo Secchi

El futuro no es solo algo que viene a nuestro encuentro y que tratamos de prever. El futuro es también, al menos en parte, una construcción propia, producto de nuestras capacidades analíticas y proyectivas, de nuestras capacidades de construcción y realización de programas coherentes y eficaces.

En estas notas, ocupándome del futuro de la ciudad europea y en particular de la ciudad italiana, trataré de adelantar algunas hipótesis sobre ambos terrenos. Más específicamente, intentaré resumir algunas hipótesis interpretativas de la historia pasada y reciente de la ciudad europea que, en los últimos años, he tenido ocasión de presentar con mayor detalle en diferentes ocasiones (pero que, si bien empiezan a ser ampliamente compartidas, debo confesar merecerían mayores esfuerzos y tiempos de investigación y reflexión) y de adelantar algunas nuevas hipótesis, inseparables de las primeras, en orden a un futuro previsible y a un posible "proyecto" de la ciudad del futuro, así como a algunas de sus principales declinaciones.

Aunque el marco general esté constituido por una reflexión que examina la ciudad europea, es seguramente el caso italiano el que principalmente ha conformado mi punto de vista y, tal vez, muchas de mis interpretaciones. Sin embargo cada vez más, por las razones que explicaré, el caso italiano me ha parecido un ejemplo particularmente significativo; de hecho, considero que muchas de las características de la ciudad europea se presentan en gran parte de Italia en una forma extrema que permite comprenderlas mejor.

Estas notas están divididas en dos partes: en la primera me ocupo brevemente de la historia de la ciudad europea y de una interpretación general de ésta. Para ello planteo tres marcos de diferente profundidad: el primero de largo plazo, extendido a todo el periodo "moderno" (véase, "La historia de la ciudad europea reexaminada: algunas hipótesis"); un segundo de medio plazo abarcando el periodo que Eric J. Hobsbawm, atendiendo una sugerencia de Ivan Berend, ha denominado "el siglo breve"[1] (véase, "La ciudad europea en el siglo breve"), y un tercero, de más corto radio, que considera los últimos vein-

* Titulo original: "Città moderna, città contemporanea e loro futuri", en Dematteis, G., et al., *I futuri della città. Tesi a confronto*, Milán, Franco Angeli, 1999, pp. 41-70.

te o veinticinco años (véase, "La ciudad contemporánea").

Estos distintos marcos me sirven para construir, en la segunda parte de estas notas, algunos posibles escenarios para el futuro y para excluir otros, o mejor, para explicar cuáles son quizá algunos aspectos que podrían caracterizar el futuro de la ciudad europea (véase, "Escenarios"). Finalmente, trataré de adelantar algunas hipótesis de cara a la utilidad social de una reflexión sobre el futuro de la ciudad, en particular sobre el futuro de la ciudad italiana (véase, "El futuro de la ciudad"). Naturalmente, mis ideas han sido desarrolladas principalmente con base en algunas experiencias de estudio y construcción de proyectos concretos para casos específicos; precisar hasta qué punto éstas sean generalizables es bastante difícil.

## La historia de la ciudad europea reexaminada: algunas hipótesis

El primer punto que me parece importante aclarar es que, entre los años sesenta y los años ochenta del siglo XX, con las inevitables demoras y anticipaciones de los casos particulares, la ciudad europea sale definitivamente de un periodo que indicaré con el término habitual de moderno, para entrar en otro nuevo cuyas líneas no están aún totalmente, tal vez ni siquiera en buena parte, definidas. La ciudad de este segundo periodo, es decir, la ciudad contemporánea es diferente de la del periodo precedente, moderno. Dicho de otro modo, la ciudad europea contemporánea no es una forma degradada de la ciudad moderna y de las formas urbanas que la han precedido, ni tampoco corresponde a un necesario estadio evolutivo de éstas. Ésta es, al menos en parte, la anticipación de una ciudad nueva, diferente de aquéllas, es decir, de uno de los posibles futuros de la ciudad. Es ésta la razón por la cual el prefijo *post* que le es atribuido, habitualmente en la acepción de posmoderna, no me parece admisible. La ciudad contemporánea, que estamos experimentando en la actualidad, adelanta algo y puede ser entendida sólo si se interpretan sus características anticipadoras, no solo sus relaciones, de continuidad u oposición, con el pasado.

La historia es siempre explicable a partir de cortes o de continuidades. Las disputas entre continuistas y partidarios de la discontinuidad son, a mi modo de ver, un tanto estériles. Más bien me parece que algunos hilos que nos mantienen ligados al pasado de vez en cuando se rompen, mientras otros permanecen bien visibles y fuertes. Por esto no se trata de tomar partido genéricamente por una u otra interpretación, sino de indicar, si se comparte este planteamiento que yo subrayo y sobre

un tema específico, el de un corte, en qué se diferencia el antes del después y quizá cómo y porqué se ha pasado de uno a otro. "Buscar las causas y los orígenes es, en general -advierte Musil- un poco como buscar los propios padres y después los padres de éstos, continuando así hasta el infinito. Remontándose en el tiempo nos damos cuenta que habría sido necesaria una infinidad de hombres para producir uno solo hoy".[2] No me puedo permitir tanto.

### La ciudad moderna

La ciudad moderna es una construcción lenta, *non nasce bella che fatta*,[3] no es la invención de un período limitado o de un grupo restringido. Es el resultado de un prolongado trabajo que trata de representar dentro del espacio físico algunas "figuras" fundamentales que han construido y constituido la metafísica influyente durante el amplio período de su construcción, entre el Renacimiento y el siglo XIX. La principal entre estas figuras es la de la continuidad.

Figura progresiva en el siglo XVI, cuando Descartes le reconocía la representación de una nueva forma de racionalidad,[4] se torna captura del infinito en el siglo XVII,[5] regularidad y transparencia en el siglo XVIII, articulación y jerarquía en el siglo XIX[6] cuando encuentra sus representaciones más completas y coherentes en la unificación lingüística del espacio urbano de las grandes capitales europeas.[7]

En su larga historia la figura de la continuidad encuentra y reconduce hacia sí otras figuras, por ejemplo la de lo sublime

---

[1] Hobsbawm, J. Eric, *Age of Extremes. The Short Twentieth Century 1914-1991,* 1994 (trad. cast.: *Historia del siglo XX, 1914-1991,* Barcelona, Crítica, 1995).

[2] Bouveresse, J., "Robert Musil et le problème du déterminisme historique", en *Ilchiko,* n. 7, 1995.

[3] Expresión original asimilable al sentido de que no nace ya terminada. [N. de t.]

[4] Descartes R., *Discorso sul metodo,* a cargo de G. Galli y A. Carlini, Laterza, Bari, 1954 (véase, en particular, p. 133). La posición racionalista, monista y moderna de Descartes y su recurso a una metáfora urbana para ilustrarla, es retomada por ejemplo, en S. Veca, *Le mosse della ragione,* Milán, Il Sagiatore, 1980, p. 37.

[5] Benevolo L., *La cattura dell'infinito,* Roma, Laterza, 1993 (trad. cast.: *La captura del infinito,* Madrid, Celeste, 1994).

[6] Para una historia de la idea de regularidad, véase: Gullerme, J., "Notes pour l'historie de la regularité", en *Reveu d'Estétique,* n. 3, 1970, pp. 382-394; Werner Szambien, "Architettura 'regolare'. L'imitazione in Durand", en *Lotus,* n. 32, 1982, pp. 102 -111.

[7] Anticipando el programa reduccionista vienés del período de entreguerras, la ciudad del siglo XIX trata de hacer corresponder lenguaje y función. Tal vez el ejemplo más importante, imitado después por muchas ciudades, es aportado, como es conocido, por el eclecticismo del Ring vienés, en donde al Teatro, al Parlamento, a la Universidad, a la Iglesia y al vial que los relaciona se les atribuyen "estilos", es decir lenguajes, vocabularios, reglas gramaticales y sintácticas que se consideran representativas de la función que alojan. Es este un programa que cruza el periodo del eclecticismo y, en modos diferentes, permanece durante la primera parte del siglo XX permitiendo que el visitante, el *flanêur,* pudiese comprender la geografía funcional y social de la ciudad solo observando las arquitecturas y la composición como en un cuento relatado con sus propias palabras. La disolución del vínculo entre la función y la forma que la representa ha vuelto obviamente bastante más difícil describir y relatar la ciudad contemporánea.

o la de la narración.[8] Por esto, la continuidad pasa enriqueciéndose y sin contradicciones a través de manierismo, barroco, neoclásico, romanticismo y eclecticismo, y resulta inútil sostener que logra hacer esto porque es al mismo tiempo figura del espacio urbano y del espacio social.

La figura de la continuidad no debe ser entendida en modos demasiado restringidos. Aunque todo el pensamiento moderno haya estado dominado por el pensamiento visual, ésta no debe limitarse solamente a los aspectos físicos y figurativos del espacio urbano. En un cierto sentido tal vez se puede afirmar que la cultura de la modernidad, entre el Renacimiento y el siglo XIX, es universalista en cuanto está impregnada de la figura de la continuidad. Sin el concepto de la continuidad, en el sentido del análisis matemático, no habría cálculo infinitesimal y es bien conocido el valor constructivo del pensamiento moderno desarrollado por este último. Si se observa la historia de la constitución y formación de las diversas áreas disciplinares en este mismo periodo se puede entender la importancia que para todas ellas ha tenido la figura de la continuidad que con mayor frecuencia se representa como posibilidad infinita de subdivisiones taxonómicas de los objetos observados y como idea de una posibilidad infinita de circulación. La idea de la divisibilidad infinita de las diversas magnitudes, por ejemplo de los terrenos, está en el origen de la reivindicación burguesa sobre la propiedad y edificabilidad de los suelos. Sobre el carácter continuo, isótropo, infinitamente divisible de la ciudad burguesa se ha insistido mucho;[9] poco sin embargo, sobre el hecho de que éste se oponía al carácter "indivisible" (aún solo simbólicamente) del derecho de propiedad del Señor o de la colectividad medieval (los derechos comunes, los usos cívicos), así como el pensamiento moderno especializado se oponía al pensamiento indivisible de los periodos precedentes. Salir del derecho sobre la tierra medieval, entrar en el moderno derecho burgués quiere decir aceptar la continua subdivisibilidad. Sin embargo, esa misma idea está unida también a los modos en los cuales viene conceptualizado el funcionamiento del mercado y de la libre competencia, respectivamente teatro y *modus agendi* de sujetos cada uno de dimensiones infinitesimales respecto al conjunto; la continua subdivisibilidad está en el origen de la cada vez más impulsada división del trabajo, de la idea fordista que finalmente se representa físicamente en River Rouge, de la organización del trabajo y de la ciudad, de la total sincronización social; está asociada a la idea de democracia fundada

sobre la subdivisión del poder. La figura de la continuidad acompaña durante un amplio trecho al surgir del sujeto contra potestad y dominaciones y su reducción a individuo aislado con la progresiva eliminación del sujeto colectivo. "Con una acción hermenéuticamente sin duda muy audaz, se podría considerar la Edad Media entera como el tiempo que emplea el subjetivismo en Occidente para deshacerse... de todos aquellos aspectos de la religión antigua que habían creado lugares de encuentro entre hombres y divinidades".[10]

La figura de la continuidad en su conquista progresiva de la cultura occidental encuentra, sin embargo, muchas resistencias. La sociedad moderna nunca logrará constituirse como espacio perspectivo dominado por un solo punto de vista. En su interior, al igual que en la ciudad moderna, persistirán y se formarán continuamente agregados que, como fragmentos de un mundo del pasado o gérmenes de uno futuro, construyendo diferencias tenderán a disputar el espacio simbólico, físico, social y económico a la continuidad.[11] Las resistencias a la continuidad se expresarán en las formas de la "economía moral de las clases subalternas" y/o del conflicto, de la resistencia a la homologación y a la igualdad codificada de los grandes ordenamientos productivos y jurídicos de los estados modernos, en la valoración de la memoria y de la historia, en la formación de un número siempre creciente de "minorías" en permanente búsqueda de una identidad propia y de criterios cada vez más articulados de inclusión/exclusión de estas mismas minorías, en la sustitución de una sociedad de iguales, dirigida por códigos y pactos constitucionales, por una sociedad estatutaria, en la cual cada minoría (grupo local o profesional) dispone, como en la época premoderna, de un estatuto propio, reconocido y específico. Progresivamente el mundo occidental toma conciencia también de la destrucción de las culturas locales y de los lugares de la sociabilidad provocada por la modernidad, de las restricciones a la dimensión del colectivo derivadas de la ciudad moderna y les opone resistencia.[12]

Es posiblemente debido a esto que, dentro del periodo dominado por la figura de la continuidad, se pueden reconocer dos fases fundamentales: en la primera, como frecuentemente sucede, la continuidad es liberación y conquista; liberación de los vínculos medievales y conquista de nuevas libertades burguesas. La segunda fase, por el contrario, está dominada por la angustia, por el miedo al infinito y al abismo que ello abre en la sociedad y en las conciencias de los individuos, por el temor a una sociedad reducida a masa continua. Para contraponerse,

147

---

[8] Burke ya introducía entre aquello que es sublime la inmensidad, la infinitud, la sucesión, la uniformidad, la intermitencia. Casi toda la urbanística y la arquitectura de los últimos tres siglos insiste en la búsqueda de un "gran estilo", de una unidad de tiempo, lugar y acción que construya la narrativa del espacio urbano.

[9] Por ejemplo: Carlo Aynomino, *Orígenes y desarrollo de la ciudad moderna*, Barcelona, G. Gili, 1972, p. 29 (versión original: *Origini e sviluppo della città moderna*, Venecia, Marsilio, 1965). "La ciudad burguesa existe (se realiza y se expresa) en la continuidad viaria, como elemento funcional y representativo y como instrumento para «ignorar» las zonas subalternas que resultan de esta continuidad".

[10] Moretti G., *Il Genio*, Bolonia, Il Mulino, 1998, p. 20.

[11] Battisti E. *L'antirinascimento*, Milán, Garzanti, 1989; Corboz, André, "Vedute reformatrici", en Dario Ducci (ed.), *Capricci Veneziani del settecento*, Turín, Umberto Allemandi & C, 1988.

[12] Philippe Ariès, "La famiglia e la città", ahora en: Philippe Ariès, *I segretti della memoria*, Florencia, La Nuova Italia, 1996 (1993).

la figura de la continuidad, entre iluminismo e historicismo positivista, se hace búsqueda de transparencia y permeabilidad, de regularidad, jerarquía y orden, de formas sólidas de racionalidad a las cuales referirse.

*La construcción de la ciudad moderna*

En el largo periodo que transcurre entre el Renacimiento y el siglo XIX, la construcción de la ciudad moderna es una labor lenta y continua de puesta a punto de "materiales" específicos, grandes "bloques prefabricados"[13] que puedan ser combinados diferentemente entre ellos, dando lugar a distintos y específicos espacios urbanos todos ellos informados de una única figura fundamental. El estudio y el proyecto de la ciudad, como el de la música "clásica",[14] se hacen estudio y proyecto de los materiales individuales, de sus características constitutivas y constructivas, de sus posibilidades de deformación y de definición de las reglas de su posible composición: los patios del Belvedere de Bramante son quizá uno de los primeros grandes ejemplos.[15] El proyecto de la ciudad se torna estudio de la manzana,[16] de la vía porticada, de la plaza, del paseo,[17] de la calle, del *boulevard*, del *crescent*, del parque y del jardín; de las secuencias, pero también de elementos del suelo y del subsuelo: pavimentaciones, alcantarillas, acueductos, aceras, líneas de transporte urbano y extraurbano, puertos, muelles, escaleras, mercados generales y de barrio, teatros, escuelas, hospitales y cuarteles... y viviendas: unifamiliares aisladas, adosadas, multifamiliares en línea, en torre, viviendas reagrupadas diferentemente o dispersas. (Hay una diferencia fundamental entre los tratados que preceden a la ciudad moderna y los manuales que señalan el final de ésta: de Sitte a Stubben, Unwin, Choisy, hasta Hagemann, se tiene la plena conciencia de que el proyecto urbano es composición de elementos, de materiales urbanos.)[18] La historia del proyecto de la ciudad entre el siglo XVI y el siglo XIX es estudio y proyecto de materiales y estudio de sus posibilidades compositivas dentro de un espacio urbano que se quiere lo más continuo posible, dibujado y legible en la estructura fundamental de las grandes perspectivas, en la secuencia de los distintos "materiales urbanos" y en la geografía de los mayores "hechos urbanos".

Es un largo recorrido en una dirección clara y reconocible: una y otra vez bajo la presión de intereses representativos, mercantiles, productivos e higiénicos. La ciudad europea, a lo largo de este recorrido pierde gradualmente el carácter introvertido que la había caracterizado durante la antigüedad y el medievo[19] para abrirse hacia el espacio exterior; un movimiento que nace de los rincones más íntimos de la *domus* y que gradualmente se vierte hacia la calle y la naturaleza. A lo largo de este camino cambian las relaciones, las medidas y las escalas de las diferentes obras y edificios, de los distintos espacios, pero permanece constante la concepción fundamental del espacio urbano.

Sin embargo, hacia el final del siglo XIX, justamente cuando las características de la ciudad moderna aparecen más transparentes, el ejercicio compositivo no logra producir otra cosa que *pastiches*, la investigación parece detenerse en la repetición del *dèja vu*, en el reencuentro anticuario, en la composición ecléctica. No es sorprendente que las primeras reacciones se presenten en el campo de las artes visuales, musicales y literarias.[20] Arquitectos y urbanistas entienden inmediatamente que aquello a lo que se enfrentan (y que inmediatamente se percibe en sus formas más evidentes como *scattering, sprawl, dispersión*) tiene que ver con el fin de uno de los caracteres fundamentales de la modernidad. A pesar de ello, urbanistas y arquitectos consideran, como todavía hoy algunos lo siguen haciendo, la obligación de continuar, incluso acelerar, el proyecto inconcluso de la modernidad[21] acentuando los elementos de racionalidad fuerte y *comprehensive*. La urbanística y la arquitectura del Movimiento Moderno constituyen tal vez el intento extremo por reencontrar en el diseño de los espacios abiertos, públicos y colectivos nuevas declinaciones de la figura de la continuidad.

El espacio entre las cosas, bajo el empuje del movimiento higienista y de la ingeniería de las infraestructuras, se dilata como no había sucedido antes en la experiencia urbana euro-

[13] Charles Rosen, *Schoenberg*, Londres, Marion Boyars, 1976, p. 29.

[14] Charles Rosen, *The Classical Style. Haydn, Mozart, Beethoven*, Nueva York, Viking Press, 1971 (trad. cast.: *El estilo clásico. Haydn, Mozart, Beethoven*, Madrid, Alianza, 1991).

[15] Arnaldo Bruschi, *Bramante*, Laterza, Roma-Bari, 1983 (1973), p. 167 (trad. cast.: *Bramante*, Madrid, Xarait, 1987).

[16] Véase por ejemplo, Tafuri, Manfredo, *Strategie di sviluppo urbano nell´Italia del Rinascimento*, Zodiac 1, 1989, pp. 12-43.

[17] Marcel Roncayolo, *Marseille. Les territoires du temps*, París, Editions locales de France, 1996.

[18] Véase al respecto de la concepción elementarista de la ciudad moderna: Paola Viganò, *La città elementare*, Milán, Skira, 1999.

[19] Antonio Monestiroli, *Temi urbani*, Milán, Edizioni Unicopli, 1997, p. 10: "Toda la historia urbana en occidente es historia de la construcción de la ciudad cerrada: de la ciudad antigua, a través de la ciudad mercantil, hasta la ciudad del siglo XIX, la calle y la plaza son espacios a los que miran los elementos urbanos que allí se representan y por ello resultan reconocidos".

[20] La situación de la ciudad moderna no parecía sin embargo satisfactoria para todos, si Walter Rathenau podía escribir en 1917 (*L´economia nuova*, Turín, Einaudi, 1976, p. 56; ed. original, *Die Neue Wirtshaft*, 1917): "El abandono arquitectónico de nuestras calles, dará un testimonio y una advertencia sensible del abandono de nuestros conceptos económicos, los cuales han concedido a una clase de monopolistas inconscientes, en sus decenios mejores, un derecho de imposición sobre el patrimonio común ampliable a su antojo, y han regalado también, miles de millones a los rentistas los cuales, en agradecimiento, con su buen gusto arquitectónico, han dejado como símbolo de nuestra época, horrores sobre horrores."

[21] En esta búsqueda urbanistas y arquitectos no están solos: toda la izquierda europea se considera heredera del proyecto moderno, en su versión iluminista-racionalista, con las consecuencias ya conocidas.

148

pea, asignando a cada objeto de arquitectura una autonomía funcional y lingüística inusitada. La ciudad nueva, como la "nueva música", aparece de ahora en adelante escrita "nota por nota" y esto plantea a la ciudad y a la música del "siglo breve" nuevos e inusitados problemas. La demasiado breve experiencia del Movimiento Moderno no permite afrontarlos y resolverlos completamente.

*La historia de la ciudad moderna (en particular, la italiana)*

La historia de la ciudad moderna está marcada por continuas separaciones y alejamientos, reacercamientos y enlaces. Se alejan del centro urbano los cementerios, los mataderos, los hospitales, los cuarteles, las industrias, las "clases peligrosas";[22] se acercan los lugares de la dirección económica, política y cultural, de las finanzas, del comercio, del espectáculo. Este movimiento no debe ser observado solo en sus consecuencias y representaciones físicas, como se reconocen en la geografía urbana, en la continua destrucción y reconstrucción de la ciudad, de sus partes o de sus elementos, en la continua reutilización de los espacios y de las construcciones. El amplio periodo durante el cual los caracteres de la ciudad moderna se definen y articulan puede ser subdividido en fases definidas, cada una, por un sistema fundamental de relaciones de recíproca compatibilidad o incompatibilidad entre sujetos y actividades. La forma de la ciudad cambia con la transformación de este sistema de relaciones dentro de una articulación cada vez mayor de las figuras sociales (interpretable como una cada vez más estimulada división social del trabajo) y un sistema cada vez más sofisticado de exclusiones/inclusiones.

Las características fundamentales de la ciudad moderna han tomado diferentes maneras en los distintos contextos europeos con relación a específicas características originarias del territorio, a específicas culturas locales y a específicos eventos históricos. La ciudad moderna es en gran medida centro del moderno estado nacional; lo acompaña en su ascenso y vicisitudes hasta la crisis. Su naturaleza se despliega completamente en las grandes capitales de los grandes estados territoriales.

En Italia la ciudad moderna tiene el lugar de nacimiento apropiado, recibe la primera impronta, pero no tiene forma de crecer y definirse completamente. Cuando comienza la historia de la ciudad moderna, en el siglo XV, Italia, que es en aquel momento el país europeo urbanizado con mayor intensidad, en el que las ciudades alcanzan unas dimensiones mayores, se encuentran al mismo tiempo al final de una etapa de desarrollo

más que secular y en vísperas, sin embargo, de un largo periodo de crisis y decadencia que terminará solo en la segunda mitad del siglo XIX.[23] A partir del siglo XVI el centro de la economía europea se trasladará hacia los países del norte. Las "ciudades mundo", para usar la expresión de Fernand Braudel, se desplazarán de Roma y Venecia a Amberes, Amsterdam, París, Londres. Interrumpida al final del siglo XV, la construcción de la ciudad moderna será retomada en Italia entre finales del siglo XVIII y la primera mitad del siglo XX, ocupando un periodo bastante reducido. En algunas ciudades italianas la ciudad moderna ni siquiera existe: ciudad contemporánea y ciudad medieval se aproximan sin mediaciones. Es también por ello que la ciudad moderna italiana es muy deudora en la comparación de materiales urbanos utilizados en otras experiencias (sobre todo francesas y alemanas), materiales urbanos que han tenido origen en la ciudad italiana renacentista vuelven a ella durante el siglo XIX reelaborados dentro de contextos diferentes. La construcción de la ciudad moderna en Italia no solo ocupa un periodo bastante breve, su crisis es también casi inmediata; el paso a la ciudad contemporánea, repentino. Por esto Italia resulta, tal vez, un caso de estudio ejemplar.

**La ciudad europea en el "siglo breve"**

A finales del siglo XIX y principios del XX la figura de la continuidad no consigue, como ya he mencionado, mantener también su condición de figura del espacio social: de repente, el mundo se ha complicado y la sociedad se ve caracterizada por el creciente surgimiento de numerosos sujetos, que, primero como masa y después como individuos singulares, afirman una propia e irreducible, pero no fácilmente definible identidad; que exigen una propia e incontenible autonomía, un espacio de relaciones económicas, políticas y culturales dentro del cual poder moverse de manera más libre; que tienden a incluir en los propios programas, sugerencias y contribuciones de otros sujetos, antes que a ordenarlos y excluirlos en nombre de principios abstractos. "La vida ya no reside en la totalidad".[24]

En *La condición postmoderna*, Lyotard[25] define el momento "moderno" como aquel en el cual los relatos fundacionales se derrumban y se establece una distinción radical entre la razón y su opuesto, entre la razón y los mitos. Pero los mitos de los

---

22 Michel Foucault, "L´occhio del potere. Conversazione con Michel Foucault di Jean-Pierre Barou e Michelle Perrot", introducción a Jeremy Bentham, *Panopticon*, Venecia, Marsillio, 1983, p. 12. (trad. cast.: "El ojo del poder. Entrevista con Michel Foucault de Jean-Pierre Barou y Michelle Perrot", introducción a: *El Panóptico*, Madrid, La Piqueta, 1979).

23 Paolo Malanima, *La fine del primato. Crisi e riconversione nell´Italia del Seicento*, Milán, Bruno Mondadori, 1998.

24 Con estas palabras de Nietzsche (el caso Wagner), retomadas por Musil (*Diari*) inicia el primer capitulo de *L'anello di Clarisse* de C. Magris, Turín, Einaudi, 1984 (trad. cast.: *El anillo de Clarisse: Tradición y Nihilismo en la literatura moderna*, Barcelona, Península, 1993) dedicado a *Grande stile e totalità*, capítulo y libro en el cual la ruptura del final de siglo XIX, a la cual me estoy refiriendo, viene detalladamente analizada.

25 Jean François Lyotard, *The Postmodern Condition: A Report on Knowledge*, Minneapolis, University of Minneapolis, 1985 (trad. cast.: *La Condición Postmoder-*

que la razón moderna se distingue son mitos arcaicos, vueltos hacia el origen y por ello fundadores de comunidades específicas. La razón crítica sustituye estos relatos particularistas con ideales universalistas, recurriendo de este modo a los propios mitos, las grandes narraciones escatológicas que anuncian la emancipación del hombre. El "siglo breve" es aquel en el que dichos relatos pierden a su vez legitimidad. La ciencia y la técnica parecen entonces desarrollarse sin justificación moral, sin el soporte de los relatos escatológicos, con la única preocupación de la *performance*. A esto corresponde en cada campo, incluido por tanto el urbano, una súbita pérdida de sentido.

El siglo XX está impregnado de una figura opuesta a la continuidad: de la idea del fragmento. Como la figura de la continuidad, la del fragmento tiene orígenes en el pasado: en el "fragmentismo" literario de principios de siglo;[26] en la "generación romántica", Chopin, Liszt, Schumann en el campo musical,[27] en los dos Schlegel, en el círculo de Jena y Nietzsche en el campo filosófico-literario.[28] Aunque naturalmente para ambas figuras se pueden encontrar antecedentes más antiguos: en la ciudad de fundación medieval y de la antigüedad grecorromana para la figura de la continuidad; en Roma, ciudad "no romana", para la del fragmento; en la escolástica medieval para la una y, tal vez, en los "moralistas clásicos" para la otra.[29] Así como la figura de la continuidad construía la imagen de un espacio urbano regular, isótropo e infinito, depurado de cualquier carácter contingente, la del fragmento lleva a una concepción topológica del espacio, al espesor de la especificidad de los lugares. Del mismo modo que la figura de la continuidad ha encontrado muchas resistencias en la gran red infraestructural constituida por los imaginarios colectivos,[30] en la memoria del pasado y en las propuestas que se pretendían demostrativas de un futuro posible, la del fragmento las ha encontrado, muy fuertes, en las infraestructuras ideológicas, jurídicas, económicas y técnicas de la modernidad, entre las cuales están las específicas relativas a las técnicas de construcción de la sociedad, de la economía, de la arquitectura y de la ciudad. A lo largo de toda la modernidad, continuidad y fragmento se han alternado dejando en la ciudad europea sus propias huellas.[31] El "siglo breve" con

los rápidos progresos de la *Neue Musik* y de las vanguardias, con los reiterados *rappels à l´ordre* y los diversos retornos neoclásicos que lo han caracterizado, es un periodo durante el cual continuidad y fragmento se enfrentan sin excluir colisiones, resultando cada intento de mediación condenado al fracaso o a provocar nuevos *pastiches.*

Se han atribuido a menudo la dispersión y la fragmentación de la ciudad del siglo XX a las numerosas y sucesivas oleadas de progreso técnico, sobre todo en el campo de la comunicación y del transporte, bien sea del transporte de cuerpos y materiales, o bien, del transporte inmaterial. Ha sido, por ejemplo, recientemente propuesto interpretar estas largas olas en términos de ciclos de Kondratieff:[32] el primero, en la primera mitad del siglo XIX, ligado a la mejora de la red viaria y a los comienzos del transporte ferroviario; el segundo, en la segunda mitad del siglo XIX, ligado al pleno desarrollo de las redes ferroviarias y del telégrafo; el tercero, en la primera mitad del siglo XX, ligado al desarrollo de autopistas y a la radio; el cuarto, al desarrollo de la electrónica y la telemática en la segunda mitad del siglo XX, y el quinto, tal vez ahora en sus inicios, conectado a la convergencia de estos desarrollos tecnológicos en redes telemáticas y mecánicas complejas.

Esta tesis tiene ciertamente el don de la simplicidad, aunque el progreso en las técnicas de transporte tiene un papel mucho menos unívoco.[33] El progreso de las técnicas no es extraño a los movimientos que recorren la sociedad. Una mejora de las técnicas de transporte libera deseos, demandas, normas socia-

---

*na: informe sobre el saber*, Madrid, Cátedra, 1984).

[26] Véase al respecto: Debenedetti, G., *Il romanzo del novecento*, Milán, Garzanti, 1998 (1971), pp. 46-52.

[27] Véase: Rosen, C., *The Romantic Generation*, Cambridge, Mass., Harvard University Press, 1995.

[28] "Un fragmento, similar a una pequeña obra de arte, debe ser completamente separado del mundo circundante y perfecto en sí mismo como un rizo" (F. Schlegel, "Frammenti critici e scritti di estetica", trad. it., p. 75).

[29] Véase: Macchia, G., *I moralisti classici. Da Macchiavelli a La Bruyère*, Milán, Adelphi, 1988.

[30] Le Goff, J., "A propos de L´automne du Moyen Age. Entretien de Claude Mettra avec Jacques Le Goff", introducción a: Johan Huizinga, *L´automne du Moyen Age*, Payot, París, 1975 (1919) (trad. cast.: "El otoño de la Edad Media: estudios sobre la forma de la vida y del espíritu durante los siglos XIV y XV en Francia y en los Países Bajos", Madrid, Alianza, 1996).

[31] A los ojos contemporáneos la ciudad europea aparece hoy como un inmenso depósito de materiales del pasado y, por tanto, constituida sobre todo de fragmentos, pero esta impresión no es del todo correcta. Es preciso, en efecto, distinguir entre los "detalles" de proyectos más amplios, inspirados en la figura de la continuidad y luego interrumpidos, y las mucho menos numerosas partes de ciudad que se han constituido inicialmente como fragmentos, similares, para retomar la definición de Schlegel, a una obra de arte, completamente separada del mundo circundante y perfecta en sí misma como un rizo. Sobre la oposición detalle/fragmento y sobre la correspondencia de las dos figuras a distintas acciones, prácticas, estéticas, *démarches* epistemológicos, estrategias cognoscitivas, deductiva la una, abductora la otra; sobre la correspondencia del detalle a una geometría plana y regular y del fragmento a una geometría fractal, véase: Omar Calabrese, *L´età neobarocca*, Roma, Laterza, 1987, pp. 73-95.

[32] Hall, P., *Megacities, World Cities and Global Cities*, Megacities Lecture 1, Amsterdam, feb. 1997.

[33] Por largos decenios, durante todo el siglo XIX, es decir en el periodo final de la ciudad moderna, el progreso de las técnicas de transporte ha favorecido la concentración más que la dispersión. Aun hoy existen condiciones en las cuales al progreso de las técnicas de transporte viene atribuida, a través del denominado efecto *túnel*, la concentración en los polos terminales de una nueva línea de comunicación, antes que la dispersión en los territorios atravesados. Todas las teorías de la localización, formuladas generalmente en los primeros decenios del siglo XX, estudian las consecuencias de una mejora en las técnicas de transporte sobre la aglomeración y la concentración de los asentamientos, antes que el efecto contrario. La discontinuidad, importante para explicar la dispersión de la ciudad contemporánea, se coloca evidentemente entre las técnicas del transporte ferroviario y sus similares, y las automovilísticas, pero no existe duda que éstas mientras alentaban la dispersión han sido ampliamente solicitadas.

les, con tal que estos mismos deseos y demandas existan e impulsen las técnicas en esa misma dirección. Y es precisamente la manifestación de esa investigación de la condición dispersa que caracteriza el siglo XX lo que debe ser explicado. Como en Musil, y antes que él, en la extensa reflexión de Bolzano y Cournot, a los cuales no obstante Musil se refería, la explicación no debe buscarse en un solo lugar. La dispersión representa quizá la fase extrema de un largo recorrido antropocéntrico iniciado ya en la época medieval, un recorrido que no parece pueda invertirse en el corto y tal vez ni siquiera en el medio plazo. Las tentativas desarrolladas en esta dirección durante los siglos XIX y XX no parecen ejemplos a seguir.

*La crisis de la ciudad moderna: algunas respuestas*

Cualquier reflexión sobre estos temas no puede hoy sino partir de la gran crisis urbana que ha asediado a la totalidad del mundo occidental entre finales de los años sesenta del siglo XX y los inicios del decenio siguiente. Una crisis que ha marcado, en muchos países europeos y en muchas situaciones locales el fin de la "modernidad" y de la cual han sido subrayadas exhaustivamente causas y consecuencias políticas, económicas y sociales, y quizás mucho menos su vinculación a causas y consecuencias urbanas y territoriales.[34] "En muchos sentidos quienes vivieron la realidad de estas transformaciones *in situ* no se hicieron cargo de su alcance, ya que las experimentaron de forma progresiva, o como cambios en la vida del individuo que, por drásticos que sean, no se conciben como revoluciones permanentes".[35] Pero la crisis urbana, después de decenios de progresiva desaparición del mundo campesino en todos los países occidentales y de rápido asentamiento urbano, de concentración casi total de la fuerza de trabajo en las mayores áreas urbanas, fue económica y culturalmente importante y asume las formas de una pérdida de cohesión de los grandes agregados sociales, comenzando por la clase obrera urbana, de una gran transformación de los valores y de las instituciones, comenzando por la familia. "La prosperidad y la privatización de la existencia separaron lo que la pobreza y el colectivismo de los espacios públicos habían unido".[36] Abandonada toda doctrina metahistórica, a partir de ese momento tuvieron espacio nuevas políticas, generalmente definidas como "políticas de la identidad", y los distintos proble-

mas, comenzando por el de la casa, pero también el del desplazamiento y la diversión, no fueron ya percibidos como problemas colectivos y generales, sino individuales o relativos a específicos grupos locales, culturales o étnicos.

A la crisis urbana de finales de los años sesenta se le dieron, en los diversos países europeos, distintas respuestas y en diferentes terrenos. Para simplificar agruparé las políticas urbanísticas bajo tres etiquetas que aluden, como es natural, a tres diferentes, más amplias y articuladas construcciones políticas.[37]

La primera, tal vez la más llamativa y conocida, puede ser señalada con el término de *renovatio urbis*, término que, como es conocido, retomo de los estudios de Tafuri, Poleggi y Tenenti. Se refiere a políticas, como las venecianas, genovesas, romanas o napolitanas del siglo XV, que se materializan en un conjunto de intervenciones puntuales a través de las cuales se trata de dar un nuevo sentido simbólico-representativo y lógico-funcional a la ciudad o a sus partes importantes. Son ejemplos contemporáneos la París de Mitterrand, la Barcelona de Bohigas, la Londres de Thatcher, pero también Stuttgart, Nîmes, etc. Cada uno de estos casos es diferente del otro, del mismo modo que distintos entre sí eran los casos del siglo XV. Así como en éstos se representaba una distinta fuente y forma del poder, en los casos contemporáneos se representan y afrontan temas y estrategias diferentes: el papel del espacio público en la recualificación urbana de Barcelona, el de las instituciones en París, los actores del viraje monetario de la política económica en Londres, la importancia de las instituciones culturales en Stuttgart, etc. Lo que aúna estas experiencias es, en mi opinión, el intento de afrontar y resolver la crisis a través de una redefinición del "papel" de cada ciudad específica y de la ciudad en general. En el fondo están presentes un conjunto de reflexiones, típicas de finales de los años setenta y de inicios del decenio siguiente, sobre la decadencia urbana, la competencia entre ciudades o sobre lo que sintéticamente ha sido recogido bajo el feo término de *urban marketing*.

La segunda, tal vez hasta ahora más limitada, puede ser llamada como "retorno neoclásico", es decir como regreso a una forma de espacio urbano que reaccione al aparente desorden de la ciudad contemporánea, con un mayor "tono",[38] con la

151

---

[34] He tratado de ilustrarlas con algún detalle en un libro de hace más de veinte años (Bernardo Secchi, *Squilibri territoriali e sviluppo economico*, Venecia, Marsilio, 1974), por tanto no las retomaré en este lugar. Sin embargo, si tuviera hoy que reescribir aquel libro, cambiaría muy poco de las hipótesis y de las interpretaciones de entonces; sobre todo porque me parece que las mismas han sido ampliamente compartidas en años posteriores por numerosos estudiosos que en aquel momento no las conocían.

[35] Hobsbawm, J. Eric, *Age of Extremes. The Short Twentieth Century 1914-1991*, 1994 (trad. cast.: *Historia del siglo XX, 1914-1991*, Barcelona, Crítica, 1995, p. 291).

[36] Op. cit., p. 309.

[37] Un intento (a mi modo de ver insatisfactorio, sobre todo en lo que tiene que ver con la comprensión de las tendencias europeas) de clasificación bajo la etiqueta: *Form follows Fiction, Form follows Fear, Form follows Finesse, Form follows Finance*, se encuentra, por ejemplo en: Nan Ellin, *Postmodern Urbanism*, Cambridge, Mass., Blackwell, 1996.

[38] Uso este término como lo ha utilizado I. Strawinsky para explicar su propio regreso al neoclásico a final de los años 20. I. Strawinsky, *Cronache della mia vita*, Milán, Minuziano Editore, 1947, p. 191 (trad. cast.: *Crónicas de mi vida*, Buenos Aires, Sur, 1935). Véase al respecto también: Bernardo Secchi, *Il linguaggio della città contemporánea*, Fermignano, julio 1997.

vuelta a principios de asentamiento (la manzana), tipos edificatorios (la casa en línea), y aspectos lingüísticos de la ciudad moderna y, en particular, de la redescubierta ciudad del siglo XIX. Berlín es seguramente el principal ejemplo, aunque también muchos proyectos preparados en estos años y en vías de realización en Aix-en-Provence, en Milán y en muchas otras ciudades europeas, pertenecen a este grupo. La atención se desplaza, en este caso, hacia la construcción de un espacio habitable compartido. En el fondo están presentes un conjunto de reflexiones, inicialmente de origen marxista y foucaultiano, sobre el papel de la degradación urbana en la construcción de la crisis urbana (a través del incremento de los costos de reproducción de la fuerza de trabajo, o de sus consecuencias sobre la desintegración y reestructuración del cuerpo social), pero también reflexiones sobre el papel desempeñado por el contexto urbano y las políticas de *gentrification* en la competición entre las distintas ciudades.

Ambas posiciones toman, aunque en modos parcialmente eficaces, algunos aspectos fundamentales de la crisis urbana de aquellos años: salir de la crisis implica un proceso de profunda reestructuración del sistema urbano europeo, guiado por algunas imágenes contundentes (la "banana azul", la "fortaleza alpina", la "medialuna mediterránea", etc.) y en el cual cada ciudad debe urgentemente contribuir a redefinir su propia posición y cometido; en esta redefinición participan no solo estrategias económico-productivas (la búsqueda de sectores productivos innovadores, de nuevas formas de empresa), o políticas institucionales (búsqueda de nuevas formas de colaboración con un desplazamiento de los temas del *government* a aquellos de la *governance*), sino además estrategias típicamente territoriales y urbanísticas (una mayor atención al espacio habitable, al ambiente, al sistema infraestructural urbano y territorial). Ambas posiciones han tenido sus propias variantes "expresionistas", en las cuales han prevalecido aspectos representativos quizá demasiado enfatizados, que han llamado la atención de los *media* y de la opinión pública, pero que en realidad se han demostrado mucho menos duraderos y relevantes de cuanto sus autores y protagonistas querían pensar.

En Italia, como ya he tenido ocasión de escribir, la respuesta ha sido diferente y, de nuevo, extrema. Siguiendo una larga tradición, Italia, aparentemente desprovista de una clara política de la ciudad y del territorio, ha confiado, como ya había sucedido en pasadas ocasiones de comparable dramatismo, en una gran "movilización individualista":[39] *do it yourself*, que cada cual provea para sí mismo; para construirse su casa sobre el lote propio de terreno agrícola; para construir allí su propio cobertizo, la propia casa-taller, cercana a la vía existente disminuyendo así la extensión y el costo de las conexiones de servicios necesarias; que cada ayuntamiento prevea y realice su propia pequeña zona industrial, que piense en la propia expansión residencial, en los propios equipamientos colectivos. Descentralización productiva, nacimiento de una economía sumergida, origen o reforzamiento de innumerables distritos productivos, formación de la ciudad difusa, intensificación de la decadencia de muchas ciudades y áreas metropolitanas en un periodo de potente desarrollo de las áreas externas, conforman el resultado más evidente de este proceso. Las consecuencias en términos de reestructuración del entero cuerpo social y del sistema político en el cual se representa son de todos conocidas. No se comprende plenamente la profundidad y duración, extremas y aparentemente anormales respecto a las otras experiencias europeas,[40] si no se presta atención a la radical mutación de las relaciones entre la ciudad (y sus grupos dirigentes) y el "campo" (y los nuevos sujetos emergentes). No se entiende plenamente la dificultad actual de la política del territorio y de la política *tout court* si no se presta atención a la radical mutación de la naturaleza y de las características de la ciudad, al conformarse, en modo extremo en Italia, una nueva y extensa parte de ciudad, diferente de la del pasado, que algunos han denominado inicialmente con el término de "ciudad difusa"[41] y que no constituye el lógico y necesario desarrollo de la ciudad moderna, pero que tampoco representa una forma degradada de ésta. He denominado esta nueva forma urbana, que abarca la ciudad antigua, la ciudad moderna y la ciudad difusa, bajo el término de "ciudad contemporánea": con sus problemas, nos gusten o no, deberemos enfrentarnos en los próximos decenios.

## La ciudad contemporánea[42]

En la ciudad contemporánea, esta es mi tesis, se representa una nueva forma del tiempo:[43] una sociedad constituida y estructurada de modo diferente a la sociedad moderna, una economía distintamente organizada, instituciones que han establecido relaciones, recíprocas y con el ciudadano, diferentes de las modernas, incluso con mucha frecuencia diferentes de aquellas para las cuales habían sido originalmente pensadas y formadas; un conjunto distinto de imaginarios colectivos,

---

[39] La expresión, como es sabido, es de Alessandro Pizzorno.

[40] Véase a este respecto: Paul Ginsborg, *L´Italia del tempo presente. Famiglia, società civile, Stato: 1980-1996*, Turín, Einaudi, 1998.

[41] F. Indovina, *La città diffusa*, Venecia, Daest, 1990.

[42] Recojo casi integralmente este parágrafo de: Bernardo Secchi, Paola Viganò, *Un programa per l´urbanistica*, en *Urbanística*, n. 111, 1998. En este ensayo son expuestos en forma muy sintética las conclusiones de al menos diez años de investigación y experimentación proyectual en diversas ciudades y regiones italianas. Cada uno de los *statements* que siguen tienen por tanto el soporte de análisis de campo que muestran la racionalidad de su posible y moderada generalización.

[43] Uso la expresión como en: Kubler, G., *La forma del tempo. Considerazioni sulla storia delle cose*, Turín, Einaudi, 1976 (1972) (trad. cast.: *La configuración del tiempo: observaciones sobre la historia de las cosas*, Madrid, Nerea, 1988).

de mitos, de ritos y de prácticas sociales; una cultura distinta.

No es figura principal de la ciudad, ni de la cultura contemporánea, la continuidad y su modo de articulación en la división espacial y social del trabajo y en las jerarquías y conexiones del centro y de la periferia tanto dentro de los procesos sociales y productivos como en el espacio urbano. Lo que, en cualquier escala, se representa en la ciudad y en la cultura contemporánea, como ya he dicho y es ampliamente aceptado, es el fragmento. A menudo interpretada como dispersión caótica de cosas y sujetos, de prácticas y de economías, la ciudad contemporánea es una ciudad fractal. En las diferentes escalas, el espacio físico, social, económico, institucional, político y cultural, caracterizado por un mismo grado de fragmentación, es producto de racionalidades múltiples y legítimas, pero con frecuencia simplemente adosadas unas a las otras. Los diversos pedazos, sus dimensiones, su distancia recíproca, la época de construcción, sus habitantes nos muestran una ciudad hecha por piezas que, en las distintas escalas, mantiene la separación como carácter constitutivo propio; que encomienda su organización, el reconocimiento y legibilidad de su forma a un variado conjunto de estructuras que hacen referencia a principios y prototipos diferentes: a las redes, pero también al *puzzle* y al *dominó*.[44]

La ciudad contemporánea no tiene características idénticas en cada parte del continente europeo, así como tampoco en cualquier parte de Italia, pero, como la ciudad moderna, propone temas que, en distintas combinaciones, se encuentran en cualquier parte y pueden por tanto convertirse en objeto de reflexiones generales. La ciudad contemporánea es, en primer lugar, espacio habitable y de trabajo de una sociedad de minorías, de grupos sociales que no aspiran al dominio o a la hegemonía del completo cuerpo social, que hacen más bien de la exclusión e inclusión la guía de sus propios comportamientos y que, por otra parte, expresan demandas "radicales", es decir, demandas a las que las estructuras lógicas e institucionales de la ciudad moderna no son capaces de dar respuesta. Es a menudo espacio productivo de pequeñas y medianas empresas en las cuales ha sido parcialmente superada y recompuesta la oposición moderna entre conocimiento técnico del trabajador y poder direccional del patrón. La ciudad contemporánea es lugar de la copresencia: de figuras sociales,[45] de técnicas productivas,

productos, materiales urbanos, formas espaciales pertenecientes a diversos períodos de la historia; figuras, técnicas y formas del *ancien régime*, así como figuras, técnicas y formas que anuncian aspectos del futuro; entre éstos, no siempre, figuras, técnicas y formas de la modernidad. Resultado de un lento proceso de selección acumulativa dominado por una reconocible racionalidad minimal, la ciudad contemporánea es también el producto de un proceso de continua destrucción de valores de posición, de transformación de "bienes oligárquicos" en "bienes democráticos".[46] En la continua destrucción de valores posicionales la ciudad contemporánea es lugar de continua y tendencial democratización del espacio urbano: de destrucción de sistemas consolidados de valores simbólicos y monetarios, de continua formación de nuevos itinerarios privilegiados, de nuevos lugares de comercio, del *loisir*, de la comunicación y de la interacción social, de una nueva geografía de las centralidades. La ciudad contemporánea es una *Reverse City*,[47] una ciudad invertida, que tiene en el propio centro el vacío y no lo lleno, que se estructura a partir de los grandes espacios abiertos y que asume los grandes escenarios naturales como fondo y prolongación de sí misma.

Alejar y separar, el gran paradigma sobre el cual se ha construido la ciudad moderna, ha caracterizado solo una parte del territorio contemporáneo: la ciudad contemporánea es lugar privilegiado de la *mixité*. La entremezcla de casas y de oficinas, de talleres, casas y comercios, de equipamientos públicos y privados, de lenguajes arquitectónicos, plantea ante todo un problema cultural: el de la riqueza y la flexibilidad, pero también el del grado de tolerancia con respecto a ruidos y contaminación, a temporalidades sobrepuestas y cruzadas. La reflexión sobre la *mixité* funcional es también reflexión sobre la capacidad de transformación de la ciudad: viviendas que se convierten en oficinas, oficinas que se convierten en teatros, escuelas que se transforman en casas. La salida de la ciudad moderna, como lo fue la de la ciudad antigua, es también desuso, transformación y reutilización de muchas de sus partes.[48] La ciudad de la *mixité* es el resultado de nuevos sistemas de compatibilidad e incompatibilidad entre los diversos usos, los distintos sujetos y las distintas prácticas, entre el presente y el pasado.

En sus características físicas la ciudad contemporánea es el resultado de una gran ruptura tecnológica, preparada desde

153

---

[44] "El fragmento como material creativo responde así a una exigencia formal y de contenido. Formal: expresar lo caótico, la casualidad, el ritmo, el intervalo de la escritura. De contenido: evitar el orden de las conexiones, alejar el "monstruo de la totalidad" (Omar Calabrese, *L'età neo barocca*, Roma, Laterza, 1987, p. 92).

[45] La ciudad contemporánea es en muchas de sus partes, cosmopolita y multi-étnica. Esto no constituye una novedad, especialmente en un país mediterráneo como Italia (véase: Donatella Calabi, Paola Lanaro (a cargo de), *La città italiana e i luoghi degli stranieri, XVI°-XVIII° secolo*, Roma, Laterza, 1998). Quizás, lo nuevo en Italia es la cada vez más importante presencia de grupos pertenecientes a etnias y culturas diferentes respecto, por ejemplo, al mercado de trabajo y, más en general,

de las relaciones entre individuo y sociedad, radicalmente diferentes de aquéllas que han caracterizado la ciudad moderna.

[46] Hirsh, F., *I limiti sociali dello sviluppo*, Milán, Bompiani, 1981. La expresión "bienes oligárquicos" y "bienes democráticos" es en todo caso de Roy Harrod.

[47] Véase al respecto: Paola Viganò, *La città elementare*, Milán, Skira, 1999.

[48] "La perdurabilidad del escenario físico respecto de los otros elementos de la vida civil, provoca el anacronismo de una sociedad que se organiza en la envoltura de otra sociedad ya desaparecida", en Leonardo Benévolo, *La ciudad europea*, Barcelona, Crítica, 1993, p. 20 (versión original: *La città nella storia d'Europa*, Roma, Laterza, 1993).

hace tiempo en las últimas fases de la ciudad moderna. La ciudad antigua ha sido construida en condiciones de *déficit* tecnológico, lo cual ha condicionado profundamente no solo las formas arquitectónicas, sino además, y en particular, las formas de asentamiento. En estas condiciones el saber constructivo se había constituido, lenta y acumulativamente, en tradición y ésta, depositándose en particulares grupos de oficios, había devenido cultura difundida y compartida. Una tradición nunca permanece inmóvil; acoge y rechaza lo nuevo sometiéndolo siempre a distintas cribas de pertinencia y eficacia. Por esto la historia de las formas arquitectónicas es mucho más articulada que la de la ciudad. Con el final del siglo XVIII el saber constructivo se transforma en ciencia de las construcciones, de la construcción de vías y de puentes, de la construcción hidráulica y de edificios, y es encargado a un cuerpo de especialistas, separados de la cultura difundida que, en el plazo de un siglo, construyen condiciones, para el área aquí examinada, de *surplus* tecnológico opuesto a las condiciones que caracterizaban la ciudad antigua y, en parte, también la moderna. Con el final del siglo XIX la técnica ofrece posibilidades que superan las concretas exigencias constructivas de la ciudad. El énfasis sobre lo nuevo que ha caracterizado la modernidad y el progreso de las técnicas constructivas ha deslegitimado rápidamente, con frecuencia más allá de lo permisible, tradiciones y saberes constructivos precedentes y esto ha liberado formas arquitectónicas y de asentamiento dentro de un espacio cultural heterogéneo, fragmentario e inestable, despojado, al igual que la sociedad contemporánea, de cualquier referencia. Esto ha sucedido en un periodo en el cual los costos relativos de la construcción y del transporte han disminuido drásticamente. Crisis urbana, respuestas fundadas sobre la movilización individualista y permeabilidad de los vínculos normativos han producido en Italia consecuencias extremas.

La ciudad contemporánea es, no obstante, por naturaleza propia, inestable; en perenne cambio, da continuamente lugar a la formación de situaciones críticas y a soluciones transitorias de sus propios problemas. Expresión de un periodo caracterizado por el "crepúsculo del futuro", la ciudad contemporánea es sede de continuos microcambios: la casa pensada para una familia se subdivide cuando los hijos se casan, se vuelve a habitar por dos núcleos extraños cuando los padres mueren, el jardín se subdivide, la casa se amplía, el taller es demolido, transformada en un espacio comercial, allí donde vivían pocas personas ahora faltan plazas de estacionamiento, el lugar próximo al verde, escogido para vivir con los hijos, ahora es ruidoso y contaminado, los problemas de las partes de ciudad más antiguas se repiten en las de construcción más reciente.

Sin embargo, la ciudad contemporánea es también lugar de ecologías diferentes: el resurgir del territorio con todo su espesor físico y simbólico, corresponde al imponerse de la diferencia y a la reacción contra la homogeneidad de los lugares, de los pueblos y de las economías, impuesta por la ciudad moderna. Modo de habitar, de asentarse, de construir una relación con el propio *habitat* aun a largo plazo, imágenes propias en un territorio específico, cada ecología es imagen territorial radicada y aceptada, y específico proyecto de transformación de un territorio, de una economía, de una sociedad. Es un conjunto de situaciones y momentos temporales diferentes, que se reflejan en distintos comportamientos sociales y políticos, en diferentes culturas.[49]

## Escenarios

Un escenario no es una previsión: si estuviéramos en condiciones de prever, muchos de nuestros problemas estarían resueltos. Tampoco es la representación de nuestros deseos: si estuviéramos en condiciones de realizar nuestros deseos, no tendríamos ningún problema. Ni siquiera es una utopía positiva o negativa, esfuerzo extremo de la imaginación de aquello que podría ser.[50] Construir escenarios quiere decir construir uno o más órdenes hipotéticos entre los distintos fenómenos que implican a la ciudad, la economía y la sociedad y explicarse las consecuencias. Qué podría suceder si... Esto es un escenario,

---

[49] Las características de la ciudad contemporánea que he listado arriba no siempre representan una novedad: cada una tiene raíces profundas en la modernidad y en la pre-modernidad, del mismo modo que la modernidad hundía sus propias raíces en la época medieval. Como he dicho al comienzo de estas notas, no se debe pensar en el inicio de la ciudad contemporánea o en el final de la modernidad cómo en la ruptura de todo ligamen con el pasado; muchos hilos atraviesan la frontera entre una y otra forma de ciudad. Uno de éstos tiene que ver con la distancia entre los cuerpos, en particular el habitar distanciados, en casas aisladas y separadas entre ellas. Considerado carácter peculiar de las poblaciones del norte de Europa y a través de este, del occidente americano, en contraposición a la vecindad del habitar en lugares urbanos densos de las poblaciones mediterráneas (véase: Franco Cassano, *Paeninsula. L'Italia da ritrovare*, Roma, Laterza, 1998, p. 45 y ss.). El habitar en casas aisladas sobre parcela se hace hoy carácter invasor bien sea en muchas regiones del norte de Europa, o en las mediterráneas. La casa aislada sobre parcela, a la cual se debe imputar gran parte de los fenómenos de la dispersión, se ha convertido hoy repentinamente, respecto a la larga historia de la ciudad europea, en aspiración y práctica de consumo invasora (que obviamente lleva hacia el automóvil como principal medio de transporte y, acumulativamente, admite nuevas dispersiones). De otra parte, no se puede mas que hacer referencia a una multiplicidad de razones que puedan explicar la transformación: desde la disminuida necesidad de defensa, a la diversa organización de la producción y del mercado de trabajo, a la variada estructura de los consumos, al distinto papel de la familia y de los lugares de sociabilidad, etc.

[50] El valor crítico de la utopía ha sido siempre muy elevado en toda reflexión sobre la ciudad y la sociedad y resulta del todo evidente que desde la *Utopía* de Tomás Moro, la utopía, bien lejos de ser ejercicio evasivo, ha sido, por lo menos en sus ejemplos mejores, uno de los modos de revelar aquello que en la sociedad actual no satisface y que podría ser distinto, de re-construir el problema de una ciudad y una sociedad mejor. El proyecto de la ciudad contiene inevitablemente una dimensión utópica y sería grave que no fuera así. Un escenario, con su carácter hipotético, es algo diferente, si se quiere situado a mitad de camino entre una previsión y una utopía: basado, al igual que la previsión, sobre una gran perspicacia analítica y sobre una igualmente grande capacidad imaginativa como la utopía, el escenario actúa como un tipo de crítica acerca del carácter ilusorio de muchas previsiones y del exceso de realismo con el cual muchas utopías se presentan.

donde la hipótesis, sostenida por el si, es hallada con esfuerzo en algunos indicios, en algunos síntomas y en algunas tendencias obtenidas mediante la observación del mundo actual y de su historia.

Los caracteres fundamentales de la ciudad contemporánea y en particular de la ciudad contemporánea italiana, son quizá ineludibles. Podemos expresar al respecto cualquier tipo de juicio, pero no podemos olvidar que éstos tienen sus raíces y fundamentos en mitos, sistemas de valores y comportamientos individuales, en prácticas colectivas, en técnicas constructivas, en consumos y culturas que difícilmente podemos considerar modificables en el futuro que alcanzamos a prever como resultado de políticas de nuestro tiempo. Todos los retornos están destinados al fracaso, e independientemente del aprecio que se pueda tener por la ciudad antigua y moderna (lo que tiende hoy a ocurrir en un plano estrictamente ideológico, sin tener en cuenta las condiciones materiales dentro de las que se de-sarrolla la existencia de sus habitantes), lamentar su desaparición es inútil. Del mismo modo, es poco responsable (e igualmente ideológico) considerar en la ciudad contemporánea únicamente los aspectos liberadores del individuo, del grupo, de la empresa, de la institución y no los problemas que se están acumulando en ella o imaginar su solución como resultado directo de improbables escenarios tecnológicos o apocalípticos.

La previsión y la anticipación requieren una particular deontología. Lo que razonablemente podemos decir del futuro es quizá muy poco, tal vez rápidamente destinado a ser falsificado por los hechos,[51] pero, justamente por esta razón, muy importante. Es difícil, por ejemplo, pensar el futuro de la ciudad sin pensar también el de la sociedad, de la economía y de la política, campos todos en los que la contemporaneidad está marcada por profundos cambios. Por esto sólo podemos limitarnos a construir escenarios parciales, trozos de un cuadro general de los cuales ni siquiera sabemos decir si, en la escena futura, ocuparán una posición central o marginal, si serán un fragmento o un detalle. La historia nos enseña con frecuencia que aspectos considerados "antes" completamente marginales se han revelado "después" las más claras señales de "un futuro que estaba en marcha".

El futuro estará probablemente marcado por una cada vez mayor conciencia de nuestras responsabilidades respecto al medio ambiente, sea en sus aspectos más generales e invasores (como el control, por ejemplo, de ciclos largos de las emisiones de anhídrido carbónico, el aumento de la temperatura atmosférica, las variaciones climáticas por esto inducidas y las consiguientes variaciones de la fertilidad de los suelos con sus consecuencias sobre el balance alimentario general de la población terrestre), o bien, en sus aspectos más locales y específicos, como la tutela del riesgo hidrogeológico o la defensa de todo tipo de contaminación. Dictadas por el miedo, por la teoría o por un sentido moral más extendido, en particular por una nueva ética ambiental,[52] en la ciudad del futuro las técnicas de control de la presión ambiental, de su limitación, mitigación y compensación, se harán con toda probabilidad cada vez más eficaces y compartidas, objeto de específicas políticas y normas y esto cambiará también la imagen del espacio urbano. Probablemente, asumiremos comportamientos más prudentes, nos convenceremos también de que el espectro de las técnicas urbanas es mucho más amplio de lo que la ciudad moderna nos había acostumbrado a considerar; que existen diferentes modos de evacuar las aguas de lluvia y las residuales, para depurarlas y reciclarlas; que existen formas alternativas para construir diferentes tipos de vías y de aparcamientos, diversos modos para desplazarse en el espacio urbano y extraurbano, para construir barreras acústicas y contra el polvo; que existen procesos productivos menos contaminantes, técnicas y materiales constructivos de los edificios que permiten resolver de modos distintos y mejores que los actuales los problemas de aislamiento; que existen fuentes de energía y modalidades de comunicación alternativas a las tradicionales; que se puede recurrir en distintos lugares, de acuerdo con su papel, su función, su densidad, a técnicas duras y a técnicas suaves. Nos persuadiremos, quizá también, de afrontar, además del proyecto de algunas, aunque extensas, áreas protegidas concebidas como grandes reservas de naturaleza y de una red de grandes corredores ecológicos que las conectan, el gran tema de la naturalidad difusa. Todo esto modificará nuestro paisaje. La ciudad contemporánea, *reverse city* de baja densidad por término medio, en la que los objetos edificados han tomado una distancia recíproca considerable, está particularmente equipada para esta transformación.[53]

155

---

51 Para convencerse de ello basta observar cuanto han envejecido los escenarios construidos solo pocos años atrás por algunos de los más grandes estudiosos de la ciudad moderna y de sus desarrollos. Véase como ejemplo de todos: Gottmann, J., Muscarà, C. (a cargo de), *La città prossima ventura*, Roma, Laterza, 1991.

52 Véase: N. Luhmann, *Comunicazione ecologica*, Milán, Franco Angeli, 1990 (1986).

53 La ciudad contemporánea debería ser considerada un enorme laboratorio en el cual experimentar técnicas innovadoras de este tipo y cualquier gobierno central, debería hacerse cargo de desarrollar la experimentación en este campo, teniendo en cuenta además sus consecuencias sobre el progreso tecnológico de los distintos sectores productivos y sobre el empleo. Quienquiera que observe la última fase de la ciudad moderna, es decir la ciudad del siglo XIX, no puede dejar de observar como gran parte del progreso técnico "moderno" ha sido incorporado en la construcción de la ciudad y del territorio y como éstos constituyeron unos de los lugares donde se representaban las puntas de lanza del progreso técnico. La ciudad contemporánea ha sido en cambio abandonada por el progreso técnico y se presenta hoy como lugar, por término medio, ineficiente y tecnológicamente atrasado. De esto se han dado cuenta en la mayor parte de los países europeos después de la crisis de finales de los años sesenta; sin embargo, Italia parece particularmente sorda a estas cuestiones.

El futuro estará probablemente marcado por una movilidad acrecentada, bien a lo largo de grandes canales de comunicación entre pocos grandes polos urbano-metropolitanos, las *megacities*, o bien, y quizá sobre todo, en el interior de vastas regiones caracterizadas por la dispersión. Es de esta "lenta absorción" a través de territorios "esponja" de lo que las políticas europeas y en particular las italianas, atraídas por una vieja imagen, tienden a no ocuparse suficientemente, considerándolo un aspecto menor que puede encontrar solución dentro de los viejos esquemas de redes jerarquizadas. Las investigaciones más recientes muestran en cambio un importante desplazamiento en la estructura de la movilidad ligada a un también importante desplazamiento en la estructura de la temporalidad y de la centralidad. La autonomía de los sujetos y los específicos caracteres de cada ecología tienden a invertirse en un diferente y más variado uso del tiempo por parte de cada sujeto, en temporalidades menos estructuradas que las de la ciudad moderna. La difusión, nuevamente, es causa y consecuencia de todo esto. Políticas infraestructurales caracterizadas, al igual que las italianas, por un tendencial "incrementalismo"[54] se muestran más adecuadas para resolver estos problemas que no las del fortalecimiento de los grandes canales de comunicación recurriendo a técnicas duras y a niveles tecnológicos superiores.

156

El futuro estará probablemente marcado por una profunda redistribución del espacio de uso público: posiblemente disminuirá el espacio de uso público, de propiedad y gestión pública y aumentará el de propiedad y gestión privada. La dilatación del espacio abierto y, en particular, del espacio público que ha progresivamente acompañado la formación de la ciudad contemporánea ha dado lugar a algunas contradicciones fundamentales, de diferente gravedad en los distintos países europeos. Éstas se han manifestado como dificultades de la política fiscal y de la política de gasto de las administraciones locales que se ven incapaces de sostener los costos de la adecuación y gestión de los espacios públicos virtualmente previsibles. Es ésta la razón por la cual son cada vez más extensas y numerosas las áreas destinadas a actividades colectivas, relacionadas con el deporte, el *loisir* y las compras, de propiedad y gestión privada: *shopping malls* y *shopping strips*, carreteras-mercado y ciudades mercado, centros comerciales, estadios, áreas deportivas, parques temáticos, centros de convenciones, salas de música, discotecas, museos, etc. Son espacios abiertos y *open interiors* de propiedad y gestión privada caracterizados a menudo por una estética agresiva,[55] que, dando sombra

a lugares centrales más tradicionales, integrándose entre ellos y, frecuentemente, con los grandes nodos de la movilidad, con las estaciones, los aeropuertos, los nudos de las autopistas, los puertos, se convertirán en los verdaderos puntos de referencia de la ciudad contemporánea en la perenne búsqueda de una forma propia estable.[56]

El futuro vendrá marcado por una nueva, más dispersa, articulada e inestable geografía de los lugares centrales resultado y causa de la nueva estructura de la temporalidad y de la movilidad, de una nueva geografía de valores de posición. La ciudad moderna, acentuando las ventajas derivadas de la división del trabajo, ha transformado los principales equipamientos colectivos de la ciudad en "islas" especializadas. El hospital medieval era lugar de la curación, pero también hospicio, posada para el peregrino, para el viandante y el vagabundo; era lugar de prácticas médicas, religiosas y comerciales. Muchos espacios eran, en la ciudad del *ancien régime* y por largo tiempo en la ciudad moderna, lugares "vagos" abiertos a prácticas sociales múltiples y mezcladas entre ellas. En este sentido eran verdaderos lugares públicos. La ciudad moderna los ha reducido a una única función empobreciendo su condición de "lugares centrales".[57]

Es difícil afirmar con precisión cuál será la importancia y el futuro de la parte de ciudad que viene ahora habitualmente señalada en toda Europa con el término de "ciudad difusa"; sin embargo, es impensable que, con las actuales previsiones para las poblaciones importantes, ésta pueda transformarse, a través de progresivas densificaciones, en una ciudad compacta. Y resulta también poco probable que ésta pueda ser marginada, a través de una política de recualificación, *gentrification* y desarrollo del papel de intermediación de los centros urbanos tradicionales, en una inmensa periferia productiva reconstruyendo con términos nuevos la antigua oposición entre ciudad y campo. La conciencia de las raíces profundas, míticas, del localismo y de la razones que impulsan la formación, dentro de

---

54 Aspecto que tiene raíces profundas en las características del territorio, de la economía, de la sociedad y del sistema político italiano y que no me parece fácilmente eludible ni tampoco muy criticable. Véase Bernardo Secchi, *Una interpretazione delle fasi piú recenti dello sviluppo italiano: la formazione della "città difusa" e il ruolo delle infrastrutture*, Returb, 1996.

55 Pero también, cada vez más atentos a los aspectos paisajísticos: véase, por

ejemplo, la reciente ordenación del aeropuerto de París-Charles de Gaulle, del aeropuerto de Lyon, del centro comercial Litoral en Marsella, del aeropuerto de Schipol en Amsterdam, etc.

56 La historia, por ejemplo, del centro comercial, como viene estudiada por Margaret Crawford en su ya famoso ensayo ("The World in a Shopping Mall", en Michael Sorkin (ed.), *Variations on a Theme Park*, Nueva York, The Noonday Press, 1992) muestra la inestabilidad formal de cada uno de estos materiales urbanos; una inestabilidad generada por el continuo cambio de estrategias, en este caso comerciales, las cuales, actuando sobre los imaginarios colectivos, tienden a capturar y generar nuevos modelos de consumo y nuevos hábitos de compra.

57 Pero naturalmente enriqueciéndolos desde el específico punto de vista de las prestaciones. Nadie hoy estaría dispuesto a renunciar al carácter especializado de un hospital y sus distintas secciones, de un estadio de *football* o de uno de *baseball*, de una sala de conciertos, etc. Justamente por esto es interesante la historia de algunos equipamientos como los centros comerciales, que por el contrario parecen ir hacia atrás, a la búsqueda de una espacialidad muy parecida a la del centro antiguo de la ciudad climatizado.

la ciudad contemporánea, de diferentes ecologías, las tendencias evolutivas de las técnicas de la comunicación,[58] los procesos de formación de las nuevas clases dirigentes, los comportamientos de numerosos sujetos (por ejemplo, de los grupos juveniles), la tendencia, vinculada en parte a la progresiva globalización de la economía, a concentrar dentro de las áreas urbanas tradicionales viejos y nuevos pobres,[59] los escenarios de la violencia, de la seguridad y "fortificación",[60] no consienten y quizá hacen preocupante también un escenario de este tipo. La ciudad contemporánea, a través de la continua destrucción y democratización de los valores posicionales está particularmente preparada para manejar la diferencia, es decir, el cambio de los sistemas de compatibilidad e incompatibilidad entre sujetos y actividades; ofrece aún el espacio para dar respuestas eficaces a las demandas radicales, frecuentemente incompatibles entre sí, adelantadas por los diferentes sujetos. Tal vez tendremos que acostumbrarnos a considerar las características de la ciudad contemporánea no como la representación de un futuro deseable, sino como una ocasión para construirlo.

## El futuro de la ciudad

El futuro no es solo algo que viene a nuestro encuentro y que tratamos de prever. Es también, y al menos en parte, una construcción propia, producto de los juicios que expresamos al afrontar el presente, de las imágenes y las expectativas que ellos construyen, de los proyectos en los cuales se representan.

La ciudad contemporánea italiana, en algunos aspectos también la europea, es lugar de graves incomodidades. Poco eficiente, fatigosa, falta de *comfort*, carente en muchas partes de adecuados sistemas de abastecimiento de agua y alcantarillado, con niveles de congestión de tráfico desproporcionados respecto a sus reales dimensiones, ruidosa y contaminada, insegura y sujeta a grandes riesgos para las personas y las cosas, la ciudad contemporánea italiana no corresponde a la cultura y a los niveles de ingreso de sus habitantes, al nivel tecnológico de muchas de sus actividades, a los conocimientos de

los que el país dispone o debería disponer.[61] Modificar esta situación no es fácil.[62] Cualquier gobierno debería quizá reflexionar más atentamente sobre este aspecto, sobre las consecuencias que el atraso de la ciudad italiana tiene sobre la productividad del entero sistema económico y social y sobre las oportunidades que ésta ofrece para una política del trabajo y del progreso técnico. La ciudad moderna, sobre todo en su último periodo, ha sido lugar de gigantescas inversiones y de sensible progreso técnico. En las infraestructuras y equipamientos urbanos y territoriales, en las vías y en los canales, en los puertos y en las estaciones ferroviarias, en las redes de abastecimiento de agua y de alcantarillado, de los tranvías y de los metropolitanos, en los hospitales y en las escuelas, en los mercados generales y en los depósitos frigoríficos, se representaba el alto perfil de las técnicas de la época; en su proyectación y realización se han formado filas de técnicos que posteriormente han servido en el mundo de la producción de mercancías. La política de cada país ha estado muy atenta a estos aspectos del desarrollo social, económico y técnico.

La política de la ciudad no puede ser considerada hoy solamente una cuestión de interés local. Junto a la política ambiental y la de las grandes infraestructuras, a ella estrechamente vinculadas, la política urbana actualmente ofrece una gran ocasión para la innovación tecnológica y el desarrollo del empleo. Las características y los problemas de ciudad contemporánea brindan una gran oportunidad siempre que el tema de la ciudad venga correctamente reconsiderado. Pero a esto se oponen, no solo en Italia, dos simétricas sobrecargas de valores: la ciudad antigua de un lado, la casa unifamiliar aislada, del otro; la una entendida, a menudo indebidamente, como la más alta expresión de valores colectivos compartidos; la otra, de manera igualmente excesiva, como la mejor expresión de una *privacy* en la cual se representa la autonomía del individuo. Estas dos sobrecargas generan visiones extremas del futuro, cuando no apocalípticas, que impiden entender exactamente las dife-

157

---

[58] Véase, por ejemplo, Castells, M., *The Informational City*, Londres, Basil Blackwell, 1989 (trad. cast.: *La ciudad informacional: Tecnologías de la información, reestructuración económica y el proceso urbano regional*, Madrid, Alianza, 1995).

[59] Véase a este respecto, por ejemplo, Sassen, S., *The Global City*, Princeton, Princeton University Press, 1991 (trad. cast.: *La Ciudad Global: Nueva York, Londres, Tokio*, Buenos Aires, Eudeba, 1999) y Sassen, S., "Analytic border-lands: economy and culture in the global city", en *Columbia Documents of Architecture and Theory*, Nueva York, Columbia University and City of New York, 1993.

[60] Los estudios sobre estos temas y sus soluciones son ahora numerosos. Véase, por ejemplo, Mike Davis, "Beyond Blade Runner: Urban Control, Ecology of Fear", en *TapRoot reviews*, n. 2, Lakewood, Oh, Burning Press, 1993 (trad. cast.: *Más allá de Blade Runner: control urbano, la ecología del miedo*, Barcelona, Virus, 2001).

[61] Secchi, B., Viganò, P., "Un programma per l'urbanistica", en *Urbanistica*, n. 111, 1998.

[62] Algunas estimaciones, por cierto bastante aproximadas, nos llevan a decir que la realización de un proyecto inspirado en las formas, en los materiales y en las técnicas en una actitud minimalista, pero en condiciones de eliminar estas formas de incomodidad en las ciudades que hemos estudiado, implica una inversión entre los 700 y los 1.000 *milliardos* de liras –de hoy– por cada 100.000 habitantes (entre 350 y 500 millones de euros). Se trata obviamente de un orden de magnitud extraído de una docena de casos y resultaría inútil discutir su exactitud, incluso si nuestros análisis son mucho más detallados de lo que pueda parecer a primera vista. Aproximadamente el 74%-77% de la inversión debería ser sostenida, dentro de las actuales relaciones entre público y privado, por el sector público y de ésta, cerca del 80%, en la actual distribución de las obligaciones, debería ser costeada por la administración municipal. Con una cierta variación entre caso y caso, las partidas más relevantes, como se podía esperar, son aquellas que tienen que ver con las infraestructuras y las grandes equipamientos de uso público. Nuestras estimaciones son orientativas, pero indican la dimensión de la empresa que tiene enfrente la política urbana italiana.

rencias entre ambas formas de ciudad y sus razones; que impiden comprender las razones de la ruptura entre ciudad moderna y ciudad contemporánea, y sobre todo, que impiden considerar la ciudad antigua, así como la moderna, parte de la ciudad contemporánea y ésta, a su vez, como gérmen de un posible futuro de la ciudad.

Es difícil que la ciudad contemporánea encuentre una estabilidad formal análoga a la de la ciudad antigua y moderna, que dé lugar a la formación de una consolidada tradición constructiva y de asentamiento; como es difícil también que la cultura contemporánea, en cualquier campo, dé lugar a tradiciones. Si la sociedad occidental estará caracterizada en el futuro por un cada vez más elevado nivel de democratización, la ciudad futura será, en cualquier escala, una ciudad fractal, constituida por fragmentos diferentemente caracterizados, pero no existe razón alguna para que esta particularidad no pueda ser vertida en un proyecto satisfactorio y de calidad semejante a aquellos que hemos conocido para la ciudad antigua y para la moderna. Esta es la tarea que tenemos enfrente para la construcción del futuro y resulta diferente a imaginar imposibles retornos consensuados a la ciudad consolidada, o a formas alternativas de ciudad destinadas a los pocos "que lo han comprendido". Construir el futuro es trabajar dentro de las características de la ciudad contemporánea modificándolas.

158

Mario Gandelsonas es profesor de Arquitectura en la Universidad de Princeton y lo ha sido en las de Yale, Harvard, la Universidad de Illinois y la de Southern California. Fue miembro fundador y redactor de la revista *Oppositions* en los años setenta, manteniéndose desde entonces presente en la discusión teórica sobre la actualidad de la arquitectura y de la ciudad, tanto en América como en Europa, con sus numerosas contribuciones en revistas especializadas, conferencias, cursos, obras y proyectos, y con sus libros. La producción de su estudio en Manhattan, junto con Diana Agrest, ha sido distinguida con variados premios y reconocimientos, constituyendo objeto de exposiciones en países de uno y otro lado del Atlántico, llegando a actuar hoy ya sobre tres continentes tras su penetración en China en la última década. En su obra escrita destacan los libros *The Urban Text* (1991), *X-urbanism. Architecture and the American City* (1999) y *Shanghai Reflections. Architecture, Urbanism and the Search for an Alternative Modernity* (2002), en los que hace presente su condición de investigador de la arquitectura de la ciudad contemporánea con una originalidad consecuente y de gran calado.

De su obra *X-urbanism* se ofrece aquí el ensayo "The City as the Object of Architecture", que constituye pieza fundamental de la innovadora reflexión que el autor protagoniza.

© Pilar Soberón, ARTELEKU

# LA CIUDAD COMO OBJETO DE LA ARQUITECTURA[*]

## Mario Gandelsonas

Las fantasías imaginadas por el urbanismo moderno europeo (por ejemplo, la fantasía arquitectónica urbana de Le Corbusier de una ciudad de torres de cristal en un parque, con calles anchas configurando una cuadrícula, en las que la gente camina sobre pasarelas elevadas) describen la relación imposible de la arquitectura con el *objeto-causa* de su deseo: *la ciudad*. El objeto de la fantasía, ni existe en la realidad de la ciudad, ni puede realizarse literalmente. ¿Por qué habrían de fantasear los arquitectos con una ciudad totalmente diferente sólo cincuenta años después de la reconstrucción en el siglo XIX de las ciudades europeas usando una estrategia totalmente diferente de bulevares monumentales definidos por muros de calles que atraviesan el tejido medieval? Porque el deseo del arquitecto moderno no era el deseo de la ciudad existente; porque, más en general, el deseo no es algo dado: son las fantasías urbanas las que construyen el propio deseo de la arquitectura dándole sus coordenadas, localizando su sujeto y especificando su

objeto.[1] La construcción del deseo entraña no sólo describir un escenario futuro y designar sus elementos –el jardín con objetos, la cuadrícula moderna, el rascacielos cartesiano–, sino también designar la mirada que lo presencia. En el caso de Le Corbusier, se dirige una fantasía crítica contra la ciudad clásica. La mirada proviene de los arquitectos y políticos conservadores, que quieren conservar las viejas ciudades europeas como realidad y modelo; ciudades que, a los ojos modernos de Le Corbusier, estaban aplastadas por la historia, abarrotadas de viejos edificios de interiores oscuros y paralizadas por calles congestionadas.

La ciudad ha sido objeto del deseo arquitectónico desde el momento en que se estableció el discurso arquitectónico con la teoría de Alberti: una articulación de dos textos ilegibles, uno de ellos escrito (los *Diez libros de arquitectura* de Vitruvio) y el

[*] Traducido del libro *X-urbanism. Architecture and the American City*, Nueva York, Princeton Arch. Press, 1999, pp. 59-72.

[1] Zizek, S., *The Sublime Object of Ideology*, Londres, Verso, 1989 (trad. cast.: *El sublime objeto de la ideología*, Méjico, Siglo XXI, 1992).

otro construido (las ruinas romanas).[2] El momento constitutivo representado por Alberti tiene lugar en una época en la que en Europa «regresan» las ciudades como estructura político-económica.[3] Es en este contexto en el que la arquitectura está llamada a tener una relación con la ciudad considerada como su *otro*. Esa relación se estableció sobre la base de un objeto «compartido», el edificio, como objeto de ambas prácticas. De hecho, el significante edificio abarca dos objetos –el edificio urbano y el edificio arquitectónico– en uno. El edificio,[4] como parte de la ciudad, está «fuera» de la arquitectura; no es más que un montón de piedras. La belleza y el ornamento pueden transformar las piedras en un edificio arquitectónico, transformación que, paradójicamente, entraña separar al arquitecto del edificio, de su localización, de su construcción.

El acto constitutivo establece una diferencia, una distancia entre el arquitecto y el constructor, entre el edificio urbano y el edificio arquitectónico, que desembocará en una separación estructurada como relación de subordinación. Desde una postura de dominación, el arquitecto se esforzará por cerrar la brecha, por llegar a lo que se ha perdido en el proceso de diferenciación: el edificio. La falta se sutura mediante la representación de lo que se había excluido al establecer su identidad: el trabajo del carpintero, la construcción del edificio con las manos en lugar de con la mente. El discurso arquitectónico que se convierte en parte integrante de la práctica registrará la cadena de exclusiones como los términos sin señalar de una estructura de oposición. Allí donde el edificio, el constructor y el lugar se representen mediante «sustitutos» discursivos, esa estructura de oposición dividirá el edificio en lugares opuestos (taller del arquitecto contra el solar en construcción), las habilidades en prácticas opuestas (arquitecto contra constructor) y los medios de producción en técnicas opuestas (diseño contra construcción).

Dos fantasías arquitectónicas relativas al sujeto y al objeto designan los elementos que no han podido ser integrados en la estructura simbólica de la arquitectura. La primera es la fantasía artística en la que la arquitectura establece su lugar como práctica artística, definiendo un *sujeto creativo* a la vez que ocupa el lugar del constructor: es un desdoblamiento de la arquitectura, que quiere estar en dos lugares a la vez. La definición de la arquitectura como «madre» de las demás artes oscurece la realidad del preocupante espacio intermedio que define a la arquitectura como práctica en la que el arquitecto no

es ni un artista autónomo, ni un carpintero que está construyendo para un «cliente» en el contexto de la ciudad. Esa fantasía, para corresponder a ese sujeto, define un *objeto* que también pretende estar en dos lugares a la vez: en el diseño, que en esta fantasía empieza de cero (concebido por la propia energía y mente del arquitecto) y en el cuerpo del edificio (realizado mediante la construcción). El efecto del desdoblamiento del objeto es el ocultamiento del aparato de representación y del dibujo como espacio de producción arquitectónica.

La segunda fantasía sujeto-objeto es la fantasía urbana: el deseo de la arquitectura de domesticar las fuerzas económicas y políticas incontroladas que atraviesan el cuerpo urbano para imponer un orden. Es el desdoblamiento de la arquitectura que quiere permanecer dentro de sus límites y tener efecto en el exterior. La fantasía arquitectónico-urbana –un universo arquitectónico de edificios en el que la ciudad es el edificio mayor– viene a ocupar una carencia fundamental de la arquitectura, el vacío dejado por la pérdida de la realidad del proceso de construcción y del propio edificio. La fantasía implica la reducción de la realidad físico-espacial de la ciudad al estatuto de edificio arquitectónico: la ciudad como objeto del deseo arquitectónico es la ciudad como edificio.[5] En el momento en que la mirada arquitectónica se posa en la ciudad, las formas de ésta se convierten en el centro, en una apertura hacia un proceso simbólico que eclipsa las acciones que tienen lugar en ella, que cambia el enfoque desde el escenario urbano en que tiene lugar «la vida» hasta el propio escenario en el que el tiempo real retrocede y el espacio viene a ocupar el primer plano. No obstante, la realidad de la ciudad como proceso, como dinamo económica,[6] lugar de intercambio tanto físico como incorpóreo, siempre se ha resistido a la supresión del tiempo, de la diferencia, de lo contingente, de su reducción al estatuto de edificio; es decir, a la espacialidad y naturaleza totalizadora del objeto implicada por la práctica arquitectónica urbana. De todas formas, aunque las fantasías arquitectónicas urbanas nunca alcanzarán su objeto, harán posible la triangulación entre la arquitectura, la ciudad europea y la ciudad americana.[7]

---

[2] Eso permitió múltiples reinterpretaciones de los textos originales. Vitruvio Polión, *De architectura libri decem*, 1486 (trad. cast.: *Los Diez libros de arquitectura*, Madrid, 1787, o Barcelona, Iberia, 1970).

[3] De hecho, las ciudades llevan regresando desde el siglo XII. Ver *Storia della città*, de Benevolo (Roma, Laterza, 1976).

[4] L.B. Alberti, *De re aedificatoria*, 1485 (trad. cast.: Madrid, 1582, o Madrid, Akal, 1991, p. 245).

---

[5] «... Y si, conforme al parecer de los filósofos, la ciudad es una especie de casa enorme y si, por el contrario, la casa es una especie de ciudad en pequeño,...» L.B. Alberti, *De re aedificatoria* (op. cit.), p. 80.

[6] Fernand Braudel, *Civilisation matérielle, économie et capitalisme, XVᵉ-XVIIIᵉ siècle, Tome I, Les structures du quotidien: le possible et l'imposible*, París: Armand Colin, 1979 (trad. cast.: *Civilización material, economía y capitalismo, siglos XV-XVIII, Vol. I, Las Estructuras de lo cotidiano: Lo posible y lo imposible*, Madrid, Alianza, 1984, p. 423).

[7] La separación de las dos fantasías es una construcción teórica puesto que siempre funcionan en «tándem». La separación hace posible percibir los cambios producidos en su papel a largo plazo. Durante cuatrocientos años, la fantasía artística tiene un papel predominante, y es sólo durante los últimos cien años cuando se ha hecho dominante la fantasía urbana. Ese cambio está sobredeterminado por la velocidad del crecimiento urbano, por la aceleración del ritmo de las mutaciones urbanas y por la inversión de los flujos de América a Europa durante el siglo pasado.

160

## El objeto de la fantasía urbana

La ciudad ha eludido siempre al arquitecto. No ha sido alcanzable ni en el espacio (por ejemplo, cuando la ciudad del Renacimiento se proyectó al otro lado del Atlántico), ni en el tiempo (cuando se materializó la ciudad barroca a finales del siglo XIX).[8] Un obstáculo importante para la arquitectura, que siempre ha dependido de nociones totalizadoras –la ciudad como edificio o la ciudad como red de monumentos–, es la resistencia que ofrece la ciudad al concepto de totalidad. La ciudad representa para la arquitectura un juego abierto de posibilidades dentro de un campo de formas potencialmente infinito. Como ese campo se resiste al cierre, la ciudad se convierte en obstáculo para los esfuerzos arquitectónicos por domesticar ese juego, por imponer un orden totalizador. La propia arquitectura representa otro obstáculo: es la resistencia que opone la arquitectura a la dimensión temporal en la que tienen lugar los procesos urbanos. Esos procesos siempre desbordan la estructura institucionalizada de la práctica de la arquitectura, la cual, en su búsqueda de la ciudad, puede aproximarse a ella, pero nunca llegar realmente allí. La arquitectura es demasiado lenta o demasiado rápida, reconstruye el pasado o proyecta un futuro imposible,[9] pero nunca puede insertarse en la contingencia del presente urbano. El movimiento de la coreografía del deseo fluye desde la arquitectura hacia la ciudad, desde lo arquitectónico hacia lo no arquitectónico. Pero el deseo fluye también de vuelta desde la ciudad (lo no arquitectónico) hacia la arquitectura. Éste es el espacio en el que convergen las construcciones imaginarias y simbólicas con las que fantasea la arquitectura en su búsqueda de la ciudad.

A pesar de la imposibilidad de que la arquitectura imponga un orden total en el juego urbano, a pesar del fracaso constante en la materialización del orden total, los arquitectos han propuesto desde el Renacimiento diseños totalizadores en Europa. Empezando por los tratados arquitectónicos tempranos, como el *Tratado de arquitectura* de Antonio Averlino Filarete, esos diseños han descrito la configuración de ciudades enteras, no sólo planos, sino también edificios arquitectónicos, una idea que persiste hasta las teorías urbanísticas modernas. Esas fantasías arquitectónicas se hacen realidad de modo parcial y fragmentado: diferentes grados y tipos de domesticación arquitectónica, y a veces se han dado en Europa articulaciones entre la arquitectura y la ciudad, como resultado de coyunturas políticas concretas (la Roma papal, el París real, etc.) que las hicieron posibles. Aunque las fantasías urbanas no arquitectónicas de Norteamérica -la ciudad cuadriculada, la ciudad de los rascacielos y la ciudad suburbana- se han hecho realidad siempre, la dificultad de imponer un orden arquitectónico más allá del plano ha sido siempre enorme.[10] Sin embargo, el contexto norteamericano proporciona, aunque parezca paradójico, las condiciones para que una fantasía arquitectónica se haga realidad y funcione como la excepción: Washington, D.C., la ciudad que representa la Unión.[11] Washington es la única ciudad norteamericana cuya identidad se define por sus intentos repetidos por inscribir un orden totalizador. El esfuerzo, que aparentemente se presenta como un juego de espejos distorsionados que reflejan la ciudad europea,[12] desempeña la función de suturar en la realidad física de la ciudad los vacíos que han ido produciéndose: primero, por el corte político llevado a efecto por la Guerra de la Independencia, y después, por la división y lucha entre estados que culminó en la Guerra de Secesión. La historia singular de Washington ha estado determinada por una doble condición de «otredad»: Washington, el «otro interno» de las demás ciudades norteamericanas, es una rara refracción de su «otro externo», la ciudad europea.[13]

La resistencia que encuentra la arquitectura en la ciudad americana está relacionada con la resistencia, dentro de la arquitectura, a considerar la ciudad americana en términos arquitectónicos. Durante siglos, desde Alberti, los arquitectos habían ido a Roma, no sólo para medir los propios edificios, sino para exponer el sujeto de la arquitectura a la mirada de las ruinas, del texto construido que constituía la práctica. La ciudad americana, en contraposición a Roma, estaba más allá del campo de visión arquitectónico, no sólo porque se consideraba como una versión inferior de la ciudad europea, sino también debido a lo que se consideraba una configuración deficiente de su plano cuadriculado. Esa resistencia se debilita cuando los ar-

---

[8] Al implantar algunos principios barrocos (aunque en un contexto histórico muy diferente), las capitales del siglo XIX produjeron una ciudad tan diferente de la barroca como lo eran las imágenes producidas fotográficamente de la figuración del Renacimiento, a pesar de las relaciones entre el mecanismo fotográfico y la perspectiva. No obstante, la apertura de los nuevos bulevares en el París de Haussmann perpetuó la ficción de que el observador urbano de la cámara oscura era aún viable, de modo parecido a la recreación y perpetuación fotográfica del sujeto de la perspectiva.

[9] Françoise Choay, *L'urbanisme: utopies et réalités*, París, Seuil, 1965 (trad. cast.: *El Urbanismo: Utopías y realidades*, Barcelona, Lumen, 1970).

[10] La combinación de democracia y capitalismo produce una resistencia extraordinaria a cualquier intento de inscribir un orden arquitectónico.

[11] O tal vez deberíamos decir «casi» se haga realidad, ya que a L'Enfant lo despidieron cuando se negó a adaptarse a diversas limitaciones económico-políticas. Ver Reps, J.W., *The Making of Urban America*, Princeton Univ. Press, 1965, p. 256.

[12] De paso, Washington también se aplicó en transformar un orden que estaba inicialmente concebido como escenario de formas de gobierno autocráticas.

[13] Ese desdoblamiento se repite a todos los niveles. La propia historia de Washington comienza con una división causada por la falta de acuerdo sobre su localización (en el norte o en el sur) y el compromiso que establece una sola capital. Se encargó la inspección topográfica a Andrew Ellicott, y al comandante Pierre Charles L'Enfant (cuyo padre fue pintor de la corte de Versalles) se le encargó primero dibujar el terreno y levantar el plano de la ciudad. En la estructura del plano se superponían dos estrategias diferentes: «una distribución regular en la que las calles formaban ángulos rectos [...] y avenidas diagonales que unían todos los lugares importantes [...] lo que les daba reciprocidad visual y hacía que estuvieran aparentemente conectadas».

quitectos europeos son sometidos a la mirada de la ciudad americana a finales del siglo XIX y principios del XX; es decir, a la mirada de la ciudad moderna, a la mirada procedente del futuro. El efecto de ese «mal de ojo» es en última instancia devastador para el *status quo* arquitectónico: se produce una reacción violenta contra la arquitectura clásica, y se inventa un nuevo universo arquitectónico.

Mientras la mirada arquitectónica produce en algunos casos reestructuraciones urbanas (que en definitiva nunca coinciden con el deseo de los arquitectos), la mirada urbana produce unos efectos traumáticos en la arquitectura. Al dirigir la mirada atrás, a la «arquitectura desde fuera», la ciudad interpela a la arquitectura e induce a veces fantasías urbanas patológicas. La Roma del papa Sixto V, la Plaza de San Pedro de Bernini, las lecturas de Roma de Piranesi, la ciudad ideal de Ledoux y la Ville Contemporaine de Le Corbusier no son parte del discurso «normal» de la arquitectura, sino que son sintomáticamente excesivos, están fuera de lugar respecto a sus contextos discursivos.[14] ¿Por qué? Debido a la función constitutiva de la ciudad en el establecimiento de la práctica arquitectónica, y por el efecto traumático de cualquier intento de «reintroducirla» en la arquitectura; debido al fracaso histórico en esta represión de la ciudad, que ha estado tanto contenida fuera de la arquitectura como representada dentro de la arquitectura por medio de fantasías urbanas.

Los efectos traumáticos de los cambios radicales que tuvieron lugar a principios del siglo XX están sobredeterminados por hacer frente a nuevos retos, debido a la inversión producida en la dirección de los flujos dentro de la relación histórica triangular entre la arquitectura, la ciudad europea y la ciudad americana. Junto a la apertura a la ciudad americana llega el reto para la arquitectura propuesto por la introducción del rascacielos, un tipo de edificio que se enfrenta a la densidad extremadamente alta, pero que también cuestiona tanto la ciudad tradicional de fábrica, el escenario tradicional en el que se ha representado siempre la arquitectura, como la propia noción de tipo, que en el siglo XIX vino a desempeñar un papel destacado en la teoría y práctica arquitectónicas. El reto que representa para la arquitectura la ciudad americana provoca y produce la mutación urbana introducida por las fantasías modernas radicales europeas.

Mientras que las fantasías previas eran relecturas de las ciuda-

des romanas y griegas del pasado –y la reacción barroca contra aquellas lecturas–, las nuevas fantasías miran al escenario del futuro, a la ciudad americana. No obstante, no ven la ciudad de los rascacielos: la fantasía urbana funciona ahora como una pantalla que no sólo oculta los antagonismos existentes en la relación entre la arquitectura y la ciudad, sino que mantiene a la ciudad americana alejada de la vista o localizada en un punto ciego.

## El sujeto de la fantasía urbana

La fantasía urbana, en correspondencia a su *objeto* (la ciudad), ofrece la localización de un *sujeto*, no muy diferente al «sujeto creador» de la fantasía artística.[15] Ese sujeto está ciego a la realidad de una ciudad siempre ya presente, resultado del crecimiento orgánico, de la superposición de trazas sucesivas en un terreno que las retiene, una ciudad que resiste a la noción de empezar de cero, a la idea de ser construida por fantasías arquitectónicas en una hoja de papel en blanco como hecho que no ha sido construido aún, una ciudad que se resiste a ser considerada edificio arquitectónico. El sujeto creativo de la fantasía urbana habita en un escenario de *producción* que está ocupado casi totalmente por una multiplicidad de actores económicos y políticos, de prácticas distintas a la arquitectura, y no logra reconocer otra localización posible para la construcción del escenario de la fantasía urbana: el espacio de la recepción.[16]

El desplazamiento al espacio de la recepción tendrá lugar en un momento en que la traumática reestructuración urbana de las Europa y Norteamérica de la posguerra produce una ruptura, una discontinuidad en las estructuras relativamente estables que organizan la identificación de la ciudad. Las ciudades producidas por la suburbanización de la ciudad norteamericana y la reconstrucción europea de la posguerra son ilegibles, una ilegibilidad que concierne de manera particular al arquitecto. La confrontación con la nueva ciudad que emerge a finales de los años cincuenta y comienzos de los sesenta da como resultado una producción teórica que lleva a cabo un cambio crítico en la posición del sujeto arquitectónico, de la producción

---

[14] A su vez, como ya hemos visto, esas fantasías son asimiladas de vuelta por la ciudad que está en reestructuración constante: en la Roma barroca, cuando toda la ciudad y no sólo la Iglesia se convirtió en espacio sagrado; en la Ilustración, cuando se institucionalizó todo un nuevo orden político-económico; al principio del siglo XX, cuando las presiones de la ciudad industrial obligaron a efectuar una reestructuración de las viejas estructuras urbanas; y ahora nuevamente, con la reestructuración radical ocasionada por la ciudad global de la información.

[15] El concepto de *tipo de objeto* de la arquitectura moderna comienza a debilitar al sujeto creativo con la idea de un sujeto colectivo anónimo. Pero puede que sea tan importante como eso la idea de una autonomía de la forma arquitectónica, de un significante arquitectónico que localiza al arquitecto como su sujeto, como algo determinado por ella y que no la determina a ella; en otras palabras, el lugar de producción se convierte en algo reducido y pasivo.

[16] Aunque el espacio de la lectura se consideró siempre parte integrante de la dimensión de la habilidad arquitectónica, siempre se vio como algo subordinado a la escritura a partir de Alberti. La nueva situación produce, no sólo una inversión de esa posición, sino también, como vamos a ver, el difuminado de la diferencia entre producción y recepción.

a la recepción, de escritura a lectura.[17] Ese desplazamiento va a producir una ruptura importante a mediados de los años sesenta respecto al intento fallido de la arquitectura moderna de los años veinte de producir una ciudad localizándose ella misma en el lugar de producción tradicional.

Leer la ciudad presupone un sujeto que se define por una particular labor de tejido «acolchado»[18] que fija el significado de la multiplicidad de significantes urbanos. La ilegibilidad de la nueva ciudad plantea la necesidad de «acolchar» los nuevos y viejos significantes flotantes, fijar su significado, para volver a hacer que la ciudad sea legible introduciendo un *significante principal* para estructurar el campo de significación. Esa particular labor de cosido, de acolchado, se intentó no sólo por parte de arquitectos, sino por varios observadores que trabajaban en la esfera de las ciencias sociales y encontraron su objeto de estudio en la ciudad, entre ellos científicos conductistas, sociólogos y planificadores; por ejemplo, el sujeto desorientado y la cuestión de la *legibilidad* en Kevin Lynch,[19] el exurbanita incorpóreo y la cuestión del *no-lugar* producida por la nueva tecnología electrónica en Melvin Webber,[20] el público pasivo de una sociedad *espectacular* en Guy Debord,[21] y el *lector urbano* prearquitectónico (estructuralista) de Michel de Certeau.[22] Lo que tienen de común esos diferentes "acolchados" es que no toman en cuenta y/o suprimen la visión arquitectónica de la ciudad, y las cuestiones de *forma* y *disfrute visual* de la ciudad, el flujo que relaciona la ciudad no arquitectónica con la arquitectura.

Tiene especial importancia en esta discusión el texto escrito por Kevin Lynch en 1960, *The Image of the City*, porque su objeto de estudio parece superponerse al objeto arquitectónico. Los edificios y espacios urbanos tratados por Lynch en un momento de la historia en el que la renovación urbana destru-

ye la ciudad central son «inocentes»; aún no han sido *tocados* por la mirada arquitectónica, son parte de la «realidad», una fase en la que tiene lugar «la vida» y las acciones sociales.[23] La cuestión tratada por Lynch es la «claridad y legibilidad del *cityscape*»,[24] la facilidad con que pueden reconocerse sus partes y organizarse en un patrón coherente para proporcionar claves para orientarse.[25] El deseo de Lynch, en una época en que la ciudad centrada se está transformando en otra cosa, el centro se está borrando y la ciudad suburbana «sustituyendo» a la ciudad previa, no es conocer y disfrutar la forma de la ciudad, sino saber cómo reconocer y usar la forma de la ciudad.[26] La ciudad de Lynch es sobre todo un dispositivo comunicativo, un artefacto «transitivo» que se pretende que proporcione instrucciones, que apunte hacia un destino.[27]

La visión funcionalista de Lynch construye una ciudad como lugar de trayectorias conocidas en el que la ilegibilidad y la opacidad resultante creadas por la reestructuración de la ciudad dieron paso a una ciudad transparente. Aunque parezca paradójico, cuando la ciudad totalmente nítida y legible se convierte en contenedor transitivo y neutro para transmitir información, ya no vemos la ciudad, del mismo modo en que el lenguaje se hace *invisible* cuando lo usamos (en contraposición al lenguaje *opaco* de la poesía, en el que el propio lenguaje es el centro). La arquitectura está interesada también en hacer que la ciudad sea «visible», y por eso ha introducido *opacidad* en la ciudad a lo largo de la historia, gesto que fue magnificado por la arquitectura moderna. No obstante, se trataba de una opacidad que presuponía una ciudad prearquitectónica legible, transparente y, por tanto, invisible. Entonces, ¿qué hay que hacer cuando, por primera vez en la historia urbana, esa ciudad «natural»/prearquitectónica se hace opaca, como ocurrió en Europa y Norteamérica en los años sesenta? Al contrario de la escandalosa «novedad» de la arquitectura moderna respecto a la ciudad clásica (lo que lleva la opacidad al nivel de la *expresión*), los arquitectos posmodernos de mediados de los años sesenta producen una «simplicidad extraordinaria», y por tanto

163

---

[17] Ver Aldo Rossi, *L'Architettura della città*, Padua: Marsilio, 1969 (trad. cast.: *La arquitectura de la ciudad*, Barcelona: G. Gili, 1971) y Robert Venturi, *Complexity and Contradiction in Architecture*, Nueva York, MOMA, 1966 (trad. cast.: *Complejidad y contradicción en Arquitectura*, Barcelona, G.Gili, 1972).

[18] Me refiero a la idea de acolchado dede Zizek, quien afirma que al unir configuraciones y significados urbanos se produce el sistema estructurado de oposiciones que hacen que la ciudad sea comprensible y reconocible (p. ej., calles/plazas; monumentos/edificios; estructuras vinculadas/independientes; edificios bajos/edificios altos; edificios públicos/edificios privados; etc.). Ver Zizek, *The Sublime Object of Ideology*, op. cit.

[19] Lynch, K., *The Image of the City*, Cambridge, Mass., The M.I.T. Press, 1960 (trad. cast.: *La imagen de la ciudad*, Buenos Aires, Infinito, 1966).

[20] Melvin M. Webber, "The Urban Place and the Non-place Urban Realm", en *Explorations Into Urban Structure*, Filadelfia, University of Pennsylvania Press, 1964 (trad. cast.: "El lugar urbano y el dominio urbano ilocal", en *Indagaciones sobre la estructura urbana*, Barcelona, G.Gili, 1970, pp. 73-140 ).

[21] Guy Debord, *La societé du spectacle*, París: Buchet-Chastel, 1967 (trad. cast.: *La sociedad del espectáculo*, Madrid, Eds. de la Flor, 1974).

[22] Michel de Certeau, *L'invention du quotidien*, 2 v., París: UGE, 1980 (trad. cast.: *La Invención de lo cotidiano*, Méjico, Univ. Iberoamericana, 1996).

[23] La «forma de asentamiento» de Kevin Lynch es la organización espacial de personas haciendo cosas, los flujos espaciales resultantes de personas, bienes e información, así como los rasgos físicos que modifican un espacio de algún modo importante para esas acciones. Lynch, *La imagen de la ciudad* (op. cit.), p. 47.

[24] La metáfora del paisaje urbano que invoca el término *cityscape* produce la sensación de una conexión arquitectónica. Ver Lynch, *La imagen de la ciudad*, op. cit.

[25] «Una ciudad *legible* sería aquélla cuyos distritos o señales de rutas son fácilmente *identificables* y pueden agruparse fácilmente dentro de un modelo general». El problema sería la construcción de organizaciones orientadoras dentro del caos visual de la ciudad moderna, mediante la reducción de la ciudad a los mismos cinco elementos que «describen» su imagen: camino, borde, distrito, nodo, señal. Ver Lynch, *La imagen de la ciudad.*, op. cit.

[26] Las ciencias sociales podrían ayudar a reconocer ciertas trayectorias para facilitar el flujo de movimiento que atraviesa la ciudad.

[27] La imagen de la ciudad es una lectura preestructuralista que presupone un significado inherente portado por signos definidos por una relación biunívoca entre significante y significado.

opacidad en cuanto al *contenido*.[28] Esta importante reestructuración de la teoría y práctica de la arquitectura tiene lugar por el desplazamiento de la producción arquitectónica desde diseñar y «escribir» una ciudad nueva hacia leer una ciudad «*ready-made*», y por un desplazamiento paralelo del arquitecto desde la posición tradicional de *agente creativo* hasta la nueva posición de *observador arquitectónico* que reescribe la ciudad existente. Aldo Rossi en Europa y Denise Scott Brown y Robert Venturi en Norteamérica producen ese desplazamiento.[29]

Rossi, en *La arquitectura de la ciudad*, presenta una teoría que supone la persistencia de la forma, la insistencia de las trazas urbanas en el proceso permanente de diferenciación que caracteriza a la ciudad histórica.[30] Rossi propone un desplazamiento en la localización del sujeto arquitectónico de la fantasía arquitectónica, cambiando su ubicación tradicional del lugar de la producción al lugar de la recepción, de la escritura a la lectura. Cuando la ciudad y el edificio arquitectónico se ven en función de la producción, «una es producto *de lo público*, el otro es *para el público*»[31] y, por tanto, el único lugar de la ciudad disponible para el arquitecto es el lugar del observador. Lo que permite ese cambio de ubicación es la extensión de la noción arquitectónica de tipo a edificios no arquitectónicos, a la fábrica de la ciudad. Al hacer eso, Rossi subvierte la distinción constituyente entre edificio arquitectónico y edificio urbano, que se «incorpora» a la arquitectura. Lo que permite que ocurra esto es la noción de analogía, que ocupa un lugar importante en la teoría de Rossi. El efecto del mecanismo analógico es un desplazamiento de formas, objetos y edificios urbanos que alteran la idea humanista de la escala y los límites de la propia ar-

quitectura, abriendo su léxico para incluir en él a la ciudad y al mundo de objetos ordinarios.[32] La noción de Rossi de permanencia a largo plazo de la ciudad en constante cambio, una lectura en la que articula la ciudad con la noción de Ferdinand de Saussure de *langue*,[33] le permite colocar metonímicamente a la arquitectura en el espacio de la escritura.

En Norteamérica, Venturi y Scott Brown llevan a cabo una operación similar de desplazamiento del observador arquitectónico mediante la lectura de la expansión irregular producida por la ciudad suburbana. En un movimiento estratégico, se alinean con la cultura vanguardista de los años cincuenta y principios de los sesenta. Se alinean de forma particular con el *pop art* (sobre todo con la pintura), subvirtiendo los límites de la arquitectura, borrando la distinción entre lo alto (arquitectura) y lo bajo (expansión irregular); es decir, proponiendo una igualdad y reciprocidad de formas arquitectónicas y no arquitectónicas. En *Aprendiendo de Las Vegas*, Venturi y Scott Brown radicalizan la postura de Venturi en *Complejidad y contradicción en Arquitectura*, al centrarse en el nuevo paisaje urbano resultante de la mutación suburbana, en vez de centrarse en los elementos permanentes de la ciudad. El concepto de permanencia de Rossi alude a la resistencia estructural a la amnesia urbana, mientras que la lectura de Venturi/Scott Brown se refiere a la resistencia que ofrece la arquitectura al nuevo observador, un observador que rompe con el sujeto ambulante tradicional para producir una lectura en movimiento (desde el coche) de una ciudad de signos, y a la resistencia arquitectónica a las nuevas configuraciones, tanto léxicas como sintácticas, producidas por la expansión irregular.

Con Rossi y Venturi/Scott Brown, la arquitectura se reestructura drásticamente y se desplaza el objeto del deseo arquitectónico. Lo que desean los arquitectos a mediados de los años sesenta es no sólo el repertorio de formas y configuraciones dado por una fantasía arquitectónica urbana totalizadora. El deseo ahora es producir la articulación del *eje diacrónico de la arquitectura* –el espacio cerrado de la aptitud arquitectónica que constituye un desafío al «desorden formal» de la ciudad, arquitectura como «alto arte»– con el *eje sincrónico de la ciudad*, esa dimensión cultural que incluye hoy al «arte bajo» de las construcciones urbanas, del promotor y de la cultura de masas, que desafía y abre los límites de lo arquitectónico. Ese deseo estaba presente desde Alberti, cuando describía al arquitecto como alguien que necesita poseer no solamente conocimientos arquitectónicos específicos, sino también conocimientos sobre diversas prácticas culturales. La imposibilidad

---

[28] Esos arquitectos producen evidentemente opacidad al lector arquitectónico en lo que concierne a la expresión, puesto que introducen configuraciones no arquitectónicas como si pertenecieran al «léxico» arquitectónico. Estoy usando los términos expresión y contenido siguiendo el modelo del signo de Louis Hjelmslev. Ver Louis Hjelmslev, *Prolegomena to a Theory of Language*, Madison, Univ. of Wisconsin Press, 1961 (trad. cast.: *Prolegómenos a una teoría del lenguaje*, Madrid, Gredos, 1980).

[29] Rossi y Scott Brown/Venturi reflejan en su trabajo lo que Jacques Derrida llamaba la «ansiedad por el lenguaje y la cuestión del signo» que caracterizó a los años sesenta. Derrida se refiere de forma especial al estructuralismo francés y en general al «pensamiento en todas sus esferas». Jacques Derrida, «Force et Signification» en *L'Écriture et la Différence*, París, Seuil, 1967 (trad. cast.: "Fuerza y Significación", en *La Escritura y la Diferencia*, Barcelona, Anthropos, 1989, p. 9).

[30] Podría decirse que, indirectamente, la arquitectura de la ciudad es un enfoque radical de la cuestión de la ciudad europea mediante una lectura de la ciudad americana. La versión original y sus traducciones europeas eluden la cuestión. Sin embargo, con su traducción inglesa, Rossi reconoce el libro como efecto de la mirada de la ciudad americana.

[31] Hay una fuerte conexión entre el lector de la arquitectura de la ciudad en Rossi y la concepción surrealista del artista como «testigo agonizante» (André Bréton en *Nadja*, París, Gallimard, 1928 -trad. cast.: Madrid, Cátedra, 1997-), y «observador sorprendido» (Giorgio de Chirico en "Meditations of a Painter", en *Theories of Modern Art*, Los Angeles, Univ. of California Press, 1968, pp. 397-401). Ver la lectura de Hal Foster del surrealismo en *Compulsive Beauty*, Cambridge, Mass., The MIT Press, 1993. Los entrecomillados son míos.

[32] También anula la idea de escala, y por tanto una serie de reglas de conveniencia.

[33] La relación no causal entre forma y función que se hace evidente en el largo plazo de los «hechos urbanos», en contraposición con la arquitectura, en la que el plazo corto procura la ilusión de una causa.

164

de materializar ese deseo de articulación entre la arquitectura y las otras prácticas culturales –de un «equilibrio» entre ellas, debido a las diversas especificidades y desarrollos históricos, y en última instancia al antagonismo entre los dos ejes, el hecho de que la articulación vaya a fracasar siempre, en definitiva– sustenta a la ciudad como objeto de deseo. El *eje diacrónico* es el espacio en el que tienen lugar los retornos históricos, aun cuando aparecen como ruptura.[34] La articulación posmoderna que tiene lugar en los años sesenta con Rossi y Venturi/Scott Brown produce un retorno histórico que no implica necesariamente una repetición literal, sino más bien el establecimiento del terreno en el que «vuelve a desplegarse la invención formal, en el que se resignifica el motivo social y en el que se reinvierte el capital cultural».[35] Mientras intenta articularse en el campo urbano, la arquitectura produce y desarrolla nuevas formas, no sólo las ya conocidas de sus propias formas arquitectónicas «locales», sino también formas marginales mediante las que se oponen y/o perturban a las formas dominantes.[36]

## Lecturas arquitectónicas del texto urbano

La mutación X-urbana de la ciudad norteamericana de los años ochenta y noventa presenta nuevas dificultades para la articulación entre arquitectura y ciudad. Pero abre también nuevas oportunidades, y no sólo de que se dé una *relación* entre la ciudad y la arquitectura en la que la ciudad permanece igual mientras la arquitectura se transforma en un intento de homenajear a la ciudad X-urbana, de modo similar a como homenajeó Venturi a la ciudad suburbana. La actual coyuntura urbana presenta también oportunidades de que se dé una *articulación*, es decir, el desarrollo de una forma de arquitectura urbana resistente políticamente que se transforma mientras cuestiona –y transforma– el status quo de un sistema comprometido sólo con el beneficio.

La estrategia que se presenta aquí apunta en esa dirección. Trata de «radicalizar» la reestructuración de la arquitectura llevada a cabo durante los años sesenta, en particular la lectura de la ciudad, no simplemente desviando la mirada a los edificios urbanos no arquitectónicos, sino desplazando la mirada al *plano*, abriendo un proceso de autonomía relativa como investigación de espacios alternativos de intervención y la producción de configuraciones alternativas. Ese proceso cambia nuestra forma de leer la ciudad en un primer momento, en un

esfuerzo por cambiar la ciudad. Es un *proceso que abre el despliegue de una forma* congelada por la ciudad global del capital y también por una arquitectura inhibida por el peso enorme de la arquitectura moderna, un *despliegue de forma* en el que *forma* no es únicamente los contornos que se perciben de la configuración física de la ciudad, sino una *construcción textual* (visual-discursiva).[37]

La metáfora textual revela nuevas cuestiones acerca de la ciudad, la arquitectura y la problemática de su articulación.[38] ¿Qué es la ciudad si puede representarse por un *texto*? Y ¿qué tipo de *texto* es la *ciudad*? La metáfora textual revela la cuestión de la ciudad como memoria (de su gente), es decir, de la ciudad como registro tanto de trazas permanentes como de la posibilidad de borrarlas. La ciudad, no como otra forma más de escritura (pues la propia escritura es un suplemento de la memoria), o como un suplemento de otros textos culturales, sino más concretamente como *mecanismo escritor*, de modo parecido al *bloc de notas mágico*,[39] el modelo topográfico construido por Freud como articulación entre la escritura y el inconsciente. El desplazamiento de ese modelo «topográfico» al texto urbano permite dar cuenta de los requisitos simultáneos y contradictorios de permanencia y borrado que caracterizan a la ciudad. Lo que justifica ese desplazamiento es que, a un nivel, en la ciudad nos enfrentamos a edificios y espacios que están siempre abiertos al cambio, a un nivel que tiene una capacidad ilimitada de transformarse. A otro nivel, nos enfrentamos también al plano urbano, que puede verse como el terreno en el que las trazas se graban y retienen indefinidamente mientras cambia todo lo demás.[40] Pero existe también un tercer nivel, un nivel de fuerzas sociales y culturales, de prácticas e instituciones, que concilia a los otros dos, que hace posible la realización del edificio individual sobre suelo colectivo, que hace posible la transformación del tiempo en espacio, de la historia en geografía. La ciudad como objeto del deseo arquitectónico es la que encarna los dos niveles contradictorios y su posible reconciliación.[41] No hay lugar para la arquitectura ni en la ciudad de la memoria (que sería una ciudad muerta, un museo, una representación congelada, y donde no es posible la articulación), ni en la ciudad de cambio constante en la que nada permanece.

---

[34] No debemos olvidar que un retorno histórico era algo constitutivo de la práctica de la propia arquitectura.

[35] Foster, *Compulsive Beauty*, op. cit.

[36] La articulación del Campus Martius de Piranesi, en el que las fuerzas urbanas subvierten una forma arquitectónica, con Foley Square en Manhattan, o los proyectos lineales de Le Corbusier para las ciudades latinoamericanas de finales de los años 20, o el Wilshire Boulevard de Los Angeles como ejemplos de esa estrategia.

[37] Gandelsonas, M., *The Urban Text*, Cambridge, Mass., The M.I.T. Press, 1991.

[38] Además de revelar cuestiones, la metáfora textual, como toda metáfora, cierra el discurso orientándolo y fijando los «resultados» de la investigación. En este caso, la metáfora textual desempeña un papel estratégico en nuestra búsqueda de la articulación entre ciudad y arquitectura, pues ello conduce a la cuestión de la lectura y a nuestro modo táctico de leer la ciudad (los dibujos urbanos).

[39] Jacques Derrida, «Freud y la escena de la escritura», en *La Escritura y la Diferencia*, op. cit., p. 271.

[40] El monumento, que «representa» como edificio la inmutabilidad del plano, ha sido tradicionalmente el lugar preferido para articular una arquitectura escritora con la ciudad.

[41] La ciudad, como objeto de la arquitectura, es siempre una reescritura de una ciudad anterior.

De hecho, esos extremos designan los límites de las diversas condiciones impuestas por las «superficies escritoras» de diversas ciudades: mientras la ciudad europea es menos borrable en lo que respecta a los edificios, ha sufrido grandes cambios en su plano, que se supone es lo más resistente al cambio; los edificios de la ciudad norteamericana han sido eliminados muchas veces a lo largo del tiempo, mientras que su plano resiste al cambio. *Es en el espacio donde esos dos niveles se reconcilian donde la arquitectura encuentra el lugar de su articulación con la ciudad, el lugar en el que la arquitectura puede producir cambios que graben trazas permanentes en la esfera urbana.*

Mientras la ciudad presenta diversas capas de registro, la arquitectura añade capas de significado a la ciudad con su propio *mecanismo de lectura*. El *mecanismo de escritura* urbano ofrece un texto en el que un amplio abanico de estrategias de lectura arquitectónica «encuentran», o, mejor dicho, construyen su objeto. La transcripción y el borrado son los dos límites que determinan un espectro de reescritura que empieza con la reproducción del texto (conservación histórica) y termina con su supresión (tábula rasa). Esos dos extremos son los límites donde una diversidad de estrategias y tácticas definen el mecanismo de lectura.[42] Esa extraña confrontación entre la *lectura de la arquitectura* y la *escritura urbana* genera el *espacio de articulación*, un espacio en el que la ciudad resiste al deseo de la arquitectura de transformarla y en el que la arquitectura insiste en su transformación. Este mismo libro representa otro ejemplo de esa insistencia.[43]

El mecanismo de lectura arquitectónica es una construcción histórica, constantemente reestructurada por diferentes regímenes ópticos. Lo describió por primera vez Alberti como «estar frente al edificio» como unas matemáticas de sumas y restas imaginarias, pero también transformaciones, que en ese momento de la historia no distinguen la diferencia entre la realidad del *edificio* y su *representación*.[44] Hay otra noción de lectura en los *Cuatro libros de Arquitectura*, de Andrea Palladio.[45] Con esa publicación de sus diseños (en contraposición a la representación de los edificios), Palladio muestra el efecto del régimen óptico instaurado por la cámara oscura que separa al *edificio* de su *proyección*.[46] El mismo efecto se evidencia en los dibujos ficticios de Giovanni Battista Piranesi para el Campo Martius, en los que se reafirma no solamente la diferencia entre dibujo y edificio, sino también la *autonomía* del dibujo. Con la modernidad del siglo XX, y de manera especial con Le Corbusier, termina la identificación entre *percepción* y *objeto*, y la propia percepción se convierte en objeto del mecanismo de lectura. Según Le Corbusier, la arquitectura debería ocuparse únicamente de lo que es accesible a la vista. El mecanismo de lectura construye su objeto como estructura sistemática de oposiciones que organiza el movimiento en una secuencia impulsada por la percepción del primer plano contra el fondo, de las sombras contra la luz, de lo vertical contra lo horizontal, etc.[47]

¿Cuál es el objeto del mecanismo de lectura que funciona en los dibujos urbanos presentados en este texto?[48] La cuestión del *deseo*, es decir, la cuestión del «inconsciente urbano» en el proceso de *articulación de la arquitectura con la ciudad*. El proceso de lectura que se desgaja del modelo perceptual moderno, aún omnipresente y determinante en la mayor parte de las lecturas contemporáneas, se produce a dos niveles. Al primer nivel se accede mediante un *análisis diferencial* basado en el plano, que se considera parte del aparato arquitectónico.[49] Esta observación del plano urbano radicaliza la tímida proyección moderna del plano *urbano* en contraposición a la visión moderna del plano *arquitectónico* como campo de batalla en el que se despliega y combate el antagonismo entre las «ideas preexistentes» y la *intention motrice*. Se aborda el plano con una multiplicidad de estrategias de lectura que van desde la

---

[42] Esa diversidad entra en resonancia con las dimensiones de la permanencia y cambio que definen el mecanismo de escritura urbano.

[43] La confrontación normalmente no logra producir una articulación. Por ejemplo, aunque los dibujos urbanos del siglo XVIII desempeñaron un papel interno importante en la práctica de la arquitectura, por su alteración del lenguaje y la reestructuración de la práctica como respuesta a la nueva ciudad del capitalismo del siglo XIX, no tuvieron un efecto inmediato en aquella ciudad. De modo simétrico, aunque los diseños del siglo XIX desempeñaron un papel importante, exterior a la práctica de la arquitectura en la reestructuración de las capitales europeas, representan el aspecto conservador de la arquitectura en comparación con la obra arquitectónica contemporánea producida no sólo por arquitectos, sino por ingenieros que investigaban el potencial de las nuevas tecnologías y programas.

[44] «... tras la contemplación de construcciones obra de otras personas, revisamos y consideramos *in situ* sus dimensiones una por una, en la medida de las fuerzas de nuestra inteligencia, nos preguntamos qué puede quitarse, añadirse o modificarse...». L.B. Alberti, *De re aedificatoria* (op. cit.), p. 59.

[45] Andrea Palladio, *I Quattro Libri dell'architettura*, Venecia, 1570 (trad. cast.: *Los Cuatro libros de Arquitectura*, Madrid, 1797, o Barcelona, Alta Fulla, 1987).

[46] Sin embargo, los comentarios revelan que la atención del mecanismo se centra en los actores y en sus acciones, y no en la configuración del escenario arquitectónico.

[47] La descripción de la Casa del Noce de Pompeya muestra el mecanismo moderno en funcionamiento. Le Corbusier escribió: «También el pequeño vestíbulo que arrebata de vuestro espíritu la calle. Y os veis en el Caveidium (*atrium*); cuatro columnas en el centro (cuatro cilindros) [...] pero en el fondo, el resplandor del jardín visto a través del peristilo que expone con un gesto amplio esta luz [...] Entre ambos, el *tablium* encerrando esta visión como la lente de un aparato. A derecha e izquierda, dos espacios de sombra (...) se ha entrado en casa de un *romano*.» Le Corbusier, *Vers une architecture*, París: G. Crès et Cie, 1923 (trad. cast.: *Hacia una arquitectura*, Buenos Aires, Poseidón, 1964, pp. 148-149). El texto está organizado simbólicamente mediante una secuencia de oposiciones interrelacionadas: pequeño/grande, privado/público, horizontal/vertical, luz/sombra, frontal/trasero, interior/exterior, etc.

[48] [N. de t.: El autor se refiere a los dibujos de su libro *X-urbanism*, al que pertenece este texto, y que aquí no se acompañan.]

[49] El plano nos interpela, de modo parecido a como se seleccionaba el *ready-made* atrayendo la atención del artista.

*determinación* arquitectónica insinuada por la noción moderna del «plano como generador» hasta la *contingencia* pura encarnada en la ciudad americana, en la que el plano juega con o contra las secciones arquitectónicas que lo reescriben.

En este primer nivel de lectura, el *plano* -una sección bidimensional que atraviesa la ciudad vista como sólidos y vacíos que elimina las imágenes familiares de la dimensión vertical y su percepción secuenciada en el tiempo- se *enmarca* por parte del mecanismo de lectura que da entrada al texto urbano, cortando, fracturando la superficie perceptual ilimitada de la ciudad X-urbana. ¿Cómo se establece el *marco*? Gravitando hacia las zonas de «densidad textual», las áreas del campo urbano que presentan la máxima intensidad de tensión entre permanencia y cambio en las que dos o más capas de reescritura han dejado rastros indelebles. Dentro de ese marco, los dibujos analíti-

cos recalcan de modo gráfico los elementos del plano que se desvían de la *cuadrícula neutra*. Por ejemplo, fragmentan (Nueva York) y decapan el plano (Boston) y el tejido (New Haven) para describir los modos de coexistencia de múltiples configuraciones cuadriculadas y no cuadriculadas (Des Moines). Examinan las discontinuidades de la cuadrícula (Atlantic City). Reintroducen y deslaminan la cuadrícula en sus direcciones constituyentes (Chicago). La dimensión vertical dada por los edificios complementa y/o suplementa ese análisis en los casos en que desempeña un papel significativo,[50] por ejemplo en la representación de las transformaciones tipológicas del Wilshire Boulevard de Los Angeles.

---

[50] Los dibujos no siempre proporcionan una representación «realista» de sólidos y vacíos. De hecho, las más de las veces representan sólidos como vacíos y vacíos como sólidos.

La lectura del *segundo nivel* está guiada por una *atención flotante*. Aquí, a diferencia del primer nivel, la lectura va a la deriva y avanza sin conocer, determinando de forma retroactiva la definición del marco.[51] Ese plano enmarcado como un *campo* de acontecimientos, moviliza un «medio deseo» del orden del «gustar y no un "deseo pleno" del orden del amar» movilizado por el *síntoma*.[52] Los *síntomas* aparecen como desórdenes del plano (anomalías que trastornan el orden) y del discurso (no pueden etiquetarse dentro del discurso arquitectónico, hay que darles un nombre). Mientras que la construcción del primer nivel presupone una inversión consciente en el campo, los síntomas que salpican el campo suben hacia nosotros para entrar en nuestro inconsciente. Los dibujos urbanos son resultado de esa lectura sintomática en la que la mirada del arquitecto se enfrenta a los fallos, a los «lapsus» del texto urbano,[53] que socavan la superficie del primer nivel levantando las barreras arquitectónicas que bloquean el acceso a otras lecturas.[54] Tomar el plano como punto de partida de los dibujos urbanos como *ready-made*, establece un vínculo con las operaciones realizadas por Max Ernst en lo que la crítica Rosalind Krauss llama sus «sobrepinturas». Especialmente en *Master Bedroom* de Max Ernst, «el mecanismo del bloc de notas mágico encuentra su análogo en la hoja inferior de una lámina (*ready-made*) de representaciones gráficas [...] mientras que la hoja superior aparece en la cubierta en perspectiva producida al pintar por encima en aguada».[55] En los dibujos urbanos la hoja inferior es el plano urbano, y en lugar de producirse un sobrepintado, un proceso de borrado –manual o electrónico, como en los dibujos por ordenador de Chicago y Des Moines– deslamina el plano para crear capas que pueden superponerse en diversas combinaciones para producir secuencias de dibujos. Los dibujos están escritos como un diálogo entre dos discursos, el plano *ready-made* que hace de trasfondo sobre el que se inscribe la escritura arquitectónica. La atención flotante fluctúa entre la descripción y la reescritura (o escritura subordinada a la lectura, o lectura como escritura), difuminando sus diferencias. Es un proceso en el que la arquitectura *y* la ciudad

ocupan e intercambian las posiciones de analista y analizando (la persona que está siendo analizada), alternancia en la que cada práctica atraviesa la «otra» superficie discursiva, en la que la arquitectura atraviesa el discurso urbano, en la que la ciudad atraviesa el discurso arquitectónico.

## Reescribiendo la ciudad

La voluntad de reescribir la ciudad no es el deseo arquitectónico de escribir la ciudad; es la única salida del deseo.[56] Es la salida del cierre definido por la relación histórica entre arquitectura y ciudad, un cierre representado hoy en la oposición entre vanguardismo y tradicionalismo, entre el compromiso arquitectónico apolítico con el fetichismo objetual y la imposibilidad de un urbanismo que se aferra al pasado como forma de obstruir el futuro.[57] «Se refiere tanto a la libertad» (la posibilidad de inventar una nueva articulación entre ciudad y arquitectura) «como al deber»[58] (la necesidad de atravesar la ciudad si vamos a ocuparnos de su supresión histórica mediante la fantasía arquitectónica), y no a la afectividad del deseo.[59]

El desplazamiento del escenario de la lectura como momento en que comienza el proceso de reescritura arquitectónica –en el que el objetivo de leer la ciudad no es lograr una representación exacta, sino comenzar el proceso de forjar una ciudad nueva– abre nuevas incógnitas acerca del escenario de la escritura, acerca de su localización histórica, acerca de la necesidad de construir un nuevo lugar. El primer lugar urbano arquitectónico de la ciudad americana son los planos de fundación, un depósito en expansión constante de configuraciones urbanas, modelado originalmente por los europeos siguiendo planos arquitectónicos para la ciudad colonial. El segundo lugar, a principios del siglo XX, es el plano de la ciudad, cuya finalidad es reestructurar y/o regular el crecimiento urbano. En ese segundo momento que culmina con el movimiento *City Beautiful*, desde el Plan Burnham de Chicago (1908) hasta el Plan regional para Nueva York (1929), la iniciativa procede de la arquitectura, que intenta agresivamente y logra parcialmente reestructurar la ciudad. El tercer momento representa el punto de partida de la contracción continuada del lugar. La reacción de los planificadores de los años cincuenta contra la conside-

[51] Sólo reconocemos la lógica que funciona en la definición del marco cuando leemos el segundo nivel.

[52] Roland Barthes, *La chambre claire*, París, Cahiers du Cinéma/Gallimard/Seuil, 1980 (trad. cast.: *La Cámara lúcida: nota sobre la fotografía*, Barcelona, Paidós, 1990, p. 66).

[53] «...debe ser ante todo sensible a las rupturas, esto es, a las zonas fronterizas. Debe prestar atención al momento en que los techos cambian de forma [...] indagar la divergencia, los contrastes, las rupturas, las fronteras...». Braudel, F., *L'Identité de la France*, París, Arthaud/Flammarion, 1986 (trad. cast.: *La identidad de Francia*, Barcelona, Gedisa, 1993, v. 1, p. 47). Esos episodios son la expresión de la fuerza residual de la ciudad que no puede silenciarse mediante la geometría de la cuadrícula.

[54] ¿Dónde tienen lugar esos fallos? En los márgenes donde colisionan las cuadrículas, y dentro de la cuadrícula, cuando se enfrenta a la fuerza de registros previos (historia y geografía) que no pueden borrarse completamente de la cuadrícula.

[55] Krauss, R., *The Optical Unconscious*, Cambridge, Mass. y Londres, The M.I.T. Press, 1993 (trad. cast.: *El inconsciente óptico*, Madrid, Tecnos, 1997, p. 64).

[56] Es tal vez «una salida a la que sólo se puede apuntar, sin la seguridad de que vaya a estar fuera de la afectividad del deseo», Derrida, «Fuerza y Significación», op. cit.

[57] Me refiero a los proyectos que hacen una tábula rasa cultural y formal como «plano» de partida, así como al «nuevo urbanismo» representado por Seaside y proyectos semejantes, incluida la ciudad Celebration de Disney.

[58] Derrida, «Fuerza y Significación», op. cit.

[59] Esa decisión de reescribir la ciudad es también diferente de la reescritura urbana, es decir, el mecanismo económico-político accionado en los procesos urbanos en los que cada ciudad reescribe la ciudad anterior.

ración de la ciudad como objeto arquitectónico y el énfasis que pusieron en el proceso altera espectacularmente la situación, en cuanto al escenario y actores se refiere. En nombre del «proceso», se considera que las actividades son la fuerza urbana dominante que niega la autonomía relativa de la configuración y la posibilidad de una articulación arquitectura-ciudad, cerrando el escenario a la arquitectura y abriéndolo a la planificación económico-política. La posición de espectador adoptada por los arquitectos (como espectadores conformes o críticos) que abandonan las intervenciones urbanas activas que caracterizaron el periodo anterior sobredetermina la falta de impacto de sus proyectos.

Para construir un nuevo lugar arquitectónico en la ciudad X-urbana, será necesario un cambio en el espacio ocupado ahora por el Plan General, el instrumento legal que se ocupa de los procesos funcionales y físicos a largo plazo que determinan la configuración de una ciudad. El papel del Plan General es regular esos procesos, pero también llenar un vacío, disfrazar la ausencia de arquitectura.[60] Las formas determinadas por sus regulaciones (que son respuestas a preguntas socioeconómi-co-políticas) en el lugar de la arquitectura hacen el vacío invisible y oscurecen el hecho de que la forma arquitectónica está ausente.

Desde el momento inicial en que tienen lugar las decisiones acerca de la configuración urbana, el desplazamiento del Plan General abre un espacio en el que la arquitectura podría desempeñar un papel activo en su compromiso con la ciudad X-urbana. El Plan Visión de Des Moines, por ejemplo, representa una estrategia posible para construir un lugar en ese espacio.[61] Ese Plan Visión designa un proceso de lectura y reescritura que abandona el discurso y práctica tradicional del urbanismo, la escala del objeto arquitectónico constructivo, sus estrategias formales y simbólicas, los principios de unidad, continuidad y homogeneidad, y comienza la construcción de un nuevo imaginario en el que las repercusiones cultural-estéticas de la forma urbana se articulan con los procesos de reestructuración contemporánea de la ciudad global.[62]

Cada uno de los lugares –el plano de fundación cuadriculado, el movimiento *City Beautiful*, la noción que tiene el planificador del proceso como crítica y la ciudad concebida como objeto– ofrecieron nuevas oportunidades que ensancharon las posibilidades de una articulación con la arquitectura y expandieron el juego urbano en direcciones variadas e incluso contrapuestas. El lugar construido en el escenario de la lectura se enfrenta a un pasado como fuente de «sugerencias acerca de cómo hacer que el futuro sea diferente».[63] La lectura de la ciudad implica no conservación y protección, sino reescritura como «disonancia a resolver con armonías jamás escuchadas».[64]

---

[60] Mario Gandelsonas, «The Master Plan as a Political Site», *Assemblage 27*, Cambridge, Mass., The MIT Press, 1996.

[61] Ver «The Des Moines Vision Plan» en: Agrest y Gandelsonas, *Works*, Nueva York, Princeton Arch. Press, 1995.

[62] ¿Por qué habrían de abrirse las ciudades a la arquitectura? A nivel cultural, debido a la búsqueda creciente de identidad urbana local (como contrapeso a la globalización); a nivel económico, porque la configuración visual de la ciudad se está convirtiendo en un activo en su competencia por atraer el turismo; a nivel político, debido a las posibilidades de consenso relacionadas con un sentimiento de orgullo local. La relación entre dibujos, construcción identitaria y turismo proporciona un fuerte argumento a favor de la reestructuración del concepto de Plan General, incorporando un primer momento de Planificación de la Visión que proporciona las condiciones formales para que se de la reescritura radical de la ciudad.

---

[63] Richard Rorty, *Achieving Our Country*, Cambridge, Mass., Harvard University Press, 1998 (trad. cast.: *Forjar nuestro país: el pensamiento de izquierdas en los Estados Unidos del siglo XX*, Barcelona, Paidós, 1999).

[64] *Ibíd.*

Giuseppe Dematteis es profesor de Geografía Urbana y Regional en la Facultad de Arquitectura del Politécnico de Turín. Investigador de la teoría, métodos y políticas de las ciencias del territorio, es miembro de destacadas instituciones y comités científicos dedicados a los estudios geográficos y ensayista prolífico. Entre su rica aportación cabe destacar *Le metafore della Terra. La geografia umana tra mito e scienza* (1985), y *Progetto implicito. Il contributo della geografia umana alle scienze del territorio* (1995), como obras fundamentales en el panorama científico del cuarto final del siglo XX.

Su atención a los fenómenos urbanos y territoriales como productos de una interrelación de redes de fuerte identidad en un contexto de globalización le ha ocupado en los últimos años, encontrándose entre sus más recientes aportaciones la presentada en Cortona, en diciembre de 1998, en el marco del congreso *"I futuri della città"*, que se presenta aquí como pieza destacada de su original visión teórica de gran potencia y proyección.

© Pilar Soberón, ARTELEKU

171

# EN LA ENCRUCIJADA DE LA TERRITORIALIDAD URBANA*

Giuseppe Dematteis

## Las descripciones cambian la ciudad

En la actualidad, en muchos estudios urbanos de orientación analítica las nuevas formas emergentes de la ciudad y las futuras aún vienen tratadas como si fueran fenómenos naturales que un espectador externo describe (documenta, conceptualiza, modela, prevé) sobre la base de observaciones objetivas. Una aproximación como ésta se podría justificar solo imaginando que existen fuerzas externas (tanto al observador como a la ciudad) que forjan la realidad urbana física y social. Según algunos (por ejemplo, los partidarios del "pensamiento único" y varios de sus más torpes opositores), estas fuerzas serían las de la globalización, es decir el conjunto de los procesos tecnológicos y económico-financieros pensados como un sistema autónomo que controla de un modo determinista todos los otros sistemas socioterritoriales, incluida la ciudad.

Esta me parece una representación poco probable de lo que en realidad sucede. Cualquiera puede darse cuenta fácilmente de que la descripción del mundo y de sus cambios no es algo que pueda situarse antes del cambio (realizada por un sistema de control externo), ni después de éste (realizada por científicos), sino que por el contrario forma parte del cambio mismo. Nadie puede negar que describir y prever las transformaciones urbanas sea una acción *preformativa*, que contribuye a orientarlas en ciertas direcciones. No pudiendo haber una descripción exhaustiva, describir significa seleccionar según ciertos criterios de pertinencia, que más o menos conscientemente, corresponden a los motivos por los cuales se describe (Sen, 1986; Woodward, 1992).

Todo esto, ya ampliamente aceptado en el plano epistemológico, es sin embargo frecuentemente olvidado en nuestra práctica habitual. Incluso a aquellos dispuestos a reconocer en abstracto la validez de estos principios les cuesta después (comenzando por quien escribe) traducirlos en una práctica de investigación coherente y eficaz, ya sea porque no es posible

* Publicado bajo el título "Sul crocevia della territorialità urbana", en: Dematteis, G. et al., *I futuri della città. Tesi a confronto*, Milán, Franco Angeli, 1999.

apartarse del todo de los paradigmas dominantes, o bien, porque se ha desarrollado todavía muy poco el conocimiento de este tipo.

## El territorio cambia la sociedad

Desde un cierto punto de vista resulta evidente -como llegó a escribir muchos años atrás H. Lefèbvre- que la ciudad es la sociedad trazada sobre el suelo, pero a mi modo de ver es todavía más evidente lo contrario, es decir, que la sociedad es la idealización de lo que pasa en el territorio.

Así como la descripción no sigue al cambio, sino que participa en su producción, del mismo modo creo que las transformaciones territoriales urbanas no son la consecuencia de cambios que suceden *antes*, en un hipotético sistema socio-político-económico separado del territorio y que *sucesivamente*, en modo más o menos determinista, modelan el espacio urbano y territorial o simplemente se dibujan sobre éste. Si así fuera, la descripción de la ciudad y de sus transformaciones sería una operación prácticamente inútil en el plano científico, en la medida que trataría solo las apariencias superficiales de fenómenos sustanciales de los que sociólogos y economistas hubieran dado ya una explicación exhaustiva. Por este mismo motivo la planificación se reduciría a ser solamente una "ciencia aplicada", con el limitado cometido de decidir, para cada ciudad y territorio, cuál es la forma espacial más conveniente al funcionamiento de una sociedad y de una economía ya completamente decididas en otro lugar.

Todos sabemos que no es así, aunque la mayor parte de los economistas y muchos sociólogos, politólogos y juristas razonen como si así fuera. Para afirmar su dominio disciplinar sobre la realidad social completa, estos estudiosos consideran las formas territoriales como variables dependientes de procesos que se desarrollan y se deciden únicamente en la esfera de relaciones abstractas, que sus paradigmas disciplinares seleccionan por motivos de operatividad científica, pero que después adquieren la trascendencia ontológica de las ideas platónicas y se convierten en la única clave interpretativa de lo real.

Tal vez es también a causa de este ocultamiento del territorio por parte de las disciplinas dominantes que los intereses y las puestas en juego territoriales son desde siempre una de las componentes más opacas de la política: instrumentos velados de explotación y opresión, substrato fértil de ilegalidad y de criminalidad organizada.

Remontándose a una distinta versión de las cosas, que en los últimos siglos va de Spinoza a Deleuze, pasando por Marx,

Merleau Ponty, Foucault y aun otros, podemos en cambio asumir la hipótesis opuesta: que nada se piensa, se hace, ni se cambia si no es a través de la materialidad de los lugares y de sus propiedades, porque a través de éstas -de las cosas ligadas al suelo- pasan necesariamente (aunque no en modo determinista) todas las relaciones sociales y sus representaciones conceptuales (Deleuze y Guattari, 1991).

## La importancia de operar sobre la territorialidad

Si llamamos *territorialidad* a la mediación simbólica, cognoscitiva y práctica que la materialidad de los lugares ejerce sobre el comportamiento social (Raffestin, 1981; Turco, 1998), debemos concluir que geógrafos, urbanistas, proyectistas urbanos y planificadores, por el hecho de ocuparse esencialmente de la territorialidad, se sitúan en una posición cognoscitiva y operativamente estratégica. Redescribiendo los lugares ellos contribuyen a cambiar la sociedad, proyectando la transformación física de los lugares ellos reconceptualizan y reestructuran las relaciones sociales, fijan los órdenes locales de ellas en los planes.

Hemos de especificar que la territorialidad de la cual se habla no es solo la estudiada por los etólogos, que examina la demarcación y el control del territorio, es decir, las funciones fundamentales comunes tanto a la sociedad animal como a la humana (Sack, 1986, Agnew, 1987; Mazza, 1998). Dichas funciones, aunque realizadas en modos distintos, son reconducibles en todos los casos a juegos de suma cero, es decir, a prácticas de exclusión y de limitación en el uso del territorio. Aquí, por el contrario, se hace referencia a esa territorialidad *en positivo*, que consiste en valorar las condiciones y los recursos potenciales de los diversos contextos territoriales (*milieu*) en procesos de desarrollo y recalificación, por lo general conflictivos, pero también susceptibles de ser compartidos y participados precisamente gracias a los recursos adicionales que este tipo de territorialidad activa permite crear durante el proceso (Gatti, 1990; Magnaghi, 1998).

Esta última perspectiva es la que caracteriza el cambio de dirección más reciente y significativo de las ciencias territoriales y de la urbanística en particular, de ciencias principalmente dirigidas a la producción de *planes* -es decir, indicaciones y normas orientadas a fijar las reglas de uso de los recursos disponibles (territorialidad del primer tipo)- a ciencias y técnicas de las *políticas territoriales*, o sea, de procesos interactivos que promueven y regulan la creación y el incremento de los valores urbanos (territorialidad del segundo tipo). En estos procesos los planes representan solo momentos e instrumentos particulares. No profundizo en esta problemática, ampliamente desarrollada por E. Scandurra (1999). De cualquier modo me parece que en el gobierno de la territorialidad los planes tienden hoy a ser considerados menos decisivos que en el pasado (Healey, 1997).

Creo que si la urbanística quiere mantener la propia identidad, y más aún, reforzar su capacidad de elaboración conceptual autónoma en la delicada fase de tránsito desde la centralidad del plan a la de las políticas, deberá, cada vez más, tomar conciencia de que aquello que la distingue de otros conocimientos y técnicas sociales es el hecho de *operar sobre la territorialidad*. Este es en mi opinión su "valor de posición" y también su "ventaja competitiva" (que en el plano del conocimiento comparte con la geografía): el hecho de asomarse sobre una encrucijada (la de la territorialidad) por donde todo el comportamiento social está obligado a pasar.

La práctica de geógrafos, urbanistas y planificadores ha sido siempre la de operar sobre la territorialidad, mientras que la conciencia de este obrar ha variado en el tiempo. Después de un eclipse parcial debido al cientificismo del siglo XIX y al funcionalismo más reciente, hemos asistido durante los años setenta y ochenta a una recuperación reflexiva, que en el interior de nuestras disciplinas ha producido crisis, por ahora, sobre todo de identidad, mientras hacia el exterior no ha dado, hasta hoy, resultados muy visibles.

Creo que debemos tener en cuenta este hecho, es decir, que los "otros" nos ven aún como aquellos que se limitan a estudiar y planificar la adecuación técnica -formal y funcional- de la ciudad a cambios que tienen lugar en otras esferas, mientras la confrontación con las nuevas realidades urbanas nos obliga, por el contrario, a afrontar problemas de la territorialidad en el sentido más amplio, anteriormente especificado.

Esto no significa que los aspectos físicos y técnicos sean poco importantes. Pensar que pueda existir una geografía humana separada de la física o una urbanística de las relaciones políticas y sociales separada de la técnica y de la misma ingeniería equivaldría a reproducir en nuestro interior el exceso de idealismo abstracto que reprochamos a las ciencias sociales puras. La mediación territorial de las relaciones sociales -como bien subrayan B. Secchi y F. Indovina (1999)- no solo es técnica, sino que requiere conocimientos tecnológicos hoy cada vez más sofisticados, incluso (y aún más) cuando se habla de "relaciones inmateriales". Si tomamos como ejemplo las telecomunicaciones, esta presunta inmaterialidad no solo comporta masivas inversiones infraestructurales, sino que además alimenta el más grande negocio de la historia, bien por la facturación del sector, o bien, porque de éste dependen buena parte de las relaciones entre local y global sobre las cuales se juegan

los destinos de los territorios y sobre las que se encuentra hoy operando la urbanística.

## ¿Cómo podemos hablar de futuro si sabemos tan poco de las muchas territorialidades urbanas?

Pensar el territorio como medio de las dinámicas de socialización equivale a decir que la territorialidad es un fenómeno, en su esencia, social. Esta examina, sí, los individuos singulares, pero en cuanto componentes de grupos. ¿Qué grupos? Hoy, ante todo, la humanidad entera como conjunto interactivo de los habitantes del territorio-planeta. Sin embargo, entre este nivel global y el de los individuos singulares, las relaciones sociales mediadas por el territorio se articulan en agregados intermedios de distinto nivel territorial. Dicha articulación es territorial en el sentido que está en relación con la variación de las propiedades de los lugares y las regiones, y esto hace posibles tantas formas de territorialidad distintas en el tiempo y en el espacio.

Las ciudades -los sistemas urbanos como quiera que sean definidos- constituyen una familia de estas entidades territoriales intermedias. Se sitúan en un nivel que, a pesar de las dimensiones de ciertas grandes aglomeraciones, creo que puede ser definido como local, en la medida que las relaciones de proximidad física siguen manteniendo aquí un papel esencial.

Como *sistemas territoriales locales,* las ciudades expresan formas de territorialidad distintas según las relaciones que sus propios sujetos tienen con el territorio que, visto como un *milieu,* es un conjunto de condiciones-vínculos-recursos potenciales ligados a la naturaleza de los lugares y a su "patrimonio", es decir, a las propiedades establemente adquiridas por éstos en el largo plazo histórico.

Como ha sido ampliamente argumentado por Francesca Governa (1999), la territorialidad no depende únicamente del *milieu* (que es un conjunto de condiciones necesarias pero no suficientes para determinar las formas locales), sino ante todo de las relaciones intersubjetivas, por las cuales el *milieu* resulta ser una conjunto de "manillas", "palancas", medios de su concretización, en un proceso coevolutivo complejo. En el centro de éste se sitúan las *redes locales* de sujetos que hacen de interfaz entre las relaciones con el resto del mundo y aquellas con el *milieu* urbano local y, a través de éste, con el ecosistema.

Lo que frecuentemente se olvida (o, en clave determinista, se enfatiza demasiado) es que son las específicas relaciones de las redes locales con el *milieu* las que dan estabilidad, límites (si bien borrosos) e identidad a las ciudades; por tanto, planes y políticas urbanas deben partir de una geografía de estas relaciones, de las racionalidades y de las características proyectuales que las activan. Es decir, de una *geografía de las territorialidades* y de las urbanas en particular, en cuanto nudos y centros de la organización espacial.

La investigación *Itaten* (Clementi, Dematteis, Palermo, 1996) ha sido, a mi modo de ver, un primer paso importante en esta dirección, que debería ser retomado y profundizado a la escala local de los sistemas urbanos singulares, afinando su metodología. También, porque la escala selecciona los sujetos, los puntos de vista pertinentes, los temas, los problemas, los datos, las representaciones y, en definitiva, los métodos y las categorías conceptuales.

Una contribución metodológica importante de Itaten ha consistido en la definición de conceptos como "cuadro morfológico-ambiental", "matrices territoriales" y, sobre todo, "ambientes de asentamiento", partiendo de los logros del posibilismo geográfico vidaliano y de los *Annales*, pero yendo más allá de la concepción de los ambientes (*milieu*) como conjuntos de condiciones *dadas*, hacia significantes operativos capaces de entender las subjetividades locales en términos de territorialidades específicas y por tanto como potencialidades de transformación. Todo esto en teoría, mientras que en la práctica en las interpretaciones regionales no ha sido fácil liberarse del peso de lo existente (es decir, del pasado), debido también a que gran parte de la documentación disponible era (y sigue siendo) la elaborada por la geografía regional tradicional, en la cual el observador asume una posición "objetiva", aparentemente externa a la de la realidad indagada (Farinelli, 1981).

Hoy, sin embargo, también la geografía cambia y salen obras como la reciente geografía política de las regiones italianas, a cargo de P. Coppola (1997). Sería por tanto deseable un esfuerzo común de geógrafos y urbanistas -tal vez junto con sociólogos y antropólogos- para desarrollar investigaciones sistemáticas sobre el terreno, dirigidas a reconocer y documentar la geografía de las territorialidades urbanas como una nueva geografía de los posibles. Esto plantea, entre otras cosas, problemas metodológicos en parte no resueltos, tal como ha planteado Francesca Governa (1999).

## Conflicto social y vínculo territorial

Los sistemas territoriales urbanos son esencialmente una construcción mental que encuentra correspondencia, antes que en una realidad existente, en una realidad proyectual. Es

decir, son imágenes mentales de redes sociales en gran parte por construir, teniendo muy presentes los principios de la territorialidad local, esto es, las posibles relaciones con los *milieu*.

La discusión actual sobre la naturaleza de las entidades territoriales locales llega a la conclusión de que las ciudades entendidas como actores colectivos son una simplificación conceptual y en todo caso, son algo que se construye (Bagnasco y Le Galès, 1997). Dicha construcción sin embargo no es banal (como sucede, por ejemplo, en el modelo de la *growth machine*), sino compleja, en el sentido de las "máquinas no banales" de Von Foerster (1985).

Si nos preguntamos acerca de los cambios de los cuales deriva la nueva ciudad emergente, tenemos que reconocer que estos se realizan en un ambiente no del todo homogéneo ni unitario, o sea, que tendencialmente las redes sociales en la ciudad, más que cerrarse y unirse entre ellas, la atraviesan en todas las direcciones, mientras los sujetos privados y públicos, individuales y colectivos que constituyen los nudos de estas redes, se caracterizan por su movilidad, multipertenencia y multi-identidad (Martinotti, 1993; Hannerz, 1996).

Esquematizando, la ciudad hoy *emergente*, se puede considerar como el resultado de un conflicto entre la ciudad *dominante*, la ciudad *resistente* y la ciudad *insurgente* -de la que habla también A. Magnaghi (1999)-, es decir, entre los sujetos y los poderes fuertes promotores de un cierto cambio, los sujetos que temen dicho cambio y aquellos que desearían un cambio distinto.

Aunque los límites entre estas dos últimas categorías son imprecisos y móviles (Castells, 1997), hay que reconocer que no existe una natural convergencia de intereses entre estos tres tipos ideales de sujetos. Lo que les une (en el conflicto y en su eventual negociación-composición) es que su comportamiento resulta siempre de algún modo (aunque no exclusivamente) *local y territorial*. Es decir, hace referencia a las territorialidades posibles de la ciudad: al modo de considerar su posición geográfica e infraestructural, al valor reconocido al ecosistema natural local, a las potencialidades de su *milieu* físico, cultural e institucional. Y en la transición posfordista esta territorialidad de los actores urbanos resulta cada vez más evidente.

Es sobre la existencia de una base territorial común donde se juega el cambio de cada ciudad en particular y, por consiguiente, el cambio global como cambio de las distintas territorialidades. Por ello la ciudad emergente no representa solo la forma (simbólica, conceptual, física, social) de los poderes fuertes que la dominan, sino que además es el resultado de resistencias e insurgencias, sin las cuales el cambio sería diferente del que históricamente es y del imaginable en el futuro.

Los componentes antagonistas tienden obviamente a ser ocultados por las representaciones hegemónicas, ya que su imagen es potencialmente preformativa. Sin embargo, éstos se colocan en el centro de la atención de quien, esté de la parte que esté, quiera entender el presente de la ciudad e imaginar su futuro. Los proyectos, los conflictos, los éxitos, los fracasos, las dificultades, los sueños son los *datos* -o indicios- que es preciso recoger sobre el terreno para obtener este conocimiento.

La urbanística, y la investigación urbana en general, debe ser parcial, no porque haya tomado partido en el conflicto, sino porque es capaz de asumir los puntos de vista de las diferentes partes sin la pretensión de componerlos en una única visión cenital en nombre de la objetividad científica o del bien común. Pero evitando también legitimar la pretensión de cada una de las partes de querer agotar la totalidad en sus propias representaciones.

### Gobernar las redes para gobernar la ciudad

Veo en las redes de sujetos (individuales y colectivos, públicos y privados, locales o no) el instrumento conceptual y operativo para gobernar la territorialidad, es decir, el conjunto de las relaciones sociedad-territorio en las distintas escalas geográficas que el fenómeno urbano puede tomar.

Creo que el gobierno de la territorialidad, tal como lo he definido antes, no puede ser otra cosa que *governance*, es decir, no tanto intervención física directa sobre las cosas o coactiva sobre los sujetos, sino interacción estratégica con los sujetos que tienen (o proyectan tener) relaciones con las cosas y que a través de éstas establecen vínculos entre ellos: debaten, compiten, negocian, cooperan, es decir, conforman redes de relaciones. La construcción y el gobierno de estas redes también, aunque no solamente, a través de los instrumentos tradicionales de la planificación, es un nuevo campo de acción tanto para la urbanística como para otras ciencias de la ciudad. Sin embargo, creo que en esta tarea el urbanista debe ocupar una posición muy central, porque, como se ha dicho, las redes de sujetos se forman en la relación de territorialidad y a través de ésta transforman el ecosistema, el territorio, la sociedad, la economía y la cultura, a partir de la semiósfera.[1]

Otro punto importante es que con las redes nosotros no representamos solo simples ciudades, sino el fenómeno urbano en

sus jerarquías y conexiones transescalares. Se pasa de las redes urbanas globales al barrio y a la red de sujetos que, conectándose entre ellos en este nivel elemental, pueden hacer del barrio un sistema territorial relativamente autónomo y autorganizado, capaz por tanto de operar en ciertas circunstancias y para ciertos fines como actor colectivo. Asimismo, varios barrios de una ciudad pueden ser vistos también como los nudos de una red que se liga a otras redes transversales (es decir, no puramente locales) de sujetos, hasta convertir la ciudad entera en un sistema de nivel territorial superior, éste también potencial actor colectivo. Y el juego se repite a escalas más amplias. Por ejemplo, las áreas metropolitanas en su versión más actualizada, las *agglomerations* y las *communautées urbaines* francesas y similares, son redes de este tipo, es decir, redes de sistemas locales, redes cuyos nudos son redes.

Los geógrafos han mostrado desde hace tiempo cómo esta organización del fenómeno urbano en redes ocurre espontáneamente por el simple hecho que las redes globales de la producción, del comercio, de las finanzas, de la ciencia y de la técnica, de la cultura, de las instituciones políticas nacionales y transnacionales, tienden a colocar sus nudos en la ciudad para anclarlos a determinados *milieu* urbanos, de modo que -estando los nudos de estas organizaciones supra-locales en red entre sí- también las ciudades terminan convirtiéndose, ellas mismas, en redes (Gottmann, 1984; Conti, Dematteis y Emanuel, 1995).

175

Sin embargo, junto a este *networking pasivo* que sigue las lógicas jerárquicas de los poderes fuertes, se va desarrollando ahora (aunque los modelos históricos no faltan, por ejemplo, las ciudades anseáticas tardo-medievales: Pichierri, 1997) un *networking activo* (Lavergne y Mollet, 1991; Batten, 1995). Veo en ello una forma importante de ese nuevo protagonismo institucional del que habla F. Indovina (1999). Éste, de un lado redimensiona el papel de la competencia entre ciudades, y del otro pone en crisis y hace más compleja la estructura jerárquica territorial (en árbol) y política (*top-down*) de las relaciones entre ciudades globales, otras metrópolis y ciudades pequeñas y medianas. Introduce en ella relaciones horizontales y oblicuas que llevan a intercambios de conocimientos y de servicios. Permite comunicaciones directas entre los niveles inferiores e intermedios (Magnaghi, 1990; 1998; 1999). Es éste un modo para escapar a la mediación reductiva y homologante de los niveles superiores y en particular del nivel global, aunque evidentemente dicha comunicación no jerárquica es también selectiva, en la medida que comporta visiones del mundo compartidas por los participantes entre las que pueden encontrar sitio sus distintas racionalidades locales.

Estas redes "horizontales" de ciudades -e incluso de barrios- que pueden basarse en relaciones de proximidad física dentro

---

[1] Espacio semiótico fuera del cual no resulta posible la semiosis, según definiera Luri M. Lotman (1985), (trad. cast.: *La Semiósfera*, Madrid, Cátedra, 1996-2000, 3v.), y trata Guarrasi (1996).

de ámbitos regionales (incluso transfronterizos), o en relaciones de proximidad de otro tipo (culturales, de problemas, etc.) en ámbitos más extensos (de europeo a mundial), son un tema de investigación nuevo e interesante en el que merecería profundizarse dentro del más amplio de las políticas de redes: un continente que presenta, también él, muchas *terrae incognitae*.

## Bibliografía

- Agnew, John A., *Place and politics. The geographical mediation of State and society*, Londres, Allen and Unwin, 1987.

- Bagnasco, Arnaldo, Le Galès, Patrick (bajo la dir.), *Villes en Europe*, París, La Decouverte, 1997.

- Batten, David F., "Network cities: creative urban agglomerations for the 21st Century", en *Urban Studies*, 1995, 32, n.º 2, pp. 313-327.

- Castells, Manuel, *The Power of Identity*, Oxford, Blackwell, 1997 (trad. cast.: *La era de la información*. Vol. 2, *El poder de la identidad*, Madrid, Alianza, 1998).

- Clementi, Alberto, Dematteis, Giuseppe y Palermo, Pier Carlo, *Le forme del territorio Italiano*, Roma-Bari, Laterza, 1996, 2 vol.

-Conti, Sergio, Dematteis, Giuseppe y Emanuel, Cesare, "The development of areal and network systems", en Dematteis, G. y Guarrasi, V., *Urban Network*, Bolonia, Pátron, 1995, pp. 45-68.

- Coppola, Pasquale, *Geografia politica delle regioni italiane*, Turín, Einaudi, 1997.

- Deleuze, Gilles, Guattari, Felix, *Qu´est-ce que la philosophie?*, París, Minuit, 1991 (trad. cast.: *¿Qué es la filosofía?*, Barcelona, Anagrama, 1999).

- Farinelli, Franco, "Il villaggio indiano o della geografia delle sedi: una critica", en Farinelli, F. (ed.), *Il villaggio indiano. Scienza, ideologia e geografia delle sedi*, Milán, Franco Angeli, 1981, pp. 9-50 (publicado nuevamente en: Farinelli F., *I segni del mondo*, Florencia, La Nuova Italia, 1992, pp. 151-200).

- Foerster, Heinz von, "Cibernetica ed epistemologia", en Bocchi G. y Ceruti M., *La sfida della complessità*, Milán, Feltrinelli, 1985, pp. 112-140.

- Gottmann, John, *Orbits: The ancient Mediterranean tradition of urban network*, Oxford, Myres Memorial Lectures Series, 1984.

- Governa, Francesca, "I sistemi locali territoriali come ambiti territoriali di azione colletiva", en Piroddi, E., Scandurra, E., Bonis, L. de (eds), *I futuri della città. Mutamenti, nuovi soggetti e progetti*, Milán, Franco Angeli, 1999, Vol. 2.

- Guarrasi, Vincenzo, "I dispositivi della complessità: meta-linguaggio e traduzione nella costruzione della città", en *Geotema*, 1996, 4, pp. 137-150.

- Healey, Patsy, *Collaborative planning. Shaping places in fragmented societies*, Londres, Mc. Millan Press, 1997.

- Hannerz, Ulf, *Transnational connections*, Londres, Routledge, 1996 (trad. cast.: *Conexiones transnacionales : cultura, gente, lugares*, Madrid, Cátedra, 1998).

- Indovina, Francesco (1999), "La città prossima futura: un nuovo protagonismo istituzionale", en Dematteis, G. et al., *I futuri della città. Tesi a confronto*, Milán, Franco Angeli, pp. 71-115.

- Lavergne, F. (de), Mollet, Ph., "The international development of intermediate size cities in Europe: strategies and network", en *Ekistics*, 1991, vol. 58, n.º 350-351, pp. 368-381.

- Magnaghi, Alberto (ed.), *Il territorio dell´abitare. Lo sviluppo locale come alternativa strategica*, Milán, Franco Angeli, 1990.

- Magnaghi, Alberto, "Il patrimonio territoriale: un codice genetico per lo sviluppo locale autosostenibile", en Magnaghi A., (ed.), *Il territorio degli abitanti. Società locali e autosostenibiità*, Milán, Dunod, 1998, pp. 3-20.

- Magnaghi, Alberto, "Per una costellazione di città solidali", en Dematteis, G. et al., *I futuri della città. Tesi a confronto*, Milán, Franco Angeli, 1999, pp. 129-176.

- Martinotti, Guido, *Metrópoli. La nuova morfologia sociale della città*, Bolonia, Il Mulino, 1993.

- Mazza, Luigi, "Appunti sull´efficacia tecnica dei piani urbanistici", en *Urbanística*, 1998, 110, pp. 48-50 (ver en particular la nota 1).

- Pichierri, Angelo, *Città stato. Economia e politica del modelo anseatico*, Venecia, Marsillio, 1997.

- Sack, Robert David, *Human territoriality*, Cambridge, University Press, 1986.

- Scandurra, Enzo, "Quale ruolo per il planner e per il piano in una società pluralistica senza vertice e senza centro?", en Dematteis, G. et al., *I futuri della città. Tesi a confronto*, Milán, Franco Angeli, 1999, pp. 13-39.

- Secchi, Bernardo, "Città moderna, città contemporánea e loro futuri", en Dematteis, G. et al., *I futuri della città. Tesi a confronto*, Milán, Franco Angeli, 1999, pp. 41-70 (trad. cast. en este mismo volumen).

- Sen, A., *Scelta, benessere, equità*, Bolonia, Il Mulino, 1986, cap. 13, "La descrizione come scelta", pp. 403-424.

- Raffestin, Claude, *Pour une géographie du pouvoir*, París, Litec, 1981.

- Turco, Angelo, *Verso una teoria geografica della complessità*, Milán, Unicopli, 1988.

- Woodward, David, Representations of the world", en Abler, R.F., Marcus M.G. y Olson J.M. (eds.), *Innerworlds. Pervasive themes in contemporary American geography*, New Jersey, Rutgers University Press, 1992, pp. 50-73.

David Harvey es profesor de Geografía en la *City University* de Nueva York y profesor visitante en la *London School of Economics*. Después de haber sido profesor en la Universidad de Bristol en los años sesenta, se trasladó a la *Johns Hopkins University*, de Baltimore, donde permaneció durante más de treinta años. Entre 1987 y 1993 fue profesor en la Universidad de Oxford. La intensidad e innovación de los resultados de las investigaciones en que se ha implicado acerca de la metodología en la geografía, primero, de la reflexión dialéctica sobre la producción del espacio urbano, después, y de las relaciones entre los cambios políticos y económicos y los procesos de urbanización en el capitalismo avanzado, más adelante, le han valido un reconocimiento internacional traducido no solo en la alta estima de su autoridad y magisterio, sino también en prestigiosos premios y varios doctorados honoríficos. En su extensa obra se cuentan algunos ensayos fundamentales en la producción teórica del final del siglo XX como *Social Justice and the City* (1973) [trad. cast.: *Urbanismo y desigualdad social* (1977)] y *The Condition of Postmodernity* (1989) [trad. cast.: *La Condición de la Posmodernidad* (1998)], pero también otras obras capitales como *Consciousness and the Urban Experience* (1985), *The Urbanization of Capital* (1985), *The Urban Experience* (1989), *Justice, Nature and the Geography of Difference* (1996), *Spaces of Hope* (2000) [trad. cast.: *Espacios de esperanza* (2003)].

En su continua atención a las cuestiones que se reflejan en los procesos de urbanización, ha dado forma recientemente a *Possible Urban Worlds*, como desarrollo de una conferencia pronunciada en la Fundación *Megacities*, de Holanda, de la que se reproduce aquí su primer capítulo en versión castellana.

© Consuelo Bautista

# MUNDOS URBANOS POSIBLES[*]

David Harvey

## La geografía histórica de la urbanización

Al comienzo de este siglo, sólo había dieciséis ciudades en el mundo con más de un millón de habitantes. La mayoría se encontraban en los países capitalistas avanzados, y Londres, la mayor de todas por mucho, tenía algo menos de siete millones. También al comienzo de este siglo, no más del siete por ciento de la población mundial podía clasificarse como «urbana» (Berry, 1990). Para el año 2000 podría haber hasta 500 ciudades con más de un millón de habitantes, mientras que las mayores de entre ellas, Tokio, Sao Paulo, Bombay y posiblemente Shanghai (aunque la lista se revisa continuamente tanto hacia abajo como hacia arriba), tal vez pasarán de los veinte millones, seguidas por una veintena de ciudades, la mayor parte de ellas localizadas en los denominados países en vías de desarrollo, con poblaciones de más de diez millones. En algún momento, al principio del siglo que viene, y si las tendencias actuales continúan, más de la mitad de la población mundial será calificada de urbana, en vez de rural.

El siglo XX ha sido, entonces, *el* siglo de la urbanización. Antes de 1800, el tamaño y las poblaciones de las concentraciones urbanas parecen haber estado estrictamente limitadas en todas las formaciones sociales. El siglo XIX vio la ruptura de esas barreras en unos pocos países capitalistas avanzados, pero la segunda mitad del siglo XX ha visto cómo esa ruptura localizada se convertía en un flujo universal de urbanización masiva. El futuro de la mayoría de la humanidad está ahora, por primera vez en la historia, en las zonas en proceso de urbanización. Las cualidades de la vida urbana en el siglo XXI van a definir las cualidades de la propia civilización.

Pero si juzgamos superficialmente según el estado actual de las ciudades del mundo, a las futuras generaciones no les va a parecer que esa civilización sea especialmente agradable. Cada ciudad tiene ahora su parte (cada vez mayor, y en algunos casos predominante) de empobrecimiento concentrado y

* Traducción del capítulo I de *Possible Urban Worlds*, Megacities Foundation, La Haya, 2000.

desesperación humana, de malnutrición y enfermedades crónicas, de infraestructuras que se desmoronan o están agotadas por el esfuerzo, de consumismo sin sentido y derrochador, de degradación ecológica y excesiva polución, de congestión, de desarrollo económico y humano aparentemente frustrado, y de disputas sociales a veces encarnizadas, que van desde la violencia individualizada de la calle hasta la delincuencia organizada (a menudo, forma alternativa de gobierno humano), pasando por ejercicios de control social propios de un estado policial, hasta enormes movimientos cívicos de protesta (a veces espontáneos) exigiendo un cambio político-económico. Para muchos, entonces, hablar de la ciudad del siglo XXI es invocar una pesadilla distópica en la que todo cuanto se considera peor en el carácter fatalmente defectuoso de la humanidad se amontona en algún agujero infernal de desesperación.

En algunos de los países capitalistas avanzados, esa visión distópica se ha asociado insistentemente con la costumbre, largamente cultivada por parte de quienes tienen poder y privilegios, de funcionar lo más lejos posible del centro de las ciudades. Impulsados por una cultura del coche permisiva, se ha hecho dominante la necesidad de hacerse con algo de dinero y salir. La población de Liverpool descendió un 40% entre 1961 y 1991, por ejemplo, y Baltimore bajó de cerca de un millón a menos de 700.000 durante las mismas tres décadas. Pero el resultado no ha sido sólo crear una suburbanización sin fin, las denominadas «ciudades-borde», y megalópolis en continua expansión, sino también hacer que cada pueblo y cada refugio rural del mundo capitalista avanzado se convierta en parte de una compleja trama de urbanización que desafía cualquier división categórica simple de las poblaciones entre «urbanas» y «rurales» en el sentido que hace tiempo podía darse razonablemente a esos términos. La sangría de riqueza, población y poder de las ciudades centrales ha dejado a muchas de ellas languideciendo en el limbo. Las poblaciones necesitadas se han quedado, mientras que las ricas e influyentes han salido de allí. Si añadimos a eso la devastadora pérdida de empleos (sobre todo en la industria manufacturera) de años recientes, el estado alarmante de los antiguos centros urbanos aparece con claridad meridiana. Casi 250.000 empleos industriales perdidos en Manchester en dos décadas, mientras en Sheffield, sólo en la industria del acero, desaparecían 40.000 en sólo tres cortos años catastróficos de mediados de los ochenta. También Baltimore perdió casi 200.000 empleos industriales desde finales de los sesenta en adelante, y apenas hay una sola ciudad en Estados Unidos que no haya sido testigo de una devastación similar como consecuencia de la desindustrialización.

La consiguiente cadena de acontecimientos ha sido trágica para muchos. Comunidades construidas para servir a industrias manufactureras ahora difuntas se han quedado plantadas, destruidas por el desempleo de larga duración. A continuación viene el desencanto, el abandono escolar y los medios cuasi legales para llegar a fin de mes. Los que están en el poder se apresuran a culpar a las víctimas, las fuerzas policiales entran en acción (a menudo sin ninguna sensibilidad) y el complejo de los políticos-medios se lo pasa en grande estigmatizando y estereotipando una subclase de malhechores desocupados, padres o madres solos irresponsables y padres incapaces, degradación de los valores familiares, yonquis del estado de bienestar, y cosas mucho peores. Si resulta que los marginados pertenecen a una minoría étnica o racialmente singular (sobre todo, inmigrantes), como suele ocurrir demasiado a menudo, entonces la estigmatización se convierte en un fanatismo racial apenas disimulado, unido a ese tipo de xenofobia que mantiene a los inmigrantes turcos de Berlín físicamente controlados y alejados de gran parte del centro de la ciudad. La única respuesta racional por parte de quienes son marginados y excluidos es la rabia urbana, haciendo que el estado actual de las relaciones sociales e incluso, más concretamente, raciales (a pesar de toda la retórica oficial sobre lo políticamente correcto) sea mucho peor ahora de lo que ha sido durante varias décadas.

Pero esto que estoy contando, ¿es acaso un relato universal de infortunio urbano? O bien ¿se trata más bien de algo más reducido a los legados específicos de la industrialización capitalista a la vieja usanza y de las preferencias culturales del modo de vida antiurbano anglosajón? Por ejemplo, los centros de ciudades de toda Europa continental están experimentando un renacer singular. Y tal tendencia no se reduce a unos pocos centros, como París y su largo proceso de aburguesamiento acelerado por todos los *grands projets* por los que son tan conocidos los franceses. Desde Barcelona hasta Hamburgo y de Turín a Lille, es notable el flujo de población y opulencia de vuelta a los centros de las ciudades. Pero, examinando la cuestión, lo único que significa eso es que las mismas divisiones problemáticas se invierten geográficamente. Es la periferia la que duele, y los monótonos *banlieu* de París y Lyon son los que se han convertido en centros de la revuelta y el descontento, de la discriminación y el acoso racial, de la desindustrialización y la ruina social. Y si observamos más detenidamente lo que ha estado ocurriendo en el mundo anglosajón, la evidencia indica una disolución de esa simple forma urbana «donut», con la ciudad interior en ruina rodeada por la opulencia suburbana (a la que se dio tanta importancia a finales de los años sesenta), y su sustitución por un tablero de ajedrez complejo con riqueza segregada y protegida en una sopa urbana de pobreza y desolación igualmente segregadas. Las empobrecidas «urbanizaciones exteriores» de Glasgow están salpicadas de abundantes suburbios de gente que trabaja en la ciudad, y los problemas socioeconómicos que surgen ahora en los suburbios internos de muchas ciudades de los EUA han empujado a los pudientes a buscar la seguridad, más bien en el exterior (a eso suele seguir la urbanización de los espacios rurales más remotos), bien en zonas segregadas y a menudo sumamente protegidas, o en complejos cerrados, dondequiera que puedan establecerse.

Pero ¿hay algo de radicalmente nuevo en todo esto? ¿O mirando a las condiciones similares de la urbanización de finales del siglo XIX, se nos hace conocido? Me temo que la respuesta es positiva y negativa a la vez. Muchos de los elementos distópicos –el empobrecimiento concentrado y el desamparo humano, la malnutrición y las enfermedades crónicas, la degradación ecológica y excesiva polución, el desarrollo económico y humano aparentemente frustrado, y las más que abundantes disputas sociales encarnizadas– les eran bastante familiares a nuestros antepasados del siglo XIX. Si leemos *London Labour and the London Poor* (1861) de Mayhew, *Life and Labour of the People of London* (1902-3) de Booth, *Bitter Cry of Outcast London* (1883) de Mearn, *People of the Abyss* (1903) de Jack London, o *How the Other Half Lives* (1890) de Jacob Riis, nos desengañaremos inmediatamente de la idea de que las condiciones sociales son ahora muchísimo peores. Y en los Estados Unidos, la velocidad y heterogeneidad del cambio social urbano, que llevó a Chicago de ser una factoría a un imperio multicultural políglota de 1,5 millones de habitantes en dos generaciones, fue algo bastante extraordinario en su época, y probablemente igual de logrado que cualquier cosa que haya ocurrido desde entonces. En efecto, la impresión es que los males urbanos contemporáneos, al menos en el mundo capitalista avanzado, palidecen en comparación con lo que vieron nuestros antecesores, incluso teniendo en cuenta el horror y la fingida atrocidad, a veces exagerados, de los reveladores de escándalos y moralistas del siglo XIX.

Pero lo que sí parece que fue diferente entonces es la reacción de una burguesía recién constituida, cuando empezó a nadar en las aguas hasta entonces inexploradas de la desidia y el descontento urbanos a gran escala que parecían amenazar su poder, su salud física y mental, y su bienestar económico, así como sus recién descubiertas sensibilidades estéticas, amantes de la limpieza y el orden. De modo que los pensadores y políticos del siglo XIX se tomaron la problemática urbana muy en serio. Y el resultado fue no sólo una profusión de comentarios previsores acerca de «las premisas generales relativas al desarrollo urbano y a la sociedad», y acerca de los factores urbanos clave «de un nuevo modo de vida» (Lees, 1991, 154), sino también un movimiento generalizado de reforma urbana que llevó a moralistas como Octavia Hill y Jane Addams al mismísimo corazón de las tinieblas urbanas, y embarcó a arquitectos, urbanistas, teóricos y comentaristas sociales de todos los

credos políticos en una amplia oleada de energía encaminada a encontrar soluciones racionales e incluso «*city beautiful*» a los problemas de las grandes ciudades de aquellos tiempos. Olmstead, Haussmann, Geddes, Ebenezer Howard, Daniel Burnham, Camillo Sitte, Otto Wagner, Garnier, Raymond Unwin, todos ellos se presentaron como salvadores de la ciudad moderna, rebosantes de ideas respecto a lo que podría significar «no hacer planes pequeños» (como lo expresó Daniel Burnham) y readecuar toda la ciudad a las necesidades de eficacia, limpieza y, al menos en algunos aspectos, a las necesidades humanas. Y aunque los sueños utópicos y anarquistas de escritores como Edward Bellamy (cuyo *Looking Backward* engendró todo un movimiento político) y Kropotkin nunca estuvieron llamados a realizarse en sentido literal, contribuyeron a la agitación y se convirtieron en potente ingrediente dentro de una infusión embriagadora de reformismo burgués progresista.

Naturalmente, hay un montón de críticos contemporáneos que, armados de sus técnicas de deconstrucción y análisis foucaultianos, podrían echar la vista atrás hacia ese periodo con ojos envidiosos, como caso clásico de reformismo progresista que disimula los planes capitalistas de acumulación de capital y desarrollo territorial especulativo: una máscara que esconde culpabilidad burguesa, paternalismo, control social, vigilancia, manipulación política, pérdida de derechos de las masas marginadas pero inquietas, y la exclusión de cualquiera que fuera «diferente». Pero es innegable que el efecto acumulado fue hacer que las ciudades funcionaran mejor, mejorar la totalidad no sólo de las élites urbanas, sino también de las masas urbanas, mejorar radicalmente las infraestructuras básicas (como el suministro de agua y energía, el alcantarillado y la calidad del aire), así como liberar espacios urbanos para nuevas rondas de acumulación organizada de capital en modos que perduraron a lo largo de gran parte del siglo XX. Comparado con lo mejor del «socialismo municipal de gas y agua» de aquella época, habría que decir que la frecuente actitud hastiada de vuelta de todo (tomando prestada una frase de Simmel en torno a uno de los atributos mentales más potentes de la vida urbana mundial) hacia la degeneración de nuestras ciudades deja mucho que desear. Claro que hay excepciones evidentes a esa apreciación, pues se afianza en gran parte en mi propia experiencia en el mundo anglófono. Pero incluso en ciudades como Barcelona, que se venden con insistencia como modelo de ingeniería social y conciencia social (aunque mediante mecanismos de capitalismo desarrollista), queda mucho espacio para el comentario crítico.

Pero aquí la diferencia entre el entonces y el ahora aparece con mayor claridad. Pues al final del siglo XIX el ideal de algún tipo de progreso humano global, aunque impulsado por la pasión capitalista por «acumular por acumular y producir por

179

producir» (usando la frase de Marx), parecía tener al menos alguna apariencia de que trajera aparejado un futuro esperanzador a medida que la economía política de la urbanización parecía hacerse más manejable gracias a la reorganización efectuada en los gobiernos urbanos (el *London County Council* se estableció en 1888, y el Gran Nueva York en 1898). A medida que el destino de regiones metropolitanas enteras se vinculaba más estrechamente al destino de la próspera acumulación de capital, el reformismo burgués representado en el ayuntamiento se fue integrando en estrategias hegemónicas para el desarrollo capitalista. «Los grandes centros urbanos», observa acertadamente Lees (1991, 153), «encarnaban la modernidad y el futuro» y «estaban a favor de la industria, la centralización y la racionalidad». A pesar de toda la retórica populista y a menudo antiurbana en sentido contrario, la coevolución (muchas veces dialéctica y de oposición) de la industrialización y la política urbana parecía estar bien planteada para dictar un futuro más feliz para los habitantes de las ciudades.

Comparado con eso, el moderno divorcio –manifestado gráficamente en la historia deprimente de la desindustrialización masiva– entre los intereses industriales corporativos –de gran movilidad y con una obsesión por reducir plantillas– y la vida urbana, por tanto, les habría parecido de lo más inusual a nuestros antepasados. El enemigo corporativo ha salido mayormente de las ciudades, y las grandes empresas no parecen tener ya necesidad de ciudades o comunidades concretas. El resultado es dejar la suerte de las ciudades casi en su totalidad en manos de contratistas y especuladores inmobiliarios, de constructores de oficinas y del capital financiero. Y la burguesía, aunque sigue teniendo un miedo cerval a la delincuencia, a las drogas y a todos los demás males que asolan esas ciudades, parece contentarse ahora con aislarse de todo eso mediante comunidades cerradas urbanas o (lo más probable) suburbanas y exurbanas adecuadamente inmunizados (o así lo cree) ante cualquier amenaza a largo plazo, y se siente segura sabiendo que las protestas urbanas pueden reprimirse por la fuerza de forma que nunca se conviertan en auténticas revoluciones. Habiendo perdido el miedo a la revolución inminente, que tanto preocupara al burgués del siglo XIX, lo único que queda es un escalofrío de miedo inducido por los medios mientras los disturbios que tienen lugar en el otro extremo de la ciudad se retransmiten en directo en pantallas de televisor en salas de estar espantosamente cómodas. En años recientes, los opulentos parecen haberse quitado de encima gran parte de su mala conciencia. El impacto extraordinario del libro de Harrington *The Other America; Poverty in the USA,* cuando se publicó en 1962 (y la consiguiente «guerra a la pobreza» e intentos generalizados de hacer frente a «la crisis urbana» en Estados Unidos), no sería posible en el mundo actual, en el que se convierten en noticia de primera plana explicaciones biológicas tendenciosas

acerca de diferencias raciales en coeficientes de inteligencia e índices de delincuencia, y en el que impera un desencanto total por cualquier cosa que huela a bienestar social con fines redistributivos. O sea que ¿qué más da si una «subclase» (esa palabra horrible inventada como reencarnación de lo que nuestros antepasados solían denominar con el término mucho más amenazante de «clases peligrosas») urbana se extingue mediante la delincuencia, las drogas, el sida y todo lo demás? Y para añadir la indignidad a la indiferencia, una parte apreciable de la burguesía sostiene ahora que las ciudades (en sentido tradicional) son de todas formas irrelevantes, que la civilización a la que podemos aspirar en el siglo XXI es una civilización «sin ciudades». La «muerte de la ciudad» (igual que la supuesta «muerte del autor y del sujeto») se transforma en un tropo lo bastante significativo en el discurso contemporáneo como para indicar un cambio en el imaginario humano, así como en las instituciones y la política. Cuando actitudes de ese tenor se hacen corrientes, a nadie puede extrañar que el pensamiento innovador en cuestiones urbanas se centre en cómo escapar a las consecuencias de las concentraciones sobre todo urbanas de los pobres «que siempre estarán con nosotros», o cómo inmunizar y proteger los intereses burgueses de la plaga infecciosa de males urbanos que los rodean. Oscar Newman (1972), que acuñó el término «espacio defendible» como respuesta a la delincuencia urbana, podría bien ser hoy en día uno de los pensadores del campo del diseño urbano con más influencia en Estados Unidos.

Algunos astutos comentadores urbanos sobre la urbanización del siglo XIX comprendieron bien los límites de lo que podía llegar a ser el reformismo burgués. El único modo que tiene la burguesía para hacer frente a sus problemas socioeconómicos, observó Engels, es a) llevarlos de un lado a otro, y b) hacerlos tan invisibles como sea posible. A este respecto, merece la pena recordar las dos citas clave y preguntar qué es lo que ha cambiado realmente, si es que ha cambiado algo:

> «En realidad, la burguesía sólo tiene un modo de resolver la cuestión de la vivienda a *su* manera; es decir, de resolverlo de modo que la solución reproduzca continuamente el mismo problema [...] Los vergonzosos callejones desaparecen, todo ello acompañado de abundantes autoalabanzas de la burguesía a cuenta de ese magnífico éxito, pero vuelven a aparecer inmediatamente en algún otro lugar, y a menudo ¡en el barrio de al lado! Esos criaderos de enfermedades, esos infames agujeros y bodegas en los que el modo de producción capitalista confina a nuestros trabajadores noche tras noche, no se suprimen; simplemente ¡se cambian de sitio! La misma necesidad económica que los engendró en el primer lugar va a

180

engendrarlos también en el próximo lugar. Mientras el modo de producción capitalista siga existiendo, es una locura esperar que llegue una solución aislada al problema de la vivienda o de cualquier otra cuestión que afecte al destino de los trabajadores. La solución está en la abolición del modo de producción capitalista [...]».

Y:

«Con la excepción del barrio comercial, todo Manchester propiamente dicho, todo Salford y Hume... son todos ellos barrios de gente trabajadora sin mezclar que se extienden como un cinturón de dos kilómetros de ancho por término medio en torno al barrio comercial. Fuera, más allá de ese cinturón, vive la alta y media burguesía; la media burguesía en calles trazadas con regularidad cerca de los barrios trabajadores [...] la alta burguesía en villas más remotas con jardín [...] en el saludable aire libre del campo, en casas bonitas y cómodas a las que cada cuarto de hora llega el ómnibus que lleva a la ciudad. Y lo mejor de toda esa organización es que los miembros de la aristocracia adinerada pueden tomar la carretera más corta atravesando por la mitad todos los barrios trabajadores sin ver en ningún momento que están rodeados a derecha e izquierda por mugrienta miseria. Porque las calles [...] permitían ocultar de la vista de opulentos hombres y mujeres con estómagos fuertes y nervios flojos la miseria y mugre que constituyen el complemento de su riqueza [...]».

Aunque el contexto tecnológico, social, político e institucional ha cambiado bastante radicalmente desde los tiempos de Engels, la situación efectiva global ha empeorado en muchos aspectos. Las barricadas y muros, las segregaciones y separaciones que ahora marcan las condiciones de vida de muchas ciudades capitalistas avanzadas no desmienten precisamente las verdades descritas por Engels. He aquí cómo describe David Widgery (1991, 219) los efectos devastadores del *apartheid* urbano creado recientemente por la construcción de ese fantástico monumento al capital financiero que es Canary Wharf, en el East End de Londres:

«El muro fortificado que en otro tiempo rodeaba los muelles, más que derribado fue reorganizado, a base de una serie de vallas, barreras, puertas de seguridad y señales de prohibido el paso que procuran mantener a la clase trabajadora lejos de las nuevas zonas *yuppies* vaciadas de proletarios [...] El monumento preferido de la Sra. Thatcher puede ser la majestad

comercial de Canary Wharf, que llegó a su punto de inflexión sólo dos semanas antes de que dimitiera en noviembre de 1990, pero observo el coste social que se ha tenido que pagar a cambio en las calles del East End: el esquizofrénico que muestra su demencia en público, una madre joven bañando al recién nacido en el lavabo de un «*bed & breakfast*», el pensionista que se muere aterido de frío en un piso decrépito de la municipalidad, los chavales listos que pueden conseguir droga con mucha mayor facilidad que educación, echados a perder por el «caballo».

Y si ese *apartheid* urbano parece una rareza, reflexionemos sobre lo siguiente: «más de 32 millones de personas en Estados Unidos viven actualmente en una asociación residencial comunitaria», y «más de la mitad de las viviendas actualmente en el mercado en las cincuenta mayores áreas metropolitanas de Estados Unidos y casi todos los nuevos complejos residenciales de California, Florida, Nueva York, Texas y los suburbios de Washington, D.C., funcionan en régimen de comunidad de intereses comunes, una forma de asociación residencial comunitaria en la que hay que ser miembro». Suena todo muy inocente, hasta que observas al microscopio las prácticas regulatorias y excluyentes de tales asociaciones comunitarias. Una vez hecho eso, es difícil no concluir con Knox (1994, 170) que esas asociaciones constituyen «una trama de regímenes de servidumbre que regulan el uso de la tierra y hacen de mediadores en asuntos comunitarios en lo que a menudo equivale a una forma de fascismo bajo contrato». Lo único que parece haber cambiado, entonces, es el modo concreto, la institucionalización y localización de ese desplazarse de un lado para otro que Engels observó, y las estrategias concretas de confinamiento y ocultamiento. La ironía aquí, como observa Mike Davis (1990, 224) en *City of Quartz*, es que «cuando los muros han caído en Europa del Este, se han alzado por todas nuestras ciudades». Y las tecnologías modernas de vigilancia, el teletrabajo y la construcción del ciberespacio no mejoran necesariamente las cosas. La justicia social dentro de la forma urbana está resultando ser, evidentemente, tan difícil de conseguir como siempre, incluso para quienes siguen teniendo la temeridad de preocuparse por ello.

Pero todos esos problemas del mundo capitalista avanzado palidecen y resultan insignificantes comparados con los dilemas extraordinarios de los países en vías de desarrollo, con el ritmo de urbanización desordenado de Sao Paulo, Ciudad de Méjico, El Cairo, Lagos, Bombay, Calcuta, Seúl, y ahora Shanghai y Pekín. Visto superficialmente, parece que está ocurriendo algo diferente, incluso algo más que ese cambio cualitativo que llega cuando la rapidez y masa cuantitativa del

181

desarrollo urbano hace que Ciudad de Méjico o Sao Paulo experimenten en una sola generación lo que Londres conoció en diez y Chicago en tres. La polución atmosférica y los problemas medioambientales localizados, por ejemplo, adquieren un carácter mucho más crónico en ciudades de países en vías de desarrollo de lo que tuvieran jamás ni en las más terribles situaciones de amenaza a la salud pública en ciudades de Europa y Norteamérica en el siglo XIX. En todas partes existen complejos cerrados para ricos por los que patrullan guardias armados. Expertos mucho mejor informados que yo creen que «la actual situación en las grandes ciudades del Tercer Mundo es bastante diferente de la experimentada durante la rápida urbanización de Europa y Estados Unidos» (Sachs, 1988, 341), y también yo me inclino hacia esa opinión. Pero lo hago con una importante advertencia: es para nosotros vital comprender cómo, por qué y de qué maneras han surgido esas diferencias, porque creo que sólo en función de eso vamos a comprender mejor las probabilidades de vida urbana en el siglo XXI, *tanto* en el mundo capitalista avanzado *como* en el mundo en vías de desarrollo. Sachs tiene toda la razón, naturalmente, cuando mantiene que «la única interpretación progresista de la experiencia histórica es considerar las experiencias pasadas como antimodelos que pueden superarse». Pero la superación no es una cuestión de simple inversión o antídoto. Tiene que ver con aprender a movilizar fuerzas progresistas e impulsos a favor del cambio, en torno a una visión alternativa de los futuros urbanos.

La mejor forma de encontrar un asidero en esas cuestiones es volver al tema histórico-geográfico de cómo crecieron o no crecieron las ciudades en el pasado. ¿Cuáles eran, por ejemplo, los obstáculos al crecimiento urbano que hicieron que las ciudades estuvieran en el pasado tan limitadas en tamaño y número de habitantes, y qué sucedió en algún momento antes y después de 1800 que liberó a la urbanización de tales limitaciones?

Creo que la respuesta es relativamente simple en lo esencial. Hasta los siglos XVI o XVII, la urbanización estaba limitada por una relación metabólica muy concreta entre las ciudades y sus *hinterland* productores, unido a la posibilidad de extracción de plusvalías (basada en relaciones de clase específicas) que la sostuvo. Poco importa que ciertas ciudades fueran centros de comercio a larga distancia de bienes de lujo o que incluso algunos productos básicos como grano, sal, pieles y leña atravesaran grandes distancias: el aprovisionamiento básico de la ciudad (alimentación y suministro de agua y energía) siempre estuvo limitado por la capacidad productiva restringida de un *hinterland* relativamente aislado. Las ciudades se vieron obligadas a ser «sostenibles», por usar una palabra que goza de favor actualmente, porque tuvieron que serlo. El reciclaje de excremento humano de la ciudad y de otras basuras urbanas

llevándolas tierra adentro fue un elemento importante en aquel modelo sostenible de urbanización, haciendo que las ciudades medievales parezcan una virtuosa forma de organización biorregionalista para muchos ecologistas contemporáneos (aunque lo que hoy parece virtuoso debe de haber olido a podrido en aquella época; «cuanto peor olía una ciudad», observa Guillerme (1988, 171), «más rica era»). De vez en cuando, las zonas tierras adentro de las ciudades se extendían por el comercio forzado y las conquistas (pensemos en el suministro de trigo del norte de África a la Roma imperial), y por supuesto que los aumentos de productividad localizados en la agricultura y explotación forestal (a veces fenómenos a corto plazo que duraban hasta que empezaba a manifestarse el agotamiento del suelo), y la variable capacidad social para sacar plusvalías a una población rural reacia solía hacer que los obstáculos al crecimiento urbano fueran elásticos, más que rígidos. Pero la seguridad de la economía de la ciudad dependía crucialmente de las cualidades de su sistema de apoyo metabólico localizado, en el que las cualidades medioambientales locales (caldo de cultivo ideal de pestes, plagas y enfermedades de todo tipo que periódicamente diezmaban las poblaciones urbanas), así como el suministro de alimentos, agua y energía –sobre todo leña para el fuego– tenían gran importancia. Vale la pena recordar, a este respecto, que en 1830 la mayor parte del suministro de productos lácteos y verduras frescas para una ciudad como París procedía de una zona suburbana relativamente restringida, y eso si no provenía de los propios límites de la ciudad. Antes de 1800, la «huella» (volvemos a utilizar un término actualmente en boga) de la urbanización sobre la superficie de la tierra era relativamente leve (a pesar de la importancia que pueden haber tenido las ciudades en la historia de la política, la ciencia y la civilización): las ciudades forzaban relativamente poco los ecosistemas que las sostenían, y estaban definidas biorregionalmente.

Lo que cambió todo esto, como es natural, fue la oleada de nuevas tecnologías (entendidas como *hardware* pero también el *software* de formas organizativas) generadas por el complejo militar-industrial del capitalismo temprano. El capitalismo como modo de producción ha tenido que plantearse como objetivo la ruptura de barreras espaciales y la aceleración del ciclo operativo como fundamentales para su programa de acumulación incesante de capital (Harvey, 1982; 1989a; 1989b). El razonamiento propio del sistema capitalista que se encuentra tras esa geografía histórica distintiva es importante para apreciar lo siguiente, junto con sus contradicciones:

*Primero*: el capitalismo está sometido a un impulso para acelerar el ciclo operativo, para *aumentar* la velocidad de circulación de capital y, por consiguiente, para revolucionar los horizontes temporales del desarrollo. Pero sólo puede hacerlo mediante inversiones a largo plazo (por ejemplo, en el entorno construido, así como en infraestructuras elaboradas y estables de producción, consumo, intercambio, comunicación, etc.). Además, una estratagema importante para evitar las crisis consiste en absorber el exceso de capital en proyectos a largo plazo (las famosas «obras públicas» lanzadas por el estado en tiempos de recesión, por ejemplo), y eso *ralentiza* el ciclo operativo del capital. Hay, en consecuencia, una serie extraordinaria de contradicciones en torno al tema del horizonte temporal (las temporalidades) en el que funcionan diferentes capitales (el horizonte temporal del capital financiero, por ejemplo, es difícil de hacer encajar con los requisitos del desarrollo urbano y medioambiental a largo plazo).

*Segundo*: el capitalismo está sometido a un impulso para eliminar todas las barreras espaciales, pero sólo puede hacerlo mediante la producción de un espacio fijo. Por tanto, el capitalismo produce un paisaje geográfico (de relaciones espaciales, de organización territorial y de sistemas de emplazamiento unidos entre sí dentro de una división «global» del trabajo y de las funciones) que es apropiado para su propia dinámica de acumulación en un momento dado de su historia, sólo para tener que destruir y construir nuevamente ese paisaje geográfico para acoger allí la acumulación en fecha posterior. Las reducciones en costes y tiempo de desplazamiento por el espacio tropiezan, por tanto, con la construcción de infraestructuras físicas fijas para facilitar las actividades de producción, intercambio, distribución y consumo. Cada vez se establece más capital en el espacio como capital territorializado, como capital fijado en la tierra, creando una «naturaleza adquirida» y una estructura de recursos organizada geográficamente que frena cada vez más la trayectoria del desarrollo capitalista en medio de una mayor facilidad de movimiento. Esta tensión se hace aún más acentuada cuando las instituciones locales se articulan con fuerza y las lealtades a lugares (y a sus cualidades específicas) se convierten en factor importante de la acción política. La producción de organización territorial (por ejemplo, la formación de sistemas de gobierno locales y metropolitanos) entendida como proceso hace de la territorialización, la desterritorialización y la reterritorialización un rasgo continuado de la geografía histórica del capitalismo.

Muchas, si no todas, de las principales oleadas de innovación que han conformado el mundo desde el siglo XVI se han producido en torno a revoluciones en el transporte y las comunicaciones: los canales, puentes y barreras de peaje de principios del siglo XIX; el ferrocarril, el barco de vapor y el telégrafo a mediados del siglo XIX; los sistemas de transporte en masa de finales del siglo XIX; el automóvil, la radio y el teléfono de principios del siglo XX; el avión a reacción y la televisión de los años cincuenta y sesenta; y muy recientemente, la revolución de las telecomunicaciones. Cada grupo de innovaciones ha permitido un cambio radical en el modo en que se organiza el espacio, y por tanto ha abierto radicalmente nuevas posibilidades para el proceso urbano. La ruptura con la dependencia de biorregiones relativamente limitadas abrió panoramas de posibilidades totalmente nuevas para el crecimiento urbano. Cronon muestra, por ejemplo, cómo la rápida urbanización de Chicago durante el siglo XIX materializó esas nuevas posibilidades, de modo que la huella de aquella ciudad a lo largo de todo el Medio Oeste y Oeste norteamericano se hizo mayor aún cuando las relaciones metabólico-ecológicas cambiaron y cuando la propia Chicago creció para convertirse en pocos años en una de las mayores ciudades del mundo. Y dentro de la ciudad, como muestra brillantemente Platt (1991) en el estudio que hace, basado en Chicago, en *The Electric City*, el proceso de electrificación permitió la construcción de formas urbanas radicalmente nuevas y dispersas.

Cada avance innovador que rompía las barreras del espacio y del tiempo ha proporcionado nuevas posibilidades. La máquina de vapor, por tomar sólo un ejemplo histórico importante, liberó el suministro de energía de las ciudades de obstáculos relativamente ineficaces y sumamente localizados, al mismo tiempo que liberaba los mercados interiores de un conflicto crónico sobre si había que utilizar la tierra para alimentar o para hacer leña (a los estudiantes de hoy en día, por ejemplo, les parece muy raro que uno de los anillos de producción más cercanos con los que von Thunen rodea su ciudad en *The Isolated State* de principios del siglo XIX se asigne a bosques). Pero la máquina de vapor sólo podía llevar a cabo su papel revolucionario en la medida en que fuera aplicada al campo del transporte y comunicaciones: el carbón había que llevarlo de un sitio para otro. Fue, por tanto, y lo sigue siendo, el total de innovaciones y las sinergias que las unen lo que es realmente crucial para abrir nuevas posibilidades.

Y en esto, cosas aparentemente insignificantes pueden tener mucha importancia en cuanto a qué creó las posibilidades para el crecimiento de la ciudad. Los ingenieros militares y matemáticos del siglo XVIII, por ejemplo, al usar flujos de agua como forma de fortificación aprendieron que las redes eran mucho más eficaces a la hora de desplazar el agua que las tuberías directas y los canales: ese reconocimiento (y el estudio de las matemáticas de tramas que lo acompañaron) tuvo una importancia inmensa una vez que se aplicó a las ciudades en el siglo XIX: un caudal de agua que fluye por una tubería no puede aprovisionar más que a 5.000 personas, pero el mismo caudal de agua al fluir por una red puede aprovisionar a veinte veces más de personas. Ésta es una metáfora general práctica de las posibilidades del crecimiento urbano: el desarrollo de una red interrelacionada y finalmente global de ciudades vinculadas a

183

una variedad de *hinterlands* permite un proceso de crecimiento urbano agregado radicalmente mayor que el que lograría cada una de ellas de forma aislada.

Desde mediados de los años sesenta, por tomar otro ejemplo de una fase en la que se han reunido innumerables innovaciones (incluidas las nociones matemáticas necesarias) para crear una nueva sinergia de posibilidades de urbanización, hemos asistido a una reorganización de configuraciones espaciales y formas urbanas bajo condiciones de otro intenso ciclo de reducción de barreras espaciales y aceleración del tiempo de producción. La «aldea global» sobre la que escribió especulativamente Marshall McLuhan durante los años sesenta se ha convertido, al menos en algunos aspectos, en realidad. McLuhan pensaba que la televisión sería el vehículo, pero en realidad fue probablemente el lanzamiento del Sputnik lo que presagió el cambio, anunciando como hizo una nueva era de comunicaciones vía satélite. Pero, igual que en otras épocas, lo que cuenta no es tanto una sola innovación, sino el conjunto de ellas. La containerización, los sistemas de transporte de carga por avión, los transbordadores de carga y descarga continua, el diseño de camiones y, no menos importante, el diseño de autopistas para soportar grandes cargas, todo ello ha ayudado a reducir el coste y el tiempo necesarios para desplazar productos por el espacio, mientras que el procesado automático de información, los sistemas de optimización y control, la comunicación por satélite, los teléfonos móviles y las tecnologías de la información, todo ello facilita la comunicación casi instantánea, el cotejo y análisis de la información, haciendo que el microchip sea tan importante como el satélite a la hora de comprender las fuerzas que configuran ahora la vida urbana.

Todas esas nuevas posibilidades tecnológicas y organizativas se han producido bajo el impulso del modo de producción capitalista, con sus intereses hegemónicos militar-industrial-financieros. Por esa razón, creo que no sólo es práctico pensar, sino también importante reconocer que todos estamos envueltos en un proceso global de urbanización capitalista o desarrollo espacio-temporal desigual, incluso en países que al menos formalmente han buscado una vía no capitalista de desarrollo y una forma urbana no capitalista. El modo y estilo particular de urbanización varía mucho, por supuesto, dependiendo de cómo se propongan, se opongan y en última instancia se hagan realidad esas posibilidades capitalistas. Pero el contexto de las posibilidades es muy claramente una producción capitalista. Y la sensación de nuevas posibilidades abriéndose continuamente hace surgir ese estilo moderno de pensar utópico acerca de polos tecnológicos, multifuncionópolis y cosas por el estilo que son comparables a esa imaginería distópica sobre la ciudad que he comenzado invocando.

Me parece que hay dos perspectivas básicas desde las que observar los modos conflictivos en que se están estableciendo esas posibilidades. Primero, podemos considerar la urbanización (y los señuelos de la construcción y destrucción de la ciudad) en función de las fuerzas de la acumulación de capital. El capital lleva a efecto su propio programa de «acumular por acumular y producir por producir» sobre el trasfondo de las posibilidades tecnológicas creadas por él mismo. En los países capitalistas avanzados, por ejemplo, la urbanización no ha tenido en la historia reciente el objetivo de apoyar a biorregiones, complejos ecológicos ni nada que no sea apoyar a la acumulación de capital. En Estados Unidos, por tomar un caso paradigmático, la acumulación de capital por medio de la suburbanización y cuanto ésta conlleva (los amplios proyectos hidráulicos asociados del Oeste norteamericano, los sistemas de autopistas, los complejos inmobiliarios, por no hablar de las industrias del automóvil, del petróleo y del caucho, etc.) fue esencial para los logros económicos de la posguerra en Estados Unidos, aunque tuvo su contrapartida negativa en forma de centros de ciudad desiertos y abandonados. Aquí no hay que hacer tanto hincapié en la mezcla tecnológica como en la materialización activa de oportunidades para la acumulación directa de capital mediante ese complejo tecnológico de posibilidades. El agotamiento de esas posibilidades (por ejemplo, la relativa saturación del mercado de coches nuevos) hace más difícil la acumulación de capital, como reconocen ahora todos los grandes productores multinacionales de coches. Por ello, la industria del automóvil observa ahora a los mercados sin saturar de China, India, América Latina y el mundo deliberadamente «infraurbanizado» del antiguo bloque soviético como su primer ámbito de acumulación futura. Pero eso implica reformar el proceso urbano en esas regiones y adaptarlo a ese sistema no especialmente amigo del medio ambiente (ni incluso económicamente fiable) que durante varias décadas sostuvo el crecimiento económico de Estados Unidos. Aunque esa posibilidad puede hacer sentir escalofríos en todas las columnas vertebrales con una mínima conciencia ecológica, cualquier incapacidad de lograrla producirá aún peores *frissons* de horror en las salas de juntas de todas las empresas automovilísticas transnacionales, o tal vez a toda la clase capitalista.

La especial dialéctica de atracción y repulsión que muestra la acumulación de capital para con diferentes localizaciones dentro de la trama de la urbanización varía en su dimensión espacio-temporal, igual que varía la facción de capital correspondiente. El capital financiero (dinero), el capital mercantil, el capital de la industria manufacturera, el capital en tierra y propiedades, el capital estatal y el capital agroempresarial –por adoptar el desglose en facciones más conocido de la configuración capitalista en clases (los demás serían los capitales locales, nacionales y multinacionales)– tienen necesidades

184

radicalmente diferentes, así como maneras radicalmente diferentes de explorar las posibilidades de explotar la trama de urbanización con el objetivo de acumular capital. Surgen tensiones entre las facciones porque cada una de ellas tiene diferentes capacidades e interés en el desplazamiento geográfico, cosa que varía desde el capital patrimonial, relativamente fijado en el espacio, al capital en bienes raíces y «local» a pequeña escala, pasando por las capacidades instantáneas de movimiento de las finanzas transnacionales. Gran parte de la destrucción creativa que estamos presenciando dentro del proceso urbano debe entenderse en función de tales contradicciones internas dentro de la dinámica de la acumulación de capital en general. Pero otra parte proviene de la competencia cada vez más ruinosa entre lugares (sean estados-nación, regiones, ciudades o incluso jurisdicciones locales menores), que se ven forzadas a venderse a un coste mínimo a fin de atraer un capital de alta movilidad.

No obstante, una de las consecuencias peculiares e imprevistas de ese proceso ha sido la reafirmación de la importancia del poder monopolista. No es simplemente el hecho de que la competencia (como observara Marx hace tiempo y el ejemplo de Microsoft ha demostrado tan recientemente) siempre termina en monopolio u oligopolio, si bien eso tiene una relevancia evidente a la hora de comprender cómo han surgido unos pocos centros urbanos (denominadas normalmente «ciudades globales») para dominar y controlar el mundo de las finanzas globales. Sino también lleva a las ciudades a cultivar «rentas monopolistas» como atractivos para el capital de alta movilidad, vendiendo la singularidad de su localización, su cultura (frecuentemente producida e inventada a voluntad, poniendo un tremendo énfasis en las denominadas «industrias culturales»), sus cualidades de vida urbana (infraestructural y estética) y la seguridad de sus mercados inmobiliarios (las rentas y valores de oficinas y vivienda se disparan). Tales monopolios de localización son señuelos atractivos para el capital financiero por razones obvias.

Pero la otra perspectiva desde la que observar la reciente historia de la urbanización es en términos de apropiación popular (si no «populista») de las posibilidades que han creado las tecnologías capitalistas. En cierta medida esto tiene que ver con las grandes migraciones históricas de la mano de obra en respuesta al capital, de una región a otra e incluso de un continente a otro. Esa formulación era más lógica sobre todo en el siglo XIX e incluso a principios del XX (aunque siempre hubo excepciones, como la marea de irlandeses que cruzó el océano a consecuencia de la gran hambruna, que puede haber sido provocada por unas condiciones de capitalismo agrario impuesto, pero que difícilmente se puede considerar una migración «normal» de población rural en busca de libertades urbanas y trabajo asalariado). Pero la marea de gente que llegó a aquellas ciudades de países en vías de desarrollo no está vinculada en lo esencial al efecto tractor de empleo propio de la acumulación de capital, ni incluso al efecto impulsor de un capitalismo agrario en proceso de reorganización que está destruyendo el campesinado tradicional (aunque existen muchas partes del mundo donde ese proceso es sumamente manifiesto). Es una búsqueda mucho más populista aprovecharse de las posibilidades creadas por el capitalismo, independientemente de que se esté produciendo acumulación de capital o no, y a menudo frente a condiciones económicas que son igual de espantosas o más que las que se habían dejado atrás. Y aunque uno de los efectos puede ser crear vastas «economías informales» que operan como sectores proto-capitalistas, pero también como pasto para formas más convencionales de explotación y acumulación capitalista (ver Portes, Castells y Benton, 1989), la explicación del movimiento en sí no puede atribuirse a las maquinaciones de alguna acción capitalista organizada de clase.

El flujo continuo de poblaciones asiáticas y africanas a países europeos, y de poblaciones asiáticas y latinoamericanas a Norteamérica muestran cualidades semejantes que producen algunos contrastes maravillosamente instructivos en el mismísimo corazón de las ciudades capitalistas. En la zona más castiza y popular de Londres, por ejemplo, encuentras el poder extraordinario del capital financiero internacional moviendo fondos casi instantáneamente por todo el mundo, codo con codo con una población bengalí importante (la mayor parte desempleada, en cualquier sentido convencional), que ha establecido un fuerte puente migratorio hasta el corazón de la sociedad capitalista en busca de nuevas posibilidades, a pesar del racismo agresivo y unas posibilidades de trabajo temporales, informales y con salarios cada vez más bajos. Aquí también el ejército de reserva industrial que crean tales movimientos migratorios puede convertirse en vehículo activo de acumulación de capital bajando los salarios, pero el propio movimiento migratorio, aunque bien puede haberse iniciado por el capital en busca de reservas de mano de obra (como con los trabajadores extranjeros y corrientes migratorias provenientes de la periferia europea), desde luego ha adquirido vida propia. Las migraciones en masa, forzadas y no forzadas, de personas que se está produciendo actualmente, un movimiento que parece imparable por mucho que se esfuerce cada país en implantar fuertes controles a la inmigración, tendrá tanta importancia o más, a la hora de dar forma a la urbanización del siglo XXI, que la potente dinámica de libre movilidad y acumulación de capital. Y las políticas que fluyen de tales movimientos migratorios, aunque no necesariamente opuestas a la acumulación continuada de capital, tampoco están necesariamente de acuerdo con ella, y plantean cuestiones serias respecto a si la urbanización por acumulación de capital va a ser tan hegemónica en el futuro

185

como lo ha sido en el pasado, incluso en ausencia de una fuerza organizativa importante, como pudiera ser un movimiento potente socialista o (fundamentalista) pan-religioso que busque contrarrestar las injusticias y marginalizaciones de la forma de urbanización capitalista construyendo algún mundo urbano alternativo.

Además, los flujos de migración populistas tienen la costumbre de producir movimientos políticos populistas (tanto a favor, como en contra o incluso surgidos entre las corrientes de inmigrantes). Los movimientos sociales de la ciudad adquieren entonces todo tipo de tonalidades, capaces de producir amplias oleadas de violencia intercomunitaria (como las matanzas e incendios que sacudieron Bombay en 1992-93, la reciente violencia intercomunitaria en el norte de Nigeria y ataques de cabezas rapadas contra inmigrantes turcos en Alemania). Tratar de comprender cómo encajan esos movimientos volátiles migratorios y populistas en la dinámica de la acumulación de capital es uno de los retos políticos y teóricos más serios de nuestra época.

## Reflexiones teóricas

En todo esto, me sorprende una y otra vez la dificultad de plantear un lenguaje adecuado, un aparato conceptual adecuado para aprehender la naturaleza del problema al que aparentemente nos enfrentamos. Me preocupa que los instrumentos y objetivos conceptuales del año pasado vayan a usarse para luchar contra los problemas del año que viene, en una situación dinámica que requiere cada vez más una acción proactiva, más que correctiva. No soy el único preocupado. Tampoco estamos ante un dilema totalmente nuevo. Tal como observa Sachs (1988, 343) sobre la política y políticas urbanas del pasado:

> «Los urbanistas, igual que los economistas y los generales, estaban preparados para la última batalla que ganaron [...] La retórica social de la Carta de Atenas sirvió más como pantalla para ocultar su fascinación por los nuevos materiales constructivos, métodos de construcción industrializados, y esteticismo espacial y arquitectónico, que como indicador para observar a la gente real de la calle [...] Con sus ideas acerca de la sociedad y las necesidades humanas, la mayoría de los urbanistas de la posguerra mostraron la misma mezcla de ingenuidad, dogmatismo y falta de interés en la evidencia empírica acerca de los estilos de vida de la gente, que los protagonistas de las discusiones que tuvieron lugar en la Unión Soviética a principios de los años veinte».

¿Estamos, entonces, en peligro de repetir el error al que apuntaba hace tiempo Keynes cuando observaba cómo tenemos una fuerte tendencia a organizar nuestro presente de acuerdo con la visión obsoleta de un economista muerto hace tiempo?

Al recapacitar sobre este problema, creo que es importante en primer lugar reconocer que, como artefacto físico, la ciudad contemporánea tiene muchas capas. Forma lo que podríamos llamar un *palimpsesto*, un paisaje compuesto, hecho de diversas formas construidas unas encima de otras en el transcurso del tiempo. En algunos casos, las capas más antiguas son de origen verdaderamente antiguo, están enraizadas en las civilizaciones más antiguas, cuyas huellas pueden distinguirse bajo el tejido urbano actual. Pero incluso ciudades de fecha relativamente reciente se componen de diversas capas acumuladas en diferentes fases del barullo de crecimiento urbano caótico engendrado por la industrialización, la conquista colonial, la dominación neocolonial, oleada tras oleada de inmigración, y también de especulación inmobiliaria y modernización. Pensemos, por ejemplo, en cómo las capas migratorias, que ocupan hasta los barrios de chabolas en rápida expansión en países en vías de desarrollo, engendran rápidamente capas físicas identificables de ocupación cada vez más permanente y sólida.

Durante los últimos doscientos años, más o menos, las capas de la mayoría de las ciudades se han ido acumulando y espesando, cada vez más rápidamente en relación con el enorme crecimiento acelerado de la población, las reubicaciones masivas de poblaciones, voluntarias y forzadas, medidas drásticas pero contradictorias de desarrollo económico, y los potentes cambios tecnológicos que liberaron al desarrollo urbano de antiguas limitaciones. No obstante, como apunta Jenks (1993), una de las singularidades de las ciudades es que se hicieron más y más fijas con el tiempo, cada vez más esclerotizadas, precisamente debido al modo en que prefieren ir añadiendo cosas encima en lugar de deshacerse de la vieja piel y empezar todo de nuevo. Planificadores, arquitectos, diseñadores urbanos, –o sea, «urbanistas»– todos ellos se enfrentan a un problema común: cómo planificar la construcción de las próximas capas del palimpsesto urbano de forma que se adecue a futuros deseos y necesidades sin ejercer demasiada violencia sobre cuanto ha pasado antes. Lo que ha pasado antes es importante, precisamente porque es el *locus* de la memoria colectiva, de la identidad política y de potentes significados simbólicos, a la vez que constituye una serie de recursos que, a su vez, componen tanto posibilidades como barreras en el entorno construido para un cambio social creativo. Ahora raras veces se presenta una *tabula rasa* sobre la que pudieron construirse libremente nuevas formas urbanas.

Pero la tarea general de buscar un futuro mientras se respeta el pasado interioriza con demasiada frecuencia las tendencias escleróticas de las formas urbanas a valerse de modos de pensar aún más escleróticos. Es precisamente aquí donde tenemos que prestar atención a la advertencia de Marx de que en momentos de crisis siempre corremos el peligro de invocar los espíritus del pasado, tomando prestados «nombres, gritos de batalla y trajes con la finalidad de exponer el nuevo escenario de la historia mundial» con un «disfraz consagrado» y un «idioma prestado». Si tengo una impresión dominante de los procesos urbanos que están reformando las ciudades, sobre todo de países en vías de desarrollo (Seúl o Sao Paulo, por ejemplo), es simplemente la de un proceso urbano en el que el contenido trasciende a la forma –los procesos sociales que revientan literalmente por las costuras de la forma urbana– a una escala hasta ahora desconocida. La cuestión fundamental es ahora cómo crear la poesía de nuestro futuro urbano en una situación así.

Si vuelvo a los famosos pasajes del *18 Brumario* de Marx es porque parecen especialmente apropiados para esta situación. Cuando la historia se repite, observaba Marx, primero ocurre como tragedia, y la segunda vez como farsa. ¿Cómo podemos entonces, para extender un poco la metáfora de Marx, evitar que la tragicomedia moderna de medio siglo de urbanización se convierta en una farsa posmoderna de finales del siglo XX?

¿Qué pueden decirnos en este contexto las perspectivas teóricas del materialismo histórico-geográfico? Desde esa perspectiva, tomo y reelaboro cinco cuestiones conceptuales que son esenciales para comprender la urbanización contemporánea.

## 1. Localizar lo urbano en campos de acción social

Esa «cosa» que se llama «ciudad» es el resultado de un «proceso» llamado «urbanización». Un enfoque dialéctico dice que: a) los procesos son más fundamentales que las cosas; b) que los procesos están siempre mediados por las cosas que producen, sustentan y disuelven; y c) que las permanencias producidas (incluidas formas de pensar, instituciones, estructuras de poder y redes de relaciones sociales, así como objetos materiales como la propia ciudad) funcionan frecuentemente como bases sólidas e inamovibles de la existencia material cotidiana. Esta línea de pensamiento marca el comienzo de una ruptura radical con el pensamiento del siglo XIX y con gran parte de la arquitectura y ciencia social contemporánea, en las que la visión dominante, a pesar de todo el énfasis puesto en las relaciones y procesos sociales, era y es que la ciudad es una cosa que puede organizarse con éxito a fin de controlar, contener, modificar o acentuar procesos sociales. En el siglo XIX, Olmstead, Geddes, Howard, Burnham, Sitte, Wagner, Unwin, todos ellos reducían el problema de los procesos sociales

intrincados a una cuestión de encontrar la forma espacial adecuada. Y al hacerlo, impusieron el tono dominante («utópico») del siglo XX para un enfoque mecanicista de la forma urbana, como en el caso de Le Corbusier, o el enfoque más orgánico de Frank Lloyd Wright.

La dificultad que había con la denominada «alta modernidad» y la ciudad no era su visión «totalizadora», sino su costumbre persistente de poner cosas y formas espaciales por encima de los procesos sociales. Presuponía que el diseño social podría lograrse mediante el diseño de la forma física. Es ésta, como muestra Marin (1984), la postura fundamental de todas las formas clásicas de utopismo (empezando por Tomás Moro): en efecto, proponen un orden espacial fijo que asegura la estabilidad social anulando la posibilidad de la historia y conteniendo todos los procesos dentro de un marco espacial fijo. El antídoto a tal determinismo espacial no es abandonar todo discurso sobre la ciudad en general (o incluso sobre la posibilidad de una utopía), como es la tendencia de la crítica posmoderna, sino volver al nivel de los procesos de urbanización como algo fundamental para la construcción de las cosas que los contienen. El utopismo basado en procesos[1] tiene un aspecto muy diferente al utopismo de forma espacial fija.

Este debate tiene importancia interpretativa y política. ¿Atribuimos las dificultades de la vida contemporánea a las contradicciones del capitalismo, a la modernidad (o a su caótica némesis, la posmodernidad), a los traumas de la industrialización (y posindustrialismo), al desencanto con el mundo que suele acompañar a la racionalidad tecnológica y burocrática, a la anomia social fruto de la marginación y alienación, al enorme crecimiento poblacional o a esa idea indefinible, pero sin embargo potente, de un declive en las creencias religiosas y en los valores sociales asociados? ¿O argumentamos que hay algo inherente a la ciudad (una cosa) o a la urbanización (el proceso) que da coloración, forma y contenido singulares a la estructuración de procesos y patologías sociales, económicos y políticos contemporáneos? Llevo tiempo argumentando, y sigo argumentando, que para comprender la urbanización hay que comprender los procesos y problemas político-económicos, sociales y culturales. Pero eso es cierto sólo si consideramos la urbanización como un proceso (o, más bien, una multiplicidad de procesos) que produce una mezcla singular de permanencias espacializadas relacionadas entre sí. La idea de que una cosa llamada ciudad tiene poderes causales en relación con la vida social es algo insostenible. Pero el establecimiento material de las estructuras espaciales creadas en el transcurso de la urbanización está en tensión continua con la fluidez de procesos sociales tales como la acumulación de capital y la reproducción social. Representar las relaciones so-

---

[1] Según se demuestra en el Capítulo II de *Possible Urban Worlds*, op. cit.

ciales mediante la transformación de los entornos urbanos hace difícil cambiar aquéllas y estos. Así, las cualidades propiamente escleróticas de esas cosas que llamamos ciudades, unido a la esclerosis que reina a menudo en las mentes de los planificadores, coartan las posibilidades de evolución hacia diferentes procesos de urbanización. El peso muerto del pensamiento espacio-temporal convencional y de las formas espacio-temporales reales pesa como una losa en los pensamientos y posibilidades materiales de los seres vivos.

El pensamiento tradicional sobre la ciudad no es un completo desconocedor de ese problema. Haussmann y Robert Moses trataron de liberar los procesos de acumulación de capital de las limitaciones de estructuras espacio-temporales anteriores. La cuestión de la urbanización en el siglo XXI se convierte de modo similar en la cuestión de definir cómo van a producirse el espacio-tiempo, el entorno y el lugar, dentro de qué procesos sociales y con qué efectos. La acumulación de capital continuada, por ejemplo, producirá un conjunto de formas urbanas bastante diferentes a las logradas bajo un régimen que busque una política emancipatoria, igualitaria y con sensibilidad ecológica. Las posibilidades alternativas anticapitalistas están presentes en cierta medida, a pesar de que son objeto de fuerte contestación y lucha entre facciones y clases que persiguen intereses radicalmente diferentes. No se trata, por tanto, de observar alguna bola de cristal o imponer alguna forma clásica de esquema utópico en el que se hace que una espacialidad muerta dirija la historia y el proceso. El problema es lograr en esa lucha por avanzar una mezcla socialmente más justa y políticamente emancipatoria de procesos de producción espacio-temporales, más que consentir los que vienen impuestos por el capital financiero, la banca mundial y las desigualdades generalmente asociadas a diferencias de clase interiorizadas en cualquier sistema incontrolado de acumulación de capital. Por suerte, estos últimos poderes, por muy hegemónicos que puedan ser, nunca pueden controlar totalmente la urbanización (y no digamos el espacio discursivo e imaginario con el que se asocia siempre el pensar sobre la ciudad). Al intensificarse las contradicciones dentro de un proceso de urbanización a menudo descontrolado en rápida aceleración se crean toda suerte de espacios-interstício en los que pueden florecer todo tipo de posibilidades liberadoras y emancipatorias. Cómo y dónde se podrían movilizar tales movimientos sociales dentro del proceso urbano hacia una política anticapitalista más general se convierte entonces en una cuestión crucial.

*2. El lugar de la ciudad en un mundo en globalización*

Actualmente hay una gran predilección por considerar el futuro de la urbanización como algo ya determinado por los poderes de la globalización y de la competencia del mercado. Las posibilidades urbanas se limitan a un mero maniobrar competitivo de ciudades concretas en busca de una posición dentro de un sistema urbano global. Parece, entonces, que no hay un lugar desde el que lanzar cualquier movimiento capaz de sustentar el vigor de las transformaciones sistémicas. En los últimos veinte años, la retórica de la «globalización» se ha hecho especialmente importante, llegando a reemplazar en sectores de pensamiento radical al concepto más politizado de imperialismo, colonialismo y neocolonialismo. El efecto ideológico de ese cambio discursivo ha sido extraordinariamente discapacitador respecto a toda forma de acción política local, urbana e incluso nacional.

Aun así, el proceso de globalización no es nada nuevo. Desde luego, de 1492 en adelante, e incluso antes (cf. el sistema de la Liga Hanseática), la globalización del capitalismo estaba ya en camino, debido en parte a la producción de una trama de emplazamientos urbanos. Marx y Engels recalcaron ese punto en el *Manifiesto comunista*. La industria moderna no crea sólo el mercado mundial, escribieron, sino que la necesidad de un mercado en constante expansión «obsesiona a la burguesía por toda la superficie del globo», de modo que «tiene que acomodarse en todas partes, establecerse en todas partes, crear conexiones en todas partes». Continúan:

> «La burguesía, por medio de su explotación del mercado mundial, ha impreso un carácter cosmopolita a la producción y el consumo en todos los países [...] Todas las antiguas industrias nacionales establecidas han sido destruidas, o están siendo destruidas cada día que pasa. Son sustituidas por nuevas industrias, cuya introducción se convierte en cuestión de vida o muerte para todas las naciones civilizadas, por industrias que ya no desarrollan materia prima nativa, sino materia prima procedente de las zonas más remotas; industrias cuyos productos se consumen no sólo en el mercado interior, sino en cualquier parte del globo. En lugar de las viejas necesidades, satisfechas por la producción del país, encontramos nuevas necesidades que requieren para su satisfacción los productos de países y climas lejanos. En lugar del viejo aislamiento y autosuficiencia, tenemos relaciones en todas direcciones, interdependencia universal de naciones. En producción tanto material como intelectual. Las creaciones intelectuales de naciones particulares se convierten en propiedad común. La parcialidad y estrechez de miras nacionales se hacen cada vez más imposibles, y de las numerosas literaturas nacionales y locales surge una literatura universal [...]».

Si ésta no es una buena descripción de la globalización, ¿cuál lo es? Y a partir de ahí, Marx y Engels derivaban el imperativo global «trabajadores de todos los países, uníos» como condición necesaria para una revolución anticapitalista y socialista.

La búsqueda burguesa del dominio de clase siempre ha sido, y continúa siéndolo, una cuestión muy geográfica. La «globalización» es un *proceso* antiguo siempre implícito en la acumulación de capital, más que una situación político-económica que haya surgido recientemente. Eso no obsta para que el proceso haya cambiado o se haya dirigido a un estado particular o incluso «final». Pero una definición basada en procesos hace que nos concentremos en *cómo* se ha producido y se está produciendo la globalización. De modo que ¿qué tipo de proceso es?, y, lo que es más importante, ¿cómo ha cambiado en años recientes? Destacan algunos cambios importantes. Describirlos es describir algunas de las fuerzas clave involucradas que han cambiado dentro del complejo dinámico de la urbanización, de forma especial el extraordinario crecimiento de la urbanización en muchos países en vías de desarrollo:

a) La desregulación financiera empezó en Estados Unidos a principios de los años setenta, como respuesta forzada a la estanflación y al fracaso del Sistema Bretton Woods para el comercio e intercambio internacional. Bretton Woods era un sistema global, de modo que eso significó un cambio de un sistema global en gran parte controlado políticamente por Estados Unidos a otro que era más descentralizado, coordinado por el mercado y las corrientes y flujos de dinero. Por efecto de esto, las condiciones financieras del capitalismo se hicieron mucho más volátiles temporalmente e inestables espacialmente. El término «globalización» fue, hago notar, ampliamente utilizado por la prensa financiera a principios de los años setenta como virtud necesaria de aquel proceso de desregulación financiera, como algo progresista e inevitable que abre nuevos campos de posibilidades para el capital. Era un término perteneciente al lenguaje del dinero y la mercancía, que posteriormente entró a formar parte de discursos públicos y académicos (incluido el mío) sin que se prestara demasiada atención a sus orígenes clasistas y a sus funciones ideológicas. Describe una situación espacial en la que un banco de Singapur puede financiar un complejo urbanístico en Baltimore sin apenas mediación de otros niveles de control territorial (incluso del estado-nación). La conexión entre los procesos de urbanización y el capital financiero se ha hecho, en consecuencia, mucho más directa. No está mediada por otras formas de control institucional, y es mucho más propensa a la rápida y efímera dispersión geográfica

por todo el globo. Ideológicamente, hace que parezca que todos los emplazamientos urbanos deben someterse a la disciplina de las finanzas autónomas.

b) El coste y tiempo necesario para desplazar mercancías, gente y especialmente información bajaron en picado. Eso trajo algunos cambios importantes en la organización de la producción y el consumo, así como en la definición de carencias y necesidades. La «desmaterialización del espacio» definitiva en el campo de las comunicaciones abrió la puerta a todo tipo de ajustes geográficos en la localización de la industria, el consumo y demás. No obstante, es fácil dar demasiada importancia a la denominada revolución de la información. La novedad de todo ello es algo que impresiona, pero también impresionó en su época la novedad del ferrocarril y el telégrafo, del automóvil, de la radio y del teléfono. Esos ejemplos tempranos son instructivos, puesto que cada uno de ellos, a su modo, cambió la manera de funcionar de la globalización, las maneras en que podían organizarse la producción y el consumo, realizarse las políticas, y los modos en que las relaciones sociales entre las personas podían convertirse a una escala cada vez mayor en relaciones sociales entre cosas. La urbanización y conectividad de asentamientos urbanos mediante el establecimiento de redes espaciales está efectivamente cambiando muy rápidamente mediante el uso de la tecnología de la información. Pero Castells exagera mucho cuando razona que mediante ese proceso todo ha quedado reducido a espacios y flujos.

c) Cambiaron las formas de producción y de organización. El efecto fue una dispersión geográfica y una fragmentación de los sistemas de producción, divisiones del trabajo, especialización de tareas, aunque en medio de una centralización creciente del poder corporativo mediante fusiones, adquisiciones o acuerdos de producción conjunta que trascendían las fronteras nacionales. El televisor global, el coche global se convirtieron en un aspecto cotidiano de la vida político-económica, igual que las denominadas «ciudades globales». Cesar la producción en un lugar y comenzarla en otro se convirtió el algo familiar: algunas operaciones de producción a gran escala se han desplazado espacialmente cuatro o cinco veces durante los últimos veinte años. Las grandes empresas tienen más poder para disponer de espacio, haciendo que los emplazamientos individuales sean mucho más vulnerables a sus caprichos, pero también que toda la estructura de la urbanización esté mucho más abierta a los cambios y flujos del capital industrial.

d) El proletariado mundial casi se ha duplicado en los últimos treinta años. Eso se produjo en parte debido al rápido crecimiento poblacional, pero también porque el capital móvil moviliza cada vez más gente en el mundo (mujeres incluidas) como mano de obra asalariada en p. ej. Corea del Sur, Taiwán, África, así como en el exbloque soviético recientemente. Gran parte de ese enorme proletariado mundial trabaja bajo unas condiciones de enorme explotación y opresión política. Pero está geográficamente diferenciado (con servicios financieros y otras divisiones del trabajo sumamente concentradas en ciertas zonas), y también disperso por toda una serie de enormes concentraciones urbanas. En consecuencia, es difícil organizarse, si bien sus condiciones indicarían que son terreno favorable para una lucha anticapitalista extendida.

e) La territorialización del mundo ha cambiado. Las operaciones públicas se han hecho mucho más disciplinadas por parte del capital monetario y las finanzas. El ajuste estructural y la austeridad fiscal se han convertido en lo más importante, y el estado se ha visto en cierta medida reducido al papel de buscar modos de fomentar un clima favorable a los negocios. La «tesis de la globalización» funciona aquí como una potente ideología capitalista para convencer a socialistas, partidarios del estado de bienestar, nacionalistas, etc. Por lo tanto, las medidas de bienestar social para los pobres han sido sustituidas en gran parte por subvenciones públicas al capital (la Mercedes-Benz ha recibido recientemente un paquete de 250 millones de dólares de subvención del estado de Alabama, para convencerla de que se establezca allí). Pero el poder del estado-nación no ha desaparecido. En vez de disminuir, se ha acrecentado en ciertas áreas como en control laboral, disciplina fiscal de gastos estatales e inversiones en infraestructuras (tanto físicas, como el sistema de transporte y comunicaciones, como sociales, tal que las inversiones en educación para actividades e industrias «basadas en el conocimiento»). La filosofía rectora de la acción estatal ha sido cada vez más la de la «asociación público-privada», en la que las inversiones públicas se engranan más y más para proteger intereses privados, más que sociales. Al hacerlo, el estado termina a menudo siendo igual de activista en relación a la acumulación de capital que lo que ha sido siempre. El desarrollo capitalista no habría tomado la forma que ha adquirido en

Singapur, Indonesia, Corea del Sur, Taiwán, así como en los bastiones tradicionales del capitalismo, si no hubieran contado con fuertes apoyos estatales.

f) Si bien los estados individuales perdieron algunos de sus poderes, la democratización geopolítica creó nuevas oportunidades. Se hizo más difícil para cualquier poder central ejercer la disciplina sobre otros, y más fácil para los poderes periféricos insertarse en el juego competitivo capitalista. El poder monetario es un capacitador «uniformizador y cínico», lo dirija quien lo dirija y esté donde esté. A los estados competitivos les podía ir bien en la competencia global, y eso implicaba que a los estados con niveles salariales bajos y fuerte disciplina laboral, así como a los estados autoritarios con fuertes capacidades para movilizar inversiones para empresas corporativas (como la mayoría de las economías del «tigre» asiático) les iba a menudo mejor que a otros.

Todos esos cambios cuantitativos tomados en conjunto han constituido las sinergias suficientes para transformar los procesos de urbanización a lo largo y ancho del mundo. Pero no ha habido ninguna revolución en el modo de producción y las relaciones sociales a él asociadas. Si existe alguna tendencia real cualitativa, es la existente hacia la reafirmación del *laissez-faire* capitalista de principios del siglo XIX para el capital, apoyado por la represión estatal de la oposición, unido a una tendencia del siglo XXI a atraer a todos (y a todo cuanto puede ser objeto de intercambio) a la órbita del capital. El efecto es hacer que sectores cada vez mayores de la población mundial estén permanentemente de sobra en relación a la acumulación de capital, y sin medios de sustento alternativos.

Pero la objeción política a la tesis de la globalización es que niega la posibilidad de acción significativa en cualquiera de los asentamientos del capitalismo (trátese del estado-nación o de la ciudad). Presupone de forma no dialéctica que los poderes puros de los procesos espaciales del capital fluyen para dominar lugares. Como reacción, hay muchos que tratan ahora de echar la culpa a otro.

## 3. La respuesta comunitarista

Algunos analistas, confrontados a los innumerables problemas y peligros que plantea hoy en día la vida urbana, al rechazar la tesis de la globalización han aspirado a una solución simple: tratar de transformar las ciudades grandes y densas, que parecen estar tan fuera de control, en aldeas urbanas en las que se cree que todo el mundo puede relacionarse con los demás de forma civilizada en un entorno urbano y amable. A este respecto, el pensamiento urbano de finales del siglo XIX ejerce una influencia especialmente funesta en el pensamiento y prácticas actuales. El anarquismo social utópico de aquella época tiene tanto de qué responder como las nociones burguesas más tradicionales derivadas ya en 1812 del reverendo Thomas Chalmers, quien, en una serie de escritos con gran influencia en Gran Bretaña, propuso movilizar «el espíritu comunitario» como antídoto a la amenaza de la guerra de clases y la violencia revolucionaria en zonas que se urbanizaban rápidamente. La fusión de esas dos líneas de pensamiento en la obra de Patrick Geddes y Ebenezer Howard y su traspaso a las prácticas planificadoras de gran parte del siglo XX ha implicado una larga continuidad en el pensamiento comunitarista que es extraordinariamente difícil de exorcizar de toda idea sobre los procesos urbanos.

Muchos analistas contemporáneos, posteriores al estudio de Herbert Gans sobre *The Urban Villagers* (1962), creen que de todas formas las ciudades se constituyen sobre todo como colecciones de aldeas urbanas. Jencks (1993) cree que incluso Los Angeles puede disolverse en veintiocho municipios, y Peter Hall, aunque admite que todo suena algo banal, puede afirmar alegremente la verdad fundamental de que Londres es efectivamente una serie de aldeas. La idea de algún tipo de solución de corte comunitario-colectivista a los problemas urbanos es tan atractiva como potente (a juzgar por los innumerables artículos y libros dedicados al tema). Y eso no se debe sólo a la nostalgia de algún mundo mítico, perdido hace tiempo, de íntima vida aldeana, ignorando el hecho de que la mayor parte de la emigración populista de las aldeas surgió precisamente porque eran tan opresoras para la mente humana y tan inútiles como forma de organización socio-política. La idea se hace atractiva también porque alguna entidad social mítica llamada «comunidad» podría quizá ser recreada, y porque el «espíritu comunitario» y la «solidaridad comunitaria» es, tal como se nos pide una y otra vez que creamos, lo que nos rescatará del mundo embotador de la disolución social, del materialismo de «pilla lo que puedas» y de codicia individualizada, egoísta y orientada al mercado, que está en la raíz de todos los males urbanos. El concepto de comunidad cristiana de base, por ejemplo, invento vital de la actualmente muy limitada teología de la liberación de América Latina, se ha llevado incluso a Baltimore como solución a los problemas urbanos (McDougall, 1993). Y la idea de que las instituciones de la sociedad civil y de la comunidad podrían hasta aumentar el poder competitivo y ser semillero de más crecimiento económico ha penetrado incluso en instituciones como el Banco Mundial (gracias a los escritos de Putnam y otros y a la notable experiencia de instituciones como el Grameen Bank de Bangla Desh).

Ese ideal no tendría el apoyo que tiene si no hubiera en él nada de verdad. En mi opinión, lo único que puede detener las revueltas o la ruptura social total en muchas ciudades son las redes intrincadas de la solidaridad social, el poder y dedicación de las organizaciones comunitarias y los cientos de grupos de voluntarios que trabajan las veinticuatro horas del día por restaurar un mínimo sentido de decencia y orgullo en un mundo en vías de urbanización, traumatizado por la rapidez del cambio, el desempleo, las migraciones masivas y todos los dolores inflingidos por una modernidad capitalista que está pasando al declive nihilista de la posmodernidad. Y no cabe duda de que como consecuencia de la movilidad comunitaria se produce y producirá siempre desarrollo limitado.

Pero la palabra comunidad ha significado siempre cosas diferentes para gente diferente, e incluso cuando se encuentra algo que se parece a eso, suele resultar a menudo ser tanto parte del problema como panacea. Las comunidades bien fundadas pueden excluir, definirse por oposición a otras, erigir todo tipo de señales de prohibido el paso (o muros tangibles). Como apunta Young, «el racismo, el chauvinismo étnico y la devaluación de clase... crecen en parte del deseo de comunidad», y «la identificación positiva de algunos grupos se logra a menudo empezando a definir otros grupos como el otro, el semihumano devaluado».

Nos encontramos aquí con un ejemplo singular, instructivo y muy importante de cómo la definición a priori de un objeto teórico interpretado como entidad natural en el espacio absoluto puede llevar a engaño. El error surge debido a la creencia de que la «comunidad», entendida a menudo como una entidad que se da de forma natural, existe en efecto o puede existir (hay una amplia literatura acerca de cómo se pierden y encuentran «comunidades» en la historia de la urbanización), y que esa entidad, dotada de poderes balsámicos causales, puede ser puesta a funcionar como agente para el cambio social. Incluso entendido como algo construido socialmente, el comunitarismo incorpora creencias míticas de que puede crearse una «cosa» llamada comunidad como si fuera una entidad autónoma e independiente dotada de poderes causales y balsámicos, que esa «cosa» puede definirse internamente de modo que pueda aislarse de los «otros» y de los «forasteros», y que las relaciones externas de esa cosa con otras cosas son contingentes y ocasionales, más que integrales y continuas. Una visión más dialéctica sostiene que entidades como las comunidades, si bien no carecen de importancia, no pueden comprenderse independientemente de los procesos sociales que las generan, sustentan y también las disuelven, y que son esos procesos socioespaciales los que son fundamentales para el cambio social. No quiero decir que la construcción de cierto tipo de forma espacio-temporal designada como «comunidad» carezca de importancia o interés. Puede establecerse

191

algo semejante a una comunidad como fuente de bienestar y subsistencia frente a la adversidad, como zona de capacitación política, así como espacio limitado en el que hacer frente a la política excluyente racista, clasista y étnico-religioso y a los potentes mecanismos de explotación interna. Pero al abstraer de la dialéctica de relaciones cosa-proceso, nuestra visión de las posibilidades de acción social se hace tan restringida por la retórica comunitaria como para que frecuentemente sea auto-anuladora, si no autodestructiva, de los objetivos iniciales, por muy bien intencionados que sean (como, por ejemplo, en el caso de tratar de importar la panacea de las comunidades cristianas de base para la situación de privación y marginación experimentada por la población afroamericana de Baltimore). Hay maneras mucho mejores de comprender las relaciones entre «comunidad» y procesos sociales, trasladando toda la cuestión a una de las dialécticas de relaciones espacio-lugar como un aspecto de la producción total de espacio-temporalidad inherente a los procesos de urbanización en general. Puede sonar excesivamente abstracto y complicado, pero la idea de que la «communitas» romana o la aldea medieval puede reconstruirse de alguna manera en Bombay o Sao Paulo parece poco menos que absurda. Esto último no es alternativa para el problema mucho más espinoso de crear una política de heterogeneidad y un dominio de lo público que se extienda por las diversas espacio-temporalidades de la vida urbanizada contemporánea. Aunque la retórica del comunitarismo puede proporcionar un antídoto ideológico contra los efectos discapacitadores de un globalismo puro, también fracasa, precisamente porque abstrae de la dialéctica de espacio y lugar, y porque trata a una parte de la antinomia como entidad autosuficiente dotada de poderes causales.

### 4. De la ecología urbana a la ecología de la urbanización

El omnipresente y a menudo poderoso antiurbanismo de gran parte del movimiento medioambiental-ecologista contemporáneo se traduce a menudo en la opinión de que las ciudades no deberían existir, pues representan el punto álgido del saqueo y polución de cuanto hay de bueno y sagrado en el planeta tierra. La forma predominante de las soluciones radicales propuestas para dilemas ecológicos es una vuelta a una forma de comunitarismo ruralizado. Ese antiurbanismo predominante es tan extraño como pernicioso. Es casi como si una concepción fetichista de la «naturaleza» como algo a valorar y adorar fuera de la acción humana cegara a todo un movimiento político ante las cualidades de los entornos vivos reales en los que pronto va a vivir la mayoría de la población. De todos modos, no es coherente sostener que todo cuanto hay en el mundo está relacionado entre sí, como tienden a hacer los ecologistas, y después decidir que el entorno construido y las estructuras urbanas que lo acompañan quedan de alguna manera fuera de toda consideración tanto teórica como práctica. El efecto ha sido

escapar de concepciones integradoras del proceso de urbanización al hacer análisis medioambiental-ecológicos.

En cuanto a esto, parecería a primera vista como si nuestros antecesores del siglo XIX tuvieran algo de gran importancia que enseñarnos. ¿No fue acaso un objetivo esencial de la obra de Olmstead y Howard tratar de reunir el campo y la ciudad en tensión productiva y cultivar una sensibilidad estética que pudiera hacer de puente entre los males crónicos del industrialismo urbanizado y las ocupaciones supuestamente más sanas de la vida en el campo? Sería una vulgaridad negar los logros reales en ese frente. Las marcas de lo que se hizo en aquellos años –los sistemas de aparcamiento, las ciudades-jardín y suburbios-jardín, calles con hileras de árboles– son ahora parte de una tradición de vida que define ciertas cualidades de vida urbana que muchos (y no sólo la burguesía) son capaces de valorar y siguen valorando. Pero también es innegable que esa visión ecológica, noble e innovadora como pudo ser en aquella época, era predominantemente estética (y muy burguesa) en su orientación, y fue fácilmente integrada y rutinizada en prácticas de complejos urbanísticos para las clases medias. Además, hay más de una pista de que lo que debía haber sido una tensión productiva entre campo y ciudad estuvo de hecho dominado por una nostalgia de una forma de vida rural y comunitaria que nunca existió salvo en las fértiles imaginaciones de una burguesía que buscaba evadirse de los efectos estéticos y sociales de sus propias prácticas capitalistas. La tradición ecológica dentro del pensamiento urbano, a pesar de contar con ilustres pensadores como Mumford y Geddes, tiene poco importante que decir sobre la dialéctica urbanizadora entre cambio social y medioambiental. Aunque prestó sin duda atención a cuestiones de salud pública y al entorno vivo, fracasó a la hora de incorporar esa otra línea de lucha medioambiental que se centraba en las condiciones de trabajo. Su definición de lo ecológico estaba demasiado limitada para estar a la altura de las inquietudes de hoy en día.

No obstante, en años recientes se ha comenzado a prestar cierta atención, sobre todo por parte de los medioambientalistas de mentalidad más ejecutiva, a la cuestión de las ciudades «sostenibles» y formas más amables de crecimiento y cambio urbano. Pero la separación entre análisis urbano y medioambiental (y una nostalgia empalagosa por lo rural y su supuestamente bien equilibrado sentido comunitario) sigue siendo demasiado marcado para cosa buena. Lo mejor que parecen poder ofrecer los ecologistas (al contrario que el movimiento de justicia medioambiental) es una cierta vuelta a una urbanización regulada por las limitaciones metabólicas de un mundo biorregional que supuestamente existió en lo que fue de hecho la época medieval o antigua, algo polucionado y pestilente, o bien una disolución total de las ciudades en comunas descentralizadas o entidades municipales en las que se cree que la proximidad a cierta cualidad ficticia llamada «naturaleza» nos predispondrá a líneas de acción consciente (es decir, no impuesta) que respetará las cualidades del mundo natural que nos rodea (como si traspasar a todos de las grandes ciudas a las zonas de campo fuera a garantizar de algún modo la conservación de la biodiversidad, la calidad de agua y aire, y demás). Y demasiadas cosas de las que pasan por ecológicamente sensibles en los campos de la arquitectura, la planificación urbana y la teoría urbana vienen a ser poco más que una concesión a la moda y a esa estética burguesa que gusta de realzar lo urbano con un poco de verde, unas gotas de agua y un pedazo de cielo.

Pero hay todo un abanico de cuestiones ecológicas que son esenciales para saber cómo deberíamos pensar sobre nuestro mundo en rápido proceso de urbanización. La dificultad es que «medio ambiente» quiere decir cosas totalmente diferentes para diferentes personas, dependiendo no sólo de devociones ideológicas y políticas, sino también de la situación, posicionalidad, capacidades económicas y políticas, y cosas por el estilo. Cuando los diez grupos medioambientalistas más grandes de Estados Unidos señalan el calentamiento global, la lluvia ácida (cuestiones directamente unidas a la urbanización, por medio de la automoción), los agujeros en la capa de ozono, la biodiversidad y demás, apuntan a cuestiones graves que tienen relevancia a escala global. Las respuestas a esas cuestiones tienen profundas implicaciones para los procesos de urbanización. Los intentos de inculcar una lógica de «crecimiento inteligente» en Estados Unidos han generado ya diversos frentes de resistencia, a pesar de que las propuestas a favor de una racionalización ecológica de los usos de la tierra y de los sistemas de transporte son relativamente suaves (e incluso anodinas, comparadas con propuestas similares de control de uso del suelo lanzadas en los años sesenta en Gran Bretaña y otros países europeos). Pero éstas no son las cuestiones más importantes desde el punto de vista de las masas de gente que inundan las ciudades de países en vías de desarrollo. A resultas de esto, se hacen cada vez más estridentes las quejas de parcialidad en el programa medioambiental que están imponiendo las naciones opulentas:

> «En cierto modo es irónico que los problemas medioambientales inmediatos, a nivel doméstico, de la calidad del aire dentro de la casa o de saneamiento, sean a menudo ignorados o se los trate a la ligera por parte de los grupos activistas medioambientalistas preocupados por el entorno. La mayor parte de la atención internacional en los últimos diez años se ha centrado en cuestiones de «la gente corriente», o en las que amenazan con una tragedia global. Pero los efectos adversos de las enfermedades domésticas

transmitidas por el aire o el agua en la mortalidad infantil y la esperanza de vida de las mujeres no son cuestiones de menores proporciones globales que, digamos, la destrucción de bosques tropicales, y en términos humanos inmediatos pueden ser el más urgente de todos los problemas medioambientales que hay en el mundo. Desde luego, las directas amenazas que suponen para los pobres de las ciudades una peligrosa calidad del aire interior y el saneamiento inadecuado superan a los efectos adversos del calentamiento global, o incluso de la polución causada por vehículos» (Campbell, 1989, 173).

Si bien Campbell añade que «por supuesto, el mundo necesita que se actúe tanto en éste como en otros frentes», la asignación de prioridades y las consecuencias potencialmente conflictivas de esforzarse por cumplir diferentes objetivos medioambientales definidos a escalas radicalmente diferentes es tal vez uno de los problemas más singulares -sobre los que no se ha terminado de recapacitar- asociados a la rápida urbanización de la época contemporánea. Baste decir que la integración de la cuestión de la urbanización en la cuestión ecológico-medioambiental es una condición *sine qua non* para el siglo XXI. Pero hasta ahora no hemos hecho más que arañar la superficie de cómo lograr esa integración en la diversidad de escalas geográficas a las que diversos tipos de cuestiones ecológicas adquieren la prominencia que adquieren. Y aunque el movimiento de justicia medioambiental tiene la potencialidad de hacer fuego político frotando entre sí cuestiones de justicia social y modernización ecológica, lleva tanta carga de comunitarismo y mitología religiosa como para hacer que su enfoque de la cuestión de la urbanización parezca algo ambivalente, e incluso en ciertos aspectos potencialmente retrógrado.

*5. La urbanización como desarrollo geográfico desigual*

Nos acecha un estancamiento conceptual. La aceptación del lenguaje de la globalización incapacita políticamente a los movimientos anticapitalistas e incluso moderadamente socialdemócratas. Niega cualquier autonomía relativa al desarrollo urbano, socava la capacidad para, dentro de ciudades concretas, definir nuevas posibilidades de vida urbana, y hace imposible imaginar la modificación, trasgresión o interrupción de la trayectoria de la globalización/urbanización capitalista en general. Por otra parte, la respuesta comunitarista parece utópica en el sentido ligeramente nostálgico de mirar a tiempos pasados, o, si no, propone una política localizada ilusamente aislacionista, supuestamente fuera del flujo y corriente de acumulación capitalista que opera sobre la faz de la tierra. Cuando se lleva a la práctica, a menudo equivale a exclusiones clasistas y/o raciales de lo diferente. Y si bien el comunitarismo incorpora a menudo el sueño de garantizar el equilibrio ecológico y una salud ecológica sostenible, disminuye la capacidad de enfrentarse con realismo a los complejos problemas medioambientales, pues surgen a escalas geográficas bastante diferentes, incluida la de la urbanización.

Si hemos de rechazar tanto el lenguaje de la «comunidad» como el de la «globalización», ¿adónde podemos ir? Nos encontramos desamparados en un terreno en el que el espacio-tiempo, el lugar y el entorno no pueden separarse unos de otros, ni ser tratados como meras abstracciones fuera de las condiciones concretas de historia y geografía. La teoría del materialismo histórico-geográfico está, por tanto, madura para su aplicación. Esto exige un paso de un lenguaje de globalización o comunitarismo a un lenguaje de «desarrollo espacio-temporal desigual» o, más simplemente, «desarrollo geográfico desigual».

En su forma más simple, ese concepto se centra en las condiciones histórico-geográficas concretas dentro de las cuales es posible la acción socioecológica, y en el modo en que la actividad humana a su vez transforma las condiciones socioecológicas. El concepto de desarrollo geográfico desigual capta:

a) el palimpsesto de las relaciones socioecológicas de lugar históricamente sedimentadas,

b) el mosaico ordenado de permanencias socioecológicas estratificadas y ordenadas jerárquicamente (estructuras de poder, instituciones, infraestructuras físicas, configuraciones y aspiraciones culturales) que ordenan el espacio, y

c) el movimiento a veces caótico de flujos socioecológicos (bajo las condiciones contemporáneas, sobre todo flujos de capital y migratorios) que producen, sustentan y disuelven las diferencias geográficas del paisaje a lo largo del tiempo. La urbanización es una manifestación de desarrollo geográfico desigual a cierta escala.

Esto no es un modo especialmente novedoso de comprender el mundo. Pero ha resultado difícil de apoyar como forma de pensamiento y como política. Una y otra vez, incluso cuando los analistas llegan al momento de comprender los modos decisivos en que el espacio-tiempo, el entorno y el lugar se conjuntan mediante el despliegue de procesos socioecológicos, a menudo tienden a escabullirse en una retórica mucho más simplificada y simplista de los procesos sociales que se dan *en* el espacio y alteran una naturaleza *externa*. Aunque se reconoce frecuentemente la tiranía de esta última idea (pensemos, por

ejemplo, en el modo en que teóricos como Poulantzas o Giddens flirtean con el tema), la única exposición teórica sobre la producción de desarrollo geográfico desigual es la de Smith (1990). Y si bien dice con claridad que los movimientos anticapitalistas deben planear algo «muy geográfico» si quieren lograr algo, hay todo tipo de problemas políticos que hay que superar para que eso sea eficaz.

## Perspectivas políticas

No existe región en el mundo en la que no se encuentren manifestaciones de cólera y descontento con el sistema capitalista. En algunos lugares, los movimientos anticapitalistas tienen una implantación más bien fuerte. Por todas partes hay «particularismos militantes» localizados, desde el movimiento miliciano de los bosques de Michigan (gran parte del cual es violentamente anticorporativo y está contra el estado capitalista, a la vez que es racista y excluyente) hasta los movimientos de campesinos indios y brasileños en lucha contra los proyectos de desarrollo territorial del Banco Mundial y el amplio abanico de movimientos sociales urbanos en lucha contra la pobreza, la opresión, la explotación y la degradación medioambiental a lo largo y ancho del mundo. Existe un auténtico fermento de oposición dentro de los intersticios del desarrollo espacio-temporal desigual del capitalismo. Esa oposición, aunque militante, es con frecuencia particularista (a veces, en sumo grado), incapaz a menudo de ver más allá de su propia forma especial de desarrollo geográfico desigual. Tales movimientos de oposición ni siquiera son necesariamente anticapitalistas, menos aún prosocialistas (pueden igual de fácilmente ser autoritarios, religiosos o neofascistas, como en los casos de Shiv Sena en Bombay y la Liga Lombarda en Italia). A esos movimientos les falta coherencia y una dirección unificada, a pesar de que sus actividades pueden tener consecuencias devastadoras sobre el suelo (como en el caso de la violencia que sacudió Bombay en 1992-93). Los movimientos y acción políticos en un terreno pueden confundir y a veces anular los efectuados en otro, poniendo a los procesos e intereses capitalistas en bandeja de plata la posibilidad de aplicar el divide y vencerás. Las luchas de oposición se desarrollan de forma desigual, y se inscriben en procesos de acumulación de capital en formas singulares y a menudo opacas, lo que requiere un enfoque mucho más sofisticado y sensible a las guerras de posición y maniobra de lo que jamás fuera capaz de idear Gramsci.

Pero si bien las condiciones de desarrollo geográfico e histórico desigual pueden plantear dificultades especiales para cualquier lucha anticapitalista coherente e internacional, también ofrecen posibilidades abundantes –terreno extraordinariamente variado e inestable– para la organización y acción políticas.

194

El movimiento socialista y anticapitalista tiene que configurar el modo de hacer uso de tales posibilidades revolucionarias. Tiene que adaptarse a los procesos extraordinariamente potentes de desarrollo espacio-temporal desigual, incluidos los de la urbanización, que hacen que organizar sea una cosa tan precaria y difícil. Tiene que reconocer que el objetivo tradicional de los movimientos socialistas –la conquista del poder estatal– es insuficiente para su propósito, y que unir diversas facciones jamás puede significar suprimir las diferencias socioecológicas. Exactamente del mismo modo en que Marx vio la necesidad de que los trabajadores de todos los países se unieran para combatir el proceso de globalización que se produjo en su época, igual que el movimiento socialista tiene que encontrar también formas de ser tan flexible –en su teoría y en su práctica política– sobre ese espacio de desarrollo geográfico desigual volátil como lo ha llegado a ser actualmente la clase capitalista.

El trabajo de síntesis tiene que ser progresivo, ya que los campos y terrenos de lucha cambian continuamente a medida que cambia la dinámica socioecológica capitalista. Necesitamos sobre todo comprender el proceso de producción de desarrollo espacio-temporal desigual y las enormes contradicciones que existen ahora dentro del campo, no sólo para el capitalismo (que acarrea mucha autodestrucción, devaluación y bancarrota), sino también para unas poblaciones hechas cada vez más vulnerables a la violencia de las reducciones de plantilla, el desempleo, el colapso de servicios, la degradación de condiciones laborales y niveles de vida, la destrucción de complejos de recursos y la pérdida de calidad medioambiental. Es vital ir más allá de las particularidades y recalcar el *patrón* y las cualidades sistémicas del daño que se está produciendo. «Simplemente conecte» sigue siendo uno de los eslóganes políticos más capacitadores y perspicaces. Además, hay que extender el análisis, y hacer que abarque un amplio abanico de cuestiones diversas y aparentemente dispares. Temas como el sida, el calentamiento global, la degradación medioambiental local o la destrucción de tradiciones culturales locales son propiamente cuestiones de clase, y hay que demostrar cómo la construcción de una comunidad en la lucha de clases anticapitalista puede mitigar las condiciones de opresión en un amplio espectro de la acción social. Esto no es, insisto, una petición de eclecticismo y pluralismo, sino una petición de que se revele el crudo contenido de clase de un amplio abanico de campos anticapitalistas.

La importancia primaria que tiene la «globalización» para la lucha anticapitalista en países capitalistas avanzados, por ejemplo, es que la posición relativamente privilegiada de las clases trabajadoras se ha rebajado mucho en relación a las condiciones de trabajo en el resto del mundo. Las condiciones de vida en el capitalismo avanzado han sentido todo el peso de la capacidad de «destrucción creativa» capitalista, que contribuye a una extrema volatilidad en las perspectivas económicas locales, regionales y nacionales (la ciudad o sector en expansión este año se convierte en la región o industria deprimida del año que viene). La justificación que da para ello el libre mercado es que la mano oculta del mercado funcionará en beneficio de todos, siempre que haya la menor interferencia estatal posible (y debería añadirse –aunque normalmente no se hace– el poder monopolista). El objetivo es que se sienta la violencia y destrucción creativa del desarrollo geográfico desigual (por ejemplo, mediante la reorganización geográfica de la producción) con la misma intensidad en bastiones tradicionales del capitalismo como en otras partes, en medio de una extraordinaria tecnología de la opulencia y un consumo manifiesto que se comunica instantáneamente por todo el mundo como conjunto potencial de aspiraciones. El terreno político para la organización anticapitalista en el capitalismo avanzado parece ser más fértil que nunca.

No obstante, este trabajo de síntesis tiene que volver a echar raíces en las condiciones orgánicas de la vida cotidiana. Eso no implica abandonar las abstracciones que Marx y los marxistas nos han legado, pero sí que significa revalidar y reevaluar esas abstracciones mediante la inmersión en luchas populares, algunas de las cuales, superficialmente, pueden no parecer proletarias en el sentido que se ha dado tradicionalmente al término. En cuanto a eso, la teoría social en general y el marxismo en particular tienen que combatir sus propias tendencias escleróticas, tienen su propio capital fijo establecido de conceptos, instituciones, prácticas y políticas que pueden funcionar por una parte como excelente recurso y por otra como barrera dogmática a la acción. Tenemos que diferenciar entre lo que es útil y lo que no lo es en este capital fijo de nuestro intelecto y política. Y sería sorprendente que no hubiera, de vez en cuando, enconadas discusiones sobre de qué deshacerse y qué conservar. A pesar de todo, el debate tiene que producirse. El lenguaje en el que se establece la problemática urbana debe transformarse, aunque no sea más que para liberar toda una serie de posibilidades conceptuales que de otro modo permanecerán ocultas. Ponerse de acuerdo en cuanto a cómo va a ser la vida urbana en el siglo XXI plantea, entonces, una serie de problemas clave en los que incidir junto a una serie de mitos paralelos que merecen ser refutados:

El primer mito es que alcanzar los recursos para hacer frente a los problemas urbanos depende de la solución previa a problemas de desarrollo económico y de crecimiento poblacional. Frente a él está la idea de que las ciudades siempre han tenido que ver básicamente con la creación de riqueza y el consumo de riqueza, y que hacer que las cosas vayan bien en la ciudad es el único camino real hacia el progreso económico para

195

el conjunto de la población. Y creo que ahí deberíamos incluir también redefiniciones fundamentales de lo que se entiende por riqueza, bienestar y valores (incluidos los que afectan al crecimiento poblacional), redefiniciones que lleven más al desarrollo de las potencialidades humanas, en contraposición a la mera acumulación de capital para unos pocos elegidos. Si debiéramos sentirnos nostálgicos de algo de finales del siglo XIX, es de la voluntad política de forjar una urbanización de política pública.

El segundo mito es que los problemas planteados por la urbanización son fundamentalmente consecuencia de procesos sociales profundamente arraigados que pueden y deben ser analizados independientemente de su localización geográfica u ordenamiento espacio-temporal. A esta visión debería enfrentársele firmemente una perspectiva que ve la producción de diferentes ordenamientos y estructuras espacio-temporales como momentos activos dentro del proceso social, la apreciación de los cuales revelará mejor cómo lo que entendemos convencionalmente por urbanización y formas urbanas podría redefinirse y tomarse en consideración como momentos de transformación y consecuentemente puntos posibles de intervención en luchas anticapitalistas.

El tercer mito es que se trata simplemente de encontrar las tecnologías adecuadas para concretar mejor cómo adecuar a las poblaciones en desarrollo dentro del marco urbano. Frente a esto hay un reconocimiento de que las nuevas tecnologías producidas por el complejo militar-industrial del capitalismo han abierto una y otra vez nuevas posibilidades de urbanización, en general orientadas al capitalismo, pero que de todas formas habría que distinguir esas posibilidades de las fuerzas predominantes (tales como la acumulación de capital o la apropiación populista) que llevan a cabo sus propios programas por medio de esas tecnologías.

El cuarto mito es que formas a menudo caóticas y frecuentemente problemáticas de procesos sociales pueden corregirse y controlarse encontrando el diseño espacial adecuado. Frente a esto está la idea de que todas las espacializaciones de utopías, desde Tomás Moro hasta la degeneración utópica manifiesta de Disneylandia, pasando por Le Corbusier, no pueden borrar la historia y el proceso. Una política emancipatoria exige el utopismo vivo del proceso, en contraposición al utopismo muerto de la forma urbana espacializada.

El quinto mito es que los problemas sociales en áreas en proceso de urbanización son remediables sólo en la medida en que se dé más rienda suelta a las fuerzas del mercado. Frente a esto está la idea de que la creación (y redefinición) de riqueza depende de la colaboración social, de la cooperación (incluso entre negocios), más que de una lucha darwiniana competitiva individual por la existencia. La búsqueda de la justicia social es, por tanto, un medio importante para conseguir un funcionamiento económico mejorado, y aquí, al menos, la reflexión y los valores comunitaristas y las políticas públicas nacionales sí que tienen un papel potencialmente creativo a desempeñar.

El sexto mito es que las fuerzas de la globalización son tan fuertes que imposibilitan cualquier autonomía a iniciativas locales o particulares para encarrilar el proceso de urbanización en una trayectoria diferente. Sólo una revolución global puede cambiar algo. Frente a esto, está la idea de que la globalización es realmente un proceso de desigual desarrollo geográfico e histórico (espacio-temporal) que crea continuamente un terreno variopinto de luchas anticapitalistas que hay que sintetizar de modo que se respeten las cualidades del desarrollo espacio-temporal desigual de diversos «particularismos militantes» (como los que se encuentran en los movimientos sociales urbanos), a la vez que se desarrollan fuertes vínculos y políticas internacionalistas.

El séptimo mito es que la solidaridad comunitaria puede proporcionar la estabilidad y fuerza necesarias para controlar, gestionar y mitigar los problemas urbanos, y que la «comunidad» puede sustituir a la política pública. Frente a esto, está el reconocimiento de que la «comunidad», en la medida en que exista, es una configuración inestable relativa a los procesos conflictivos que la generan, sustentan y con el tiempo socavan, y en la medida en que adquiera carácter de permanencia es frecuentemente una forma social excluyente y opresiva (que se hace especialmente peligrosa al romantizarla) que puede estar en la raíz del conflicto urbano y de la degeneración urbana, del mismo modo que puede ser una panacea para las dificultades político-económicas.

El octavo mito es que cualquier transformación radical de las relaciones sociales en zonas urbanizadas debe esperar a una especie de revolución socialista o comunista que pondrá entonces a nuestras ciudades en una situación suficientemente buena como para permitir que florezcan nuevas relaciones sociales. Frente a esto está la idea de que la transformación de las relaciones socioecológicas en asentamientos urbanos tiene que ser un proceso continuado de cambio socio-medioambiental, una larga revolución que debe hundir sus raíces en las condiciones contemporáneas y a la vez tender la mano a la construcción de una sociedad alternativa como objetivo a largo plazo mediante acciones a corto plazo.

El noveno mito es que en nuestras ciudades en proceso de desintegración y propensas al conflicto hay que reafirmar un orden, una autoridad y un control centralizado más fuerte –sea moral, político, comunitarista, religioso, físico o militar–, sin interferir, no obstante, en la libertad fundamental de mercado. Frente a esto está la idea de que la combinación actual de neo-liberalismo y poder monopolista (incluido el del estado) es algo contradictorio. La urbanización ha tenido que ver siempre con formas creativas de oposición, tensión y conflicto (incluidas las registradas mediante el intercambio comercial). Las tensiones engendradas por la heterogeneidad no pueden ni deberían reprimirse, sino liberarse en modos socialmente interesantes, aunque ello implique más conflicto que falta de él, incluida la contestación ante socializaciones socialmente necesarias de los procesos de mercado para fines colectivos.

El décimo mito es que la diversidad y la diferencia, la heteroge-neidad de valores, las oposiciones entre estilos de vida y las migraciones caóticas son algo a temer como fuentes de conflic-to, y que habría que mantener a los «otros» fuera para defen-der la «pureza» del lugar. Frente a esto está la opinión de que las ciudades que no puedan adaptarse a la diversidad, a los movimientos migratorios, a los nuevos estilos de vida y a la heterogeneidad económica, política, religiosa y de valores, van a morir por osificación y estancamiento, o porque van a des-membrarse en conflictos violentos. Definir una política que pueda hacer de puente entre las múltiples heterogeneidades sin reprimir la diferencia es uno de los mayores desafíos de la urbanización del siglo XXI.

El undécimo mito es que las ciudades son antiecológicas. Frente a ello está la opinión de que la vida urbanizada de alta densidad y las formas inspiradas de diseño urbano son los úni-cos caminos para llegar a una forma de civilización más ecoló-gicamente sensible en el siglo XXI. Debemos reconocer que la distinción entre el *entorno* tal y como se entiende habitualmen-te y el *entorno construido* es artificial, y que lo urbano y todo cuanto contiene es tanto parte de la solución como factor que contribuye a las dificultades ecológicas. El reconocimiento tan-gible de que el grueso de la humanidad va a establecerse en entornos habitados designados como urbanos dice que la polí-tica medioambiental debe prestar tanta atención, si no más, a las cualidades de los entornos construidos y sociales que la que suele prestar ahora a un entorno «natural» ficticiamente separado e imaginado.

Hará falta imaginación y agallas políticas, un arranque de fer-vor y cambio revolucionario (en las ideas tanto como en la polí-tica) para construir una necesaria poética del entendimiento para nuestro mundo en proceso de urbanización, unos estatu-tos para la civilización, una trayectoria para nuestra especie, a partir de la materia prima de este presente. Al menos a este respecto, hay mucho que aprender de nuestros predecesores

del siglo XIX, pues su valentía política e intelectual no puede ponerse en entredicho. Movilizaron sus imaginarios y crearon sus propias poéticas para afrontar una tarea de un modo que tuvo consecuencias materiales –tanto buenas como malas– bajo condiciones que ahora están siendo sustituidas o amena-zan disolución. Si queremos que la retórica de transmitir un entorno vital decente a las generaciones futuras tenga un ápice de sentido, debemos a las generaciones venideras el invertir ahora en una búsqueda colectiva y muy pública de algún modo de comprender las posibilidades de lograr un proceso de urba-nización justo y ecológicamente sensible bajo las condiciones de hoy en día. Ese debate no puede confiar en sueños muer-tos resucitados del pasado. Tiene que construir su propio len-guaje –su propia poética– con el que discutir futuros posibles en un mundo de desarrollo geográfico desigual en rápida urba-nización. Sólo así podrán aprovecharse las posibilidades de que haya un modo de urbanización civilizador.

## REFERENCIAS:

- Bellamy, E., *Looking Backward*, Nueva York, Ticknor, 1888.

- Berry, B., "Urbanization", en Turner, B. L. et al, *The earth as transformed by human action*, Cambridge, Cambridge University Press, 1990.

- Campbell, T., "Environmental dilemmas and the urban poor", en Leonard, H. (ed.), *Environment and the poor: Development strategies for a commom agenda*, New Brunswick, N. J., 1989.

- Cronon, W., *Nature's metropolis: Chicago and the Great West*, Nueva York, Norton, 1991.

- Davis, M., *City of quartz: excavating the future in Los Angeles*, Londres, Verso, 1990 (trad. cast.: *Ciudad de cuarzo: arqueolo-gía del futuro en Los Angeles*, Madrid, Lengua de trapo, 2003).

- Engels, F., *The housing question*, Nueva York, 1935 (trad. cast.: *El Problema de la vivienda*, Barcelona, Gustavo Gili, 1974).

- Engels, F., *The condition of the English working classes in 1844*, Oxford, 1952 (trad. cast.: *La Situación de la clase obrera en Inglaterra*, Madrid, Akal, 1976).

- Gans, H., *The urban villagers: Group and class in the life of Italian-Americans*, Nueva York, 1962.

- Guillerme, A., *Les Temps de l'eau: la cité, l'eau et le techni-ques*, Seyssel, Champ Vallon, 1983.

- Harvey, D., *The limits to capital*, Oxford, Basil Blackwell, 1982 (trad. cast.: *Los Límites del capitalismo y la teoría marxista*, Méjico, Fondo de Cultura Económica, 1990).

- Harvey, D., *The urban experience*, Baltimore, Maryland, Johns Hopkins University Press, 1989a.

197

- Harvey, D., "From managerialism to entrepreneuralism: The transformation in urban governance in late capitalism", en *Geografiska Annaler,* 1989b, 71B, pp. 3-17.

- Jencks, C., *Heteropolis: Los Angeles, the riots and the strange beauty of hetero-architecture,* Londres, Academy Berlin, Ernst & Sohn, 1993.

- Knox, "The stealthy tyrnally of community spaces", en *Environment and Planning A,* 1994, 26, pp. 170-73.

- Lees, A., "Berlin and modern urbanity in German discourse, 1845-1945", en *Journal of Urban History,* 1991, 17, pp. 153-80.

- Marin, L., *Utopics: spatial play,* Londres, MacMillan, 1984.

- Marx, K., *Capital,* Nueva York, Viking, vol. 1, 1977 (trad. cast.: *El Capital,* Barcelona, Ed. 62, Libro primero, 1983).

- Marx, K., Engels, F., *The manifesto of the communist party,* Moscú, Progress Publishers, 1952 (trad. cast.: *Manifiesto del Partido Comunista,* Toulouse, Nuestra Bandera, 1948).

- McDougall, H. A., *Black Baltimore: a new theory of community,* Filadelfia, Temple University Press, 1993.

- Newman, O., *Defensible Space,* Nueva York, 1972.

- Platt, H., *The electric city: Energy and the growth of the Chicago area, 1880-1930,* Chicago, Ill., University of Chicago Press, 1991.

- Putnam, R., *Making democracy work: civic traditions in modern Italy,* Princeton, N. J., Princeton University Press, 1993 (trad. cast.: *Para hacer que la democracia funcione: la experiencia italiana en descentralización administrativa,* Caracas, Galac, 1994).

- Sachs, I., "Vulnerability of giant cities and the life lottery", en Dogan, M. y Kasarda, J. (eds.), *The metropolis era: Volume 1, a world of giant cities,* Newbury Park, CA., Sage, 1988.

-Smith, N., *Uneven development: nature, capital and the production of space,* Oxford, Blackwell, 1990.

- Widgery, D., *Some lives! A GP's East End,* Londres, 1991.

- Young, I., *Justice and the politics of difference,* Princeton, N.J., Princeton University Press, 1990 (trad. cast.: *La Justicia y la política de la diferencia,* Madrid, Cátedra, 2000).

Gayatri Chakravorty Spivak es profesora de Humanidades en la Universidad de Columbia en Nueva York –donde dirige el *Center for Comparative Literature and Society*–, y lo ha sido de otras muchas universidades y centros de estudios avanzados en los cinco continentes, con particular atención y continuidad en su India natal. Su renombre como teórica del poscolonialismo no se deja encasillar fácilmente debido a la diversidad e intensidad de sus estudios sobre crítica de la cultura y literatura comparada, de no fácil adscripción. De ella se ha dicho que ha aplicado estrategias deconstructivas a sus análisis teóricos feministas, marxistas o poscolonialistas. Miembro de los consejos de redacción de numerosas revistas especializadas, es autora de obra abundante y variada, traducida a diversas lenguas europeas y asiáticas, y ha visto ya la edición del primer *The Spivak Reader* (1996). Ha recibido importantes premios por sus investigaciones académicas y ha sido distinguida con relevantes nombramientos, como el que la hizo primera profesor visitante Y. K. Pao en Estudios Culturales en la Universidad de Ciencia y Tecnología de Hong Kong.

Entre los temas que han sido objeto de su atención recientemente, se encuentra también el de la ciudad, en una faceta percibida singularmente en la incesante actividad en que le mantienen sus compromisos sobre diversos continentes: la megaciudad.

© Gayatri C. Spivak

199

# MEGACIUDAD*

## Gayatri Chakravorty Spivak

En enero de 1997 me encontré de pronto en Hong Kong hablando sobre megaciudades. Suelo aceptar invitaciones tan increíbles como éstas con el fin de poder subvencionar todos los viajes que son necesarios para concebir una filosofía de la educación que sea accesible a los profesores rurales. Me gusta la interdisciplinariedad. Soy una autodidacta. Este tipo de actividades me hacen aprender cosas. Consideren, pues, este texto como un cuaderno de viaje sorprendido en un momento de la "siliconización" de Bangalore, una entre las cinco megaciudades de la India.

En Bangalore me encontré con la clase social descrita por Robert Reich en una entrevista de aquel año: "el capitalismo electrónico… permite a las personas que tienen más éxito separarse del resto de la sociedad. Ahora es posible para los directores, los profesionales y los técnicos de alto nivel comunicarse directamente con sus homólogos de todo el mundo…".[1] Esa cultura secesionista tiene varios rostros y no necesariamente se parecen entre sí. Muchos de los hijos de las "mino-

rías modelo", localizados en los grupos de nuevos inmigrantes que llegaron a los Estados Unidos después de que Lyndon Johnson relajara las cuotas de entrada en 1965, pertenecen ahora a ese grupo. Los miembros de la nueva "Sociedad Civil Internacional" de organizaciones no gubernamentales de cooperación respaldan esta red secesionista, y se afanan en proporcionarle un rostro humano. El feminismo universalista es muy activo aquí. En Bangalore me encontré con otro tipo de persona, con el Subdirector Ejecutivo y Director de Desarrollo Empresarial de una de las empresas de *software* más grandes de la India, un hombre que rondaba los cuarenta y que en aquel momento se encontraba bajo los efectos del *jet-lag*, después de un viaje que acababa de realizar a los Estados Unidos. Me hizo un informe resumido de por qué Bangalore se había convertido, si no en *Silicon Valley*, sí al menos en la "Silicon City" de la India.

A finales de los años cuarenta y comienzos de los cincuenta, a

* Traducido del original publicado en *Grey Room,* 01, Otoño 2000, pp. 8-25.

[1] Conversación entre Robert Reich y David Bennahum en "Into the Matrix" (http://www.reach.com/matrix/meme2-02.html o http://memex.org/meme2-02.html).

medida que el mapa de la India se iba reorganizando inmediatamente después de la Independencia, se constituyeron un número de institutos científicos, tales como el Instituto Indio de Ciencia y el Instituto Asiático de Desarrollo. Uno de ellos, el Instituto Indio de Estudios Avanzados, se afincó en Bangalore, debido a razones que tenían tanto que ver con la historia precolonial y colonial de Bangalore (una ciudad pequeña con una estructura civil desarrollada) como con su clima y su demografía. Aquello creó cierta base técnica que atrajo a grandes empresas electrónicas nacionales bajo los auspicios del primer Plan Quinquenal de la India. A finales de los setenta y comienzos de los ochenta, la industria se desplazó hacia el *software* (no se ha investigado todavía la relación que existe entre ese hecho y la relajación del sistema de cuotas de Johnson). Entre 1971 y 1981, el índice de crecimiento de Bangalore fue del 76%, el más rápido de Asia. Las empresas de *software* –entre ellas Digital, Hewlett-Packard, IBM y Verifone– volvieron a considerar la India como un lugar atractivo para realizar inversiones en *software*. Las compañías extranjeras que deseaban desarrollar su *software* en el Tercer Mundo debido a su "mano de obra barata" –una expresión que debe ser constantemente desbrozada por los individuos de estudios culturales globales– comenzaron a comprarlo en la India en lugar de hacerlo ellos mismos. La relación que existe entre eso y la recesión europea de 1973, así como el tratamiento electrónico de las grandes bolsas internacionales, es ahora la prehistoria del "dinero virtual". En 1987, Texas Instruments se mudó a la India. Fue la primera empresa que utilizó las comunicaciones vía satélite en la India. El coste de mantenerse conectado (en palabras de mi informante) –300.000 dólares al año para activar un "circuito"– era prohibitivo para el capital indígena. Disminuir ese coste fue el aliciente competitivo. Es aquí donde la trama de "la secesión de la sociedad" se complica. Fue de gran ayuda que movimientos "internos a la industria" –otra expresión abierta al desbrozamiento cultural– redujeran el coste de manera espectacular, dramática en sus propias palabras, a unos 30.000 dólares por medio circuito.

(Este representante del sector, mi informante, fue el que mencionó la expresión "mano de obra barata". Cuando se estudia la "cultura" de Bangalore en el ciberespacio como disciplina –en lo que ahora se llaman "Estudios Culturales"– un pequeño giro en las expresiones dice mucho acerca de los tiempos que cambian. Un activista de los Estudios Culturales de tendencia izquierdista, de Bangalore, que estaba reuniendo nuevas bases de datos para estudiarlas en el extranjero, afirmó en marzo de 2000, en Nueva York, que no existía "clase obrera" en la ciberindustria de la India, porque "todo era *software*". Eso, por supuesto, es correcto si se piensa en la nación-estado. "Ninguna clase obrera" puede ser compatible con "mano de obra barata" si la "mano de obra barata" está compuesta de ingenieros de *software* que trabajan por una décima parte del

salario de sus homólogos americanos, pero que a su vez son clase media según los estándares de la India. El problema reside en que se supone que la ciberconciencia globaliza el discurso de nación hacia el posnacionalismo. El hecho de que el sudeste de Asia *tenga* una clase trabajadora, mayoritariamente femenina, que está relacionada con el *hardware*, no significa nada para los Estudios Culturales en Bangalore, ciudad ubicada en el sur de Asia.)

Resumamos su relato: En 1991 el Departamento de Electrónica del estado de Karnataka –el sector público, en otras palabras– estableció lo que mi informante llamó una Estación Terrestre. Y, ya a finales de la década de los ochenta, las instituciones financieras para el desarrollo –empresas "privadas" coordinadas por el Banco Mundial, pero con algunas participaciones gubernamentales– comenzaron a facilitar el capital-riesgo necesario para poner en marcha empresas de *software* financiando créditos a quince años a modo de capital inicial.

Así habló un representante de la cultura secesionista de la *Silicon City* de Bangalore. En la ciudad existen varios miles de directores técnicos de *software*, que van de empresa en empresa y que no tienen nada que ver con el "indio medio", una figura imposible.

(Silenciando la angustiosa pregunta que una mujer representante de esa comunidad me hizo durante una sesión de debate –"¿Por qué nuestros hijos prefieren tener una identidad americana en lugar de una india?"– estoy dejando de lado una pregunta inmensamente importante sobre la división de géneros en el trabajo dentro de la cultura de la megaciudad: para el marido, los negocios y la globalización; para la mujer, la crianza de los hijos y la americanización. La conexión permanece pendiente.)

Mi informante, este hombre de buen aspecto, relajado, ligeramente abotargado debido al estrés y a la vida fácil, se describió a sí mismo, en efecto, como un miembro de la cultura secesionista: muy buenas telecomunicaciones con el exterior, viajes constantes al extranjero, que cobra su salario en dólares pero vive en la India, libre para ser globalmente móvil en cuanto a sus capacidades, con sus respectivas aspiraciones. Si ese tipo de personas parecen vivir solamente de manera virtual en el espacio real llamado Bangalore, las palabras "real" y "virtual" pertenecen a una semiótica previa. Cada ruptura es a su vez una repetición...

No hay duda de que el desarrollo del *software* es virtual; personas que están en distintos lugares pueden "trabajar juntas" sin sentirse físicamente descolocadas. Pero esto, en sí mismo, no es virtualidad en un sentido completamente nuevo. El hecho de trabajar sin sentirse físicamente descolocados es, después de todo, el punto de venta del trabajo en casa, el posfordismo y la ruptura de la clase trabajadora a través del desmantelamiento de la fábrica actual. Si lo miramos de otra manera, la comunicación ha sido siempre telecomunicación. Hoy día su instrumentalización no se puede distinguir de los circuitos del capital financiero. He escrito recientemente sobre eso en otra parte.[2]

En *El Capital I*, Marx describió el sujeto-estructura del capital implicado –Foucault llamaría a eso una "posición convenida del sujeto"–, a través del *Fausto* de Goethe: "un monstruo animado que comienza a 'trabajar' cual si estuviera poseído por el amor".[3] La solución de Marx a eso fue una reconsideración de la posición en pro de la redistribución, no un egoidealismo de alguien que se opone a utilizar máquinas y métodos modernos, como famosos posmarxistas han llegado a sugerir con demasiada facilidad, tanto que una referencia a modo de nota a pie de página sería risible. Llamémosle una "tendencia teórica dominante" y dejémoslo estar.

Marx escribió sobre el capitalismo industrial. Lenin cambió la base para señalar la importancia del capital comercial. Recientemente, Saskia Sassen ha sugerido que la autoridad y la legitimidad han pasado al mercado del capital financiero, lo que ella viene a llamar el "ciudadano económico".[4] Si Marx describía el sujeto-estructura del capital industrial, nosotros estamos describiendo aquí al sujeto de la cultura secesionista electrónica, al ciudadano económico como "persona", como un desplazamiento del sistema marxista. Él/ella carga con el implicado sujeto-estructura del mercado del capital financiero. Él/ella gana al posfordismo común o tipo-jardín porque su producto es virtual. Esa es una versión desplazada del debate de Marx sobre el lugar especial que tiene el transporte como industria en *El Capital 2*, donde el producto no son los bienes transportados, sino el desplazamiento en sí mismo:

> "Pero lo que la industria del transporte vende es el propio cambio de ubicación. El efecto útil producido está inseparablemente unido al proceso de transporte... Personas y mercancías viajan con el medio de transporte, y su viaje, su movimiento en el espacio es, precisamente, el proceso de producción efectuado por dicho medio. El efecto útil solo se puede consumir

durante el proceso de producción; no existe como cosa útil distinta de este proceso..."[5]

Mi informante no había leído esto, por supuesto. Como la izquierda radical y el estado moderno, él también habla de nación, o mejor dicho, de ubicación. Nos hemos desarrollado hasta ahora basados en un proyecto –exclamó–, nuestras condiciones han sido establecidas por otros, y hemos producido según sus demandas. Ahora tenemos que producir de acuerdo con *nuestros* proyectos, coger la sartén por el mango. Hemos sido globales en cuanto a los clientes; ahora debemos ser globales en cuanto al capital.

Mi informante, el ciudadano meridional de la megaciudad virtual, se engaña en este aspecto. En el estado poscolonial reestructurado económicamente, se están retirando en una paz caliente las barreras entre la economía frágil del estado y el capital internacional.[6] A medida que la telecomunicación se convierte en posmodernidad, los sueños de una modernidad descolonizada se están anulando debido a las actividades de gestión de crisis de la Organización Mundial del Comercio. La economía protegida incluida en la Constitución de la India de Nehru-Mountbatten de 1947-49 permitió *de iure* la fabricación de chips semiconductores. "Autosuficiencia mejor que dependencia de las exportaciones", se planteó como eslogan en mi juventud. Bajo la reestructuración económica, esta tarea tremendamente cara, no competitiva en el mercado mundial, está desapareciendo. Estamos hablando acerca del lugar que tiene la nación-estado en el espacio real del planeta, en la medida en que se vincula a la maquinaria de la virtualización. Bangalore no es "realmente" sólo *Silicon City*. Es, de hecho, el hogar del tercer hombre más rico del mundo, que, a pesar de su riqueza, se encuentra todavía en el extremo final receptor del capital global. Y la clasificación es efímera, excepcional.

Así, la "cultura" o el "sujeto" de la megaciudad virtual está no sólo diversificado en el típico sentido de carrera-clase-género únicamente, sino que también su capital en operación está fracturado, entre el activo y el pasivo, o, si prefieren, entre el "control" y su antónimo, a pesar de que eso es ya demasiado crudo cuando el movimiento es electrónico. No obstante, la nación-estado es el nombre de ese crudo epistema que no desaparecerá. Ésa es, de hecho, una parte principal de mi razonamiento. La trinidad cultura-sujeto-agente continúa siendo tan necesaria como imposible. Si el sujeto no sueña en controlar la operación del capital, el capital no se mueve.

201

[2] Gayatri Chakravorty Spivak, "Planet-think/Continent-think", en *The New Comparative Literature*, Nueva York, Columbia University Press, próxima publicación.

[3] Karl Marx, *El Capital: Crítica de la Economía Política*, trad. cast. de Pedro Scaron, 4ª ed., Madrid, Siglo XXI, 1984, Libro 1º, p. 236 (trad. inglesa de Ben Fowkes: *Capital: A Critique of Political Economy*, Nueva York, Vintage, 1977, Tomo 1, p. 302).

[4] Saskia Sassen, "On Economic Citizenship", en *Losing Control? Sovereignty in An Age of Globalization*, Nueva York, Columbia University Press, 1996, pp. 31-58 (trad. cast.: "Sobre la ciudadanía económica", en *¿Perdiendo el control?: La Soberanía en la Era de la Globalización*, Barcelona, Bellaterra, 2001, pp. 49-72).

[5] Karl Marx, *El Capital: Crítica de la Economía Política*, trad. cast. de Pedro Scaron, 4ª ed., Madrid, Siglo XXI, 1984, Libro 2º, p. 61-62 (trad. inglesa de David Fernbach: *Capital: A Critique of Political Economy*, Nueva York, Vintage, 1978, Tomo 2, p. 135).

[6] Véase Spivak, "Cultural Talks in the Hot Peace: Revisiting the 'Global Village'", en Pheng Cheah y Bruce Robbins (eds.), *Cosmopolitics: Thinking and Feeling Beyond the Nation*, Minneapolis, University of Minnesota Press, 1998, pp. 329-238.

Esta especial concatenación de sujeto-agente no es únicamente representativa de la India, por supuesto. Un año más tarde, acudí a un congreso sobre Estudios Subalternos en Lucknow y utilicé el término "capitalismo electrónico". Debido a los prejuicios sexistas de un puñado de conservadores de izquierda que acudieron al congreso y que consideraron que esa expresión provenía de mi elitismo estadounidense, no me dieron tiempo para explicarme, pero al menos pude pronunciar estas palabras: "Si ustedes hubiesen contado con algunos habitantes de Bangalore en este congreso, sabrían lo que significa el capitalismo electrónico. Bangalore no está en la India; es la zona abierta que va mucho más allá de un razonamiento nacional de izquierda. Ni siquiera saben qué significado tiene lo que les vuelve arcaicos."[7]

En noviembre de 1999, el intelectual de izquierda corriente ya había oído hablar de Bangalore, a pesar de que el término "capitalismo electrónico" puede que todavía le resultase extraño. El semanario *Economic and Political Weekly* con sede en Bombay realiza una crítica del gobierno civil de Bangalore sin preocuparse demasiado por el paisaje urbano o su especial relación, como megaciudad que es, con la financiación federal.[8] Es una buena crítica, y establece que la autodeclarada ruptura de la economía electrónica es también una repetición, sensible a los clásicos análisis marxistas sobre la explotación, a modo de revisión para el postfordismo y los análisis feministas específicos: "Existe... una inquietud sobre si los países en vías de desarrollo seguirán dando trabajo a los mismos niveles más bajos de la división internacional del trabajo dentro de las tecnologías de la información, tal como lo hicieron en otros sectores más convencionales."[9]

No soy una devota de la causa de convertir a todo marxista en posestructuralista. Voy a mencionar aquí algunos recordatorios derridianos de la repetición-en-ruptura, esparcidos a lo largo de su obra al menos desde la publicación de *La tarjeta postal*, por una razón concreta.[10] Los argumentos desde una inteligencia específicamente "artificial" requieren de estos recordatorios para que pueda ser emitido un interdicto que nos recuerde que la llamada inteligencia "natural" es también, en el sentido más estricto, "artificial" *de un modo diferente*. En el derecho romano, la "interdicción" era el modo de disolver una disputa entre dos contendientes. Es un término adecuado para designar una práctica que no toma partido, sino que utiliza lo que es estratégicamente importante.

Estos son, pues, los recordatorios derridianos, digeridos a mi manera: Primero, que las estructuras de la telecomunicación están ya presentes como elementos residuales en el proceso cultural, porque toda comunicación es estructuralmente una telecomunicación, aunque lenta. Segundo, si uno admite que la psique produce el "yo", debería ser capaz de comprender que el trabajo puede ser descrito por manifestaciones cada vez más complejas del potencial maquínico del chip de silicio, que produce cada vez más nuevos tipos de "máquinas de comunicación" inaccesibles al teatro de la mente humana, y que este trabajo metapsicológico desdibuja la distinción entre lo "natural" y lo "artificial". Tercero, si se aplica el interdicto, puede ayudar a comprender lo poco aconsejable que es aceptar promesas seductoras de ciberalfabetización sin mediaciones, como un atajo hacia la educación general en los países en vías de desarrollo. Profundizar en ello ahora nos alejaría demasiado de la megaciudad. Para todos aquellos que ya tienen simpatías posestructuralistas, déjenme añadir que el trabajo derridiano puede revisar y realzar el brillante trabajo de Sassen, cuando reclama una nueva temporalidad instantánea para la política basada en Internet, o la categoría de "presencia" para la visibilidad de la antiguamente "invisible" resistencia.[11]

El editorial del *Economic and Political Weekly* –bastante representativo de la izquierda liberal de la India– ignora el hecho de que el desarrollo urbano de Bangalore, una de las cinco megaciudades de la India, se supone que ha sido financiado en gran parte por el gobierno central. Por consiguiente, cuando comenta que "los gobiernos estatales y los organismos de desarrollo urbano están invirtiendo cantidades ingentes para dotar de apoyo infraestructural –parques infotécnicos con redes de comunicación de alta tecnología y colonias residenciales cableadas–", puede que ignoren un hecho más general que "las cuestiones sociales y de bienestar más generales... no se están tratando con la debida seriedad". Ese hecho es la globalización. El capitalismo electrónico global interviene para gestionar los asuntos de estado mientras ayuda a construir una infraestructura para su propio óptimo funcionamiento, y nada más que para eso. Aquí el ámbito incluye al llamado teatro rural. No soy una experta en estos temas, como he dicho al comienzo. Sin embargo, ofrezco mi "experiencia", con la absoluta confianza que los escritos de expertos tales como Sassen y Vandana Shiva corroborarán lo que digo.[12] El razonamiento, como lo he mostrado en algún otro lugar, se asemeja a lo que sigue:

Los nuevos movimientos sociales no eurocéntricos, que traba-

---

[7] Raymond Williams, *Marxism and Literature*, Oxford, Oxford University Press, 1977, pp. 122-126 (trad. cast. *Marxismo y Literatura*, Barcelona, Península, 1980, pp. 143-149).

[8] "Beyond the Vision", *Economic and Political Weekly*, 34, 46-47, Nov. 20-26, 1999, pp. 3247-3248.

[9] "Beyond the Vision", p. 3247. El próximo pasaje que se cita proviene de la misma página.

[10] Jacques Derrida, *La Carte postale: de Socrate à Freud et au-delà*, París, Flammarion, 1980.

[11] Saskia Sassen, "The Global City: Destabilizing Borders/Producing New Subjects", conferencia pronunciada en la Universidad de Princeton en un congreso sobre Literatura Comparativa en los Tiempos Transnacionales, Jueves, 23 Marzo 2000.

[12] Vandana Shiva, *Stolen Harvest: the Hijacking of the Global Food Supply*, Cambridge, Mass., South End, 2000 (trad. cast.: *Cosecha Robada: el Secuestro del Suministro Mundial de Alimentos*, Barcelona, Paidós, 2003).

jan a favor de la agricultura ecológica y en contra de la biopiratería, a favor de la salud general de las mujeres y la planificación familiar apoyada desde las infraestructuras y en contra del
*dumping* farmacéutico y el control de la población –por citar
solamente dos frentes– son solamente rurales y locales debido
a una oposición binaria residual que no puede ir más allá del
nuevo término "glocal". Estos movimientos afrontan directamente lo global y reclaman el interdicto entre lo global y lo local.
Cuando los teóricos de los sistemas mundiales como Immanuel
Wallerstein localizan el potencial emancipatorio de estos movimientos, aún representan un fin sistémico para ellos, ya que
piensan que su objetivo es acceder al partido o al poder estatal. De hecho, los movimientos colocan un interdicto entre el
estado represivo o diezmado y la agenda a menudo explotadora de la autotitulada sociedad civil internacional. Considerar un
fin sistémico es olvidar que estos movimientos surgen debido al
debilitamiento del estado en la globalización. Confiar con falta
de sentido crítico en la sociedad civil internacional es olvidar
que la reivindicación de la internacionalidad respalda el debilitamiento del estado y, por lo tanto, del reajuste constitucional
por parte de los grupos resistentes, cuando las agencias transnacionales discriminan entre las naciones-estado en razón de
su ubicación cambiante en las coordenadas de la geopolítica y
la financiación del mundo. Una vez más, el Grupo de los Siete
–globalizados– puede trabajar a favor de la globalización nego-
ciando con el Grupo de los 77 (el extremo que está "en vías de
desarrollo", sintomáticamente irreconocible para muchos lecto-
res occidentales) sobre una base nación-estado desigual. El
lugar que tiene el "nacionalismo" para los grupos resistentes de
base, como una catacresis resistente precaria, no ha sido todavía teorizado. Lo "rural" poscolonial, separado a menudo del
aprendizaje para pensar en la nación en sentido colonial y poscolonial, es su escenario. Tal como mostraron los primeros trabajos del grupo de Estudios Subalternos, esto se debe a que
en gran parte de África y Asia el campesino no fue integrado
para que se considerara a sí mismo parte de una "nación", en
el tiempo de las luchas de Liberación Nacional, cuando el pensar en la nación se convirtió en un imperativo para la resistencia.[13] La lucha fue competencia, por citar la famosa expresión
de Lenin, de "la burguesía progresista". Por lo tanto, el nacionalismo en nombre del estado debilitado en la globalización
para el reajuste de la virtualización de lo rural puede ser distin-
guido de las primeras manifestaciones anticoloniales, que a
menudo conducen hoy a una justificación del nacionalismo religioso. Es algo perfectamente visible, como si sucediera en un
teatro de operaciones, tomando prestada una metáfora de la
guerra global. Es también tarea de la teoría hacer que sea
racionalmente visible lo que la llamada *autoridad de la experiencia* pueda esconder. Hablar de una globalidad posestatal
urbanística es olvidarse de esa tarea.

---

[13] Ranajit Guha, *Subaltern Studies*, Delhi, Oxford University Press, 1982, Vol. 1-7.

He aquí el escenario: las auténticas *redes* de los movimientos
sociales vagamente vinculados que abarcan muchas naciones-
estado del sur evitan el nacionalismo. Los grandes movimientos burgueses para la liberación *nacional* abandonaron claramente al pobre campesino a su suerte. Las agencias transnacionales todavía consideran al estado como un garante  independiente, mientras las bases de datos, las patentes y la
devastación genética del mundo rural median entre lo virtual y
lo real. Así, el discurso de "nación" debe ahora emerger otra
vez, como un momento siempre arriesgado en la consolidación
de estas interdicciones. La "nación" comienza a ser borrada
(tachada pero visible) si la oposición entre lo rural y lo urbano
se coloca en entredicho. De hecho, a diferencia de la religión,
el discurso de nación en este registro no puede movilizar hacia
el tipo de conflicto que puede servir de motivo para una intervención militar en nombre de los derechos humanos, porque el
objetivo de estos movimientos es global y su pensamiento de
"nación" puede, de hecho, contradecir unas reivindicaciones de
identidad más antiguas. Estos movimientos se encuentran dentro de un espacio de diferencias culturales, pero están separados del culturalismo metropolitano por sus alianzas de clase.
La posición de destino manifiesta y triunfalista de los Estados
Unidos, como último recurso de los "derechos culturales", no
ayuda al proyecto de hacer visible esta concatenación de resistencia y, de hecho, ayuda a definir su terreno solo como "casos"
de violaciones fundadas en el estado o de los derechos humanos culturales. Se merecen una lectura más responsable: que
en los sectores adecuados del sur –y el sur de Asia es uno de
ellos– los imperativos deberían ampliarse para incluir a lo rural-
global en lugar de considerar solamente lo nacional-urbano
como determinante. Porque forjar una voluntad general para el
espacio real de la megaciudad va en interés de lo virtual, consolidado no sólo por la destrucción de la biodiversidad, sino por
la incursión del capital extranjero en el sector de la agricultura,
haciendo incluso más sencillo para las empresas extranjeras
comprar tierras.

¿Qué aspecto tiene la resistencia aquí? Entre los elementos
incluidos en el proyecto de megaciudad de Bangalore durante
el año de mi visita se encontraba un aeropuerto internacional.
El 13 de enero tuvo lugar la vista del caso y Babu Mathew, un
profesor de derecho que es a su vez sindicalista, me aseguró
que la adquisición de tierras explotadora de este proyecto se
detendría probablemente gracias a una sentencia favorable.
(Mientras tanto, resultó que el aeropuerto no se construyó. Se
"modernizó" el que ya existía.) Pero el profesor Mathew se
mostró muy serio. ¿Por qué?, me pregunté.

Su respuesta debería ponernos en guardia contra la idealización romántica vanguardista de la memoria colectiva. Los trabajadores y organizadores estaban, por supuesto, eufóricos
ante la victoria legal. Pero la realidad es que los pequeños pro-

pietarios de las tierras se habían rendido totalmente ante los megaprecios que les ofrecieron desde la Institución Financiera para el Desarrollo. Por lo tanto, que hubiesen detenido la construcción del aeropuerto no había sido más que una escaramuza. La gran batalla ya se había ganado. Se había conseguido una base de apoyo voluntario al Banco Mundial, coordinador del capital privado. Cualquiera de nosotros que haya hecho frente al Banco Mundial y a otras agencias transnacionales en público sabe cómo nos silencian: "Los pobres habitantes de Bangalore lo quieren, ¿quiénes son ustedes para decir lo contrario?" Así se construye una voluntad subalterna general para la megaciudad virtual.

En el sentido más estricto, lo "rural" es la interdicción de lo local y lo global-en-el-espacio-urbano. El juego del capital electrónico desdibuja su división binaria. Como todas las "alianzas de personas" globales saben, y como ya he argumentado, la biopiratería, las patentes de semillas, la ingeniería genética y el *dumping* farmacéutico por medio de los fertilizantes químicos (la lista es interminable) convierten hoy lo rural en una base de datos tan fértil que es un frente directo de lo global en términos virtuales. Son los datos que alimentan esas actividades explotadoras y, por lo tanto, deben ser constantemente controlados y producidos. La iniciativa de la megaciudad, en todas sus formas, intenta levantar esa interdicción, dar a lo urbano un acceso "adecuado" a la globalidad por vía electrónica, y transformar lo "rural" en un metaconstitutivo fuera de lo "urbano". De ahí la tristeza de Babu Mathew.

En Bangalore, la visión urbana local —tanto la oficial como la resistente— parece estar alejada de lo global. La visión municipal del proyecto de megaciudad está dividida en sectores. Los responsables de la planificación del Desarrollo Municipal utilizan planos de uso del suelo; las autoridades metropolitanas utilizan planos de infraestructura. El terreno señalado para el aeropuerto internacional carecía de agua. Construyamos canales como en Holanda, dijo un alto representante gubernamental, a pesar de que admitía que era algo irreal. Pero, continuó, sería más sencillo construirlos porque la mitad de la tierra era propiedad del gobierno. Aquella tierra es reserva forestal, y ¡resultaba que el problema era el agua! Y así sucesivamente. Estos juicios sectoriales tienen poco que ver con los debates académicos de décadas sobre la megaforma y la megaestructura. Los juicios sectoriales dependen de cuestiones de asignación presupuestaria. El único requisito común en las directrices uniformes transmitidas por el Gobierno Central a estas cinco ciudades completamente heterogéneas — Bangalore, Bombay, Calcuta, Hyderabad, Madrás— es que el 50 % de la inversión sea coordinado a través de licitaciones globales por aquellas instituciones financieras para el desarrollo que trabajan a favor de la cultura secesionista de la megaciudad virtual.

La visión que se tiene en la India de la megaciudad es la ciudad-estado de Singapur. Siguiendo ese modelo, se ha cambiado recientemente en Bangalore la *ratio* superficie de suelo-altura de los edificios públicos, y estos planes invaden cada vez más los llamados barrios bajos. La "supresión del chabolismo" o "los nuevos municipios" son proyectos de megaciudad tanto en Bangalore como en Calcuta. Se debatió el caso de Hong Kong, incluso entre funcionarios del gobierno de nivel bastante bajo, como una ciudad-estado colonial que se enfrenta al problema de la reinserción en una nación-estado. Pero el problema inverso de la singapurización de las "megaciudades" de la India nunca se debatió. Este no es punto que yo pueda debatir desde el punto de vista arquitectónico. Solamente puedo contemplar la ciudad como la sedimentación de un texto histórico, como un momento geográfico en unas unidades más grandes espacialmente definidas como la "India" o "Malasia". Desde esa perspectiva, citar "Singapur" dentro del contexto de "Bangalore" sería, como diría Derrida, hacer que las heridas sangraran.[14]

Realicé una visita a un foro público de arquitectos resistentes. La alternativa al discurso de Singapur parecía peculiarmente "cultural". ¿Qué tipo de formas culturales deberían utilizar los arquitectos indios como modelos? He sugerido en algún lugar que la utilización de la palabra "cultura" en una lucha multicultural radical es comparable a la utilización que Foucault hace de la palabra "poder": "para designar una compleja situación estratégica en una sociedad particular".[15] La resistencia radical a la globalización utiliza la palabra "cultura" de manera similar, salvo que lo hace con un giro de 180 grados. "Cultura" es una palabra que sugiere motivos más allá de la razón. Si este razonamiento se utiliza para satisfacer el deseo de acceder a una sociedad civil cuya feliz condición de súbdito la reclaman los anglopartidarios o sus clones, en la poscolonialidad se utiliza para debatir el acceso a una modernidad sin tacha, ya que el occidental es "moderno" y la cultura es "tradicional".

El gobierno indio es, por supuesto, decididamente "moderno". El Informe culturalista de la Comisión Urbana de Charles Correa fue silenciosamente abandonado por la Comisión de Planificación India en 1987, el año en que Texas Instruments se instaló en Bangalore.

Prem Chandavarkar, mi amigo el arquitecto resistente, sabe que no es así, pero como socio que es de una empresa de arquitectura de Bangalore de mucho éxito se siente acosado por la cuestión de los modelos culturales para una modernidad sin tacha. Cuando se le deja teorizar en paz, construye una teo-

14 La puesta en escena de cortes, lesiones y citas se encuentra en Jacques Derrida, *Glas,* trad. inglesa de John P. Leavey, Jr. et al., Lincoln, University of Nebraska Press, 1986, pp. 207-210 (versión original: *Glas,* París, Galilée, 1974).
15 Spivak, *A Critique of Postcolonial Reason: Toward a History of the Vanishing Present,* Cambridge, Harvard University Press, 1999, p. 353.

ría de la arquitectura como si fuese una práctica espacial, que absorbe el significado producido por la historia en lugar del que ha querido realizar el autor, una visión crítica de la división entre la intención y la consecuencia. Y, cuando abandona la oficina para trabajar en la resistencia, toma parte en la confección de la Enmienda Setenta y Cuatro a la constitución india, la Ley Nagar-Palika, y sitúa en el distrito, en la unidad urbanística más pequeña, la tan deseada unidad de autogestión local.

Aun así, de la misma manera que la cuestión sobre los modelos culturales nos aleja de la modernidad sin tacha, la resistencia que se basa en los distritos urbanos no llega a crear una base de ciudad. Mathew, el profesor de derecho y sindicalista, se percata de que, en este momento, los inminentes problemas de vivienda, transporte, salud y educación aunque entendidos por los vanguardistas radicales no eran considerados como una necesidad por los trabajadores. Habían tenido demasiado poco durante demasiado tiempo. La tierra, solamente la tierra, era considerada problema y los transnacionales lo estaban resolviendo. Se trataba, una vez más, de la construcción de una voluntad general. Algún tipo de asuntos entran en un conflicto binario residual con ese Sur "rural", la persistente perdición del Sur "urbano" que sirve de intermediario de la megaciudad virtual hacia el espacio real, hacia un futurismo que aparece como solamente opuesto a utilizar máquinas y métodos modernos. El término del profesor Mathew es la globalización "dirigida por la estrategia más que por la crisis".

Los Nuevos Movimientos Sociales no eurocéntricos pueden ser un correctivo invisible para la autodenominada Sociedad Civil Internacional de organizaciones no gubernamentales (ONG) internacionales de colaboración. El objetivo no es situar al distrito como la unidad más pequeña de autodesarrollo urbano, sino ampliar la perspectiva hacia lo local, como una interrupción de lo global. Las buenas ONG —alianzas de personas— son aquellas que tienen el suficiente ímpetu para seguir adelante, aunque sea de manera limitada, si ayuda se interrumpe. La resistencia se organiza claramente fuera de los partidos políticos. Como resultado de lo que he resumido demasiado brevemente, los arquitectos radicales, así como el municipio, harían bien en repensar lo rural en la medida que intentan conservar la ciudad como ciudad. Lo rural ya no consiste en árboles y campos. Está en camino de convertirse en dato.

Nuestra esperanza es que si los imperativos cambian así, la tarea (en la medida en que el arquitecto tiene una) de construir cultura (en la medida en que sea posible, o necesario e imposible) estará por supuesto dirigida en cuanto a su textura por "las viejas normas", se juzgará en su puesta en funcionamiento, como se hace con toda contabilidad, porque deben ser calculables. La "textura" indica aquí la participación micrológica detallada en cómo se hace el trabajo, más que la planificación

macrológica "estructural" de cómo se debería realizar el trabajo. El reconocimiento del carácter indecisorio del futuro monta guardia contra el totalitarismo de mero cálculo. Al menos no confundiremos el nacionalismo de EE.UU. con lo global (benevolente) como tal. Una visión sin clases de la justicia ecológica realizada en los EE.UU. es irremediablemente inadecuada para enfrentarse a la espectralización de lo rural.

He escrito en otro lugar acerca del proyecto imposible de educar contra la creación de una voluntad general que medie entre lo virtual y la megaciudad real, contra la ignorancia de la interdicción globalizadora.[16] He insinuado su necesidad a través de Derrida, más arriba. Aquí les quiero recordar que el viaje a Bangalore lo realicé con el objetivo de reunir material para un congreso en Hong Kong que, a su vez, estaba subvencionando uno entre los muchos viajes en pro de un estudio sobre el trabajo intensivo para este proyecto, que no se asemejaba en nada a los "proyectos de alfabetización". El viaje a Bangalore fue así doblemente instrumental, y a ese respecto una aproximación constitutiva remota e idiosincrásica para ese rincón no representativo de la India aborigen, donde Calcuta parece totalmente una metrópoli de lujo. Pero esta forma de acceso cae en un particularismo y no es segura. Ese rincón no puede entrar en el espacio de este ensayo. Así, cualquier crítica que yo ofrezca de la megaciudad como guardiana de la globalización es limitada en perspectiva.

Vivo en Nueva York, donde la autorrepresentación como megaciudad que realizan los políticos y otros no profesionales depende tanto de la diversidad creciente de sus habitantes y su dominio del mundo financiero como de la escena cultural. Desde mi punto de vista, una ciudad llena de inmigrantes que buscan integrarse en una sociedad civil para obtener un conjunto de derechos civiles, por variadas razones, no es precisamente una ciudad "global"; trae el mundo a la metrópoli y redefine "lo americano". Hasta tal punto la medida de la subdivisión del suelo en una manzana urbana de Nueva York es tan rica como la altura de los edificios, así que, técnicamente, la vieja descripción de Nueva York como un montón de barrios está todavía vigente. Existe, de hecho, una virtualización en curso de la ciudad, un esfuerzo para reconstruirla como el nexo del capital electrónico de la que la reciente remodelación de Times Square es testigo. Pero los neoyorquinos luchan por mantener la antigua definición, a pesar de que cambie su composición de clases. Esa lucha, en todas sus ramificaciones, se teoriza en *Evictions* de Rosalyn Deutsche.[17] A pesar de que cierto artículo de periódico presenta a los artistas como si estuviesen atrapados entre los sin-techo y la alta burguesía, el mismo artista, ciudadano de nuestro *Empire Estate*, ofrece Brooklyn como si

205

16 Spivak, "Planet-Think."
17 Rosalyn Deutsche, *Evictions: Art and Spatial Politics*, Cambridge, MIT Press, 1996.

fuese el nuevo *Left Bank*, el Museo de Arte Moderno como el P.S.1 evitando el *Whitney Museum* en el *Midtown* de Manhattan.[18] Los inmigrantes económicos eurocéntricos mezclándose con las viejas minorías reescriben la cultura de la vieja Nueva York. Dejémosle ser un lugar de conflicto para las fuerzas de la megaciudad. En este sentido, creo que sigo siendo un poco retro.

¡Corten! Otro escenario y otro actor, de mi segunda ciudad a la primera. El gobierno de la India, el llamado *estado poscolonial* moderno, tiene cinco proyectos de megaciudad. Se incluyen las dos nuevas *Silicon Cities*, Hyderabad y Bangalore, pero también las tres viejas capitales coloniales y presidenciales: Bombay, Calcuta y Madrás. Sobre este palimpsesto, con sus propias ironías históricas, existe asimismo un choque peculiar de la visión antigua, sectorializada y burocrática de la "India británica" que se descompone lentamente, labrando el llamado "proyecto de megaciudad" y las fuerzas de la globalización.

Soy de Calcuta. Y es cierto que existen miembros de la clase secesionista aspirante también habitando (si esa es la palabra) el espacio real de Calcuta. Calcuta es aún un ejemplo de cómo las particularidades de la nación-estado siguen siendo pertinentes al impulso universalizador del discurso de la megaciudad. A menudo sucede a causa de que los informantes nativos no están dispuestos o son incapaces de tomar tales particularidades en consideración, que las desechamos por antiguas. Y por supuesto, a *Calcuta 300* le falta el atractivo superficial y la labia del periodismo de *Silicon Alley*.[19]

He aquí la conclusión de mi charla-experiencia, una vez de regreso en mi primera ciudad. El representante de la autoridad para el desarrollo metropolitano de Calcuta que estaba mejor informado sobre los intentos finalmente frustrados de la Fundación Ford para civilizar Calcuta desde la década de los sesenta, fue también la única persona en todo mi trabajo de campo *amateur* que me preguntó: ¿Cuál es la definición académica de la megaciudad? Le telefoneé desde Hong Kong y le dije que el jurado estaba todavía deliberando.

Calcuta está en el estado de Bengala Occidental y ha estado

dirigida por un gobierno de coalición de izquierdas durante treinta años. No ha sido uno de los estados más favorecidos por el gobierno central. La cuestión de la megaciudad, con la especial relación que tiene con la financiación del gobierno central, no se defiende aquí con especial entusiasmo. A decir de todos, el gobierno estatal ha funcionado bien con las unidades de autogobierno rural compuestas de cinco miembros. (Si me retirara a ese rincón poco representativo de la India aborigen, donde Calcuta parece una metrópoli lujosa, este éxito se ensombrecería debido a los prejuicios, pero eso es demasiado micrológico.) Esta es una vieja y auténtica relación espacial entre ciudad y campo. El estado de Bengala Occidental rural no es tan sorprendente como presa de la espectralización global como lo es el Bangladesh rural.[20] Los monocultivos y los fertilizantes llegaron aquí con una oleada anterior de "la revolución verde", pero no de una manera tan avasalladora, debido a la estructura económica de izquierda del estado. La resistencia no está fuertemente organizada y los efectos de la globalización se viven con menor intensidad en el sector rural. No existe clase trabajadora de Bengala Occidental en la ciudad de Nueva York.[21]

Continúo sintiendo un consuelo secreto al ver que en Nueva York se le hace frente al efecto de megaciudad y que Calcuta se le resiste. Es el último consuelo de una persona descolocada respecto a los tiempos que corren.

[18] Bernard Stamler, "Artists Stake Out A New Patch of Turf", *New York Times,* 9 de Abril de 2000, The City, p. 4. Razorfish, una empresa de Internet, forzó el desplazamiento del estudio de Isa Catto hacia el distrito del vestido. La gentrificación puede empujar a los artistas a coexistir con los industriales de viejo cuño, que algunas veces llevan a cabo la explotación de clases al estilo antiguo. Esta opinión de la resistencia fue ofrecida en una conversación telefónica por el escultor Toland Grinnell, uno de los artistas presentados en la pieza.

[19] *Calcuta 300: Plan for Metropolitan Development 1990-2015*, Calcuta, CMDA, 1990. No estoy cualificada para juzgar tales textos sobre planificación. Pero parece ser que el documento completo, que proviene más bien del estado de Bengala Occidental que de la nación-estado de la India, está dedicado a los cambios infraestructurales proyectados, acompañados por prácticas en el espacio real y en el uso del suelo que poco tienen que ver con la ciudad como instrumento para los nexos de virtualización.

[20] Esta es una discusión muy general, conocida por los "marxistas" rurales en la India y otros lugares de los países "en vías de desarrollo" que puede que no hayan oído hablar del libro de Raymond Williams, *The Country and the City*, Nueva York, Oxford University Press, 1973 (trad. cast.: *El Campo y la Ciudad*, Buenos Aires, Paidós, 2001).

[21] No estoy sugiriendo que el hecho de vivir en Calcuta "otorgue poder", o que los pobres rurales o urbanos en Calcuta "sean felices". Tales malentendidos parecen abundar particularmente en Gran Bretaña. (Gary Day, "Muffling the Voice of the Other", *Times Higher Education Supplement,* Agosto 6 de 1999, 22; Chetan Bhatt, "Primordial Being: Enlightenment, Schopenhauer, and the Indian Subject of Postcolonial Theory", *Radical Philosophy* 100 (Marzo-Abril de 2000): 38). Cito las perspicaces palabras de Shyamal Bagchee: "Spivak hace una lectura... desde una perspectiva india –que es una de las varias perspectivas indias disponibles- y habla de la posibilidad de una alfabetización transnacional, no posnacional. (Podemos recordar como, incluso en el año del centenario de la confederación de Canadá, Northrop Frye llamó a esto la primera sociedad posnacional del mundo; y en un periodo más cercano a nuestra época Frank Davey ha profundizado sobre ese destino desafortunado en su análisis de la reciente ficción canadiense). La crítica a la globalización desarrollada por Spivak no muestra ningún temor profundo acerca de la desaparición de las naciones del mundo, al menos fuera de Occidente –y es precisamente en la creencia de que puede surgir una relación de estados más nueva, no coercitiva, donde propone su noción de transnacionalidad-. Considero que consigue ver a Occidente/Primer Mundo/Norteamérica como el Otro, una vaga posibilidad para la mayoría de que vivimos en un Occidente gradualmente homogeneizado –un destino que a su vez planeamos, en un anhelo débilmente imperialista, sobre el resto del mundo-. El posnacionalismo, declara contundente Spivak, es el 'chic radical del norte'". (Shyamal Bagchee, reseña de mi *A Critique of Postcolonialist Reason*, en *Literary Research/Recherche Littéraire* 16.32, Otoño-Invierno, 1999: 337).

Ignasi de Solà-Morales (1942-2001) fue profesor de Teoría e Historia de la Arquitectura en la Escuela de Arquitectura de Barcelona y profesor invitado en numerosas universidades de Europa y América. La gran apertura de su inquietud intelectual le llevó a estar presente en investigaciones muy diversas manteniendo para con la arquitectura perspectivas diferentes y multifacéticas en un ejercicio teórico particular y complejo que sólo la solvencia de su formación y la riqueza de su bagaje intelectual le permitían mantener a un altísimo nivel, hasta el punto de hacerse imprescindible en los más exigentes foros e iniciativas. Fue director de la colección de obras "Arquitectura y Crítica", miembro fundador de la revista *Any*, y participaba en los consejos de redacción de varias revistas internacionales. Autor de obra muy rica y variada tanto en el campo de la historia de la arquitectura como de la crítica teórica de la arquitectura, la ciudad y la cultura, dejó numerosos libros -como *Eclecticismo y vanguardia* (1980), o *Diferencias. Topografías de la arquitectura contemporánea* (1995), hasta los póstumos *Territorios* (2002) o *Inscripciones* (2003)-, e innumerables artículos en las revistas de mayor prestigio. También destacó en su actividad como arquitecto en iniciativas tales como la reconstrucción del Pabellón de Barcelona de Mies van der Rohe (1986), o la del Gran Teatre del Liceu de Barcelona (1999).

En 2001 publicó en la obra colectiva *Cities in transition* (Rotterdam, 010) el artículo "Mediations in Architecture and in the Urban Landscape", que refleja esa perspectiva singular de observador conspicuo y analista profundo de la cultura y de la ciudad de su tiempo y que nos interesa también aquí como ilustración privilegiada de lo contemporáneo.

© Eulalia Serra

# MEDIACIONES EN LA ARQUITECTURA Y EN EL PAISAJE URBANO*

Ignasi de Solà-Morales

Frente a mi casa, en las farolas de la calle, han estado colgando durante un tiempo unas banderolas de publicidad de un interesante y nuevo canal local de televisión. BTV, Barcelona-Televisión, es el nombre de un canal que, con una dosis importante de experimentación, reúne información y entretenimiento de un modo inteligente y renovador.

Su publicidad muestra la imagen ambigua de un ojo que parece la lente de una cámara o viceversa, confundiendo deliberadamente la mirada "natural" del ojo humano con la visión "artificial" del ojo televisivo.

El texto que acompaña a esta imagen publicitaria es también deliberadamente ambiguo. Escrito en catalán, dice así: "*Tot el que passa a Barcelona passa per BTV*". En castellano la traducción es inmediata, pero difícilmente mantiene la misma ambigüedad: "Todo lo que ocurre en Barcelona, pasa por BTV".

El primer uso de la palabra "*passa*", en catalán, o "pasa" en castellano, tiene que ver con lo que sucede, acontece. Se refiere a los eventos que, se supone, se "producen en la realidad". La segunda acepción es la que es ambigua. *Passar per BTV*, significa suceder, acontecer, también en las pantallas de televisión de BTV gracias a la capacidad de reproducir, repetir, que la televisión es capaz de realizar. Existiría algo así como unos eventos "primarios", "*de facto*", "reales", que serían también accesibles a través de un mecanismo "secundario", reproductor, transmisor, que facilitaría la tecnología televisiva.

Pero en catalán, también en castellano, la expresión *pasar por*, *passar per*, tiene un significado de necesidad ineludible. *Passar en, pasar por*, es no sólo transitar, sino la condición necesaria para que el evento se produzca plenamente. En otras palabras: los acontecimientos sólo existen verdaderamente, socialmente, informativamente, etc., si se conducen a través de, mediante la tecnología que los hace transitar, discurrir; en definitiva: existir

* Este artículo fue publicado en: Solà-Morales, I., *Territorios*, Barcelona, Gustavo Gili, 2002, pp. 107-121. Se reproduce aquí con autorización de la Editorial Gustavo Gili. Anteriormente se publicó en inglés en: Graafland, A., Hauptmann, D. (eds.), *Cities in transition*, Rotterdam, 010 Publishers, 2001, pp. 276-287.

Publicidad de la cadena de televisión BTV
© Eulalia Serra

Umbo, Autorretrato, 1948

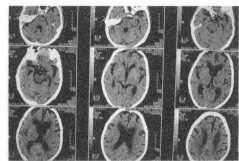

Imágenes del scanner del cerebro humano, 1990
© Eulalia Serra

social y culturalmente.

Esta referencia, aparentemente inocua, sirve para ejemplificar la cuestión que queremos tratar en las próximas páginas.

Durante por lo menos tres décadas, desde los años inmediatamente posteriores a la II Guerra Mundial hasta finales de los años sesenta, el paisaje urbano y el arquitectónico se concibieron como el conjunto de *lugares* en los que *vive, existe, sucede*, la vida urbana.

A partir de una noción existencial de la experiencia, se pensaba que había lugares porque había experiencia directa, corpórea, contigua, afín entre los lugares y nuestra percepción de los mismos.

Las representaciones que podemos hacer de estos lugares, gráficas, literarias, fotográficas, etc., son aproximaciones, imitaciones, reproducciones *de las cosas mismas* o *de los hechos mismos* que están y suceden verdaderamente en el lugar en el que ciertamente están.

Nada puede sustituir plenamente a la vida misma en sus escenarios. Todo proceso de representación es una segunda versión, una imitación sustitutoria.

Pero cabe una concepción distinta de nuestra relación experimental y cognoscitiva con lo que está fuera de nosotros. Tal vez la veracidad que podamos conceder a los medios a través de los cuales conocemos las arquitecturas y los paisajes urbanos son datos ineludibles, necesarios, en nuestra aproximación a esta realidad.

Gilles Deleuze habla de que el conocimiento avanza mediante el "establecimiento de ficciones en ciencia, arte y filosofía". Para el pensador francés no hay experiencia estética, científica o filosófica si no hay mediación y mediadores.[1] De la misma manera que las hipótesis teóricas son un instrumento de me-

diación para la producción del conocimiento científico o filosófico, también en la creación artística los lugares, los relatos o las imágenes no existen en sí mismos esperando que sean sólo desvelados sino que son propuestas, posiciones preparadas previamente, para producir una determinada experiencia y, por tanto, un determinado conocimiento arquitectónico, paisajístico, literario o pictórico.

Los medios enmarcan el flujo turbulento de la realidad, lo recortan y lo proponen como una posibilidad de hipótesis inteligible. La realidad no existe previamente esperando que nosotros nos acerquemos a contemplarla, sino que se produce a través de los medios que construimos para acceder a ella. Producción del medio y producción de la experiencia son dos caras de un mismo proceso. La arquitectura y el paisaje urbano son a la vez el medio y el resultado de esta mediación para hacer de los no lugares, lugares; de lo informe, forma; de lo ininteligible, inteligible; de lo fluido, consistente.

Así, no sólo nuestro acceso a la experiencia de los lugares pasa necesariamente por los medios que nos los hacen accesibles, sino que esta mediación es la arquitectura misma. En otras palabras, lo que pretendo explicar es no sólo la necesidad de la mediación, sino también la condición mediática, el establecimiento de ficciones, que es propia de la arquitectura y del paisaje urbano.

## Intenciones

La cultura arquitectónica occidental de mediados del siglo XX ha descansado sobre hipótesis teóricas procedentes de la fenomenología. Al empirismo positivista que fundamentó la teoría arquitectónica de entreguerras le siguió el auge avasallador de la fenomenología para la definición de lo específico arquitectónico.

El pensamiento de Martin Heidegger y de Maurice Merleau-Ponty fueron especialmente afortunados a la hora de estructurar toda una teoría de la experiencia arquitectónica basada en

---

[1] Deleuze, Gilles, *Différence et répétition*, París, PUF, 1968, p. 3 (trad. cast.: *Diferencia y repetición*, Madrid, Ediciones Júcar, 1988, p. 33).

el husserliano acercamiento a las cosas mismas.

Lo que se consideró pensamiento abstracto debía ser substituido por una conmoción directa producida por el esfuerzo de acercarse a los objetos, a los lugares y a los espacios.

La arquitectura como totalidad no podía diseccionarse en sus aspectos funcionales, técnicos o formales, sino que era necesario bucear hacia un fondo más profundo en el que era posible vislumbrar la totalidad arquitectónica como síntesis esencial y como origen del sentido.

La influencia de Heidegger ha sido amplísima a través de sus conocidos textos relacionados con la arquitectura, y las trazas de su capacidad inspiradora las podemos encontrar, por ejemplo, en los textos de Joseph Rykwert, Ernesto N. Rogers, Kenneth Frampton o Christian Norberg-Schulz. Es este último, prolífico autor, quien posiblemente ha desarrollado una amplia literatura teórica que fija lo que en otra ocasión he llamado *existencialismo arquitectónico*, un modo de explicar lo esencial de la arquitectura a través de la noción de intencionalidad acuñada en la tradición fenomenológica de los discípulos de Edmund Husserl.

No es casualidad que el primer intento de formular una teoría arquitectónica completa, por parte de Norberg-Schulz, fuese en el libro *Intenciones* publicado en 1961.[2] Si para la fenomenología la acción de la conciencia se realiza intencionadamente en el mundo (Brentano), para la arquitectura ésta se hace inteligible como *Lebenswelt*, como espacio existencial en el que se despliega nuestro estar-en-el mundo. Ni una lógica, ni una forma, ni una economía son capaces de explicar la experiencia viva, existencial y directa de los lugares que la arquitectura forja. La vida como totalidad está recogida en espacios y lugares que sólo nos son accesibles experimentándolos, viviéndolos.

A lo largo de sus libros más significativos, Norberg-Schulz ha elaborado nociones clave que se han convertido en tópicos convencionales a la hora de explicar lo esencial arquitectónico.

La antigua noción de espacio, elaborada por la tradición purovisualista, desde Aloïs Riegl a Paul Frankl, desde Heinrich Wölfflin a Siegfried Giedion, se reformula con coordenadas fenomenológicas como *espacio existencial* al tiempo que la *Gestalt-Psicologie* deriva hacia las investigaciones de la psicología estructural dinámica de Jean Piaget y la fenomenología

de la percepción de Merleau-Ponty. La casa, la ciudad y el paisaje son espacios para ser vividos, para transcurrir en ellos la experiencia del existir y nuestra relación con el mundo.

La noción de lugar no designa simples determinaciones fotográficas o geométricas, sino el entorno en el que se produce el encuentro con un mundo habitado por sentidos, por memorias, por divinidades. La noción latina de *genius loci* se hace término común para designar experiencias de desvelamiento y encuentro a través de los cuales el construir, el hacer la arquitectura constituye un verdadero acto iniciático, único e irrepetible en el espacio y en el tiempo.

El evidente arcaísmo, casi religioso, que acompaña la construcción de estas nociones está, por supuesto, ligado a la reflexión metafísica de Heidegger y a la posibilidad del fundamento que su filosofía se propone como objetivo primordial.

El modo de pensar fenomenológico-existencial ha tenido multitud de consecuencias no sólo en el entendimiento de la arquitectura y su experiencia, sino también en los modos de su representación.

Para seguir con la referencia a la amplia obra de Norberg-Schulz es imprescindible fijar nuestra atención en la construcción física y visual de sus libros. El autor no es sólo autor de un texto, sino de una narración en la que las imágenes -esquemáticas, diagramáticas y, sobre todo, fotográficas- son esenciales.

Puesto que la experiencia de la arquitectura es existencial, vivida, las imágenes fotográficas que nos muestran este aprendizaje del vivir el paisaje arquitectónico tienen que proceder de una experiencia temporal, en movimiento, no exenta de casualidad, como un acontecimiento que se produce en un momento preciso, biográfico, de nuestra propia experiencia.

Al igual que otros importantes maestros del saber ver la arquitectura de una determinada manera, Norberg-Schulz ha sido ilustrador de sus propios textos. Cuidadoso e *intencionado* fotógrafo, la mayoría de sus libros están hechos con materiales gráficos cuidadosamente elegidos y, en más de un cincuenta por ciento, realizados por el propio autor en su experiencia personal y directa de los lugares, de los paisajes, de los edificios.

Son imágenes caracterizadas por su indiferencia histórica gracias a la cual la experiencia esencial de la arquitectura se produce en escenarios arquitectónicos de cualquier época, periodo, área geográfica, estilo, etc. La cámara, el ojo del observador, parece moverse al ritmo pausado del caminar, sin rehuir la presencia de las personas que deambulan ni las anécdotas que siempre nos salen al encuentro en el momento de mirar cualquier lugar.

209

[2] Norberg-Schulz, Christian, *Intensjorner i arkitekturen*, Oslo, Universitetsforlaget, 1967 (trad. cast.: *Intenciones en arquitectura*, Barcelona, Gustavo Gili, 1979). También: *Existence, Space and Architecture*, Londres, Studio Vista, 1971 (trad. cast.: *Existencia, espacio y arquitectura*, Barcelona, Blume, 1980), y *Genius loci: paessagio, ambiente, architettura*, Milán, Electa, 1979.

Reyner Banham, recipiente ambiental, 1965
© Françoise Dallegret

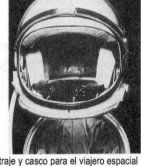

Apolo XV, traje y casco para el viajero espacial

Una fotografía de reportero, de viajero atento y curioso, documentado pero liberado de puntos de vista singulares, parece ser el modo de operar de este testimonio de la experiencia, en el límite, insustituible.

Las imágenes existencialistas, la fenomenología fotográfica, son prioritariamente reportajes que nos invitan también a la experiencia, al viaje, al contacto vivo con la cosa misma.

## Mediaciones

La visión moderna se caracteriza por ser una construcción exterior e indirecta, mediatizada.

La ilusión de la fenomenología existencialista consistió en suponer una mirada esencial, depurada, capaz de hacer posible el contacto directo entre el sujeto y el mundo.

Por lo menos desde el siglo XVIII, la cultura visual construye los dispositivos con los que organizar la mirada y con los cuales mediar, hacer posible, de una determinada manera, la mirada organizada a través de un aparato.

La primera aproximación al paisaje "natural" hecha por los pintoresquistas se hace mediante dispositivos tales como el llamado espejo de Claude: un pequeño retrovisor que el pintor de *plein air* utiliza para pintar lo que se ve a través del recuadro limitado del espejo que, de esta manera, media entre el paisaje *natural,* ilimitado, y su representación en la tela del cuadro.

Los panoramas, la cámara lúcida, los daguerrotipos, la fotografía y el panóptico son algunos de los nuevos dispositivos a través de los cuales es posible ver y fijar paisajes, ciudades, retratos de individuos, espacios de organización del trabajo, etc.[3]

La visión nunca es algo que pueda sumergirse en el interior de los paisajes, de los edificios o de los cuerpos. Es, por el contrario, algo externo, separado, cuya capacidad de aprehensión de la realidad depende ineludiblemente del medio que organizará la visión.

Por supuesto la visión fotográfica, panorámica, panóptica, etc., es una visión condicionada por un dispositivo técnico que se interpone entre un ojo en *bruto* y una realidad de algún modo inaccesible directamente, ingenuamente. La tecnificación de la mirada y su mediación no representa una pérdida de realidad, autenticidad o viveza. Por el contrario, representa la concreción de nuestro campo visual, la multiplicación de sus posibilidades.

El ojo y el cerebro extienden cada vez más los ámbitos a los que pueden acceder mediante prótesis que perfeccionan y especializan diversos tipos de accesos a la realidad. Las simples gafas o el microscopio son ya un ejemplo claro de cómo accedemos a mundos visuales inaccesibles a nuestros ojos gracias a la mediación de la tecnología óptica de estos aparatos. Pero en el mundo moderno, tecnología y acceso visual se encuentran en permanente proceso de diversificación y expansión. Acumulamos, reducimos, ampliamos y modificamos con técnicas que son por completo ajenas al proceso *natural* del ojo y que, sin embargo, nos proporcionan acceso a mundos visuales que forman parte de la realidad y sobre los que operamos permanentemente.

Entre el cuerpo y el repertorio visual de imágenes al que denominamos realidad se reconoce una distancia *naturalmente* insalvable. Sabemos que, de algún modo, estamos fuera, construimos desde un observatorio que no es parte del interior mismo de las cosas.

Frente a la ilusión realista de la tradición fenomenológica, hay una larga tradición apoyada por los avances de la ciencia y de la técnica que explica que en el mundo moderno la apropiación de visiones, sonidos y percepciones de toda índole se producen gracias a fenómenos de mediación, y que, esta mediación,

210

---

[3] Crary, Jonathan, *Techniques of the Observer. On vision and Modernity in the Nineteenth Century*, Cambridge, Mass., The MIT Press, 1991.

Jean Baudrillard, sociólogo y fotógrafo,
Toronto, 1994
© Jean Baudrillard

Jean Baudrillard, sociólogo y fotógrafo,
Nueva York, 1988
© Jean Baudrillard

Diller & Scofidio, Instalación permanente Cold
War, Broward Hockey Arena, Sunrise, Florida
© Diller & Scofidio

tiene siempre un soporte técnico que la caracteriza y la diferencia de otras posibles mediaciones.

La acción del arte, en lo figurativo, como la del pensamiento en lo conceptual, es la de construir formas y conceptos que organicen lo informe a partir de una cierta extrañeza y de una cierta necesidad.

En el océano de las percepciones y de las informaciones, toda operación constructiva consiste en la producción de paisajes y de arquitecturas. En el principio está el desorden y lo informal. La construcción mediatizada de miradas y percepciones, seductoras, con algún marchamo de necesidad, aunque sea provisional y efímera, es la que produce el traspaso de la pura navegación a la definición de mallas, relaciones, estables o lábiles, a través de las cuales la realidad tiene nuevos envoltorios, trazos.

Gilles Deleuze decía que no le interesaban los autorretratos, pretensión imposible la de establecer los rasgos definitorios de un sujeto, de un en-sí-mismo, sino sólo los trazos, las huellas, las imágenes a través de las cuales recibimos oleadas sucesivas de información estructurada relativa a un determinado asunto.[4]

Desarrollar prácticas que estructuran imágenes provisionales, sucesivas, multiplicadas, constituye un modo no esencialista de entender la práctica por la cual el paisaje y la arquitectura son deliberada y conscientemente una producción de externalidades, un derroche de imágenes en el cual cada una de las hipótesis necesarias a las que hemos hecho alusión constituyen un modo contingente y discreto (en el sentido de separa-

do, por partes) de mostrar mediatizadamente la superficie de las cosas.

"Yo no tengo otra sustancia que mi apariencia", afirmaba Baltasar Gracián en *El Criticón*.[5] La sabiduría barroca, desengañada y artificiosa, sólo veía posibilidades de asidero en el desacreditado mundo de la apariencia. Todos los discursos esencialistas han rechazado lo aparente frente a lo sustancial, la imagen frente a la esencia. También para el paisaje y la arquitectura se han rechazado las apariencias, las imágenes, el espectáculo en nombre de lo esencial, profundo, permanente.

Una concepción mediática de estas realidades camina, por el contrario, por una senda conceptual totalmente distinta. Los medios, múltiples, interpuestos, técnicos, son el procedimiento de acceso, parcial, provisional, condicionado, a estos mundos externos a los que no accederíamos de ningún otro modo.

Una teoría del paisaje urbano debe ser hoy una teoría de los medios sin el temor ni la angustia de que estemos propagando procedimientos múltiples carentes de rigor y permanencia.

Introducir la contingencia y la operatividad permanente sobre lo informe aproxima mucho más nuestros métodos de definición de la forma urbana y arquitectónica que la búsqueda esencial, mínima o existencial. Pensar los paisajes y las arquitecturas como envoltorios provisionales no significa renunciar a la tensión, la energía y la invención, sino sólo orientar los esfuerzos en la única dirección posible: la de la mediatizada producción de formas, imágenes, simulacros como parte de un contingente donde la distinción entre real y virtual deja de tener un significado metafísico para convertirse en un permanente desafío a la imaginación productiva.

211

4 Burdens, Mireille, "La forme devorée. Pour une approche deleuzienne d'internet", en Lenain, Thierry (ed.), *L'image. Deleuze, Foucault, Lyotard*, París, Livrairie philosophique J. Vrin, 1997.

5 Citado en Burdens, Mireille, *op. cit.*, p. 62.

En enero de 1998, Jean Baudrillard publicaba un pequeño libro con el título *Photograpies. Car l'ilusion ne s'oppose a la réalité...*[6]. Consistía en un breve pero intenso ensayo sobre la fotografía que acompañaba a un centenar de imágenes fotográficas realizadas por el propio Baudrillard. El libro era una suerte de catálogo realizado por iniciativa del Musée Nicéphore Niépce de la villa de Chalon-sur-Saône.

El crítico de la sociedad de la simulación y de la apariencia retornaba sobre sus pasos y reflexionaba sobre una práctica que él conocía por propia experiencia: la fotografía. No era el sociólogo-antropólogo lanzando sus apocalípticas diatribas contra la sociedad del espectáculo, sino el fotógrafo que intentaba entender qué relación existe entre lo que han visto sus ojos y lo que muestran las imágenes fotográficas.

"Fotografiar no es tomar el mundo como objeto, sino construirlo, hacerlo devenir a través de mil facetas", (*mil feuilles*), escribía Baudrillard.

La fotografía, dispositivo técnico característico de la mirada moderna, es una construcción parcial, elaborada y técnica, capaz de proporcionarnos acceso a estratos de la realidad, a capas distintas donde ninguna de ellas podrá atribuirse la captación de la totalidad o de lo esencial. La misma condición expansiva, multiplicada, de las imágenes fotográficas abona la idea de que no existe una imagen única, sino aproximaciones, segmentos de una apropiación discontinua de la que la separación de las imágenes fotográficas es una prueba evidente.

Cada imagen fotográfica es un relato a la vez insuficiente pero real, una toma, una descarga sobre algo que no se deja agotar de una vez por todas porque mantendrá siempre su condición huidiza, inatrapable.

"Pero esta construcción ni se contrapone a la realidad ni la agota. Puesto que la ilusión no se opone a la realidad; se trata de otra realidad más sutil que envuelve a la primera con el signo de la desaparición". Baudrillard no contrapone, como en otros textos anteriores y en la mejor tradición del situacionismo, la ficción de mundo de las imágenes tecnológicas frente a una desaparecida Arcadia en la que la relación entre la imagen y el objeto constituiría un reflejo permanente. La redención del mundo de la imagen fotográfica, de su soledad y de su silencio no está inevitablemente confrontado a su condición efímera, reproductible, manipulable, contingente. Por el contrario, la fotografía se nos mostraría como la tecnología de la visión capaz de recoger este otro aspecto de la realidad, su cara oculta, su presencia ausente.

De la misma manera que Siegfried Kracauer había señalado en los años treinta la capacidad de la fotografía de *congelar* el mundo, de mostrarlo fragmentado y portador de otro tiempo histórico distinto del tiempo de la experiencia, Baudrillard señala en su texto introductorio la capacidad de la fotografía por constituir registros de lo *des-aparecido*, de las huellas de los objetos que nos son inaccesibles o que sólo podemos recobrar por la *aparición* de las imágenes.[7]

Pero la fotografía es también un modo de operar sobre la realidad, fundamentalmente exorcizándola.

Para Baudrillard, las sociedades primitivas ahuyentan los fantasmas del recuerdo y del temor a través de la máscara. La creación de un rostro artificial, caricaturesco, es el dispositivo para alejar la angustia y conjurar los poderes.

La sociedad burguesa, en cambio, hace del espejo el paradigma de su imagen. Reflejándose, viéndose a sí misma, copiándose, imitándose, el arte y la arquitectura burgueses cierran el círculo del mundo sobre sí mismos haciendo de este ensimismamiento su protección y su fuerza.

Pero en la sociedad posindustrial, el conjuro, la memoria y el exorcismo se producen a través de las imágenes. Un universo ilimitado, expansivo, constantemente reformulable, crea la galaxia ya no de Gutenberg sino de Eidos. Nuestro universo es iconodependiente hasta tal punto que no son pensables nuestros sistemas de comunicación sin la inagotable iconología de la que constantemente estamos haciendo uso y en cuyo interior nos movemos.

La arquitectura y el paisaje urbano tal vez ya no pueden ser más la máscara que nos protege con su horror teológico, ni pueden ser tampoco el reflejo seguro y pacificado de una imagen de un orden construido a nuestra propia medida.

El mundo que narramos con las imágenes del paisaje y de la arquitectura, pero también la arquitectura y el paisaje mediatizados por sus imágenes, son, hoy por hoy, el envoltorio posible de nuestra aglomerada soledad.

Para decirlo con una célebre frase de uno de los más famosos fotógrafos-reporteros de la sociedad contemporánea, "debemos capturar a la gente en su propia relación de comunicación, en su silencio".[8]

---

[6] Baudrillard, Jean, *Photographies*, París, Descartes & Cie., 1998.

---

[7] Kracauer, Siegfried, "Photography", en Levin, Thomas Y. (ed.), *The Mass Ornament. Weimar Essais,* Cambridge, Mass., Harvard University Press, 1995, p. 47 y 55.

[8] Henry Cartier-Bresson citado en Baudrillard, Jean, *op. cit.*, s/n.

Richard Sennett es sociólogo y profesor de la *London School of Economics* desde 1999, donde dirige el programa *Cities* de investigación y docencia interdisciplinar con la ciudad como fundamento. Fue profesor de la *New York University* y contribuyó a la creación y rumbo del *New York Institute of Humanities* desde los años 70. Investigador conspicuo y autor prolífico, la vida urbana ha ocupado continuadamente un lugar entre sus motivos de atención preferentes. En su obra se encuentran algunos de los ensayos más relevantes de la sociología urbana del último tercio del siglo XX: *The Uses of Disorder* (1970) [trad. cast.: *Vida urbana e identidad personal (1975)]*, *The Fall of Public Man* (1977) [trad. cast.: *El declive del hombre público* (1978)], *The Conscience of the Eye* (1990) [trad. cast: *La conciencia del ojo* (1991)], *Flesh and Stone* (1994) [trad. cast.: *Carne y piedra* (1997)], *The Corrosion of Character* (1998) [trad. cast.: *La corrosión del carácter* (2000)] o *Respect: The Welfare State, Inequality, and the City* (2003) [trad. cast.: *El respeto: Sobre la dignidad del hombre en un mundo de desigualdad* (2003)].

Su incorporación a la vida académica europea, aunque sin romper vínculos con su base neoyorquina, permitió que fuera invitado a impartir la lección inaugural de la London School of Economics, y lo hiciera disertando acerca de lo que, según sus palabras, constituía tema de su atención: la discusión sobre la situación de la ciudad moderna. Aprovechamos para presentarla aquí en versión castellana.

© Xavier Cervera

# EL CAPITALISMO Y LA CIUDAD*

Richard Sennett

Ésta es mi conferencia inaugural en la London School of Economics. Se supone que ocasiones de este tipo son apropiadas para desarrollar reflexiones sobre un campo de estudio; para mí, esto significa hablar sobre el estado de la ciudad moderna y el campo de los estudios urbanos. Lo que tengo que decir se aplica tanto a la sociología, a la geografía y a la economía como a las investigaciones visuales que subyacen en el fondo del *Cities Programme* de la LSE.

El tema de mi conferencia es la relación entre capitalismo y ciudad. Las condiciones del capitalismo son muy diferentes hoy en día de lo que eran hace un siglo, cuando nació la disciplina formal de los estudios urbanos. En mi opinión, como estudiosos, aún tenemos que ponernos al día con esos cambios producidos en la realidad.

## Virtudes urbanas

Voy a empezar, no sin cierto temor, declarando categóricamente cuál es el valor humano de vivir en una ciudad, cuál es su valor cultural. Creo que de hecho existen dos virtudes urbanas que hicieron que mereciera la pena vivir incluso en emplazamientos urbanos mal gestionados, infestados de delincuentes, sucios o en decadencia.

La primera tiene que ver con la sociabilidad. Una ciudad es un lugar en el que la gente puede aprender a vivir con extraños. La práctica de la democracia moderna exige que los ciudadanos aprendan a introducirse en experiencias e intereses de vidas ajenas. La sociedad gana en igualdad cuando la experiencia de la gente no está limitada a sus semejantes en clase, raza o modo de vivir. La similaridad atonta la mente; la diversidad la estimula y expande.

Las ciudades son lugares en los que aprender a vivir con extraños es algo que puede suceder directamente, corporalmente,

* Traducido del original tomado de Echenique, M., Saint, A., *Cities for the new millenium*, Londres-Nueva York, Spon Press, 2001, pp. 15-21.

físicamente, sobre el terreno. El tamaño, densidad y diversidad de las poblaciones urbanas hace posible, aunque no inevitable, ese contacto sensorial. Una de las cuestiones claves de la vida urbana, y de los estudios urbanos, es cómo hacer que las complejidades que encierra una ciudad interactúen. Si se produce el contacto y la gente puede vivir junto a gente que no es como ellos, entonces los habitantes de la ciudad se convierten en cosmopolitas.

La segunda virtud urbana se refiere a la subjetividad, y deriva directamente de la primera. La experiencia de la vida urbana puede enseñar a la gente a vivir consigo misma y a crecer internamente. La experiencia de la complejidad no es un acontecimiento externo sin más; influye en la idea que tiene un individuo de sí mismo. Las personas pueden crear muchas imágenes de sus propias identidades, sabiendo que lo que son es algo que cambia, dependiendo de con quién estén. Más aún, los sistemas sociales complejos tienden a ser abiertos en vez de estrechamente cerrados; son modos incompletos de vida que pueden influir en la esfera subjetiva, como lecciones acerca del carácter irresoluble y necesariamente incompleto de la experiencia; lecciones acerca de los límites humanos.

En principio, un agricultor podría, naturalmente, tener una vida interior tan complicada como un habitante de ciudad. Lo único que hacen las ciudades, y no es poco, es suministrar los materiales concretos para desarrollar esa conciencia. Caminar en medio de una densa muchedumbre es, si quieren, una prueba de lo que podría haber en nuestra propia mente. Por otra parte, eso es algo posible, más que algo inevitable; las condiciones específicas de una ciudad concreta podrían llevar a la gente a no admitir esa evidencia, a tratar la calle llena de gente como espacio de miedo más que como espacio para el conocimiento de sí mismo.

Para mí, los escritos del filósofo francés Emmanuel Levinas, aunque no sea urbanista, han creado un puente entre esas dos virtudes urbanas: Levinas afirma que cuando la experiencia de una persona es tan compleja como para hacerse multidefinida o abierta, esa persona tiene necesidad de otras personas que no conoce. Llama a eso «relación de vecindad con extraños», y la frase capta adecuadamente la aspiración que deberíamos tener al diseñar ciudades.

Esta *confession de foi* establece el marco de mi charla, que no llega a ser tan espiritual. Las virtudes de la sociabilidad y subjetividad urbanas se agotaron hace un siglo, cuando empezaron los estudios urbanos, en función de una dialéctica entre rigidez y extrañamiento. Hoy se agotan en función de una dialéctica entre flexibilidad e indiferencia. Mi razonamiento es que un gran cambio en el capitalismo ha transformado el contexto de los valores culturales urbanos, creando un contraste entre el antes y el ahora que trataré de hacer más objetivo y preciso.

### Rigidez y extrañamiento

Para comprender esa dualidad, debemos recordar que, aunque las ciudades son algo tan viejo como la humanidad, la disciplina de los estudios urbanos tiene sólo un siglo de existencia. Al principio arraigó en el campo de la sociología y la geografía, después se amplió a la economía, a la ciencia política, y más recientemente a la antropología. En el campo de la sociología, debemos a escritores alemanes como Weber y Simmel los primeros análisis modernos de las ciudades; esta «Escuela de Berlín» del cambio de siglo inspiró en algunos de sus alumnos norteamericanos un deseo de trabajar más en colaboración, y así lo hicieron en la Universidad de Chicago desde la década de 1910 hasta los años cuarenta.

Pero las Escuelas de Berlín y Chicago se configuraron en un periodo de estabilización burocrática. El capitalismo del siglo XIX era a menudo anárquico y desorganizado, pero sin pretenderlo. En Alemania, la época de Bismarck fue testigo de un esfuerzo por remediar esas crisis mediante la consolidación de las relaciones entre el estado y la empresa privada; el gobierno tenía que proporcionar el mando que faltaba al mercado libre. En los EUA la formación masiva de monopolios por parte de Rockefeller, Gould y Carnegie trataba también de escapar a las erupciones competitivas del mercado. La «búsqueda de orden», como la definió el historiador Robert Wiebe, engendró empresas a una escala mayor aún, y con estructuras burocráticas cada vez más complejas internamente. En correspondencia, esa ardua historia afectó a las ciudades y a lo que los urbanistas tuvieran que decir sobre ellas.

Voy a posponer de momento la discusión acerca de cómo sucedió aquello, para centrarme en lo opuesto, en el otro lado de la dialéctica urbana, en la importancia concedida a los extraños y al extrañamiento. Ése era el tema por excelencia de Georg Simmel. En una carta que escribió a un amigo acerca de la Postdammerplatz de Berlín, mencionó la cacofonía de lenguas que oía, la extraña ropa que vestía la gente en la gran plaza. Como escribiría posteriormente, «el urbanita es un extraño». Con ello quería describir –en jerga moderna– una condición de alteridad más que de diferencia: no un esquema clasificatorio fijo para identidades, sino más bien el otro desconocido, marcado por el extrañamiento. La alteridad es un agente provocador, una fuerza de ansiedad, puesto que no sabes lo que el otro va a hacer, cómo va a comportarse. Y todos nosotros poseemos ese poder de provocar incomodidad en una multitud.

El poder del extrañamiento tiene sentido en las condiciones de la época de Simmel. Berlín estaba en medio de una migración del campo a la ciudad, y aquellos inmigrantes no venían solamente de Prusia, sino de Polonia, Hungría y los Balcanes, hablaban lenguas que no eran el alemán, y las culturas que llevaron con ellos no se parecían en nada a la alemana. Igualmente importante, en esa fase del capitalismo, fue que no había aún una cultura de consumo en masa que unificara a la gente como sujetos sociales de la ciudad: la consolidación de la producción precedió a la estandarización del consumo, de modo que el deseo, el gusto y los estilos de vida eran discontinuos y enigmáticos. Podríamos citar igualmente los fenómenos materiales paralelos de Nueva York en 1900, cuando el complejo mundo de inmigrantes del Lower East Side empujaba con fuerza hacia el sur, contra Wall Street, y por el norte hacia la zona residencial WASP burguesa en torno a Washington Square. La alteridad fue la condición material de la cultura urbana.

El extrañamiento como alteridad es una fuerza que Simmel proclamaba en las ciudades. Igual que Joyce y Proust, Simmel estaba convencido de que el extraño es portador de una nueva libertad. Les voy a dar un ejemplo norteamericano de lo que quería decir. Cuando Willa Cather llegó finalmente al Greenwich Village de Nueva York en 1906, aquella mujer, que había estado atormentada porque en la Norteamérica provinciana su lesbianismo fuera descubierto, escribió a una amiga: «Al fin puedo respirar en este lugar indescifrable». Los esfuerzos de Simmel estaban encaminados a concretar cómo se representaba en las calles y plazas llenas de gente la libertad de lo extraño, la libertad de la alteridad. En público, la persona urbanita lleva puesta una máscara impasible, actúa con frialdad e indiferencia ante el resto de transeúntes; sin embargo, en privado se siente incitada por esos contactos con extraños, desordenados y contradictorios, las certezas se tamba-lean en presencia de otros: la vida subjetiva bulle tras la máscara protectora.

Ésta es una visión sumamente romántica de la ciudad, pero adquiere importancia precisamente porque la estimulación subjetiva de lo extraño se describe en exactamente los mismos lugares gobernados por las fuerzas emergentes de la rigidez burocrática. La rigidez burocrática era, naturalmente, el gran tema de Max Weber, colega y protector de Simmel. En el Berlín de su época, no había más que observar las compañías de seguros, bancos y grandes empresas de ferrocarril establecidas en estructuras que se pretendían imitaciones de templos egipcios o palacios del Renacimiento para ver la realización del deseo de estabilidad económica en piedra.

Debemos al alumno de Simmel, Robert Park, y al alumno de Park Louis Wirth, un análisis de cómo la consolidación organizativa de la capitalización podía relacionarse con un territorio o una ciudad más que simplemente con su arquitectura. Aunque Park permaneció fiel a las ideas de Simmel en torno a la subjetividad urbana, que el joven norteamericano reformuló como el «orden moral» de la ciudad, cuando Park volvió a Chicago tuvo que aceptar la otra cara de la moneda. Tanto Park como Wirth pretendían describir una división ecológica del suelo basada en la división del trabajo en el capitalismo moderno. Los mapas de la ciudad más interesantes que realizó la Escuela de Chicago eran mapas acerca de dónde se desempeñaban las diferentes funciones dentro de la ciudad; se pueden encontrar, por ejemplo, en un libro de título resonantemente soso, *One Hundred Years of Chicago Land Values*, escrito por Homer Hoyt. Louis Wirth vinculó esos datos de la articulación funcional del espacio urbano directamente al fenómeno de la burocratización.

¿Cómo relacionar, entonces, la ecología de la ciudad con la figura del extraño y la libertad de la alteridad? ¿Cómo pueden ser el mismo lugar, como dijo Park, la ciudad como «lugar en el mapa» y como «orden moral»? Los urbanistas de Chicago respondieron imaginando al urbanita como un inmigrante interno permanente que viaja a través de la ecología de la ciudad. Wirth, por ejemplo, definió la ciudad como un mosaico de diferentes papeles a desempeñar en diferentes lugares –lo que denominaba «papeles segmentados»–, pero argüía que el sujeto trasciende a todos sus papeles en el espacio. La idea de un sujeto superior a su entorno nos es familiar por los escritos del coetáneo de Wirth, Walter Benjamin, de forma especial en el personaje del *flâneur*. Wirth, no tan artista, estaba interesado en los ejemplos de inmigrantes de segunda generación y en la naciente burguesía negra de Chicago. Ambos grupos le parecían a la vez situados en una ecología urbana cada vez más definida y dotados de movilidad para atravesar territorios fijos. Su libertad se basaba en su falta de una única definición, en sus identidades múltiples.

La dialéctica entre extrañamiento y rigidez definió la brújula mental, si se quiere, de los estudios urbanos modernos en su inicio. Como cualquier versión seria de la cultura, encarnaba contradicciones y paralelamente se enfrentaba a ellas. En el campo visual, por ejemplo, el diseño urbano de la época buscaba huir de la ansiedad provocada por lo extraño de la ciudad, aunque preservando la libertad del urbanita. Éste es el gran drama del plan de Daniel Burnham de 1909 para Chicago, un intento de imponer un orden rígidamente funcional en la ciudad, pero mezclando a la vez las diferentes clases sociales y grupos de inmigrantes de la ciudad. Los planificadores urbanos alemanes y vieneses estaban al mismo tiempo atraídos por las cualidades saludables del movimiento inglés de Ebenezer

215

Howard *Garden City*, y repelidos por su simplicidad infantil.

Hoy en día, muchas de las condiciones materiales que conformaron la primera época de los estudios urbanos, hace un siglo, continúan operando igual que lo hacían entonces: el flujo de inmigrantes a las ciudades, por ejemplo. Y seguimos pensando –como, desde luego, deberíamos– que la alteridad es una condición social que ofrece la promesa de la libertad subjetiva, de la liberación de la arbitraria definición e identificación. Pero las condiciones generales del capitalismo han cambiado de rumbo, y ese cambio en la economía política ha alterado tanto la naturaleza de la propia ciudad como las herramientas intelectuales que necesitamos para comprender nuestra época.

### Flexibilidad e indiferencia

Cuando hablamos de una nueva fase del capitalismo, en realidad estamos apuntando a dos fenómenos. Uno es la globalización de los flujos de trabajo y capital. El otro consiste en una transformación de la producción, es decir, un cambio en las instituciones y burocracias, para que la gente pueda trabajar con mayor flexibilidad y menor rigidez.

La palabra «nuevo» levanta sospechas inmediatamente, porque pertenece al campo de la publicidad. La emigración de la mano de obra y las finanzas multinacionales llevan tiempo establecidas en la economía capitalista, pero en la última generación han sido reformuladas. Los bancos ya no negocian con limitaciones nacionales; la mano de obra emigrante ha encontrado nuevas rutas internacionales. Los cambios en los lugares de trabajo tampoco han surgido de la nada. Los anarcosindicalistas llevan tiempo reivindicando lugares de trabajo menos rígidos, argumento que, con rica ironía, los capitalistas modernos se han tomado a pecho.

Como la revolución burocrática que hizo flexible al capitalismo aparece en las noticias menos que la globalización, voy a empezar con esa parte de la historia.

La descripción que hace Max Weber de la burocracia racional estaba fundada en una analogía entre la organización militar y la comercial. La imagen que se hacía de ambas era el triángulo burocrático; cuanto más avanzaba la división racional del trabajo, más grietas de desigualdad se abrían; la necesidad de diferentes tipos de soldados o trabajadores creció mucho más que la necesidad de más generales o jefes. La cadena de mando de ese triángulo operaba basada en el principio de que cada empleo cubría una función específica; la eficiencia dictaba que hubiera tan poca duplicidad como fuera posible. Así, el general puede controlar estratégicamente los pelotones desde su lejano puesto de mando, y los ejecutivos de una gran empresa decidir cómo va a funcionar la cadena de montaje o la oficina central.

En la producción industrial, el triángulo de Weber se encarnó en el fenómeno del fordismo, una especie de microadministración militar del tiempo y esfuerzos de un trabajador, cosa que determinaban unos expertos que estaban encima de él. Esto se vio gráficamente ilustrado por la fábrica de coches Willow Run, de la General Motors, un edificio de 1,6 kilómetros de largo y 400 metros de ancho en el que entraba, por así decir, hierro y cristal por un extremo y por el otro salía un coche terminado. Sólo un régimen de trabajo estricto y controlador podía coordinar la producción a esa escala gigante. En el mundo de los trabajadores cualificados, los estrictos controles de corporaciones como la IBM durante los años sesenta reflejaban ese proceso industrial.

Hace una generación, las empresas empezaron a rebelarse contra el triángulo weberiano. Trataban de erradicar organizaciones «rémora», eliminar niveles de burocracia, haciendo uso de las nuevas tecnologías de la información en lugar de burócratas. Trataban de destruir la práctica del trabajo de función fija, sustituyéndola por grupos que trabajan por poco tiempo en tareas específicas, grupos que se reorganizan cuando la organización se embarca en nuevos proyectos. Del mismo modo en que esas técnicas posibilitaron que las empresas reaccionaran externamente ante las nuevas oportunidades de mercado, las organizaciones trataron de crear mercados internos. En esa nueva estrategia comercial, los grupos compiten entre ellos, tratando de responder con eficacia y tan rápido como se pueda a objetivos marcados por la dirección. Los mercados internos tienen como efecto que la antigua lógica weberiana de la eficacia quede desbaratada; en lugar de que cada persona haga su tarea correspondiente dentro de una cadena de mando definida, tenemos una duplicidad de funciones; muchos grupos diferentes compiten para hacer la misma tarea más rápido y mejor. Todas esas prácticas tienen como finalidad hacer que las corporaciones sean flexibles, capaces de cambiar rápidamente como respuesta a condiciones externas rápidamente cambiantes.

Los apologetas de ese nuevo mundo del trabajo afirman que es más democrático que la organización de estilo militar del pasado. Pero en realidad no es así. En lugar del triángulo weberiano, una imagen de ese nuevo campo de poder podría ser un círculo con un punto en el centro. En dicho centro, un grupo reducido de gestores organiza, toma decisiones, establece tareas, juzga los resultados; la revolución de la información le ha dado más control instantáneo sobre el funcionamiento de la corporación que el viejo sistema, en el que las órdenes a menudo se adaptaban y evolucionaban a medida que descendían por la cadena de mando. Los grupos que trabajan en la periferia del círculo son libres de reaccionar ante objetivos externos fijados por el centro, libres de diseñar medios para ejecutar las tareas compitiendo unos con otros, pero no son libres para decidir cuáles han de ser dichas tareas.

En el triángulo weberiano de la burocracia, hacer el trabajo lo mejor que podía cada cual traía una recompensa; en el círculo con el punto, la recompensa llega a grupos que ganan a otros grupos, lo que el economista Robert Frank denomina una organización en la que el ganador se lleva todo; el puro esfuerzo ya no conlleva recompensa. Esa reformulación burocrática, argumenta Frank, contribuye a las grandes desigualdades de pagas y gratificaciones en organizaciones flexibles, una realidad material de desigualdad enteramente opuesta a la democracia en el lugar de trabajo.

Para comprender el efecto de esa nueva forma de organización en lugares urbanos en los que vive gente, tenemos que especificar otra característica de la flexibilidad: su dimensión temporal.

El mantra que se repite una y otra vez en el lugar de trabajo flexible es «nada de largo plazo». Las dimensiones cortoplacistas del tiempo son evidentes en la sustitución de carreras claras dentro de organizaciones fijas por empleos, empleos que consisten en una serie de tareas específicas y limitadas; cuando termina la tarea, a menudo termina el empleo. En el sector de tecnología punta de Silicon Valley, la duración media de los empleos es ahora de unos ocho meses; la reorganización de las corporaciones lleva a menudo a abruptos e involuntarios cambios de empleo; en el mundo cambiante del trabajo flexible –igual que en la publicidad, los medios de comunicación y los servicios financieros– el cambio de empleo voluntario sigue una vía errática y la gente tiende a efectuar ambiguos movimientos laterales. Finalmente, dentro de una corporación dada, el acento puesto en vincular grupos con tareas significa que la gente está continuamente cambiando de compañeros de trabajo; la moderna teoría de la gestión argumenta que el «plazo de caducidad» de un grupo nunca debería ser superior a un año.

Quiero dejar claro que esos cambios en el tiempo institucional no son dominantes en los lugares de trabajo actualmente, no más de lo que las finanzas globales son el modo de finanzas dominante. Representan más bien una avanzadilla del cambio, una aspiración de lo que deberían llegar a ser las empresas: nadie va a empezar una nueva organización basada en el principio de empleos permanentes.

Del mismo modo en que no es democrático el espacio de poder en la organización flexible, la dimensión temporal de esas instituciones no fomenta ni la lealtad ni la fraternidad. Directivos de empresas que antes eran defensores a ultranza de la reinvención empresarial constante están empezando a modular sus posturas. Es difícil sentirse comprometido con una corporación que no tiene un carácter definido, es difícil actuar con lealtad hacia una institución inestable que no te muestra ninguna lealtad. La falta de compromiso se traduce en baja productividad, y en un rechazo a guardar los secretos de la empresa.

La falta de fraternidad provocada por el «nada de largo plazo» es algo más sutil. El trabajo a destajo pone a la gente bajo un estrés enorme; en los grupos perdedores, las fases finales del trabajo en común tienden a estar marcadas por las represalias. Por otra parte, hace falta tiempo para desarrollar una confianza informal; hay que conocer a la gente, saber la ruptura de qué grupo provoca el cortocircuito. Y la experiencia de estar sólo de forma temporal en una organización impulsa a la gente a desligarse, a no implicarse, al fin y al cabo van a salir de ahí pronto. En la práctica, esa falta de compromiso mutuo es una de las razones de que sea tan difícil para los sindicatos organizar a los trabajadores de industrias flexibles o empresas como las de Silicon Valley; se ha debilitado el sentimiento de fraternidad como destino compartido, esa serie duradera de intereses comunes. Socialmente, el régimen cortoplacista produce una paradoja: la gente trabaja con intensidad, bajo una enorme presión, pero sus relaciones con los demás son curiosamente superficiales. En ese mundo a largo plazo no tiene mucho sentido implicarse en profundidad con otras personas.

Mi razonamiento es precisamente que el capitalismo flexible tiene los mismos efectos en la ciudad que en el propio lugar de trabajo. Del mismo modo en que la producción flexible produce unas relaciones en el trabajo más superficiales y a corto plazo, ese capitalismo crea un régimen de relaciones superficiales y sin vinculación en la ciudad. Esa dialéctica de flexibilidad e indiferencia es un desafío tanto para quienes viven en las ciudades como para quienes se dedican a estudiarlas.

La dialéctica de flexibilidad e indiferencia aparece bajo tres formas. La primera se expresa por el apego físico a la ciudad; la segunda por la estandarización del entorno urbano; la tercera por las relaciones entre familia y trabajo urbano.

La cuestión del apego físico al lugar es tal vez la más evidente de las tres. Los índices de movilidad geográfica son muy altos en el caso de los trabajadores flexibles. Los trabajadores temporales del sector servicios son un buen ejemplo; y el trabajo temporal por agencia es el sector que más está creciendo en el mercado del trabajo. Las enfermeras de agencia de empleo, por ejemplo, tienen ocho veces más de posibilidades de tener que cambiar de residencia durante un periodo de dos años que las enfermeras de empleo fijo; los reparadores de agencia, once veces más que sus compañeros por cuenta ajena. La falta de empleo fijo supone un menor apego al lugar.

En las altas esferas de la economía, los ejecutivos del pasado se desplazaban a menudo tanto como lo hacen ahora, pero los movimientos eran de otro tipo; permanecían dentro de la rutina de la empresa, y la empresa definía su «lugar», el terreno de juego de sus vidas, estuvieran donde estuviesen situados en el mapa. Es precisamente esa cadena institucional la que rompe el nuevo lugar de trabajo. Algunos urbanistas, como Sharon Zukin, han sostenido, curiosamente, que para esa élite ciertas zonas de la ciudad moderna –aristocratizadas, llenas de restaurantes elegantes y servicios especializados– han sustituido a la corporación como pilar; esa nueva élite siente más apego por su estilo de vida en la ciudad que por su trabajo. Ese argumento parece algo diferente, no obstante, si tomamos en consideración otros efectos de la flexibilidad en las ciudades.

La estandarización del entorno es resultado de la economía de la temporalidad, y la estandarización engendra indiferencia. Tal vez pueda aclarar esa afirmación si describo una experiencia personal. Hace unos años, llevé al presidente de una gran empresa de nueva economía a dar una vuelta por el Chanin Building de Nueva York, un palacio modernista con despachos rebuscados y unos espacios públicos espléndidos. «Esto no funcionaría en nuestra empresa», observó el ejecutivo, «la gente podría sentir demasiado apego a sus despachos, podrían pensar que están ahí para siempre».

La finalidad de la oficina flexible no es ser un lugar en el que uno se arrellana. La arquitectura de las oficinas de empresas flexibles requiere un entorno físico que pueda reconfigurarse rápidamente: llevado al extremo, la «oficina» se convierte simplemente en terminal de ordenador. La neutralidad de los nuevos edificios es también resultado de su utilización global como unidades de inversión; para que alguien en Manila pueda comprar o vender fácilmente diez mil metros cuadrados de espacio de oficinas en Londres, el propio espacio necesita la uniformidad, la transparencia del dinero. Es por eso que los elementos estilísticos de los edificios de la nueva economía se convierten en lo que Ada Louise Huxtable denomina «arquitectura dérmica», la superficie del edificio engalanada con diseño, sus interiores eternamente neutros, estándar y capaces de reconfiguración instantánea.

Hay otro fenómeno de la ciudad moderna que refuerza la «arquitectura dérmica». Se trata de la estandarización del consumo público: hay una red global de tiendas que venden los mismos productos en los mismos tipos de espacio, se encuentren localizados en Manila, Ciudad de Méjico, o Londres. Esa estandarización forma un fuerte contraste con las condiciones del Berlín de Simmel. Allí, hace un siglo, a pesar de que la coherencia institucional era el objetivo de la economía, el consumo seguía errático en su forma, y era mayoritariamente de pequeña escala en la economía de la ciudad. Hoy en día la coherencia institucional se está deshaciendo, pero los resultados consumibles de la producción y los servicios se están haciendo más uniformes.

Es difícil llegar a sentir apego por un particular Gap o Banana Republic; la estandarización engendra indiferencia. Dicho de otra forma: el problema de las lealtades institucionales en el lugar de trabajo, que ahora está empezando a hacer que se moderen unos directivos otrora ciegos entusiastas de la reorganización sin fin de las empresas, encuentra su paralelo en la esfera urbana pública del consumo; el apego y compromiso con lugares específicos se disipa bajo la égida de ese nuevo régimen. La imagen del *flâneur* de Benjamin adquiere un nuevo significado en un mundo de cafeterías Starbucks y ciudades Nike: el *flâneur* urbano no es ya alguien que puede descubrir –al menos en nuevos campos públicos– lo extraño, lo inesperado o lo aleccionador. Falta la alteridad. Igualmente, la acumulación de historia compartida, y también de memoria colectiva, disminuye en esos espacios públicos neutrales. El espacio del consumo público combate a la importancia local, del mismo modo en que el nuevo lugar de trabajo combate a las historias «innatas», compartidas por los trabajadores.

Esa es una manera visual de interpretar la relación entre flexibilidad e indiferencia. No quiero invocar clichés de «alienación» urbana, o razonar que el impulso para buscar estímulos en la ciudad ha muerto. Más bien, la economía visual del capitalismo moderno ha establecido nuevas barreras a la experiencia de complejidad de las calles de la ciudad.

Socialmente, la conexión entre flexibilidad e indiferencia produce un conflicto menos apreciable a simple vista. El trabajo flexible, bajo fuerte presión, desorienta profundamente la vida familiar. Los fenómenos de «niños-llave», de estrés entre los adultos, o de desarraigo geográfico –citados tan a menudo en la prensa–, no llegan hasta el fondo de esa desorientación. Ocurre más bien que los códigos de conducta que gobiernan el mundo laboral moderno destrozarían las familias si se trasladaran tal cual de la oficina a casa: no hay que comprometerse, no hay que involucrarse, hay que pensar a corto plazo. La afirmación de los «valores familiares» por parte de la opinión pública y de los políticos tiene algo más que resonancias derechistas; es una reacción, a menudo incipiente, pero muy sentida, ante las amenazas a la solidaridad familiar en la nueva economía; la imagen que se hace Christopher Lasch de la familia como «refugio en un mundo despiadado» adquiere una urgencia especial cuando el trabajo se convierte a la vez más impredecible y más exigente en cuanto al tiempo de los adultos. Un resultado de ese conflicto, que está ya bien documentado en empleados de edad mediana, es que los adultos huyen de la participación cívica en su lucha por consolidar y organizar la vida familiar; lo cívico se convierte también en otra demanda de tiempo y energía, bienes escasos en el hogar.

Introduzco ese tercer elemento porque la «indiferencia» puede parecer sólo moralista y peyorativa. Retirarse del campo cívico, olvidarse de él, puede ser algo a lo que llega la gente debido a las exigencias contrapuestas de la familia y el trabajo.

En suma, cuando se alteran las formas organizativas y burocráticas de una sociedad, se altera la percepción tanto del tiempo como del espacio. Esa alteración conjunta en el tiempo de trabajo y el espacio de las ciudades es lo que estamos viviendo actualmente, expresado en una inestabilidad geográfica, en los efectos de la inestabilidad sobre la estandarización de la esfera pública y en conflictos entre el trabajo y la familia, entre el despacho y el hogar.

Voy a hablar menos acerca de los efectos de la globalización en las ciudades, ya que son objeto de muchas otras críticas. Sólo deseo recoger la cuestión planteada por Sharon Zukin acerca del hogar peculiar que ha hecho para sí la nueva élite global en ciudades como Nueva York, Londres y Chicago. Aquí sería mejor centrarse en políticas que en *lofts* y restaurantes de moda. Se trata de una élite económica que evita la esfera política urbana. Desea operar en la ciudad, pero sin gobernarla. Constituye un régimen de poder sin responsabilidad.

Voy a poner un ejemplo. En el Chicago de Wirth, en 1925, el poder político y el económico cubrían el mismo campo: los presidentes de las 80 mayores empresas de la ciudad pertenecían a los consejos de administración de 142 hospitales y componían el 70% de los miembros de consejos rectores de estamentos universitarios. Las maquinarias políticas estaban profundamente vinculadas a los negocios; los ingresos fiscales procedentes de 18 corporaciones nacionales de Chicago cubrían el 23% del presupuesto municipal de la ciudad. Por el contrario, en Nueva York –junto con Londres, la ciudad más globalizada del mundo– actualmente el poder político y el económico no se solapan de ese modo. Los grandes actores de la economía global localizados en la ciudad están ausentes de las empresas cívicas (hospitales, bibliotecas, universidades y escuelas); pocos directores generales de empresas globales de Nueva York, por ejemplo, son miembros de consejos rectores de sus instituciones educativas, y (en 1999) no había ni uno que perteneciera al consejo de administración de los hospitales

allí ubicados. La red de la flor y nata de la burguesía no es más internacional en Londres, a pesar del hecho de que la *City* de Londres es la capital financiera del mundo.

La razón de ese cambio es que la economía global no está arraigada en la ciudad, en el sentido de depender del control de la ciudad en general. Se trata de una economía-isla, también literalmente dentro de la isla de Manhattan de Nueva York, o arquitectónicamente en lugares como Canary Wharf, en Londres, que parecen la residencia imperial de una época pasada. Como han demostrado John Mollenkopf y Manuel Castells, esa riqueza global no se difunde hacia abajo ni gotea mucho más allá del enclave global; por eso hablan Mollenkopf y Castells de las ciudades globales como «ciudades duales».

En efecto, la política del enclave global cultiva una especie de indiferencia respecto a la ciudad que Marcel Proust, en un contexto totalmente diferente, llama el fenómeno del «amado pasivo». A la empresa global, que amenaza con irse, con establecerse en cualquier parte del mundo, se le conceden enormes ventajas fiscales para que se quede, un atractivo rentable que es posible porque la empresa aparenta indiferencia respecto a los lugares en los que se aposenta.

En otras palabras, la globalización plantea un problema de ciudadanía en ciudades y países. He observado que las demandas contrapuestas de la familia y el trabajo están haciendo disminuir la participación cívica. Pero existe otra forma menos amable de indiferencia cívica, especialmente apremiante en la cúspide de las organizaciones globales. Las ciudades no pueden aprovecharse de la riqueza de esas corporaciones, y las corporaciones, por su parte, se hacen poco responsables de su presencia en la ciudad. La amenaza de ausencia, de marcharse, posibilita esa dejación de responsabilidad; nos faltan los correspondientes mecanismos políticos para hacer que las instituciones inestables o flexibles contribuyan en su justa medida a cambio de los privilegios que disfrutan en la ciudad.

Por todas esas razones, quiero argumentar que la dialéctica de flexibilidad e indiferencia plantea tres nuevos dilemas a las ciudades: un dilema de ciudadanía; de despertar en la esfera pública, puesto que la conexión entre inestabilidad y estandarización hace que la gente se mantenga indiferente a los lugares públicos; y finalmente el dilema del apego sincero y duradero a la ciudad.

La economía política de hace un siglo planteó el problema de cómo liberarse de la rigidez. La ciudad encarnaba esa rigidez en su ecología, pero, paradójicamente, en la novedad y tosquedad de la población urbana, la propia concentración de extraños parecía prometer también una vía de escape de la rigidez,

219

de la jaula de hierro de Weber: una promesa de libertad.

Ahora tenemos ciudades con corporaciones globales móviles, trabajadores flexibles, y un capitalismo dinámico decidido a borrar la rutina. Aunque parezca paradójico, esa economía inquieta produce en la ciudad rupturas políticas, una estandarización del ámbito físico, nuevas presiones para retroceder a la esfera privada.

### El destino de las virtudes urbanas

Quisiera terminar esta conferencia preguntando qué efectos tiene este nuevo tipo de ciudad en torno a los dos valores éticos que ha representado siempre la ciudad.

Acerca de la sociabilidad de vivir con extraños: la marca de la esfera cívica es actualmente la adecuación mutua por disociación. Eso significa una tregua, un dejarse mutuamente en paz, en la paz de la indiferencia mutua. Dicho en el lenguaje de los estudios culturales, la identidad ha sustituido a la alteridad en la vida urbana. Hay una razón para que, en el lado positivo, la ciudad moderna sea como un acordeón que puede expandirse con facilidad para adecuarse a nuevas oleadas de inmigrantes; las bolsas de diferencia están selladas. En el lado negativo, la adecuación mutua por disociación marca el final de las prácticas ciudadanas que precisan conocimientos de los intereses divergentes, y señala una pérdida de simple curiosidad humana acerca del Otro.

Acerca de la subjetividad: esta nueva era capitalista parece haber logrado la experiencia personal de lo incompleto. El tiempo flexible es serial, más que acumulativo; los espacios de tiempo flexible están sin marcar, son neutrales. Pero no hay ningún puente de Levinas, ninguna sensación de que como en mi propia vida parece faltar algo, debería recurrir a otras personas, externas, recurrir a esa «relación de vecindad con extraños».

El propio problema del tiempo capitalista, no obstante, indica algo acerca del arte de hacer mejores ciudades hoy en día. Queremos solapar diversas actividades en el mismo espacio, como, por ejemplo, la actividad familiar en el espacio de trabajo. El estado incompleto del tiempo capitalista nos devuelve al tema que marcó la emergencia de la ciudad industrial, una ciudad que rompió con el *domus*, esa relación espacial que, antes de la llegada del capitalismo industrial, combinaba familia, trabajo, espacios ceremoniales públicos y espacios sociales más informales. Hoy tenemos que reparar la colectividad del espacio para combatir el tiempo serial del trabajo moderno.

El arte de hacer una ciudad no es, creo, como la ciencia aeroespacial. Casi ninguno de los buenos constructores de ciudades del pasado poseía una teoría general de la ciudad; pero igualmente hicieron algo más que representar las condiciones económicas y políticas imperantes en su época. Trataron de interpretar y así transformar las condiciones materiales de la economía política a través del expresivo medio de paredes y ventanas, volúmenes y perspectivas, un arte que se concentraba en los detalles y mezclaba descubrimientos específicos para lograr un todo urbano. El arte del diseño urbano es labor de artesanía.

El capitalismo actual nos impone una tarea específica: crear complejidad y apego mutuo en una ciudad que tiende a la diferencia más que a la alteridad, una ciudad en la que la gente se retira tras los muros de la diferencia. Tenemos que descubrir la labor de artesanía que pueda responder a este reto concreto.

220

Nuno Portas es profesor de Urbanismo en la Facultad de Arquitectura de Oporto además de urbanista de variados registros. Como profesor lo fue también de la Facultad de Arquitectura de Lisboa, y en Oporto fue Presidente del Consejo Científico y del Centro de Estudios de la facultad y director del Master de planificación y proyectos del medio urbano. Ha sido profesor invitado en numerosas universidades europeas y sudamericanas.

Secretario de Estado de urbanismo y vivienda en la transición democrática de Portugal (1974), y concejal de Urbanismo de Vila Nova de Gaia (junto a Oporto) entre 1990 y 1994, su actividad como urbanista se ha prodigado también en su participación en numerosos planes y estudios de gran relevancia en Portugal, en la colaboración en diversos planeamientos en Brasil o España, o en su participación como consultor de varios organismos internacionales (UE, ONU, *Eurocities*).

También ha sido autor de obras que han tenido a la ciudad como objetivo, tales como *A Cidade como Arquitectura* (1969), *Políticas urbanas* (2000) y ha publicado en destacadas revistas especializadas de proyección internacional.

De la reflexión teórica que le ha ocupado con mayor intensidad en los últimos años desde distintas tribunas, el autor ha reunido para la ocasión de esta publicación un compendio de sus intervenciones en Valladolid (1999), San Sebastián (Arteleku, 2000), Barcelona (UIMP, 2003) y Río de Janeiro (2003).

© Pilar Soberón, ARTELEKU

# DE UNA CIUDAD A OTRA: PERSPECTIVAS PERIFÉRICAS

Nuno Portas

## 1. La ciudad

Llevamos dos o tres décadas diagnosticando esta crisis del planeamiento en la que aflora la doble crisis del estado social y de la cultura modernista. Sin embargo, a lo largo de este periodo el sistema formal (o legal) del planeamiento, basado en la hegemonía de los planes de ordenación, no ha sido objeto, en la mayoría de los países europeos, de cambios demasiado significativos; y los mismos planes territoriales, generales o parciales han mantenido sus características conceptuales o técnicas, así como sus métodos y procesos de actuación. Pese a esas críticas, a la vez políticas –las relaciones entre Estado y sociedad cambiaban en distintos regímenes– pero también disciplinares, las ideas sobre la ciudad heredada y su espacio colectivo, así como los papeles de los distintos actores se alejaban cada vez más del consenso catequizado por los CIAM y ensayado en la reconstrucción europea. Sin embargo, al final de los años sesenta estas rupturas ya estaban puestas de manifiesto.

Hay que recordar que proceden de entonces las ideas sobre el freno del crecimiento urbano; sobre la llamada crisis fiscal del Estado y su traspaso al poder local recién democratizado; sobre la incapacidad de simples instrumentos reguladores, como son los planes para asegurar formas urbanas coherentes y, como contrapartida, la creencia, algo ingenua, en la posibilidad de sustituir los impulsos al crecimiento a través de la alabada política de los "re's" y de intervenciones fragmentarias encargadas a reputados arquitectos, ya que los urbanistas habían infravalorado la importancia semiótica de la arquitectura urbana, obsesionados por la visión sistémica o los estándares de zonificación. Llegaba el momento de la revancha de los arquitectos: les tocaba llenar esos vacíos dejados por la ciudad burocrática y amorfa y ofrecer a los políticos locales y a los *media* una ciudad de hitos, formando una realidad virtual sobrepuesta a la otra ciudad, genérica, de los problemas todavía no resueltos o mal resueltos...

Por supuesto, la famosa teoría de los fragmentos (70's, IBA...) no podía dar respuesta suficiente a los problemas emergentes como los del tráfico creciente, del medio ambiente, de la desindustrialización o de la hiperconcentración del comercio; tampoco aportaría soluciones generalizables a las barriadas sociales (o ilegales); ni mucho menos nuevas formas para tejer continuidades entre urbano, suburbano y exurbano.

Asimismo, experiencias archiconocidas de pretendidas reformas de ciudades por fragmentos (hitos arquitectónicos) han contribuido a la credibilidad del discurso de la recalificación de la ciudad existente, aunque este éxito quedara relativamente restringido al círculo profesional, político y periodístico: estábamos en la década del descubrimiento del "no–crecimiento" económico y demográfico, de la prioridad a la rehabilitación del patrimonio urbano, de la peatonalización de plazas y calles centrales, de las operaciones de "relleno" de "*areas dismesse*", de la difusión de equipamientos públicos culturales... En fin, de estrategias implícitas, todavía no discutidas ni participadas, que aparentemente privilegiaban el sentido *down-top*, o sea, de las partes hacia el todo.

La intervención por partes asumida en este periodo de crítica al planeamiento urbanístico jerárquico o *top-down* y rígidamente normativo, pero agnóstico frente a la forma del espacio colectivo, constituiría un reto importante para los urbanistas más comprometidos con las administraciones locales y/o centrales reconocidamente reformadoras. De hecho, la insuficiencia no estaba tanto en la fragmentación de las intervenciones concretas públicas y de diseño casi siempre calificado, sino más bien en la falta de "soportes" explícitos con capacidad estructurante para articular "en red" los efectos socioculturales y económicos de dichos fragmentos. Solo así, el "todo" de la ciudad podría ser más que la suma de las "partes" que estaban apareciendo. La plusvalía de las intervenciones de prestigio debería beneficiar más los tejidos no intervenidos que la imagen de la arquitectura y sus "vedettes" (políticos incluidos). Pero todavía no se ha evaluado el papel catalítico o multiplicador de estas intervenciones puntuales.

Las primeras reacciones al dualismo urbanismo/arquitectura saldrían en algunos –pocos y quizás los últimos– planes generales de ordenación de grandes ciudades que han intentado la vía del plan diseñado extensivamente: manzana a manzana, bulevar a bulevar y además, doblando la regulación funcional típica de las ordenanzas.

"Pongamos que hablo de Madrid"[1] a principios de los años ochenta... Pero podría también hablar de Bolonia, de Pavía, de Barcelona, de Grenoble, de Turín, de Berlín... La tarea era ambiciosa –yo diría desmesurada–, y solo podía estar legitima-

da por un contexto político favorable y además previsible. De hecho, existía entonces un amplio consenso político y social, un evidente voluntarismo de las administraciones, una rara convergencia de intenciones entre los *"decideurs"* y los *"concepteurs"*, llamados a plasmar políticas-con-forma y, finalmente, un detallado conocimiento de la geografía de la ciudad que justificaban el atrevimiento de encajar las dos lógicas que se habían separado: la de la concreción desde las partes y la de la estructuración desde el todo. La característica más importante de este tipo de experiencias que pretendía reaccionar al dualismo plan/proyecto era su pretensión extrema de integración de (todos) los niveles de información y regulación plasmados en el mismo momento en un documento formal, pese a las distintas lógicas sectoriales de las componentes y los distintos grados de probabilidad a lo largo de la implementación de un reglamento administrativo.

Dejando aparcados casos excepcionales como los de Madrid y algunos más en España e Italia a lo largo de los años ochenta, el milagro de la superposición de los niveles y sectores del gobierno de una aglomeración –ciudad, metrópolis, nebulosa urbana– no se repetiría fácilmente, por razones contextuales (a veces, sobre todo coyunturales) y también por razones disciplinarias.

De hecho, se empezaba a pensar que el plan de ordenación, como el de Madrid, de integración extensiva, incluyendo la definición previa de la estrategia de desarrollo, la regulación del diseño de todas sus partes y elementos y, además, destinado a una implementación sin turbulencia –es decir, a "ser cumplido en sus determinaciones" hasta el final de su vigencia– podía no ser el único, ni el mejor instrumento operativo para apoyar un proceso de planeamiento y construcción de la "ciudad" en las nuevas y contradictorias condiciones reales del gobierno urbano de la última década. Y podía ser el más difícil de sostener a lo largo de los cambios políticos y económicos que se anunciaban.

A grandes rasgos, por cierto muy reductores, estas "nuevas" condiciones impondrían al proceso de planeamiento urbano, por un lado, mayor incertidumbre –o sea menor capacidad de predeterminación o prefiguración de las soluciones concretas–, y por otro lado, un protagonismo más activo de los gobiernos locales en la realización de las disposiciones de sus planes interviniendo en la oferta de suelo, infraestructuras, iniciativas de proyectos... Un tercer rasgo, que retomaré más adelante, deriva del creciente ambiente de competencia entre las ciudades de cierta talla nacional o global pese a la crisis de sus bases económicas tradicionales y con independencia de sus planes de ordenación vigentes ("Pongamos que hablo ahora de Barcelona").

---

[1] Estribillo de una canción de Sabina difundida para la discusión pública del avance del Plan General de Madrid de la década de los ochenta.

¿Qué aportaciones nos va a traer esta década, del lado de la disciplina del planeamiento, en relación a nuestro tema del dualismo plan/proyecto? Mientras que en países con una tradición menos determinista de los instrumentos legales de ordenación se teoriza de forma abierta y sin complejos ideológicos un enfoque "*soft*" del plan, en países del sur de Europa como Italia y España gana importancia lo que el maestro Campos-Venuti denominaría los Planes de la *Terza Generazione*.

A mi modo de ver, se introduce en los planes generales de algunas ciudades (en el caso italiano relativamente pequeñas y bajo el ciclo del no crecimiento demográfico) una diferenciación importante en los contenidos y tipos de disposición de los planes. Me refiero a la distinción entre elementos *persistentes* de la estructura urbana y elementos más bien *dependientes de las oportunidades* (políticas y de mercado). L. Mazza aportaría una fundamentación teórica a este nuevo dualismo que ya no es el del plan/proyecto, sino el que divide los territorios entre áreas o componentes urbanas que legitiman políticas de "conservación activa" y, por lo tanto, con una regulación más obligada y determinista, y áreas que, al revés, no están consolidadas por obras de urbanización ni continuidad de edificación y por eso legitiman políticas de "transformación y/o urbanización" a través de formas de regulación más probabilísticas o flexibles. Campos-Venuti, por otro lado, habla de separar la componente estructural de la componente interventiva del plan, y Manuel de Solà-Morales ofrece un modelo de sucesión de los tres niveles de construcción urbana.

Surgen así en la escena de la disciplina planes generales a "dos (o más) velocidades" en su contenido regulador, en los que la ciudad consolidada y determinados ejes del espacio público que conectan las partes del desarrollo más probable son diseñados y ordenados de forma bastante precisa y, en cambio, dejan abierta la determinación de áreas de expansión o transformación a las que sería demasiado arriesgado o prematuro consignar destinos de uso y formas urbanas definidas y definitivas. Son ejemplos planes como los de Secchi en Siena y Bérgamo, el de Campos-Venuti en Bolonia, el de Gregotti en Turín o los planes catalanes de Solà-Morales, Busquets, Font, Pié, etc.

Estaba iniciado el camino hacia la adquisición para el planeamiento (y quizás para el proyecto urbano) de lo que llamaré conceptos de geometría y de regulación variables.

También en los proyectos urbanos, a los que antes llamábamos *fragmentos*, se impuso –después de los IBA en Berlín y de las 40 intervenciones de Solans y Bohigas en Barcelona– un cambio significativo, no solo en la escala de intervención, sino también en las conexiones funcionales y de imagen con el entorno

alargado de la ciudad, incluyendo sus relaciones explícitas con otros proyectos eventualmente en marcha, en la misma ciudad o región.

Desde los años ochenta los gobiernos de las ciudades, con mayor o menor complicidad con los gobiernos de los estados y los fondos europeos, adoptan planteamientos más agresivos hacia el exterior –competencia o complementariedad con otras ciudades, atracción de grupos económicos con mayor capacidad de inversión productiva e inmobiliaria, oferta de mejoras ambientales, así como de atractivos culturales, turísticos y de ocio, etc.–. Esta agresividad está dominada por el aprovechamiento o la creación de "oportunidades" y ventajas comparativas. Lo que ocurre es que este concepto de oportunidad siempre ha sido un intruso potencial en el planeamiento clásico, en que todo lo no previsto es sospechoso de irracionalidad si no de irregularidad.

Me parece que casi todos los casos considerados de éxito en las transformaciones urbanísticas importantes de las dos últimas décadas fueron adoptados y desarrollados al margen, cuando no en contra, de las previsiones de los planes vigentes. Para lo bueno, en muchos casos, y para lo malo en otros, aun cuando en estos últimos se puedan también contar proyectos famosos. Si los urbanistas no estaban preparados para acoger la lógica de las "oportunidades no-previstas", tampoco los arquitectos estaban preparados para entender que el proyecto urbano era algo más que un proyecto más grande y visible que los otros, por vicio de fuga hacia la forma finalista y al enfrentamiento con las dificultades de trabajar con sistemas urbanos más amplios y menos previsibles en sus consecuencias. Como veremos más adelante, el plan recupera características de "proyecto" (aunque muy selectivas) y el proyecto urbano estaría condenado a incorporar, les guste o no a los arquitectos-autores, algunas características de "plan" (de definición menos finalista y abierta a la incertidumbre de los actores y sus programas).

Este "algo más" que aproxima, hoy día y una vez más, los menesteres de planificar y proyectar sin borrar todavía sus distinciones básicas, fue aportado por lo que ahora se llama planeamiento estratégico de las ciudades o regiones urbanizadas. No es que el planeamiento estratégico, heredado del mundo competitivo de las grandes empresas, sea una adquisición reciente de la teoría y de las prácticas urbanísticas. Incluso cuando el divorcio del plan y del proyecto era más evidente (hablo del los años sesenta/setenta), ya la opción holandesa por la conurbación Randstadt o la corporación alemana del Rhur habían asumido estrategias realistas de largo plazo, abiertas en la forma final, pero planteando el desarrollo de una región en sus distintas e indisociables dimensiones, sin que se pudiera confundir esa estrategia con un plan general de ordenación (incluso en el caso holandés, donde el planeamiento urbanístico era más rígido y centralizado). La más reciente moda –que lo es también– de los planes estratégicos intenta paliar los excesos a la vez de abstracción funcionalista y de rigidez jurídico-tipológica de los planes urbanísticos vigentes (casi todos de segunda generación) en ciudades –como fue el caso pionero, en España, de Barcelona– que pretendían captar oportunidades de inversiones importantes públicas y privadas, sin tener que esperar a un nuevo y revisado Plan General. Pero tampoco aceptaban caer en un "adocismo" –léase pragmatismo sin perspectiva de conjunto– que administraciones reformistas tampoco admitían.

El "momento" de la estrategia es el momento privilegiado, y no un plan general como se quería antes, para confrontar las políticas y las intervenciones sectoriales-clave del gobierno de la ciudad con los recursos, los papeles de los actores y… las estructuras físicas más estructurantes de lo que ya está y de lo que se desea. Una estrategia de ciudad, aun cuando se llame plan, no es más que indicativa, se expresa en *hipótesis* que deben ser testadas por los medios disciplinarios pertinentes (planes formales, proyectos, programas de actuación, propuestas de la ciudad o sociedad civil, o del mercado, etc.). Lo importante, para nuestro tema, es que la estrategia explicitada y consensuada entre los actores permite desencadenar directamente distintos instrumentos de intervención, desde los planes urbanísticos hasta los programas y proyectos, de acuerdo con los grados de convicción o de incertidumbre que presenten en su momento.

El planeamiento estratégico, no previsto en las legislaciones ordinarias (¡afortunadamente!), sustituye con ventajas las "justificaciones de motivos", la definición de objetivos y prioridades que en los planes de ordenación no tenían ningún efecto operativo. Además, se rehabilita el "diagnóstico" –confundido con frecuencia con sumas de análisis sectoriales casi nunca orientadas a la formulación de hipótesis de políticas y prioridades alternativas–. Intentando racionalizar las políticas públicas y crear escenarios suficientemente consistentes y consensuados para atraer con alguna garantía recursos de la sociedad civil y de otros eslabones del Estado, o de la Unión Europea (y además, con la ventaja inestimable de no pretender ser normativo sino indicativo), el surgimiento de esas "estrategias de ciudad" (ahora separadas de los planes de ordenación) permiten a la vez elegir las oportunidades de captar, programar y lanzar "proyectos urbanos", con sus lógicas espaciales y temporales explícitas, y en paralelo, justificar las imprescindibles revisiones del planeamiento vigente.

Sobre todo después de la afortunada experiencia preolímpica de Barcelona que no se puede entender como ajena al sistema

de planeamiento, se clarificarán algunas orientaciones que, a mi modo de ver, caracterizan bien el momento presente del complejo problema de la variación de geometrías y temporalidades de ordenaciones e intervenciones:

- Por un lado, la oportunidad de un "salto cualitativo" de la ciudad (aprovechando, en su caso, los recursos externos excepcionales exigidos para una candidatura a un evento de excepción) se puede sobreponer a la lógica del planeamiento vigente, pese a su reconocida calidad normativa, por la sencilla y suficiente razón de que éste no había podido prever tal eventualidad.

- Por otro, la actuación, mediante proyectos urbanos más o menos justificados por el mismo evento de excepción y sus plazos fijos, fue explicitada política y técnicamente poniendo de relieve sus interdependencias y complementariedades como forma de configurar en el futuro un sistema de centralidades y recalificaciones ambientales que serían después objeto de revisiones del planeamiento y de los correspondientes planes parciales o proyectos urbanísticos. Se pasó así de un plan a un sistema de planeamiento definitivamente interactivo y no jerárquico-descendiente, como lo preveía la ley y la tradición disciplinar.

- Finalmente, el hecho, ya por sí mismo notable, de explicitar las relaciones funcionales entre los distintos proyectos urbanos y su papel no solucionaba aún, teóricamente, el problema candente de la forma urbana general. Las respuestas posibles serían o un nuevo plan de ordenación o un conjunto de modificaciones importantes al plan vigente. La opción pragmática por esta segunda vía fue formalizada en un esquema general (J. Busquets) de nuevas movilidades y centralidades seguido de trazados parciales del espacio público (desde microensanches a los parques y bordes de mar, y a la recuperación de los cinturones planteados como soportes de los "eventos" o como receptáculos de los acontecimientos constituidos por los múltiples proyectos singulares en su manifiesta diversidad de tendencias arquitectónicas).

El límite aparente de la experiencia de Barcelona fue su reducción al espacio de la ciudad central: pero este mismo planteamiento de "geometría variable" hubiera permitido ensanchar más la periferia si estuviera respaldada por un consenso político más amplio. La limitación no estaba en el principio, sino en el ámbito geográfico de aplicación en aquel momento.

La lección que se puede sacar de estas distintas experiencias es la de que el planeamiento hoy se presenta como un sistema de formas de intervención –estrategias, planes y proyectos con alcance estratégico– en el que no hay precedencias preestablecidas como únicos procedimientos correctos, a condición de que esas distintas formas de intervención sean *interactivas*, cualquiera que sea el orden que se les imponga sobre la marcha. Sin embargo, para que el sistema sea suficientemente interactivo, sin volverse turbulento, ninguno de los instrumentos disciplinares que lo integran puede mantener las mismas cualidades que solía presentar en los periodos anteriores, caracterizados o por el sistema jerárquico descendiente (del todo hacia las partes) o por el no-sistema de los proyectos arquitectónicos de fragmentos-eventos, asumidamente puntuales y "adocistas".

El problema de la forma urbana general *en* los planes subsiste con el de la forma *de* los planes. Por analogía, ya que los llamados "proyectos urbanos" están tan presentes hoy en día como formas estratégicas de intervención en la ciudad, también hay que abordar el problema de la forma *en* los proyectos urbanos, o sea, el de la forma que tomarán los proyectos que conllevan designios que sobrepasan su ámbito físico.

Hay que decir que plan y proyecto (urbanística y arquitectura) tampoco se encuentran en estado puro: uno con su irreducible incertidumbre, el otro con sus confortables o atrevidas certidumbres. Al afrontar la creciente incertidumbre los planes urbanísticos sólo podrían seguir el camino de desglosar, para las distintas componentes del sistema urbano, los distintos grados de esa (in)certidumbre general o, dicho de otro modo, los diferentes niveles de legitimidad con que el urbanista puede y debe predeterminar los comportamientos y las formas de las distintas partes o piezas de la ciudad. Resulta intuitivo que altas probabilidades permitirán, e incluso pedirán, que el plan "proyecte" formas tan definidas que fácilmente se adjetivarán de arquitectónicas como suele ser el caso de los soportes –sistemas de espacio público, por ejemplo– o de áreas patrimoniales homogéneas. Por el contrario, bajas probabilidades exigirán que se dejen abiertas para momentos decisivos futuros, o sea, cuando los potenciales agentes promotores sean conocidos y su programa sea creíble, de forma que esas disposiciones abiertas no afecten las certezas anteriores.

Este criterio, al que llamé "regulación variable por *layers*", en contra de la tradición urbanística del plan homogéneo frente las expectativas, plantea, naturalmente, problemas jurídicos que deberán ser resueltos para poder salir del callejón que ha restado credibilidad cultural y operatividad económica a los planes generales o parciales.

En el espacio variable y de determinación asumidamente no

homogénea de un plan, sea general, especial o parcial, podrán coexistir elementos diseñados obligatorios para "cumplir" y elementos o espacios no diseñados para "interpretar, proponer y, si es necesario, adaptar" de acuerdo con reglas de procedimiento transparentes. De esta forma, las probabilidades de modificación prematura de un plan disminuirán y, por otro lado, el plan deja de ser un producto acabado para ser más bien un guión, un tablero de juego más o menos regulado, que exige a lo largo de su vigencia una continua toma de decisiones (y riesgos) técnicas y políticas, apoyado en su sistema de monitorización.

En cuanto a los "proyectos urbanos", tampoco las cosas son tan unívocas y definitivas como suelen ser los proyectos de arquitectura corrientes, en los que todo lo que es objeto de diseño puede y debe estar definido.

El proyecto urbano, derivado del nivel estratégico de decisión, toma una pieza de la ciudad (prevista o no en plan) a la que se atribuye un programa de ejecución casi siempre resultante de una negociación previa con alguna pero no todas las entidades promotoras, sean públicas, privadas o mixtas. En otros casos, resulta de una iniciativa pública que espera del proyecto un papel de motivación o atracción de otros actores, sean inversores o sean usuarios. Casi siempre estos proyectos urbanos conllevan indeterminaciones significativas, o sea, esperan una arquitectura de hitos motivadores pero incompleta.

Por esta razón, estas intervenciones a las que algunos llaman proyectos estratégicos son muchas veces objeto de los llamados "concursos de ideas" y las soluciones elegidas sufren después importantes modificaciones como si fueran proyectos-proceso que ganan sucesiva forma "definitiva" con la llegada de nuevos socios, promotores o utilizadores finales, o sea, hasta que el programa pierda sus últimas indeterminaciones.

En las estrategias de la ciudad recientes estos proyectos suelen tener, además, una función que algunos llaman "catalítica" –es decir, que puede desencadenar otras iniciativas en distintos lugares del tablero– y en esa función catalítica la forma arquitectónica suele representar a su vez un papel estratégico.

El plan urbanístico como instrumento formal y legal pierde en este planteamiento materia de decisión determinista generalizada; en cambio, gana importancia conceptual y arquitectónica la (infra)estructura de relación, de unión y soporte, de las continuidades posibles entre las partes de territorios cada vez más discontinuos. Por otro lado, lo que no se diseña en el momento convencional de cerrar un plan, se regula –y las reglas serán de naturaleza y rigidez variables según las condiciones peculiares de cada pieza del territorio–, pero siempre con paráme-

225

tros o indicaciones de carácter arquitectónico (tipológico, ambiental, patrimonial) y el arquitecto deberá estar preparado para elegir la medida de determinación/indeterminación legitimada por los consensos culturales posibles.

El exceso de regulación con sus efectos perversos –económicos y culturales– conocidos, es tanto o más imperdonable que su opuesto: el déficit de regulación. En la misma medida en que el estado pierde capacidad de intervención exclusiva –en relación al protagonismo hegemónico en los periodos áureos del estado social– y abre espacio a la iniciativa de la sociedad civil y sus promotores, está claro que las formas y los momentos de regular las transformaciones urbanas no pueden ser los mismos.

Y así llego al término del recorrido en el interior del territorio del urbanismo y en sus solapes con el territorio de la arquitectura.

Mi hipótesis del espacio, en estos tiempos de visión fragmentada, no exenta de esquizofrenia, –mejor del sistema de espacios– en que vivimos y nos movemos, es que el "urbanismo" será cada vez menos la ampliación gran angular de la arquitectura, como fue en Brasilia, y que a la arquitectura se llegará cada vez menos por aproximación telescópica del plan urbanístico, como quieren los burócratas guardianes de los planes. La cuestión, si me permiten el juego de palabras y seguir con la metáfora fotográfica, no es de *zoom*, no es de objetivo, sino de objeto, y por supuesto, de oportunidad, o sea, de tiempo.

Además, las estrategias posibles para seguir ofreciendo formas significantes a estos territorios de la metápolis posmoderna (ya que también de formas vive y se expresa el hombre) son múltiples y no son reducibles a la catarata de los planes –esa sí descansando en el modelo mecánico del *zoom*–, ni tampoco los planes, si por casualidad sobreviven a la erosión, seguirán reducidos a su escuálida dimensión sistémica y reglamentista.

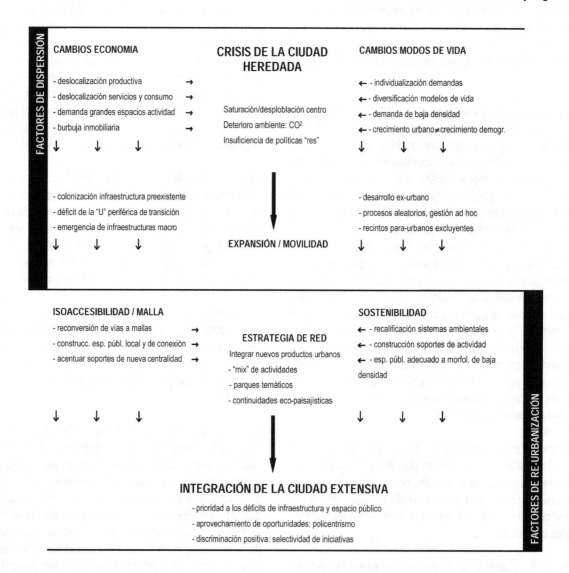

La necesidad de proyectar arquitectura de la ciudad será por cierto más selectiva o estratégica, pero sigue siendo irrenunciable.

## 2. La ciudad-otra

La verdad es que los tiempos seguían cambiando y con ellos una ciudad "de hecho" o "emergente" se desarrollaba al mismo tiempo que se sucedían los montajes del sistema del planeamiento y ordenación, con sus contradictorias disposiciones. La ciudad canónica, modélica, de la que hablábamos antes, ya es parte de un territorio cambiante que abraza otras ciudades o se extiende entre estos barrios, polígonos, urbanizaciones más o menos dispersas... y, que en su conjunto, no permite reconocer el antiguo modelo de ciudad ni tampoco uno nuevo. Lo que se puede aceptar como primera descripción, debida a F. Choay, es que se trata de una transformación profunda de "la ciudad" hacia "lo urbano", o sea, del cambio de una situación secular de correspondencia entre sucesiones de modelos de vida y el modelo de asentamiento llamado ciudad, a una situación novedosa pero generalizada en que los modos actuales de vida urbana dejaron de coincidir con los límites y atributos de esa ciudad tradicional.

En las dos últimas décadas, en Europa y en América sobre todo, se desarrollaron numerosos trabajos de investigación bajo distintos enfoques disciplinares, buscando comprender las dimensiones y desafíos del multiforme territorio de las urbanidades contemporáneas. He registrado la necesidad sentida por los autores de adjetivar en sus títulos el concepto de ciudad en casi medio centenar de connotaciones distintas incluyendo por supuesto, el nombre-límite de... no-ciudad.

a) El rasgo más frecuentemente subrayado en los estudios que buscan entender las rupturas morfológicas en relación a los atributos de *contigüidad*, *compacidad* y *límite* del modelo histórico son las de *discontinuidad* y *fragmentación* o *difusión* de las distintas partes que por razones funcionales u otras, descomponen la actual aglomeración o región urbana, que asimismo mantiene relaciones internas suficientemente estrechas para ser percibida como una misma entidad urbana. La variable más obviamente explicativa de esas diferencias, es la de la nueva movilidad que dilata los factores de tiempo/distancia/esfuerzo de las comunicaciones de todo tipo y multiplica las opciones locativas de las actividades y lugares conforme a modos y estilos de vida de los individuos. Calificativos como mosaico, *patchwork, collage, eclatée, disfatta,* fragmentada, archipiélago, dispersa, difusa, fusionada, extensiva... buscan rotular diferencias características de las realidades observadas y connotar los complejos juegos de deslocalización/relocalización de

funciones y personas en espacios más dilatados y, consecuentemente, sin límites consolidados y estables entre suelo urbanizado y campo, con los que la ciudad industrial aún conseguía coexistir.

Y para entender la importancia del cambio reciente, recordemos las palabras de orden del urbanismo institucionalizado en la primera mitad del siglo XX del *containment* contra el *sprawl* y de la desdensificación contra el *overcrowding*, que además eran dos retos contradictorios que conducirían a las "explosiones" intencionales de las nuevas ciudades satélite, polígonos de actividades productivas, campus educativos, etc., de la mano social democrática de los Estados-asistenciales en la Europa del norte o en la del sur mediante mecanismos menos planificados.

Las discontinuidades/fragmentaciones que atribuimos a los nuevos territorios de lo urbano toman formas y sentidos muy distintos que merecen una evaluación cuidada de sus dimensiones y procesos de formación. De hecho, la misma ciudad histórica (desde la madre Atenas...) conoció esos atributos en ciertas regiones o periodos más o menos largos. Tampoco interesa contribuir a una ideologización del contra-modelo de dispersión-fragmentación no contabilizando las exclusiones y costes de sostenibilidad que frecuentemente conlleva.

La añorada condición de *continuidad* urbana tiene su fundamento en el sistema del espacio colectivo –funcional y perceptivo– que en la ciudad extensiva se ha transfigurado, para muchos de los "urbanitas", en sistema multimodal cuya infraestructura compleja incluye efectos túnel y nudos intercambiadores de velocidad y nuevos ambientes que no deben ser asimilados a las formas de las calles o bulevares que aseguraban la conectividad de la ciudad compacta. Con la extensión, la continuidad se vuelve más geográfica y al nivel local menos canónica y reconocible al unir las fragmentaciones. El "proyecto del suelo" que, en general, faltó a las sucesivas urbanizaciones, antes periurbanas, es ahora un imperativo de la intervención integradora.

La *fragmentación*, por su lado, resulta de la extrema diversificación de las morfologías y tipologías de los tejidos edificados, de las incomodidades de funciones próximas, pero también de la magnitud de sus intervalos expectantes o rústicos (homólogos de los vacíos urbanos) o de la defensa de apreciables espacios "naturales", agrícolas, forestales y costeros que hayan resistido al asedio de las transformaciones vecinas.

La reevaluación de estos tejidos multiformes no excluirá la necesidad de densificaciones de unos y demoliciones quirúrgicas de otros, sin que se tenga que volver al paradigma de la

227

uniformización aparente de la ciudad canónica. Lo que en ésta eran *collages* por yuxtaposición de épocas u operadores y estándares distintos, en la *exurbia* serán mosaicos de llenos y vacíos irregulares y desligados cuya cohesión depende mucho más de la capacidad de seguir construyendo paisaje y espacio público que de buscar uniformidades forzadas de criterios o hitos arquitectónicos.

En síntesis, la ciudad-exterior, que no tuvo a priori, como debía, una malla ordenadora del espacio público, mineral o vegetal (la U del modelo de Manuel de Solà-Morales), debe tener su oportunidad de reurbanización con prioridad o en paralelo a la que hoy la mayoría de las ciudades ponen en marcha en sus cascos interiores o suburbios ya integrados.

La sostenibilidad pasa por esta reurbanización con su dimensión ecopaisajística, y no tanto por densificaciones generales o de "*infill*" del antiguo edificado que, además de irreales, no tendrían efectos cuantitativos satisfactorios sobre el conjunto de la región urbana: la ciudad extensiva será siempre de baja densidad, aunque integre áreas de densidades netas más significativas.

b) El segundo rasgo estructurante de la ciudad contemporánea en contraste con la ciudad histórica es el paso de la monocentralidad al policentrismo. O sea, la propensión a formar (con planes o sin ellos) condensaciones nodales de actividades diversificadas que constituyen sistemas de centralidades "en red", competitivas, pero también complementarias. Y si la estructura metropolitana mantenía la hegemonía de la ciudad radiocéntrica que conserva su prestigio, la conurbación policéntrica será la doble respuesta a la competitividad del conjunto (también en términos de globalización) y a las proximidades exurbanas de las extensiones de residencia y actividades, que en muchos casos son ya mayoritarias en relación a la antigua ciudad central, constituyendo un factor de cohesión territorial.

Si en un primer tiempo posindustrial la deslocalización de actividades fue motivada por razones ambientales y de acceso, la residencia de capas populares y medias se descentralizó por efecto de arrastre y, sobre todo, por la oferta inmobiliaria más asequible. Finalmente, el comercio y otros servicios productivos o de ocio seguirán el tropismo y suelen ser influyentes como "anclas" de condensación más polivalentes desarrolladas exnovo junto a antiguos pueblos o ciudades menores de la región urbana.

Pero no todas las regiones urbanas nacen por centrifugación del modelo metropolitano monocéntrico (Lisboa, por ejemplo); otras, como la Randstadt, el Rhur o incluso la red Emiliana han aprovechado la proximidad de múltiples ciudades históricas medianas para tejer conurbaciones de rango superior y desarrollar proyectos de medio ambiente y accesibilidades reforzando el efecto de red y controlando mejor las expansiones y fusiones intermedias. Tampoco las ciudades grandes o medianas relativamente aisladas han escapado a procesos de centrifugación metropolitana por motivos funcionales y económicos, aunque con menor probabilidad de generar centralidades significativas.

c) En síntesis, desde el punto de vista de las formas extensivas de ciudad, el fomento de actividades polarizadoras será un factor clave para reducir las asimetrías (la ciudad de 1ª y las de 2ª) y la degradación de áreas nacidas como monofuncionales o dependientes de áreas de empleo, educación, sanidad, etc., demasiado distantes, sobre todo para, en paralelo, ampliar las oportunidades de desarrollo local y de la competitividad de la "red" en su conjunto.

La coordinación de estos *layers* estructurantes es la justificación más evidente de la programación estratégica de las últimas décadas, labor que no se frena en la aprobación política de un documento formal (como los planes de ordenación) y tampoco se puede reducir a una sofisticación del *marketing* político; al revés, esa programación solo tiene sentido como una máquina de *feed-back* que reduzca la incertidumbre, que aprenda con los éxitos y los fallos de las propuestas elegidas, y reoriente las políticas territoriales públicas y las acciones de los actores.

Así, desplazamientos (más ágiles y electivos), centralidades (más fuertes y atractivas), y ecologías (más continuas e intencionales) son los tres *layers* privilegiados para soportar o enmarcar las políticas locales de empleo, innovación y cultura de una región urbana compleja y hetereogénea, sea más o menos fragmentada o dispersa.

Una estrategia para el sistema del espacio colectivo, centrada en los ejes y los nudos inductores de actividades servidas y la construcción de paisaje, tendrá obvias consecuencias para la selección de los métodos e instrumentos de planificación y diseño adecuados para sostener dinámicas extensivas en vez de las arbitrarias delimitaciones de los perímetros, zonas e índices paramétricos heredados de la planificación funcionalista o sistémica.

La ordenación "macro" (o "meta") tiende a privilegiar, al revés, aquellos elementos materiales más duraderos de la ciudad –los que soportan y estructuran– asegurando suficientes grados de libertad y autonomía de las partes servidas cuya definición dependerá de los momentos idóneos de la decisión operativa en que la incertidumbre pueda ser reducida frente a las oportunidades, actores y recursos. También tenemos que reaprender a proyectar con geometrías variables y *layers* relativamente autónomos que no impliquen el diseño total y simultáneo de todas las componentes urbanas.

Esos elementos "meta" son, casi por definición, transversales. Por eso su construcción o gestión supondrá niveles de gobierno con legitimidad y capacidad necesarias para mediar y coordinar las soluciones orientadas al reequilibrio o redistribución de oportunidades y las economías de escala que son vitales para el conjunto, y que, en la práctica, exigirán una legitimación propia de esa capacidad decisoria subsidiaria aplicada a la escala del nuevo territorio de lo urbano. Dicho de otro modo, los elementos transversales de cohesión, que por su propia permanencia desafiarán al tiempo y a la incertidumbre (el *cardo* y el *decumanus* de la contemporaneidad...), deberán ser trazados e implantados con la convicción (y riesgo) que en su día Cerdà impuso a la extensión y modernización de una ciudad, algo así como un código genético basado en la autonomía de los tiempos, de las componentes más permanentes o más contingentes del futuro empleo del territorio, o sea, de lo que tenía que ser proyecto y lo que sería posibilidad o deseo reformador si el futuro las confirmara.

Retomando el planeamiento estratégico aplicado en este caso a la regulación/reconstrucción extensiva de la ciudad emergente, creo que las condiciones de factibilidad y sostenibilidad son imperativos que no sólo atraviesan los límites administrativos de los municipios, sino que suponen una responsabilidad de gobierno, colectiva y solidaria políticamente legitimada, que hasta ahora ha faltado (¿o fallado?) en Europa, por defecto en algunos casos o por exceso en otros de subsidiaridad. De hecho, la extensión de esos elementos estructurantes de las fragmentaciones heredadas o venideras debe tener prioridad política, económica y cultural hasta el punto de cambiar las tendencias de localización casi exclusiva en las ciudades centrales de las inversiones públicas de regeneración urbana, que restan prioridad a proyectos transurbanos más extensivos que contribuyen a integrar y reequilibrar los territorios emergentes.

Sin embargo, el imperativo de integración de las partes del mosaico no impide que se aseguren grados elevados de autonomía y diversificación morfotipológica y microambiental de esas partes o fragmentos que han respondido, y lo seguirán haciendo, localmente, a la diversidad (y estandarización) de las demandas socioculturales –bien genuinas, o modeladas por las promociones– en los temas de vivienda, consumo, instalaciones productivas o educativas, direccionales, etc. No creo que se pueda reconducir esta ciudad-otra a la aparente uniformidad morfológica a que la ciudad histórica nos había acostumbrado: curiosamente aquella a la que el movimiento moderno lanzara

el anatema y que los posmodernos pretendían resucitar como "reservas" de la única forma que consideraban digna del nombre de ciudad.

Otra cosa es que esas morfologías tan diversificadas tergiversen los "códigos genéticos" que las han sostenido bajo formas muy distintas de espacio y tiempo; a lo largo de siglos de vivir en común, desde las compactaciones hipodámicas hasta las ciudades-jardín, a veces coexistiendo en regiones de las mismas culturas (Pongamos que hablo de la antigua Atenas...).

CPSIA information can be obtained
at www.ICGtesting.com
Printed in the USA
BVHW010043261122
652781BV00007B/434